中国百年教科书史

总主编 徐岩 张廷凯

生物学卷

主编 赵占良 谭永平

人民教育出版社
·北京·

图书在版编目（CIP）数据

中国百年教科书史. 生物学卷 / 赵占良，谭永平主编；徐岩，张廷凯总主编. —北京：人民教育出版社，2020.10
ISBN 978-7-107-34034-5

Ⅰ. ①中… Ⅱ. ①赵… ②谭… ③徐… ④张… Ⅲ. ①生物课—教材—教育史—中国 Ⅳ. ①G423.3-092

中国版本图书馆CIP数据核字（2020）第017060号

中国百年教科书史　生物学卷
ZHONGGUO BAINIAN JIAOKESHUSHI SHENGWUXUE JUAN

出版发行　人民教育出版社
（北京市海淀区中关村南大街17号院1号楼　邮编：100081）

网	址	http://www.pep.com.cn
经	销	全国新华书店
印	刷	北京华联印刷有限公司
版	次	2020年10月第1版
印	次	2020年11月第1次印刷
开	本	787毫米×1092毫米　1/16
印	张	31.25
字	数	625千字
定	价	198.00元

版权所有·未经许可不得采用任何方式擅自复制或使用本产品任何部分·违者必究
如发现内容质量问题、印装质量问题，请与本社联系。电话：400-810-5788

中国百年教科书史

出版委员会

主　任　黄　强　郭　戈

委　员　王　岳　杨　刚　魏运华　谭　钢　王志刚　郑旺全
　　　　王　强　赵占良　蒋　琦　张廷凯　邹海燕

编写委员会

主　任　徐　岩　张廷凯

委　员　唐燕明　王有朋　江丽霞　赵　昕　王世光　扈文华
　　　　张天宝　陈先云　王本华　卢　江　章建跃　郑旺全
　　　　吴　欣　唐　磊　田　旭　李伟科　李　卿　韦志榕
　　　　高俊昌　彭前程　王　晶　赵占良　谭永平　蔡　矛
　　　　黄海旺　耿培新　杜永寿　胡知凡　刘冬辉　刘立德
　　　　任长松　吴海涛

生物学卷

主　编　赵占良　谭永平

副主编　方　瑾

编写人员　赵占良　谭永平　方　瑾　吴成军　包春莹　王　颖
　　　　　林　青　陈　香　卢　媛　刘　丹

责任编辑　林　青

书籍设计　胡白珂

前言

徐　岩

　　教科书，是基于一定的学制、课程计划或课程标准（教学大纲）编写的，系统反映不同教学科目学习内容的教学基本用书。中国近代教科书的百年历史，见证了中国从贫弱不堪到傲然腾飞，见证了民族独立、人民解放、国家富强、百姓安康。

　　国家社科基金重大项目"中国百年教科书整理与研究"2010年12月获准立项，2016年1月经全国哲学社会科学规划办公室审核，认定为免于鉴定，准予结项。项目在系统整理百年中小学教科书的基础上，编撰便于检索和利用的提要式书目，完善现有的《中国百年中小学教科书全文图像库》，编选教科书珍本图鉴；在全面梳理各学科教科书百年变迁历史的基础上，揭示我国教科书百年演进的规律，并深入分析不同历史时期影响教科书编写的主要因素；就百年变迁中争论最多的、广受学界及社会关注的、至今仍有重要影响的关键问题开展深入的专题研究，为当前和今后的教科书编写工作提供启示与指导。

　　在该项目的研究中人民教育出版社共与76个单位协作，包括高等院校、教育教学研究机构、图书馆等。研究人员近550人。

一

　　项目最终形成五大系列研究成果，于2019年开始陆续出版。

系列一:《中国百年中小学教科书综录》(8卷)(以下简称《综录》)。该书目收录百年来全日制中小学教科书1万余种,6万余册,为其中的实见版本编写提要式目录8 800余条,为其中有书目记载但未见版本编写存目近2 000条,形成提要式书目8卷。每个条目由载体描述和内容提要两部分组成。载体描述基本参照《中国文献编目规则》规定的标准化著录格式,揭示每套教材的书名、编著者、出版年、版次、册数、页码、开本尺寸等,其中的综合著录部分反映整套教材的状态,子目部分反映分册的形态、版次变化等。内容提要是在有限的文字范围内客观地、充分地揭示教科书的来源依据、审定情况、内容与编写体例、语言呈现形式等。

系列二:《中国百年教科书珍本图鉴》(4卷)(以下简称《珍本图鉴》),按1897—1912年,1912—1949年,1949—1976年,1976—2010年分为4卷。《珍本图鉴》分为上、下编,上编从出版史的角度,分"出版业发展状况""教科书管理制度""教科书装帧设计"三个专题,以图文形式展现相关专题涉及的重点中小学教科书;下编主要以图的形式展现不同时期的代表性教科书。

系列三:《中国百年教科书史》(19卷),包括总论卷、小学德育课程卷、中学德育课程卷、小学语文卷、中学语文卷、小学数学卷、中学数学卷、英语卷、日语卷、俄语卷、历史卷、地理卷、物理卷、化学卷、生物学卷、小学科学卷、体育卷、音乐卷、美术卷。各卷均分为概述、清朝末年的教科书、民国时期的教科书、中华人民共和国成立后的教科书、结论等五编。

系列四:《中国百年教科书专题研究》(18卷,每个学科1卷)。各卷选取百年变迁中争论最多的、广为学界及社会关注的、至今对该学科教科书发展仍有重要影响的、教科书编制必须要考量的关键要素或问题作为研究专题。专题研究成果呈现了对同一个问题不同历史阶段教科书所作出的不同选择与回应,并且通过这些选择和回应,深度剖析教科书编写的影响要素、重要经验与主要教训,以拓展教科书的研究,丰富教科书研究的理论,并为未来的教科书编写以及课程的建设提供重要的启示。

系列五:散论。包括《中国教科书百年递嬗与建构》《中国教科书思想百年调适与更生》,以及《教科书往事——漫谈百年中小学教科书》等。

二

在研究之初的设计阶段，在研究过程的深入阶段，在研究成果的呈现阶段，我们一直在思考以下问题。教科书研究应该建立在怎样的方法论基础之上？教科书的本质是什么？百年来教科书存在和发展的动力又是什么？

（一）在教科书研究中，教科书的本体地位不可动摇，文献资料实现了自身的"相互关照"与"对话"。让教科书文献资料自己说话，而不是以理念裁剪文献资料，才能发现教科书发展的内在理路。

百年来的教科书与其他文献资料的重大区别在于其情况的错综复杂，教科书虽具有成套性，但修订更为频繁、版本更加混乱、源头更加隐晦。因此，我们在整理中特别强调对百年来教科书"原典"（即原始文献）开展连续的、系列的、更迭的整体把握，对百年来交错纵横的文献资料进行"历时性"和"共时性"的呈现。在对教科书文本本身加强整理的同时，研究还特别强调对教科书的社会文化背景、编撰者、出版机构、呈现形式与使用等方面的调查，以实现教科书文本与教科书相关文献资料之间的"对话"。在这种"对话"中，我们发现中小学教科书的发展自有其内在理路，不能简单地把它们当作社会变迁的映像、学科发展的缩影或者教育理论的注脚。

在系统梳理各学科教科书的发展历史过程中，我们还发现，以先入为主的一些理念为指导，或运用某种特定的研究框架、模式或话语体系，来分析教科书变迁的历史，虽然分析得很有条理，但离教科书的历史真相甚远。造成这一现象的重要原因之一是客观上缺乏完整的文献基础，主观上用抽象的理论框架剪裁丰富多彩的教科书文献资料，对不能容纳于其理论框架之内的大量文献资料视而不见或有意回避，结果，所呈现的"教科书发展轨迹"只能是片面的甚至是扭曲的。因此，项目特别强调基于文献的完整把握，在此基础上对不同文本进行对照，再辅以相关佐证进行阐释。唯有回到教科书本身，让各学科教科书的文献资料"自己说话"，真正确立和凸显全面、系统、完整的教科书文献在研究中的本体地位，才能正本清源，为各种不同的研究视角奠定坚实的文献基础。

教科书的本体样态是什么？一百多年前，在中国大地上发生了巨大的社会变革，我国教育的发展也随之而改变。教科书因新的学制、新的学校体制、新的教学形式的需要而诞生。自它诞生之日起，就是分科的、精选的、结构化的、系统性的，与基础教育模式相适应的。我们的研究着重于教科书本体样态的描述，涵盖基础教育全学科、全学段，旨在展现百年教科书文献资料的全貌。研究基于一手资料，专注于基础性的整理工作，展现教科书内容选取、结构体例和呈现方式的变迁过程。这为我们的后续工作，也为其他学者从不同角度阐释教科书提供了牢固的基石。

（二）教科书分析应秉持唯物史观，任何教科书都是"当下的"、具有"现时性"的，研究应建立在对教科书事实的历史性、整体性和全局性把握的基础之上，避免"以论代史"。

我们在研究中努力把教科书这一研究对象放在历史中，避免把对象从它的历史位置上任意抽取出来，避免把研究者的想象力强加在当时的教科书之上。我们努力尝试对教科书作科学的分析与客观的评价，强调"回到历史现场"去解读各时代的教科书，放到当时的历史情境与社会背景中，放到百年历史变迁的长河中，而不能割断历史的联系去孤立地看待和评价某一阶段的教科书。我们努力回到文献资料及历史语境，不违背历史，也不违背逻辑。然而，要恢复历史语境，只能对历史文献开展尽可能全面的、完整的艰苦梳理，否则容易陷入主观想象的泥沼。我们在研究和评价各个历史时期的教科书时，要持谨慎的态度，避免陷入玄思。教科书是社会存在的一部分，以广泛联系和发展的眼光关注百年教科书的发展，不难发现教科书与时代背景、社会因素的复杂关联。也因为如此，我们从教科书百年的发展历程中得以窥见百年中国社会的发展面貌。总体上看，百余年来，一大批著名学者、教育家、出版家和普通教育工作者，应时代的需求，同心协力，使我国教科书在国衰民穷的困难背景中起步，经历曲曲折折，不断提高完善，不仅适应了独有的国情，而且保持了很高的品位。

（三）百年教科书的发展史尽管经历了曲曲折折和各种摇摆，但最终都回归到遵循教育自身规律的轨道，按照符合学生学习规律的原则不断自我修正。

关于教科书本质及其发展规律的追问，很多学者给出了不同的答案。我们认为，我国的教科书自诞生之日起，经过百余年的发展，到今天为止，都是为了实现特定的育人目标，都要精选最基础、最核心的学习内容，都要遵循学生心理发展的规律，都要追求教学逻辑和学科逻辑的统一，都是师生开展教学活动所凭借的核心资源。百余年来，中小学教科书的改革走过了一条曲折的发展道路，可谓是"历尽沧桑"，但教科书的本质规律却是推动教科书发展与变迁的原动力。我们经历了从翻译国外教科书到编译国外教科书再到自编教科书的曲折过程，尝试"六·三·三"制、"五·三·二"制等不同的学制，但编写出符合并促进学生的发展、适切教学实际的教科书始终是每个时代、每个学科的教材编者不变的初心与不懈的追求。正是由于教科书科学合理的设计，百年来各个时代师生始终以它作为核心的教育教学资源，在规定的教育时限内实现人才培养的目的。作为国民教育的重要载体，不同历史阶段的教科书所构建的国民品格应具备的价值体系和各学科基本知识体系的不断变迁，体现了百年来不同历史阶段的国家意志，以及社会文明和科学知识的发展脉络。然而，教科书对全面育人目标的追求，教科书作为核心教学资源的地位，教科书在促进教学质量提高和效益提升方面的努力，百余年来不曾动摇。

（四）经过百年的实践探索，我们已经走出一条富有中国特色的教材建设之路，需要在守正的基础上进行创新。

我国的近代教科书源于西方。审视我国百年教科书发展史，在借鉴国际经验、关照本土国情的基础上，我们已经走出一条富有中国特色的教材建设之路，构建了独具中国特色的教材编写体系。我国语文、数学等学科教材的发展充分说明了这一点。

百年来，社会变革风云变幻，中小学语文教科书也随之而演变。虽然它经历了从封建社会、半殖民地半封建社会到社会主义社会，白话取代文言，不断创新编制，但是各时期的教科书仍然可以从演变过程中找出一脉相承的痕迹。其中有继承，也有创新；不断演变，也不断完善。这充分说明了中小学语文教材的历史继承性和承载中华文化的独特性。纵观百余年来中小学语文教科书的发展历程，波澜起伏中显现出清晰的流向。我们把视点聚焦于此，透过其更新迭变的繁复史料，可以发现中小学语文教科书发展变化的规律。应该说，经过百年的探索，我们已经走出了一条有中国特色的语文教材建设之路。

我国数学教材经过了百年发展，借鉴过西方，学习过苏联，经过自主创新，最终在教科书的内容、结构体系、练习系统、配套资源等方面都已形成鲜明的中国特色。注重教材的严谨性、系统性和思想性；注重构建旨在夯实学生数学基础的训练系统；注重培养学生的思维能力、运算能力和空间想象力；注重通过数学思维方式的训练来提高学生的基本素质、养成学生的理性精神；在教材体系的构建上注重学科逻辑与心理逻辑的有机融合，即教材的体系不仅要符合数学学科本身知识发展的逻辑，也要与学生思维发展等心理逻辑和数学认知规律相适应。

当然，中国教科书百年变迁的道路并非一帆风顺，从其辉煌与成功中、坎坷与失误中，我们总结出一些教科书的编写经验。包括以下五点。（1）教科书编写的指导思想必须体现国家意志，强调国际视野的同时，坚持从中国的实际出发，走自己的路。（2）对于教科书改革，必须认清教材改革的可行性、长期性和分阶段性，避免大动作、理想化与脱离实际；必须科学对待中小学教材不断改革与相对稳定的关系，避免过于频繁的变动；教材改革必须处理好继承与创新的辩证关系，避免对过去片面地否定；教材改革必须首先以科学研究为前提和基础，同时必须经过科学实验，并做好教师培训等准备工作，避免急躁盲动。（3）中小学教材的编写要做到面向全体与关照差异的辩证统一，知识的科学性与可接受性的辩证统一，知识与能力、"学"与"用"的辩证统一，内容选取做到广度与深度、经典与现代的辩证统一，教材编排做到适合学生学习和便于教师教学的辩证统一。（4）教材编写人员与队伍必须是专业的，提倡三结合，即学科专家和学科教育专家、一线优秀教师和一线教研员、专职教材研究者和编写人员相结合。（5）打造一套好的教材需要经过研究—编写—试验—完善—推广的路径，在学生使用这一代教科书的同时，就要开始着手研发编写下一代的教科书，同时研究再下一代的教科书。

三

项目研究试图在方法上有所创新，在数据资料方面能有独特贡献。

（一）研究方法的创新

项目立足于教科书本体研究的文献分析法，保证了研究结论的科学性、严谨性。研究方法上注重文献挖掘、内容分析、理论阐释的定性研究，在研究和分析视角上具有独特性。同时，也注重利用图表等形式，对教科书相关内容进行量化统计，从而较为直观地呈现教科书阶段性发展变化的规律。

项目选取的文献横跨百年教科书文本，在资料占有的全面性上前所未有。在此基础之上，研究将各个发展时期的代表性教科书作为典型案例深入分析，其结论建立在总体把握百年教科书发展变迁规律和对各时期典型教科书的深度分析之上。

研究视角聚焦于教科书的本体研究，即教科书内容、结构及学科核心要素的分析与把握，挖掘了教科书对教育教学的核心价值，这是研究的重要贡献之一。毋庸置疑，分科是教科书的基本特性。教科书史研究厘清了与本学科教科书发展关系最为密切的教育政策、课程标准、学科发展、教育思想等因素与教科书的动态关系，整体呈现教科书作为核心教学资源的本体特征——内容、结构、呈现方式的变化、发展过程。研究完整描述教科书的体系安排、学科结构特征，全面分析教科书所体现的课程观、知识观、学生观及负载的情感态度价值观等隐性教育目标，客观评价教科书的教育学价值，较之以往有关教科书的研究更加深刻、全面。专题研究则基于学科特性展开，选择学科教科书编制中最基本、最重要、最需要把握的问题作百年的历史回顾和总结（例如语言类学科的选文问题），归纳出基本规律。

（二）数据资料的贡献

1. 首次呈现教科书全学科百年发展的立体全景，对百年教科书数据资料整理的完整性和系统性达到前所未有的高度。

研究所考察的教科书，在时间上跨越百年，且正好是我国现代学制建立和教科书走向现代化的百年，因而，研究具有起始性的特征；在空间上涉及我国大陆各个地区；在学段、学科上涵盖中小学全学段、全学科。本研究展现我国教科书发展的全貌，是我国教科书整理和研究方面最具全面性、系统性、整体性的研究。

在成果形式上，本研究以文字、图片、数字化等多种形态，立体化、多样化地全面呈现百年中小学教科书发展历程。《综录》从文献学角度，全面、系统地提供百年中小学教科书的书目和精要信息。《珍本图鉴》图文并茂地展现最具价值的教科书，以图鉴的形式展示我国百年来不同时期中小学教科书堪称经典的封面、插图、版式设计等，反映我国百年来教科书印刷技术、设计水平的进步。《中国百年教科书史》，呈现不同学科教科书的变迁历程，包括各个历史阶段教科书发展总体情况与该阶段代表性教科书基本信息。首先，客观描述各时期教科书的基本面貌，陈述历史事实，做到史料真实、可靠。其次，从社会、学科、学生等不同视角进行深入剖析，如教科书所处的社会背景（政治、经济、文化等）、教育思潮或理念对教科书编制有什么影响；各时期教科书是如何回应社会需求、反映学科发展、关照学生心理的；为什么这样编写教科书；当时促成教科书改革和变化的原因是什么；等等。最后，对各时期的教科书作出历史的、辩证的客观评价，指出其特点或优点、进步或发展，同时指出其历史局限性。《中国百年教科书专题研究》对各学科百年变迁中最重要的、争论最多的问题开展深入探讨，通过对各时期的主流教科书的结构体系、内容、素材选择和呈现方式等的纵向分析，从中概括出教科书的发展脉络，归纳教科书编写规律。另外，项目还发表了论文、学术随笔、图说等多种形式的作品，积累和传播研究成果。大到对每个阶段教科书发展的宏观背景，小到对每一本教科书的内在体系结构，甚至一道练习或习题的设计，研究人员都努力开展全面、细致、深入的整理和分析。工作量之大，阅读面之广，工作之繁重，是以往相关研究无法相比的。

2. 创建百年教科书最全书目，创新教科书编目模式，书目分类、编排更符合教科书体系特性，为教科书研究提供更科学的线索和更便捷的信息获取路径。

（1）最完整。我国中小学教科书产生已有百余年历史，至今未有完整的书目记录，尤其是中华人民共和国成立后的教科书，除统编教材被收入《人民教育出版社书目（1950—1999）》外，其他皆未进行过书目控制，本研究填补了这项空白。《综录》收录的书目纵贯百年中小学全科教科书，其中"大跃进"和"文化大革命"时期的地方教材及2000年新课标教材均为国内首次收录，该书目是迄今为止最全的教科书书目。

（2）全新编排方式。《综录》按照"学段—学科—出版者版本—出版时间"的顺序排列。这是目前教科书书目中从未采取过的编排方式。

中小学教材因其鲜明的特点不能照搬已有图书书目的编写方式。一般图书以作者、书名、出版社、出版年份为主要标识信息。而教材的识别，要基于它的教育学特征，包括学段、年级、科目，并且鉴于教材一般是成套系的，年段之间有衔接问题，版次之间的修订变化版本信息也尤为重要。《综录》以"学段—学科—出版者版本—出版时间"为排序线索，分类更清晰、合理，满足图书馆学和教科书研究者的检索需求，更易把握百年教材发展线索和某套教材的整体信息。

学段：分为小学、中学两部分，但不再细分初小、高小，初中、高中，以便尽可能完整地呈现教科书的套系状态。

学科：基本按照《中国图书馆分类法》的类目内涵和顺序排列。例如，德育学科包括修身、公民、品德、政治、经济等，生物学科包括植物、动物、博物、生理卫生等。这种学科名称的变化一般是相同内容在不同历史阶段的不同称谓，统编在一起能较连贯、贴切地反映各时期教科书发展的进程。

出版者版本：如"商务印书馆版""中华书局版""人民教育出版社版""北京师范大学出版社版"等，采取这种排列方式可以在一个出版者下较集中地体现各时期教科书的套系状况、系列名称变化、科目名称变化。例如，在"自然"学科的"商务印书馆版"下，可以按时序的排列看到此学科名称由格致到自然、常识、理科的变化，有时并行存在，有时交替出现；还可以呈现"最新教科书""共和国教科书""新学制教科书""复兴教科书"等套系的变化。如此，也更贴近教材研究者关注的角度。

出版时间：出版者的排列顺序按其现存版本中最早的出版时间先后排列，同一出版者的出版物按其初版时间先后排列。

（3）全新撰写内容提要。《综录》条目除了参照《中国文献编目规则》规定的标准化著录格式所作的载体描述，揭示每套教材的书名、编著者、出版年、版次、册数、页码、开本尺寸等，还为每册教科书撰写了内容提要。内容提要旨在更加直观、明确地为研究者提供教材的主要内容、特点，也使检索更加准确、便捷。例如，现有的清朝末年、民国时期的教材书目仅揭示教材的版本状况，本书目增加了内容提要，揭示教科书文献的来源依据、审定情况、内容体例、语言呈现形式等。撰写内容提要是本项研究最具特色的创新之处，不仅开创了教科书编目工作的新模式，还为后续教科书研究打下了更扎实的研究基础。

3. 修订完善我国第一个"中国百年中小学教科书全文图像库"，便于快捷、有效地检索教科书相关内容；部分研究填补相关领域研究的空白。

研究工作的开展主要基于文献法，而部分教科书已成为"文物"级别的出版物，借阅、浏览几乎不可能，因此，要保证众多研究人员在同一时间都可以便捷地阅览一手文献需要创新的方法。借助信息化手段，人民教育出版社此前已经花费大量人力物力，将百年教科书文献资料在系统分类编目的基础上进行了电子化处理，建立了"中国百年中小学教科书全文图像库"，在研究群体内实现了资源共享，这也是本研究得以完成的重要基础。该图像库是目前全球最大、最全的中国百年中小学教科书全文图像库，且仍在进一步的完善过程中。

《珍本图鉴》子课题研究中的不少研究填补了相关领域研究的空白。例如，上编确定的三个专题"中小学教科书出版业发展状况""中小学教科书管理制度""中小学教科书装帧设计"，虽已有少量研究资料，但欠缺集中、深入的探讨、研究，跨越百年时间的纵向研究更是未见。尤其是清朝末年、民国时期中小学教科书出版业发展状况和中小学教科书装帧设计研究填补了该领域研究的空白。

中国百年教科书的整理与研究，工作浩繁庞杂，项目全体人员付出了艰辛的努力。尽管我们在项目研究成果的基础上进一步开展了修订工作，但其中错漏之处一定仍有不少，敬请读者批评指正！

目 录

第一编 概 述   1

引言   3

第一章 我国中学生物学课程发展史略   5
一、19世纪中叶—1902年，中学生物学课程的孕育阶段   7
二、1902—1912年，清朝末年中学生物学课程的探索   7
三、1912—1949年，民国时期的中学生物学课程   8
四、中华人民共和国成立以来的中学生物学课程   11
  （一）中华人民共和国成立初期——学习苏联   12
  （二）改革开放、探索自己的课程模式   16
  （三）21世纪初的中学生物学课程   18

第二章 百年中学生物学教科书发展概述   22
一、清朝末年中学生物学教科书发展概要   22
二、民国时期中学生物学教科书发展概要   24
  （一）民国初期（1912—1922）   25
  （二）民国中期（1922—1937）   28
  （三）民国晚期（1937—1949）   31
三、中华人民共和国成立以来中学生物学教科书发展概要   32
  （一）中华人民共和国成立之初（1949—1951）   33
  （二）学习苏联经验时期（1952—1957）   34
  （三）"大跃进"时期（1958—1961）   35

（四）调整时期（1962—1965）	36
（五）"文化大革命"时期（1966—1976）	37
（六）拨乱反正时期（1977—1980）	38
（七）20世纪80年代（1981—1989）	40
（八）20世纪90年代（1990—2000）	42
（九）21世纪初期（2001年至今）	46

第二编　清朝末年的教科书　51

第三章　清朝末年的中学生物学教科书（1902—1912）　53

一、本阶段的社会背景　53
　　（一）政治背景　53
　　（二）文化科技背景　54
　　（三）生物学学科发展与在中国传播的背景　56
　　（四）教育发展与改革背景　61
二、本阶段课程概要　63
　　（一）学制、本学科课程设置与课程标准　63
　　（二）教科书制度　63
三、本阶段教科书概貌　64
　　（一）教科书出版总体情况　64
　　（二）教科书的总体特点　64
　　（三）有影响的代表性人物、出版机构和出版的教科书介绍　64
四、代表性教科书　70
　　《普通教育植物学教科书》　70
　　《普通教育动物学教科书》　74
　　《中等博物教科动物学》　77
　　《中学生理教科书》　81

《最新中学教科书植物学》 83
《最新中学教科书动物学》 86
《最新中学教科书生理学》 88
《实验植物学教科书》 90
《中等格致课本卷一（上、下）动物》 93
《中等格致课本卷二上论植物》 97
《新编生理学问答》 98

第三编　民国时期的教科书 101

第四章　民国初期的中学生物学教科书（1912—1922） 103

一、本阶段的社会背景 103
（一）政治背景 103
（二）文化科技背景 104
（三）教育发展与改革背景 109

二、本阶段课程概要 110
（一）学制、本学科课程设置与课程标准 110
（二）教科书制度 111

三、本阶段教科书概貌 112
（一）教科书出版总体情况 112
（二）教科书的总体特点 114
（三）有影响的代表性人物介绍 114

四、代表性教科书 116
《实用主义植物学教科书》 116
《中学新撰动物学教科书》 122
《实用教科书生理卫生学》 125
《共和国教科书植物学》 129

《共和国教科书动物学》　　　　　　　　　　　133

《民国新教科书生理及卫生学》　　　　　　　136

第五章　民国中期的中学生物学教科书（1922—1937）　　140

一、本阶段的社会背景　　140

（一）政治背景　　140

（二）文化科技背景　　141

（三）教育发展与改革背景　　144

二、本阶段课程概要　　146

（一）学制、本学科课程设置与课程标准　　146

（二）教科书制度　　147

三、本阶段教科书概貌　　148

（一）教科书出版总体情况　　148

（二）有影响的代表性人物介绍　　153

四、代表性教科书　　155

《现代初中教科书动物学》　　155

《现代初中教科书生理卫生学》　　158

《新学制高级中学教科书公民生物学》　　164

《复兴初级中学教科书植物学》　　168

《初中动物》　　171

《复兴初级中学教科书生理卫生学》　　176

《复兴高级中学教科书生物学》　　178

第六章　民国晚期的中学生物学教科书（1937—1949）　　183

一、本阶段的社会背景　　183

（一）政治与文化背景　　183

（二）教育发展与改革背景　　183

二、本阶段课程概要 184

三、本阶段教科书概貌 185

四、代表性教科书 188

《初中实用植物学》 188

《初中实用动物学》 191

《初中实用生理卫生学》 196

《开明新编高级生物学》 200

第四编　中华人民共和国成立后的教科书 203

第七章　中华人民共和国成立之初，选取与改编中学生物学教科书（1949—1951） 205

一、本阶段的教育发展与改革背景 205

二、本阶段课程概要 206

三、本阶段教科书概貌 206

（一）教科书出版总体情况 206

（二）教科书的总体特点 207

（三）有影响的代表性人物介绍 207

四、代表性教科书 208

《初级中学植物学课本》 208

《初级中学动物学课本》 211

《初级中学生理卫生课本》 217

第八章　学习苏联经验，编写中学生物学教科书（1952—1957） 221

一、本阶段的教育发展与改革背景 221

二、本阶段课程概要 222
　　（一）学制 222
　　（二）课程设置 223
　　（三）教学大纲 224
　　（四）教科书制度 226
三、本阶段教科书概貌 226
　　（一）教科书出版总体情况 226
　　（二）教科书的总体特点 228
　　（三）有影响的代表性人物介绍 228
四、代表性教科书 229
　　《初级中学课本植物学》 229
　　《初级中学课本动物学》 236
　　《初级中学课本生理卫生学》 243
　　《初级中学课本人体解剖生理学》 248
　　《初级中学课本卫生常识》 254
　　《高级中学课本达尔文主义基础》 257
　　《高级中学课本人体解剖生理学》 261
　　《初级中学课本植物学》 265
　　《初级中学课本动物学》 271

第九章 "大跃进"的政治形势下，继续编写中学生物学教科书（1958—1961） 276

一、本阶段的教育发展与改革背景 276
二、本阶段课程概要 276
　　（一）学制 276
　　（二）课程设置 276
　　（三）教学大纲 277

三、本阶段教科书概貌 277
　　（一）教科书出版总体情况 277
　　（二）教科书的总体特点 280
　　（三）有影响的代表性教科书总体介绍 280
　　（四）有影响的代表性人物介绍 280
四、代表性教科书 281
　　《初级中学课本生理卫生》 281
　　《高级中学课本生物学》 286
　　《中学课本生物学》 291
　　《初级中学课本生理卫生》（全一册） 296

第十章　总结经验教训，编写中学生物学教科书（1962—1965） 300

一、本阶段的教育发展与改革背景 300
二、本阶段课程概要 302
　　（一）学制 302
　　（二）课程设置 302
　　（三）教学大纲 302
　　（四）教科书制度 304
三、本阶段教科书概貌 304
　　（一）教科书出版总体情况 304
　　（二）教科书的总体特点 305
　　（三）有影响的代表性教科书总体介绍 305
四、代表性教科书 306
　　《初级中学课本植物学》 306
　　《初级中学课本动物学》 311
　　《初级中学课本生理卫生》 315

第十一章　拨乱反正，编写中学生物学教科书（1977—1980） 319

一、本阶段的教育发展与改革背景 319

二、本阶段课程概要 320

（一）学制 320

（二）课程设置 321

（三）教学大纲 321

（四）教科书制度 322

三、本阶段教科书概貌 323

（一）教科书出版总体情况 323

（二）教科书的总体特点 323

（三）有影响的代表性人物介绍 324

四、代表性教科书 325

《全日制十年制学校初中课本生物全一册》（试用本） 325

《全日制十年制学校高中课本生物全一册》（试用本） 329

《全日制十年制学校初中课本生理卫生全一册》（试用本） 334

第十二章（上）　调整学制、课程，编写中学生物学教科书——编写全日制六年制、五年制中学生物学教材（1981—1983） 339

一、本阶段的教育发展与改革背景 339

（一）确立教育在现代化建设事业中的战略地位 339

（二）加强教育法制建设，保障教育改革和发展 339

（三）"三个面向"的教育发展方针 339

（四）教育体制改革的全面启动 340

二、本阶段课程概要 340

（一）学制 340

（二）课程设置　　341

　　（三）教学大纲　　342

　　（四）教学内容　　344

三、本阶段教科书概貌　　345

　　（一）教科书出版总体情况　　345

　　（二）教科书的总体特点　　346

　　（三）有影响的代表性教科书总体介绍　　346

　　（四）有影响的代表性人物介绍　　347

四、代表性教科书　　347

　　《初级中学课本植物学全一册》（试用本）　　347

　　《初级中学课本动物学全一册》（试用本）　　354

　　《初级中学课本生理卫生全一册》（试用本）　　361

　　《高级中学课本生物全一册》　　365

第十二章（下）　调整学制、课程，编写中学生物学教科书——编写两种教学要求的高中生物学教材（1984—1989）　　372

一、本阶段的教育发展与改革背景　　372

二、本阶段课程概要　　372

　　（一）学制　　372

　　（二）课程设置　　372

　　（三）教学大纲　　373

三、本阶段教科书概貌　　373

　　（一）教科书出版总体情况　　373

　　（二）有影响的代表性教科书总体介绍　　374

　　（三）有影响的代表性人物介绍　　374

四、代表性教科书　　374

《高级中学课本生物（甲种本）全一册》（试用） 374

　　《高级中学课本生物（乙种本）全一册》（试用） 379

第十三章　根据高中教学计划调整意见和生物学教学大纲（修订本）编写高中生物学教材（1990—1995） 386

一、本阶段的教育发展与改革背景 386

　　（一）国家教委1990年3月颁发《现行普通高中教学计划的调整意见》 386

　　（二）《现行普通高中教学计划的调整意见》中关于调整的说明 387

　　（三）高中生物学教学内容的调整 387

二、本阶段课程概要 389

　　（一）课程设置 389

　　（二）教学大纲 389

　　（三）教学内容 391

三、本阶段教科书概貌 391

　　（一）教科书出版总体情况 392

　　（二）有影响的代表性人物介绍 392

四、代表性教科书 392

　　《高级中学课本生物（全一册）（必修）》 392

　　《高级中学课本生物（全一册）（选修）》 397

第十四章（上）　实施义务教育，编写义务教育和高中生物学教科书——编写义务教育初中生物学教材（1986—2000） 403

一、本阶段的教育发展与改革背景 404

二、本阶段课程概要 404

　　（一）学制 404

（二）课程设置　　404

二三、本阶段教科书概貌　　405
　　（一）教科书出版总体情况　　405
　　（二）教科书的总体特点　　407
　　（三）有影响的代表性人物介绍　　407

四、代表性教科书　　407
　　《义务教育三年制初级中学教科书（实验本）生物》　　407
　　《义务教育四年制初级中学教科书（实验本）生物》　　421
　　《九年义务教育三年制初级中学教科书生物》与《九年义务教育四年制初级中学教科书生物》　　423

第十四章（下）　实施义务教育，编写义务教育和高中生物学教科书——编写与义务教育教材配套的高中生物学教材（1996—2002）　　424

一、本阶段的教育发展与改革背景　　424
　　（一）教育发展及规划　　424
　　（二）课程计划调整背景及内容　　426

二、本阶段课程概要　　427
　　（一）学制　　427
　　（二）课程设置　　428
　　（三）教学大纲　　428

三、本阶段教科书概貌　　430
　　（一）教科书出版总体情况　　430
　　（二）教科书的总体特点　　431
　　（三）有影响的代表性教科书总体介绍　　432
　　（四）有影响的代表性人物介绍　　433

四、代表性教科书　　434

《全日制普通高级中学教科书（试验本）生物》　　434

第五编　结论　　453

第十五章　中学生物学教科书百年变迁再回顾　　455

一、内容选择上的变与不变——教科书比较价值在其中　　455

（一）清朝末年与20世纪80年代中学植物学教科书的内容比较　　455

（二）清朝末年与20世纪80年代中学动物学教科书的内容比较　　458

（三）清朝末年与20世纪80年代中学生理卫生教科书的内容比较　　460

（四）生物学学科发展迅速的分支学科内容在百年教科书中变化显著　　462

二、内容的组织与呈现——越来越多地考虑学习心理　　464

三、百年变迁中，教科书编写中的借鉴国外与立足国情　　465

四、教科书是文化传承的载体　　466

（一）教科书要体现主流文化意志　　466

（二）教科书既受社会文化影响又影响社会文化　　467

五、教科书在继承中发展　　469

参考文献　　470

后记　　472

第一编　概述

引 言

教科书是最重要的课程资源，历来是课程和教学研究的聚焦点之一。教科书是一面观察社会的多面镜，是一个社会理想的寄托所在[①]。教科书的发展历史，是浓缩的社会政治史、经济史、文化史、教育史和科技史，对它进行研究具有多方面的意义。

在我国，中学生物学教科书的发展历史已超过百年。在中学生物学教科书的百年发展历史中，每个阶段都各有特点，都能给我们很多启示。

教科书（英文为 textbook）是教材，但不等于教材。教材是"教学材料的简称"，指教学过程中教师用来与学生交流的所有物品，包括教科书、讲义、教学指导书、学生作业材料、多媒体课件等。教科书是教材的核心部分，但它比教材所指的范围要小。教科书是"教课用图书"的简称，又叫课本，韦氏大词典对 textbook 的解释是：用于科目学习的书（在英文中这个词最早出现于 1779 年[②]）。教材的出现比较早，如秦汉时已有识字课本"字书"，汉灵帝熹平四年（175 年）开始刊刻石经作为标准课本[③]。而普遍采用教科书进行教学是 19 世纪中叶以后[④]。

教科书的产生与"学科课程"这一课程形态的诞生密切相关。学科课程发轫于 15 世纪，一直持续至今，其代表是"科目主题"的课程和教学。学科课程的教育目的，由古代培养"和谐"发展的人转向培养大量的社会工业化所需要的劳动力，关注学生走出学校后需要的实用技能。随着学科课程的发展，出现了课程的分科形式。由于知识量迅速增加但教学时间却有限，需要对知识进行甄别、选择和重新组织，由此逐渐发展出教科书。可见，教科书不是自古就有，

[①] 毕苑. 建造常识：教科书与近代中国文化转型[M]. 福州：福建教育出版社，2010：1.

[②] Merriam-Webster incorporated. Merriam-Webster's Collegiate Dictionary [M]. 10th ed. Massachusetts: Merriam-Webster incorporated, 2001: 1216.

[③] 陈侠. 课程论[M]. 北京：人民教育出版社，1989：37-51.

[④] 陈桂生. 变化中的"教科书观念"——"教科书"解读[J]. 全球教育展望，2006，33（11）：37-42.

更不是自古就作为"一课之本"的，其出现和发展，都与学科发展和教育目的演变有密切的关系。

19世纪中叶以后，我国陆续有一些生物学教科书译本出现。目前可以追溯到的最早的中学生物学教科书是1859年由韦廉臣（A. Williamson）、李善兰合译，墨海书馆出版的《植物学》。当然，那时的中学生物学教科书主要是在教会学校使用，社会影响很有限。

早期的生物学课程内容主要是传统的动物形态结构类群、植物形态结构类群等，具有浓厚的博物学色彩。那时的教科书很多已经淹没在历史的风尘里，但可从我国在19世纪末20世纪初翻译的一些相关教科书中依稀看到它们的背影。例如，白纳（Burnet）著，黄英译，商务印书馆1905年出版的《最新中学教科书动物学》的内容有：动物学总引、原生动物、多孔动物、腔肠动物、棘皮动物、蠕形动物、软体动物、节足动物、脊椎动物等。

中学生物学课程在我国真正设立和中学生物学教科书在我国广为采用，是1902年《钦定中学堂章程》颁布之后的事情。清政府在1902年颁布的《钦定中学堂章程》中，规定了在中学堂第一年到第四年都开设博物课程，博物课的内容包括植物学、动物学、生理卫生和矿物学[1]。同年，虞和寅编辑的《博物学教科书》在上海理科书社出版，这是最早一批由中国学者自己编辑的生物学教科书。

回望这一百多年来的教科书发展历程，从19世纪中叶传教士将生物学教科书传入我国，到国人自己系统引入欧美和日本的中学生物学教科书，再到自编生物学教科书，宛如看到一个人从蹒跚学步到昂首阔步的成长足迹。中华人民共和国成立之后，中学生物学教科书建设也走过了一条充满曲折艰辛、不断改革和探索的道路。这百年的历程犹如一条历史长河，时而急转奔腾，时而舒缓平静。托克维尔（Alexis de Tocqueville）曾说："如果过去不能照亮未来，人心将在黑暗中徘徊。"对一百多年来中学生物学教科书发展历程的整理、研究，可以使我们在探讨中学生物学教科书的编写和使用等问题时拥有更多历史的镜鉴，减少主观臆断或盲从造成的失误。

要追溯中学生物学教科书的历史，需要溯及中学生物学课程的诞生。

---

[1] 课程教材研究所. 20世纪中国中小学课程标准·教学大纲汇编：生物卷[G]. 北京：人民教育出版社，2001：1.

第一章 我国中学生物学课程发展史略

16世纪，自然科学逐渐从人文科学中独立出来。在自然科学各学科中，生物学是独立比较晚的一门学科。"Biology"作为一个名词出现于1800年，而生物学真正走向独立和统一，是19世纪中叶的事情①。

古代的学校课程主要是人文方面的，基本上没有自然科学的课程内容。随着自然科学的发展，科学教育也相应地逐渐发展起来。17—18世纪，延续千年的以人文教育为主的课程发生了重大变化，自然科学被引进了学校课程，一些学校开设了物理学、化学、动物学、植物学等自然科学课②。但到18世纪末，给予学生一些科学训练的学校仍为数甚少③。19世纪中期之后，生物学课程逐渐在中学广泛开设。例如，1859年，英国有不少中学开设了植物学等课程；1893年，美国高中的课程规划中，生物学的课程内容就有动植物区系、植物学（或动物学）、解剖学和生理卫生④。

在古希腊文化的鼎盛时期，曾出现了泰勒斯（Thales）、苏格拉底（Socrates）、亚里士多德（Aristotle）、阿基米德（Archimedes）等一大批学者、科学家。那时，在东方，正值中国春秋战国文化的兴旺年代，曾涌现出孔子、墨子等一批著名的思想家、教育家。到秦汉时期，我国就已经有了数学、天学、地学、农学和医学等学科的雏形，但是中国传统科学的发展都由于某些社会历史事件而中断或转向⑤。因此，在中国深厚的传统文化中，尽管也不时有着或大或小的科学发现，也有一定的科学知识的积累，但却未能孕育出现代科学。可见，对

---

① 恩斯特·迈尔. 生物学思想发展的历史［M］. 涂长晟等译. 成都：四川教育出版社，2010：71-79.
② 李方. 课程与教学基本理论［M］. 广州：广东高等教育出版社，2002：53.
③ 马骥雄. 外国教育史略［M］. 北京：人民教育出版社，1991：239-240.
④ 谭永平. 中学生物教科书的历史追溯与现实透视［J］. 教育科学论坛，2008（4）：11-14.
⑤ 董光璧. 21世纪的科学与中国［J］. 中国社会科学院研究生院学报，2001（5）：42-45.

19世纪与20世纪之交的我国来说,生物学作为一门学科,其主体内容无疑是由西方传入的,最初的生物学课程的设置和发展,也多受西方国家影响。我国生物学课程起步和发展的早期,受西学东渐带来的影响是本质性的。自19世纪中叶起,我国的生物学教育、生物学课程和教科书,从无到有逐渐发展起来。

我国近现代中学教育制度,可以认为始于1902年《钦定中学堂章程》的颁布和施行。在《钦定中学堂章程》中,设有"博物",这是当时对生物学课程的称呼。由此开始算起,一百多年来,教科书的变化既有"革命性"的巨变,如中华人民共和国成立后编写的教科书和中华人民共和国成立前的相比就是这样;也有改良性质的"渐变"的积累,甚至多数时候是渐变。中华人民共和国成立后,1979—2000年中学生物学教科书的演变历程,叶佩珉先生已有全面的论述[①]。

周美珍教授在《生物教育学》一书中,将我国1902—1990年生物学课程设置的历史分为六个阶段[②]。

1902—1922年,生物学课程的起始阶段;

1922—1949年,生物学课程的初创阶段;

1949—1958年,生物学课程的初步发展阶段;

1958—1966年,生物学课程的巩固发展阶段;

1966—1978年,生物学课程深受摧残的阶段;

1978—1990年,生物学课程恢复和深入改革阶段。

周美珍教授对我国生物学课程发展历史的上述划分,得到业内许多人士的认可。本处仅为概述我国中学生物学课程的百年历史,在后文分阶段阐述我国百年中学生物学教科书的历史时,还要再结合课程发展的历史阶段展开,我们主要依据课程与教科书变革的关键节点来作划分。

---

① 叶佩珉. 生物学课程教材改革探索[M]. 北京:人民教育出版社,2002:231-232.
② 周美珍. 生物教育学[M]. 杭州:浙江教育出版社,1992:48-53.

一、19世纪中叶—1902年，中学生物学课程的孕育阶段

1839年，以英国传教士马礼逊（Morrison）名字命名的"马礼逊学堂"成立。在这所学校所设的课程中，有国文、英文和算术，后增代数、几何、地理、历史、生理、音乐等。马礼逊学堂开创了教会在华办学的先声，这可以看作我国学校教育最早接触生物学课程内容的事件。此后，许多教会学校都设有生理学、生物学。例如，北京最早（1864年成立）的教会学校贝满（Bridgman）女校（现北京166中学），开设了科学初步、生物等科学课程[①]。但是，当时教会学校的教学内容带有浓厚的宗教色彩和神学观点，使用的是外国教材，也由外国人执教。因此，严格地说，在当时，生物学课程并没有真正进入我国学校的课程设置。到19世纪末，在洋务运动中（或受其影响）建立的一些新式学堂的课程中设有生物学课程。例如，张之洞创办的两湖书院（1902年改为湖北高等学堂，即普通高中）在1898年设置的9门课程中，就有一门为"博物"；湖北自强学堂（1902年改为方言学堂）1898年开设的8门课程中，有一门为"理科"，该课程包括生理学和格致学等[②]。

二、1902—1912年，清朝末年中学生物学课程的探索

清朝末年，一部分先进的中国知识分子认识到了中国的落后，开始有意识地去学习西方先进的科技文化知识；同时，被西方"坚船利炮"狠狠教训了的清王朝统治者也认识到，不来一番改革，"天朝大国"行将难保。这样，自然科学课程得到了重视[③]。光绪二十八年（1902年），清政府为了实现"中学为体，西学为用"，颁布了《钦定中学堂章程》，规定博物为中学课程之一。

博物学曾被称为自然史，其内容包括植物、动物、生理卫生、矿物等。《钦定中学堂章程》中规定，中学第一年至第四年开设"博物"，其中第一年为"动

---

① 陈景磐. 中国近代教育史[M]. 北京：人民教育出版社，1979：61.
② 江山野. 世界中学课程设置博览[M]. 长春：吉林教育出版社，1989：103-104.
③ 靳玉乐，杨红. 试论文化传统与课程价值取向[J]. 西南师范大学学报（哲学社会科学版），1997（6）：62-67.

物状",第二年为"植物状",第三年为"生理学",第四年为"矿物学"。1904年颁布的《奏定中学堂章程》中,明确阐述了:博物,其植物当讲形体构造,生理分类功用;其动物当讲形体构造,生理习性特质,分类功用;其人身生理当讲身体内外之部位,知觉运动之机关及卫生之重要事宜;其矿物当讲重要矿物之形象性质功用,现出法、鉴识法之要略[①]。《奏定中学堂章程》中还规定:凡各科课本,须用官设编译局编纂,经学务大臣奏定之本;其有自编课本者,须呈经学务大臣审定,始准通用。

1902—1912年,是我国中学生物学课程的起始阶段,生物学课程由此正式进入了中学的教学计划。关于各科教科书的编辑出版,当时采用国定制和审定制并行的办法,教科书的共同特点是:大多数由外国中学教科书翻译或编译而来,国人自编教科书采用的也多是外国的资料;科学知识反映了当时先进国家的水平,其中采用的许多名词术语与现在的有一定差异;文体都为文言,有的甚至全无标点,行文多简练扼要[②]。

三、1912—1949年,民国时期的中学生物学课程

1912年,中华民国成立。当时颁布的《中学校令施行规则》《中等学校课程标准》中,都规定了要开设博物学课程。课程内容与1902年的规定基本相同,但提出了开设实验。例如,在《中学校令施行规则》中规定:"博物要旨在习得天然物之知识,领悟其中相互关系及对于人生之关系。博物宜授以重要植物、动物、矿物、人身生理卫生之大要,兼课实验[③]。"生物学课程开设实验的明确规定由此开始。

1922年,北洋政府对旧学制进行改革,全国教育联合会组织了"新学制课程标准起草委员会"草拟中小学课程纲要,次年公布了《新学制课程标准纲要》,初中将物理、化学、生物合为自然科学。初中自然科第一段以生物为

[①③] 课程教材研究所. 20世纪中国中小学课程标准·教学大纲汇编:生物卷[G]. 北京:人民教育出版社,2001:1-2,4.
[②] 叶佩珉. 生物学课程教材改革探索[M]. 北京:人民教育出版社,2002:7-9.

主，其他各科为辅。高中课程分必修和选修，公共必修为科学概论。高中生物学必修包括普通植物学和普通动物学，均为一学期授毕，要求"注重讨论与实验，一学期内至少作郊外练习八次，以代实验室内所作之课"[①]。这一次制定的新学制课程标准，相当大的程度上移植了美国当时的做法，这也是我国第一次制定以现代教育科学为理论依据的、体系较为严整的中小学各科课程标准，其中生物学课程的设置也比较合理。由此开始，我国中学阶段分为初中阶段和高中阶段。

虽然这一时期颁布的课程标准内容并不是十分详细，但考虑到这一次的课程改革在我国中学生物学课程发展的历史上具有转折意义，故详细转述。

新学制课程标准纲要　初级中学自然课程纲要
胡刚复起草　委员会复订

（一）目的

1. 使知自然界的现象及其相互关系，以培养基本的科学知识。
2. 使知自然界与人生的关系。
3. 使知主要的自然律。
4. 使知利用自然的方法。
5. 养成研究科学的兴趣。

（二）内容和方法

自然科包括动植物，矿物，理化学，天文，气象，地质等科而言！既为一科，自然互相联络；不宜划分畛域。但为便利教授起见，采用混合方法；亦不能漫无统序。就各科性质上言，自然科学之中，生物与理化较其他各科为重。混合方面亦不得不分主辅。兹将分段混合方法列举如下：

第一段以生物为主，其他各科为辅

第二段以物理为主，其他各科为辅

[①] 课程教材研究所. 20世纪中国中小学课程标准·教学大纲汇编：生物卷[G]. 北京：人民教育出版社，2001：8.

第三段以化学为主，其他各科为辅

第四段以理化为主，其他各科为辅

主辅分量比例由三与一至二与一。

每段分量各占全部四分之一。

其理由有三。（一）就学生理解上言，生物学最易解，物理的变化次之；化学的变化又次之。而抽象及系统的自然法则又次之。故四段分授最为适宜。（二）就现定中学全部学科分配而说，自然科共占十六学分。时间上无论如何支配，皆以四段分法为最便。（三）就现在师资而言，新制初步，教员多由旧制师范出身；其能兼授生物理化者，颇不易得，全部混合，恐生阻碍。不如分段混合之，较易实行。综上理由，以分段混合为优。但于教授上欲收圆满之结果，似应偏重归纳方法。前三段多举实例，以引起学生对于自然界现象之兴趣。后一段参用演绎方法，并注意系统的研究，以引入自然界基本的抽象观念。

（三）毕业最低限度的标准

（子）能为简易之实验，以解释日常生活之科学原则。

（丑）对于天然界事物，须有较正确之观察能力。

新学制课程标准纲要
高级中学第二组必修的生物学课程纲要
秉农山起草

（一）普通植物学

1. 授课时间及学分。每周授课三小时，一学期授毕，共三学分。
2. 教材。用王兼善中学植物学教科书。
3. 说明。本学程注重讨论与实验，一学期内至少作郊外练习八次，以代实验室内所作之课，遇天气温和植物繁茂时行之，以便学生练习，观测，绘图，及采集标本等事。

（二）普通动物学

1. 授课时间及学分。每周授课三小时，一学期授毕，共三学分。

2. 教材。用丁文江中学动物学教科书。

3. 说明。本学程注重讨论与实验，一学期至少作郊外练习八次，以代实验室内之课，于春秋天气温和时行之。

此后，国民政府先后在1929年颁布暂行课程标准，1932年颁布正式课程标准。其中生物学课程的内容主要以1923年课程标准的框架为基础。1932年颁布的中学课程标准中，规定初中开设植物学、动物学和生理卫生。在该课程标准中，对植物学、动物学、卫生课分别列出目标、时间支配和教材大纲等项目。就课时而言，植物学和动物学均为每周2课时，一学年学完；卫生课每周讲解和实验各1课时，共学三学年。由课时分配可以看出，初中阶段，生物学课程占有相当重要的位置。1932年颁布的中学课程标准中，规定高中开设卫生课和生物学，其中，卫生课在第一学年下学期学习，每周2课时；生物学在第一学年学完，每周5课时（其中包括每周2课时的实验），此外，还要举行数次郊外采集活动[①]。

1936年，国民政府颁布了初中植物学、动物学、生理卫生以及高中生物学课程标准，在1932年相应课程标准的基础上作了一些调整。1941年，国民政府将1936年颁布的初中植物学与动物学课程标准合并为《初级中学博物课程标准》，对1936年颁布的生理卫生和高中生物学课程标准也作了修正。

四、中华人民共和国成立以来的中学生物学课程

钟启泉从课程政策的角度，将中华人民共和国成立以来课程变革的历史划分为以下三个阶段[②]。

完全中央集权型阶段——1949年到20世纪80年代中期；

以中央集权型为主，中央集权与地方集权并行的阶段——20世纪80年代中

[①] 课程教材研究所. 20世纪中国中小学课程标准·教学大纲汇编：生物卷 [G]. 北京：人民教育出版社，2001：28-48.

[②] 钟启泉. 课程与教学概论 [M]. 上海：华东师范大学出版社，2004：48-49.

期到20世纪90年代末期；

中央集权、地方集权与学校自主型相结合的阶段——20世纪90年代末期开始至今。

对探讨具体的学科课程而言，从是否"中央集权"的政策层面解读会给我们以启示。需要注意的是，在"文化大革命"时期，应该没有课程的中央集权，负责全国统一教学大纲和教材编写的人民教育出版社被解散。

从中华人民共和国成立至今，我国生物学课程经历了多次变革，并且其中也不乏波折，可大致分为以下三个阶段。

（一）中华人民共和国成立初期——学习苏联

1949年12月23日，中央人民政府教育部召开了第一次全国教育工作会议，这次会议提出的教育改革的基本方针是：以老解放区新教育经验为基础，吸收旧教育有用经验，借助苏联经验，建设新民主主义教育。这一方针具体地规定了教育改革的步骤和方向，对这一时期的课程改革起到了直接的指导作用[1]。然而，在实际执行中，人们在认识上出现了偏差，主要表现在全面地学习苏联的教育经验。尽管在最初的三年中，中小学课程教材还基本保持了民国时期以及老解放区的经验和特色，但是，随后，苏联教育体系成为占据我国主导地位的教育体系。就中小学课程体系而言，苏联课程体系的特点是：课程以学科为中心；学科再不断加以分化，如生物学再分为动物学、植物学、生理卫生，甚至还有苏联色彩浓厚的"达尔文主义基础"；重视自然科学课程，物理、化学、生物占据了课程表上的大部分课时；注重学术人才的培养，具有较重的学术化倾向[2]。

1950年到1952年，生物学课程的设置发生了明显的变化。表1-1概略总结了1950—1952年我国中学生物学课程设置情况。

---

[1] 课程教材研究所. 新中国中小学教材建设史（1949—2000）研究丛书：生物卷[M]. 北京：人民教育出版社，2010：75.

[2] 叶澜. 课程改革与课程评价[M]. 北京：教育科学出版社，2001：59-60.

表 1-1　1950—1952 年我国中学生物学课程设置情况[①]

教学计划		科目	每周课时							
			初中				高中			
年份	名称		第一学年	第二学年	第三学年	三年总计	第一学年	第二学年	第三学年	三年总计
1950 年	中学暂行教学计划（草案）	自然	4	1		200				
		生物						4		160
1952 年	中学教学计划（草案）	生物 植物	3			108				
		动物		3		108				
		生理卫生			2	72				
		达尔文理论基础						2		72

　　在这一时期，生物学课程总体是比较受重视的。一方面，课程所包括的生物学分支学科的内容比较多，无论是"自然"还是"生物学"，都包括植物、动物、生理卫生等内容；另一方面，生物学所占课时比较多。从生物学课程的内容看，在改造国民政府时期旧课程的基础上而建立起来的新的生物学课程，有明显的模仿苏联课程的痕迹，甚至有生搬硬套的现象。例如，1951 年颁布的《初中自然课程标准草案》（包括植物学、动物学、生理卫生学）中，在"自然的改造"这一条目下，明确列出了米丘林（I. V. Michurin）的工作和成就，以及李森科（T. D. Lysenko）对米丘林学说的发展等内容；在高中阶段，开设"达尔文主义基础"代替"生物学"，在 1951 年颁布的《高中达尔文学说基础课程标准草案》中，结合达尔文进化理论的内容，安排了"19 世纪俄国的进化论者""米丘林学说是达尔文主义的发展者"等内容。1952 年颁布的《中学生物学教学大纲（草案）》中规定，在初中一年级到三年级开设植物学和动物学，在高中一年级开设人体解剖生理，在高中二年级开设达尔文主义基础。在达尔文主义基础中，也突出了米丘林学说，明确地提出"米丘林学说是生物科学发展的更

---

① 叶佩珉. 生物学课程教材改革探索 [M]. 北京：人民教育出版社，2002：18.

高阶段"[1]。"教学大纲"一词，自此年出现之后，一直在中学生物学教育界沿用至2001年。

1953年起，国家开始执行第一个国民经济五年计划。为使中学教育能够适应经济建设的需要，1953—1957年的五年中，国家先后颁发了5个中学教学计划。1956年，国家颁布了中华人民共和国成立后第一套中学各学科教学大纲，共15种，以草案或修订草案的形式公开发行。1956年颁布的《中学生物学教学大纲（修订草案）》中规定，在高中一年级开设人体解剖生理，在高中二年级开设达尔文主义基础。人体解剖生理部分，明确规定伟大的苏联科学家巴甫洛夫（I. P. Pavlov）是高级神经活动学说的创始人，要求讲"巴甫洛夫的条件反射学说"；在达尔文主义基础中，仍然突出了米丘林学说的地位，明确提出"米丘林学说是生物科学发展的更高阶段"[2]。1957年，国家颁布《关于中学历史、地理、物理、生物等科教科书的精简办法》，将1957—1958学年的动物、植物、人体解剖生理学的内容进行精简，以"减轻学生学习负担"，克服教师"赶进度"、学生"囫囵吞枣"的现象，从而提高教学质量。总体上看，这一时期的中学生物学课程，受苏联的影响是全面而深刻的。

1958年，教育部颁发了《关于1958—1959学年度中学教学计划的通知》，提出加强劳动教育，强调了生物学学科的实验、实习、参观和课外小组活动；调整了包括生物学课程在内的7个学科的设置和课时数安排，生物学课程调整为初中一年级学习植物学（每周3课时）、初中二年级学习动物学（每周3课时）、初中三年级学习生理卫生（每周2课时）、高中一年级学习生物学（每周3课时），原高中阶段开设的人体解剖生理学和达尔文主义基础取消，相应内容分别在初中生理卫生和高中生物学中讲授[3]。1958年及随后的几年里，"大跃进"和"教育革命"对中学教育有较大的冲击，其中表现最明显的是"学制要缩短"和"停课大炼钢铁"等。

1961年，中共中央批转了中央文教小组《关于1961年和今后一个时期文化教育工作安排的报告》。这个报告规定，文化教育工作必须贯彻执行"调整、巩

---

[1][2] 课程教材研究所. 20世纪中国中小学课程标准·教学大纲汇编：生物卷[G]. 北京：人民教育出版社，2001：134-163，171-206.

[3] 叶佩珉. 生物学课程教材改革探索[M]. 北京：人民教育出版社，2002：24.

固、充实、提高"的方针，要总结经验教训，提高教育质量。为落实"调整、巩固、充实、提高"八字方针的要求，《全日制中学暂行工作条例》于1963年颁布。该条例对中学课程的重大问题作了一些原则性的规定：在课程设置方面，规定全日制初级中学开设语文、数学、外语、政治、生物和生产知识等14门课程，全日制高中开设语文、数学、外语、政治、生物、劳动等11门课程；在课程结构方面，明确规定了高中阶段在保证学好必修课程的基础上，可以根据实际情况开设农业科学技术、制图、历史文选、逻辑等选修课程；在教科书制度方面，规定全日制中学的教学必须依据教育部统一规定的教学计划、教学大纲和教科书进行。这些规定，对中学生物学课程产生了深远的影响。1963年5月颁布的《全日制中学生物教学大纲（草案）》规定，生物课包括植物学、动物学、生理卫生和生物学，植物学在初一开设，讲授一学年，每周2课时；动物学在初二上学期开设，讲授一学期，每周2课时；生理卫生在初二下学期开设，讲授一学期，每周2课时；生物学在高中二年级开设，讲授一学年，每周2课时。需要注意的是，高中生物学课程中，在"生物的遗传和变异"条目下，不再只讲米丘林理论，而是将孟德尔—摩尔根学派与米丘林学派的有关内容都作了安排。

总体上看，从1958年到1963年的课程演变过程中，生物学课程的课时数和开设的年级数都在减少。在1963年颁布的教学大纲中，初中每周的课时数减少为1958年时的一半，高中每周的课时数也减少为原来的1/3。

这一时期，我国生物学课程内容从中华人民共和国成立之初的全面照搬苏联的课程模式，逐渐转变为依据国情在苏联课程模式基础上适当修改。但是，到"文化大革命"之前，我国生物学课程内容依然有深刻的苏联课程的烙印。

1966年5月，"文化大革命"开始，由此开始的10年中，中学生物学课程和其他学科的课程一样，受到政治运动的严重影响。许多省市的生物学课程被取消，改为开设农业基础课，其中生物学基础知识和基本实验技能的内容量相当少。这段时期内，一般由学校或师生自定课程，自选教学内容，自编教材进行教学。许多教材体系混乱，政治说教气氛浓厚，有许多内容在今天看来是荒唐的。

（二）改革开放、探索自己的课程模式

随着"文化大革命"的结束，1978年，教学秩序恢复。这一年颁布的《全日制十年制中小学教学计划试行草案》是"文化大革命"后制定的第一个全国统一的教学计划。它规定全日制中小学学制为10年（小学5年，初中3年，高中2年），中学开设语文、数学、外语、生物、生理卫生等14门课程。这一年颁布的《全日制十年制学校中学生物教学大纲（试行草案）》中规定，初中的教学内容主要是生物个体发育和系统发育的基础知识及其在实践上的意义，包括生物体的基本结构、生物的构造和功能、生物多样性、生物与环境的关系、生物的进化等；高中的教学内容主要是阐明关于生命本质的基础知识及其在实践上的意义，包括生命的基本特征（生命的物质基础、生命的结构基础——细胞、新陈代谢、生殖和发育、调节和控制、遗传和变异）、生命的起源、生物科学研究的现代成就和展望。在高中的"遗传和变异"条目下，已经完全删除了"文化大革命"前教学大纲中一直存在的米丘林学说的内容。初中生物在初一开设，共64课时；高中生物在高二开设，共30课时。同年颁布的《全日制十年制学校中学生理卫生教学大纲（试行草案）》规定，该课程开设在初中二年级和初三上学期，共48课时，内容包括人体概述、人体八大系统、新陈代谢、青春期生理卫生和爱国卫生运动等主题。根据相应教学大纲编制的"文化大革命"之后的全国通用中小学教材，在编制过程中得到邓小平同志的关怀和亲自指导。在当时中国特定的历史条件下，大纲的颁布以及这套教材的出版和使用，对提高教学质量、稳定社会秩序起到了重要作用。

1980年颁布的《全日制十年制学校中学生物教学大纲（试行草案）》和《全日制十年制学校中学生理卫生教学大纲（试行草案）》，是在1978年大纲的基础上略加修订而形成的，在教学内容上作了一定的补充和调整。例如，1978年大纲中的"调节和控制"包括植物激素的作用、动物激素和神经系统的作用；1980年大纲中的相应内容修订为"生长发育的调节和控制"，包括植物激素（生长素类、细胞分裂素）和动物激素（高等动物的激素、昆虫激素）。在确定教学内容的原则阐述上，1978年大纲中的"坚持无产阶级政治挂帅"，到1980年大

纲中则改为"结合本学科特点进行思想政治教育"①。

1983年，教育部决定适当调整高中数学、物理、化学、生物、外语等学科的教学内容，实行两种教学要求，即较高要求和基本要求。1985年颁布的《高中生物教学纲要（草案）》对基本要求内容和较高要求内容分别进行了阐述。与此精神相适应，人民教育出版社编写了几个科目的体现较高要求的甲种本和体现基本要求的乙种本两种教材，1985年秋季开始供应。

1986年4月，第六届全国人民代表大会第四次会议通过颁布了《中华人民共和国义务教育法》，提出国家实行九年义务教育。同年12月，国家教育委员会（简称国家教委）颁布了《全日制中学生物学教学大纲》。

1986年颁布的《全日制中学生物学教学大纲》中规定，生物学的内容分为初中阶段和高中阶段两部分，初中一年级学习植物学、二年级学习动物学；高中阶段的主要内容包括三部分：有关细胞的内容、有关生物个体的内容和关于生物界的内容。生理卫生的教学安排，在同年颁布的《全日制中学生理卫生教学大纲》中另行规定。

1986年7月，国家教委成立了制定义务教育教学大纲的领导小组，并决定委托人民教育出版社起草各学科教学大纲。1988年初，国家教委印发了《九年制义务教育全日制初级中学生物教学大纲（初审稿）》。该教学大纲规定："义务教育阶段的生物学课程内容包括植物；细菌、真菌、病毒；动物；人体生理卫生；生物的遗传、进化和生态5部分内容②。"这样，就改变了以往将生物学和生理卫生分别用不同的教学大纲进行规定的状况，确立了以义务教育阶段和高中阶段来设计生物学教学大纲的格局。在征求各方意见后，国家教委于1992年6月颁发了《九年义务教育全日制初级中学生物教学大纲（试用）》，从1993年秋季开始实施。在教材编写方面，国家教委1988年5月召开教材规划会议，正式确立了"一纲多本"和"多纲多本"的改革方向。在随后的几年中，义务教育阶段出现了8套教材。但是，其中多套教材只在教材出版者本省使用，影响有限，人教版教材仍然占据着市场的主要位置。2000年，在对1992年教学大纲进行修订的基础上，教育部颁布《九年义务教育全日制初级中学生物教学大纲（试用

---

①② 课程教材研究所. 20世纪中国中小学课程标准·教学大纲汇编：生物卷[G]. 北京：人民教育出版社，2001：239-271，332.

修订版)》。

从高中来看,国家教委于1990年3月印发了《现行普通高中教学计划的调整意见》,调整意见建议该教学计划的实施分两个步骤进行:首先在部分有条件的地区试点,即从1990年9月入学的高中一年级新生开始实施;然后在其他地区实施,即从1991年9月入学的高中一年级新生开始实施。同年,《全日制中学生物学教学大纲(修订本)》颁布,该大纲涉及的教学内容包括初中一年级植物学、初中二年级动物学、高中二年级的生物必修课以及高中三年级选修课(包括生理卫生和生物学两部分)等内容。这一次修订的教学大纲,明显的变化之处是将高中生物学课程分为高二年级必修和高三年级选修。

1994年到1996年,国家教委对教学大纲进行了调整,1996年5月,颁布了《普通高中新课程方案》。这一年,《全日制普通高级中学生物教学大纲(供试验用)》颁布。该大纲规定,必修课内容包括绪论(生物的基本特征、生物科学新进展、高中生物课学习的要求和方法)、生命的物质基础、生命的基本单位——细胞、生物的新陈代谢、生命活动的调节、生物的生殖和发育、遗传和变异、生物的进化、生物与环境、生态环境的保护等内容;选修课内容包括绪论(设课目的、学习内容)、人体生命活动的调节和免疫、光能利用和生物固氮、微生物与发酵工程、细胞与细胞工程、遗传与基因工程、生态环境及其保护等内容。人民教育出版社编制了相应的教材,1997年秋季在两省(山西省、江西省)一市(天津市)试验,随后,稳步扩大到全国使用。2000年,修订过的《全日制普通高级中学生物教学大纲(试验修订版)》颁布;2002年,去掉"试验修订版"字样的《全日制普通高级中学生物教学大纲》颁布。

综观这一时期的中学生物学课程,是在改革开放中探索自己的课程模式,既继承传统,又在借鉴、改革中发展,成就显著。

(三)21世纪初的中学生物学课程

早在1996年6月至1997年年底,国家教委就组织了中央教育科学研究所和6所师范大学的课程专家,对1993年秋季在全国施行的九年义务教育课程的实施状况进行调研。

1998年开始,教育部组织专家进行了国际课程比较研究,起草了《基础教育课程改革纲要(试行)》,研制了各学科国家课程标准,编写了相应的教材。

2001年,《全日制义务教育生物课程方案(实验)》《全日制义务教育生物课程标准(实验稿)》颁布,中华人民共和国成立后的第八次课程改革("新课改")正式启动。2001年9月,根据该课程标准编写的教材开始在全国38个实验区使用。随后,实验范围逐年扩大,至2006年,义务教育阶段生物学新课程全面铺开。

与以往的教学大纲相比,《全日制义务教育生物课程标准(实验稿)》提出了3大理念:面向全体学生、提高生物科学素养、倡导探究性学习。关于科学素养,课程标准提出:生物科学素养是指参加社会活动、经济活动、生产实践和个人决策所需的生物科学概念和科学探究能力,包括理解科学、技术与社会的相互关系,理解科学的本质以及形成科学的态度和价值观。这是从未来社会公民素养的角度阐述生物科学素养。

从课程目标来看,课程标准从知识、能力、情感态度价值观3个维度提出了课程的目标。知识目标关注生命科学基础知识的学习、理解及应用。能力目标关注科学探究能力的提高。情感态度与价值观目标关注科学精神的养成,关注生物学观点、科学态度和辩证唯物主义世界观的养成。

从内容看,该课程标准改变了传统的植物学、动物学、生理卫生、遗传进化、生态等分科模式的课程内容结构,构建了突出人与生物圈的知识体系,由生物圈中的绿色植物、生物圈中的人、生命在生物圈中的延续和发展等10大主题组成,10大主题依次为:"1. 科学探究""2. 生物体的结构层次""3. 生物与环境""4. 生物圈中的绿色植物""5. 生物圈中的人""6. 动物的运动和行为""7. 生物的生殖、发育和遗传""8. 生物的多样性""9. 生物技术""10. 健康地生活"。

《全日制义务教育生物课程标准(实验稿)》还突出了科学探究,倡导探究性学习、合作学习、自主学习的学习方式。

2011年,经修订的《义务教育生物学课程标准》颁布。该标准关注了生物学重要概念的学习,在10个一级主题之下,均增加了通过学习教师应帮助学生形成的生物学重要概念的内容。重要概念以描述概念内涵的形式进行阐释。例如,在"生物体的结构层次"的主题下,课程标准提出,教师应帮助学生形成以下的重要概念:细胞是生物体结构和功能的基本单位;动物细胞、植物细胞都具有细胞膜、细胞质、细胞核和线粒体等结构,以进行生命活动;相比于动物细胞,植物细胞具有特殊的细胞结构,如叶绿体和细胞壁;细胞能进行分裂、分化，以生成更多的不同种类的细胞用于生物体的生长、发育和生殖；一些生物由单细胞构成，一些生物由多细胞组成；多细胞生物体具有一定的结构层次，包括细胞、组织、器官（系统）和生物个体。

修订后的课程标准在具体内容中，增加了动物类群的内容要求。实验稿中的要求是：概述无脊椎动物类群（如环节动物、节肢动物等）的主要特征以及它们与人类生活的关系；概述脊椎动物类群（如鱼类、鸟类、哺乳类等）的主要特征以及它们与人类生活的关系。在修订后的课程标准中，有关要求为：概述无脊椎动物不同类群（如腔肠动物、扁形动物、线形动物、环节动物、软体动物、节肢动物等）的主要特征以及它们与人类生活的关系；概述脊椎动物不同类群（鱼类、两栖类、爬行类、鸟类、哺乳类）的主要特征以及它们与人类生活的关系。

初中生物学课程标准修订时，对课程性质、目标行为动词、实施建议等也作了一些调整。

2003年3月31日，教育部颁布了《普通高中新课程方案（实验）》和《普通高中生物课程标准（实验）》。

《普通高中生物课程标准（实验）》提出了高中生物学课程的基本理念：提高生物科学素养、面向全体学生、倡导探究性学习、注重与现实生活的联系。在课程设计思路上，必修划分为分子与细胞、遗传与进化、稳态与环境3个模块；选修划分为生物技术实践、生物科学与社会、现代生物科技专题3个模块。必修是生物科学的核心内容，选修是为满足学生多样化发展的需要而设计的。

高中生物学课程的目标，也是从知识、能力、情感态度价值观3个维度提出的。

新一轮高中生物学课程改革于2004年秋季在广东省、山东省、海南省和宁夏回族自治区进行实验；2005年秋季，江苏省开始进行实验；2006年秋季，浙江省、安徽省、福建省、辽宁省和天津市也开始进行实验，由此实验省（直辖市、自治区）扩大到10个。2007年进入高中课程改革的省市再增加5个——黑龙江、吉林、北京、陕西和湖南。到2010年，高中新课程在全国全面铺开。

在教科书的编制方面，课程研究机构、大学、教研部门等多家单位和数十家出版社已经涉足教科书的编写出版；在教科书的选用方面，情形也是多样而复杂。

课程建设是一项复杂的系统工程。在历史上,课程是文化发展到一定历史时期的产物,文化与课程彼此渗透、交互作用。在文化变迁的历史长河中,价值观念处于核心地位,因此,面向新世纪价值观念的变革会影响文化、课程的建设与发展。

现代科学技术的发展,促使人类社会的整体结构以及各个层面发生了深刻的变化,特别是科学技术的社会化,使得科学研究的对象由单一客体变为系统的整体。例如,研究课程,不仅要考察教育目标、学生水平,而且要考察一定时代科学技术的发展,政治经济的发展,一定的课程理论的影响,还要考察课程发展的历史传统,未来社会的需求以及国家教育方针政策、物质设备、师资水平等条件的制约。

在我国的课程发展历程中,借鉴国外经验的历史比较久远。清朝末年,生物学课程最初引进我国时,主要是借鉴甚至直接编译国外教材,国人自编的教科书采用的也多是外国的资料;民国时期则在许多时候是向美国学习,如1923公布的《新学制课程标准纲要》很大程度上是移植了美国当时的做法。中华人民共和国成立半个多世纪以来,在教育理论、教育思想方面,我们曾经深受凯洛夫(N.A.Kaiipob)教育思想的影响,也曾对这一思想批判地继承。进入新课改时代,我们又以舶来的建构主义、多元智能理论为指导理论。中华人民共和国成立之初,在生物学课程的编制方面主要是学习苏联;改革开放之后,我们在改革问题上,又常常以美国为参照。然而,历史经验告诉我们,发展教育必须将借鉴国际经验与尊重我国国情相结合,否则,很可能出问题。例如,1952年编写的生物学教科书中,只讲乌克兰大白猪、克斯特罗姆乳牛和米丘林遗传学说,这种脱离中国实际、盲目照搬国外的做法,已经被历史证明是不妥当的。一个国家教育的发展,除了受国外教育的影响,还会受制于本国的文化历史背景以及现实社会情况。由此可知,国家的学校课程在国际化的同时,还必须本土化。立足本国,既看到本国的传统,又看到本国的现实[①]。

我们看到,中学生物学课程的发展是一个渐进的过程。在其发展的过程中,受到了生物学学科本身发展的影响,同时也受到了整体课程发展等诸多因素的影响。

---

① 杨宝山. 对课程改革的几点认识[J]. 中小学校长, 2001(8): 11-14.

第二章　百年中学生物学教科书发展概述

1859 年，韦廉臣、李善兰合译、墨海书馆出版的《植物学》，是我国最早的中学生物学教科书之一。中学生物学课程在我国真正设立和中学生物学教科书在我国广为采用，是 1902 年《钦定中学堂章程》颁布之后的事情。《钦定中学堂章程》中规定，中学堂第一年到第四年都开设博物课程，博物课的内容包括植物学、动物学、生理卫生和矿物学[①]。同年，虞和寅编辑的《博物学教科书》在上海理科书社出版，这是最早一批由中国学者自己编辑的生物学教科书之一。

如果以 1902 年为起点，中学生物学教科书在我国的发展历程已经超过百年。这一百多年里，教科书的内容选择、插图设计、呈现方式等都发生了明显的变化。

一、清朝末年中学生物学教科书发展概要

18 世纪末，西方新兴的、引领近代工业文明的、拥有先进技术的资本主义国家的发展蒸蒸日上，清政府却在闭关锁国中满足于小农经济，维持着封建统治。到鸦片战争时，西方的炮舰轰开了清王朝的大门，当时的统治者仍在固守祖宗基业。不过，变革的种子已经萌芽。19 世纪末，清王朝的统治危机进一步加剧，内有农民起义和反抗，外有列强步步紧逼，不变革无以为继。当时的民族资产阶级维新派，为挽救民族危亡、发展资本主义，大力宣传西方民主政治，促进了中国人民的觉醒。清政府为维护风雨飘摇的封建统治，也不得不适应时代潮流，摆出学习西方进行政治改革的姿态，采取"预备立宪"等措施以图继

---

① 课程教材研究所. 20 世纪中国中小学课程标准·教学大纲汇编：生物卷［G］. 北京：人民教育出版社，2001：1.

续维持王朝统治。然而，当时清廷的立宪，主要目的是作姿态，一味拖延，结果拖到了改良派也转变为革命派。中国社会结构的变化，在清朝的最后十年迅速加剧。在这十年中，随着新政的开展，新的社会结构形成。社会结构的分化，已经为清王朝的灭亡挖掘好了坟墓。

1839年，由西方人主持的"马礼逊学堂"成立。在这所学校所设课程中，有国文、英文和算术，后增代数、几何、地理、历史、生理、音乐等。马礼逊学堂开创了教会在华办学的先声，这可以看作我国学校教育最早接触生物学课程内容的事件。此后，许多教会学校都设有生理学、生物学。但是，当时教会学校的教学内容带有浓厚的宗教色彩和神学观点，并且使用的是外国教材，也由外国人执教，国人子弟也并未普遍接受这些课程和教材。因此，严格地说，生物学课程当时并没有真正进入我国学校的课程设置。

19世纪末，在洋务运动中（或受其影响）建立的一些新式学堂中设有生物学课程。不过，这些学堂中的生物学课程仍没有形成什么影响力。

清末传教士在中国设立的学堂，因教学需要，翻译、引进了不少的教科书。当时比较著名的教会出版机构，如墨海书馆、美华书馆和广学会等，出版了一些教科书。系统引进西方教科书的是1877年成立的"学校教科书委员会"，也称益智书会，14年中，其自行编辑出版的、审定适合学校使用的教科书有48种、115册。19世纪60年代以后，洋务学堂为了应付西学课程的急需，在没有经过严格甄别和正规编制的情况下，临时仓促翻译了一些西方教科书。当时有组织的翻译机构主要是京师同文馆翻译处和江南制造局翻译馆。据载，短短的几年时间，同文馆师生共编译书籍20余种，而且还在馆设立了专门的印刷机构，以聚珍版刊行于世。同文馆的许多译书也被当时该馆和其他新式学堂作为教科书使用，如《格致入门》《化学阐原》《物理测算》《天文发轫》《星轺指掌》《算学课艺》和《全体通考》等。江南制造局翻译馆是19世纪中国官方最大的西书翻译出版机构。据《江南制造局译书提要》记载，至1909年，江南制造局共译书160余种，1 075卷。这些译书很多都被洋务学堂和新式书院选作教科书[①]。

清政府颁布新学制以后，各地建立了大量新式中小学堂，对教科书的需求

---

① 吴小鸥. 浸润与激荡——清末民国教科书对社会变革之影响[J]. 湖南师范大学教育科学学报，2007（5）：19-24.

也更加迫切。在这种情况下,从国家的教育机关到民间的出版社和书坊,以至于中小学堂自身,都编写、翻译了大量中小学生物学教科书。1902—1912年,有多种供中学堂学生使用的博物教科书出版。这些书当中,有的书名是博物学,有的是植物学、动物学、生理卫生,多数是日、美等国学者编写、国人翻译的,国人自编的非常少。事实上,直到民国初期,从外国直接翻译或编译的教科书仍占很大比例。早期的生物学教科书,在体例上还不是很规范,语言上多为浅近的文言,不利于生物学知识大面积迅速传播;在内容上,编译的教科书多采用外国的动植物进行说明,大多不适合中国国情。国人逐渐认识到了这些问题,在后来的自编教科书中不断改进,才有了适合中国国情的、利于更高效地传播生物学知识的现代生物学教科书。

从清朝末年教科书发展的情况看,一方面,教科书受当时的社会、经济、文化背景的影响;另一方面,它与社会发展是互动的,它虽然不能决定社会政治斗争、经济发展、文化变迁的成败,却反映和影响了人心,显示了社会变动的方向与矛盾起伏规律,成为社会生活中较为活跃的因素。教科书作为拥有全国最大受众市场的读本,不仅惠及各类学堂的学生,其思想内容还对社会产生辐射力,成为社会变革的重要影响因素。我们甚至可以这样说:在一定程度上,教科书是清朝末年和民国时期社会动荡、变革的策源地[1]。

二、民国时期中学生物学教科书发展概要

民国时期是中国教育近代化的转型时期,是中国近代自编教科书的奠基期。中小学教科书的近代化是民国教育近代化、乃至中国教育近代化的重要组成部分。民国时期,各科教科书在经历了清朝末年的经验积累后都有了蓬勃的发展,它在中国教育近代化的进程中承担着传承近代文明、涤荡陈旧传统、塑造新型国民的作用。参与教科书编辑出版工作的各民营出版机构在教科书审定制的鼓励下,也在教科书编辑出版的高质量、低价格方面贡献了时代的智慧。民国时

---

[1] 吴小鸥. 浸润与激荡——清末民国教科书对社会变革之影响 [J]. 湖南师范大学教育科学学报,2007(5):19-24.

期的教科书编写不仅继承了传统"经学"课本的优点、融合了西方教科书的科学因素，也为现代教科书的成熟提供了范本[①]。中学生物学教科书在民国几十年里，发展非常迅速。到20世纪30年代前后，出现了一批优秀的中学生物学教科书。其中有代表性的，有陈桢的《复兴高级中学教科书生物学》。

陈桢编著的《复兴高级中学教科书生物学》可能最能代表民国时期中学生物学教科书的成就，其再版次数近200次，足以说明该书的普及。它不仅在当时国内的高级中学被普遍使用至1954年，还流行于东南亚一带的华侨学校。不少著名的生物学家，如吴旻院士等，曾经谈道，他们的生物学知识就是从陈桢的生物学中自学获得的，也由此才产生了对生物学的浓厚兴趣。

以下我们将民国时期的教科书发展情况，分为民国初期、民国中期，民国晚期3个阶段来阐述。

（一）民国初期（1912—1922）

1911年10月10日夜里，武昌起义因偶然的因素触发。现在很多历史学者都说，这本是一场没有经过认真准备的起义，但是，却摧枯拉朽，推翻了裱糊下腐朽的王朝大厦。1912年1月1日，中华民国成立，以孙中山为首的资产阶级革命派满怀希望地想要建立一个"民主""共和"的资产阶级国家。孙中山认为：世界进化，随学问为转移。他清醒地看到，革命要成功，离不开学问；建设要成功，也离不开学问。

由于政体的变革，清政府所制定的"忠君、尊孔、尚公、尚武、尚实"的教育宗旨显然有悖于时代潮流，提出和颁布新的教育指导方针是关系到民国教育发展方向的全局性大事。中华民国临时政府成立之后，教育家蔡元培担任了第一任教育总长。在孙中山的整体规划下，蔡元培认为，教育的根本任务在于培养民众"完全之人格"，而要培养这样"完全"的人，必须坚持"五育并举"的教育方针。蔡元培曾对这"五育"进行了非常详细的阐释："军国民主义者，筋骨也，用以自卫；实利主义者，胃肠也，用以营养；公民道德者，呼吸机循环机也，周贯全体；美育者，神经系也，所以传导；世界观者，心理作用也，附丽于神经系，而无迹象之可求。此即五者不可偏废之理也。"蔡元培"五育并

---

① 李文慧. 民国时期中小学教科书发展研究［D］. 保定：河北大学，2005：1.

举"的教育方针成了民国初年资产阶级教育的宗旨所在,也直接影响了民初教科书的走向[①]。这是蔡元培根据自己在教育实践中形成的经验,吸取西方近代教育理论的滋养并针对当时社会对教育的要求及教育自身存在的问题而提出的,是对孙中山有关教育思想的丰富和发展,对民初教育改革有重大指导作用[②]。

蔡元培首先对清朝末年学部制定的教育宗旨展开了批判。清朝末年的教育宗旨为"忠君、尊孔、尚公、尚武、尚实",它反映的是半封建半殖民地社会的需求,也是"中体西用"思想的体现,仍然保留着浓厚的封建意识。蔡元培指出"忠君与共和体制不合,尊孔与信教自由相违",认为清朝末年的教育宗旨根本不能体现共和政体的要求,必须加以改变。蔡元培提出,专制时代教育与共和时代教育的最大不同,在于前者"教育家循政府之方针以标准教育,常为纯粹之隶属政治者",而后者"教育家得立于人民之地位以定标准,乃得有超轶政治之教育"。

中华民国1912年颁布的学制大体上还是沿用了清朝末年的旧学制,不过将各级学校的年限都稍加缩短。民国十一年(1922年),北洋政府对旧学制进行了改造:小学六年(初小四年,高小两年),中学六年(初中三年,高中三年),大学四至六年。民国十七年(1928年),政府对这个学制作了一些调整,但是,中小学的基本学制未曾变动。

1913年3月19日,中学的课程标准公布。课程标准规定开设"博物"学科,它的开设年级、教学内容和每周教学时数见表2-1[③]。

表2-1 1913年博物科目的设置情况

开设年级		教学内容	每周时数
第一学年	植物	普通植物之形态、分类解剖生理生态分布应用等之大要	3
	动物	普通动物之形态、分类解剖生理习性分布应用等之大要	

---

① 李文慧. 民国时期中小学教科书发展研究[D]. 保定:河北大学,2005:1.
② 王炳照,阎国华. 中国教育思想史:第六卷[M]. 长沙:湖南教育出版社,1994:26-27.
③ 课程教材研究所. 新中国中小学教材建设史(1949—2000)研究丛书:生物卷[M]. 北京:人民教育出版社,2010:12-13.

续表

开设年级	教学内容		每周时数
第二学年	**动物** **生理及卫生**	同前学年 人身之构造 个人卫生 公众卫生	3
第三学年	**矿物**	普通矿物及岩石之概要 地质学之大要	2

国民政府对清朝末年教科书是否可继续使用采取了分类处理的原则。中华民国成立之初，教育部即禁止使用清政府学部编撰的教科书，但允许民间编撰的教科书修改后使用。

1912年1月19日，新成立的中华民国教育部便通电各省颁发《普通教育暂行办法》，文件中有以下规定。从前各项学堂，均改称为学校。凡各种教科书务合乎共和民国宗旨。清学部颁行之教科书，一律禁用。凡民间通行之教科书，其中如有崇满清朝廷及旧时官职、军制等课，并避讳抬头字样，应由各该书局自行修改，呈送样本于教育部及本省民政司、教育会存查。如学校教员遇有教科书中不合共和宗旨者，可随时删改，亦可呈请民政司或教育会，通知该书局改正[①]。

1912—1913年，教育部陆续颁布了壬子学制、壬子癸丑学制，正式确立了在中国实施资产阶级学校教育的教育制度，进一步推进了中国教育的近代化以及教科书的现代化。国家教育行政机关制定各级各类学校的课程标准，编写教材与学校选取教材均以此为依据，政府机构只负责教科书审定。这种对教材的管理方法，有利于发挥各方面的积极性，在比较中竞争，提高教材质量。虽然个人编写的教材要求呈教育部审查，但是，实际上各地各校教材的使用国家难以掌握，教学质量的稳定难以保证。商务印书馆出版的教科书，由高梦旦、庄俞、傅运森、谭廉、杜亚泉、凌昌焕、邝富灼等编辑，包括小学、中学、师范各科用书，其中小学教科书在20年间再版300多次。中华书局出版的"中华教

---

① 舒新城. 近代中国教育史料：第二册[M]. 上海：中华书局，1928：37-38.

科书"也在全国广泛发行。之后,商务印书馆出版了"实用教科书""文体教科书"等;中华书局出版了"新制教科书""新编教科书""新式教科书"等。

具体到中学生物学教科书,这一时期和清朝末年相比,既有继承的部分,也有改革的部分。

1913年的《中学校课程标准》中增加了植物的生态分布、动物的分布、公众卫生等内容。这些都体现出民国初期蔡元培"五育并举"中的"实利主义教育"和"科学教育"。当时的教科书中也体现了这些教育思想,有关动植物应用的内容开始独立成章,而且篇幅大量增加。在1921年商务印书馆出版的《共和国教科书植物学》中,植物生态学开始独立成章。动物教科书也出现了不同于之前以动物分类为主线的体例,如1920年商务印书馆出版的《共和国教科书动物学》,分别讲授动物的形态、分类、解剖、生理、分布。另外,"尚实"是自编教科书的突出特点,所谓尚实,就是学以致用,学部具体规定:凡中小学所用教科书,宜浅近可行,具体可用;教员讲授以实物为标本,使学生知闻并进。

(二)民国中期(1922—1937)

1912年颁布的学制因中等教育阶段问题太多而备受争议。这一时期,国内改革学制的呼声越来越强烈。伴随着实用主义教育思潮在中国的传播,以及留美学生的大批回国并在教育界担任要职,"学习美国"成为当时教育界的潮流。教育部在1922年召集学制会议,商讨制定新学制。在中国教育界这场热烈的学制大讨论的推动下,壬戌学制终于诞生了。1922年,教育部公布《学校系统改革令》,即壬戌学制或称"新学制",将原来的"七·四"制,改为"六·六"制,取消了国民学校及高等小学名称,改为初小四年,高小二年;中学改为六年,分初级中学三年和高级中学三年[①]。中学阶段从此明确划分为初级中学和高级中学。

新学制的制定,触发了新教材的编写和出版。为了适应学制改革的需要和贯彻儿童中心的教育理论,几家大书局都出版了新学制教科书。例如,商务印书馆出版了"新学制教科书",中华书局出版了"新教材教科书""新教育教科

---

① 李文慧. 民国时期中小学教科书发展研究[D]. 保定:河北大学,2005:57.

书",世界书局出版了"新学制教科书",这些教科书体例新颖,有所创新。

在教科书制度建设方面,民国初年允许民间自由编纂教科书,教育部对教科书的使用进行审查。教育部早在1913年就设立了编纂、审查二处,但由于政局不稳,这两个机构也几经裁撤、重设和另外命名。作为民间团体的全国教育会联合会,对中国教育事业作出了贡献。从1915年开始,该会多次提出改革中小学校教科书的议决案。例如,1919年10月提出《中小学校教科书应即改编案》,建议各省区教育会或教育厅从速组织教材调查会;各省区教育会得设教科书编纂会等。这些意见和建议,推动了中央政府改革教科书和教科书编审制度化的步伐。

国民政府时期,国民政府对教科书的编审做了一些卓有实效的工作。

首先是相关法令的颁布与国立编译馆的成立。1927年开始,国民政府颁布了几个有关法律条例,涉及教科书审查事宜,强化教科书的审查。1929年1月教育部公布《教科图书审查规程》,修订《暂行教科图书审查办法》《审查教科图书共同标准》。《教科图书审查规程》第一条规定:学校所用之教科图书,未经国民政府行政院教育部审定或已失审定效力者,不得发行或采用。1932年年底,国民政府公布《中学法》和《小学法》,法令规定,中小学教科图书均应采用教育部编辑或审定者。1932年6月14日,国立编译馆正式成立,隶属于教育部,其职能是掌理教科图书及学术文化书籍的编译事务。国立编译馆一直存在到1949年。

其次是部编教科书的出版。1931年,国民党第四次全国代表大会讨论议定:中小学之教科书,应完全由教育部编印,中小学校应采用此项教科书,同时对于坊间所售之教本,中小学教育自编之讲义,一律禁止或取缔。这一政策实施后,到1937年前后,教育部就编纂出版了相当数量的教科书,其科目包括国语、历史、地理、算术、自然、几何、化学、矿物、生理卫生等,这是中国有自编教科书以来,由国家机构组织编写的较为系统的一批教科书。国立编译馆在抗战胜利后的几年间也编纂出版了一系列中小学教科书,数量不算很多,但科目比较成体系。

1926年,商务印书馆和中华书局分别出版了一套紧随1922年新学制的综合高中生物学教科书:《新学制高级中学教科书公民生物学》和《新中学教科书高级生物学》。这是最早出现的将植物、动物与人体生理卫生编制在一起的综合生物学教材。《新学制高级中学教科书公民生物学》分为上下两卷，上卷五编，下卷三编，总计八编：总论、食物与生命、生物之继续、生物之生活方法、生物之反应生活、生物之改良、人类之生活、人类与他种生物之关系。上卷五编大半重于实验室工作，下卷三编重于校外工作如采集、调查等。《新中学教科书高级生物学》内容更加系统，按照生殖、营养、遗传、进化、应用，分别讲植物、动物和人，从低等到高等，体系简明，质量较高。

  1922年到1929年，混合动植物学的初中生物学教材一直没有出现，1929年暂行课程标准又规定初中自然科兼采分科制和混合制两种，并且各给出了课程标准。除1931年中华书局出版的《新中学生物学》属混合初中教材外，初中教材没有走向综合，一直都是分科教材。相反，综合的高中教材在这之后如雨后春笋般涌现，而且逐渐成熟。

  1928年年底，国民政府形式上统一全国，这一年成为对国民党统治具有重大历史意义的年份。行政制度和意识形态都走向统一，"三民主义"中国的时代来临了。1928—1929年，许多出版机构都推出新教科书，迎接这个崭新的历史时期。在20世纪20年代末，中国教科书有了一段看似精彩的亮相。到1933—1934年，由于国内统治的相对稳定，国民政府"新生活运动"的积极开展，中国教科书在这个时段的发展又跃上一个新平台。这个跃进主要表现在商务印书馆推出的"复兴教科书"上。在当时的中国，"复兴教科书"可以说是自中国有教科书以来体系最庞大、科目最齐全的一套教科书，它是民国教科书发展史上的重要里程碑。这套书还尽可能详尽地涉及一些新科目，如实验课本（包括物理学实验、化学实验和生物学实验等），这是中国教科书发展历程中的新事物[1]。

  就中学生物学教科书而言，陈桢编著的《复兴高级中学教科书生物学》是这一时期乃至整个民国时期的杰出代表。该书是陈桢根据几百本当时出版的专业书籍、杂志，结合自己的研究论文著成。该书民国二十二年（1933年）出版，之后再版次数近200次，影响十分深远。

  《复兴高级中学教科书生物学》按照普通生物学的体系编写，包括细胞的结

---

[1] 毕苑. 中国近代教科书研究[D]. 北京：北京师范大学，2004：45-46.

构与功能、细胞分裂、生物类群、植物生理、动物生理、发育、遗传、进化等内容。该书内容丰富，全面介绍了当时的生物学基本理论和基本知识，尤其是有关遗传理论的阐述，简明、深刻，使学生能从这本教材的学习中对生物科学有全面的了解。书中内容注意反映生物科学的新进展，介绍深入浅出，如性别决定的基因平衡理论、中间性、性逆转等。该书十分重视生物学科学史素材的应用，在教科书正文中不时引用、渗透。在书后还附有生物学大事记，简要列出了从古希腊时期到 20 世纪实验生物学兴起各时期的重大事件。书中的实例，都尽量采用中国的资料，不照搬国外。该书的章节安排合理，文字流畅、图文并茂。

（三）民国晚期（1937—1949）

由于抗日战争的全面爆发，中国教科书的发展自 20 世纪 30 年代后期开始，呈现明显衰落趋势。教科书发展的衰落主要表现在出版频率减少和种类、数量的萧条上。全面抗战时期，汪伪政权下的"教育部编审会""教育总署编审会"在 1940 年前后出版了一系列教科书。这些教科书受到爱国抗日的中国人民的抵抗，没有推广开来。抗战时期，国民政府也比较重视教科书的编写，于 1932 年成立的国立编译馆在 1937 年前后推出了一套教科书。这套教科书数量不是很多，均由国立编译馆编纂，商务印书馆出版，主要是面向小学校的公民、国语、算术、自然等科目[①]。抗日战争时期，教科书的出版主要是由商务印书馆和中华书局完成的。但中华书局在 1937 年后分设工厂数所，后来改营印刷业，不注重出版。所以说，自抗日战争全面爆发到"珍珠港事变"，商务印书馆承担了后方中小学校用教科书出版的大部分任务。

抗战胜利后，1945 年 9 月，国民政府教育部召开全国教育善后复员会议。1947 年，国民政府教育部组织专家再次对中学课程进行全面改革，到 1948 年正式公布方案。根据 1948 年的这一方案，初一每周开设 3 课时的博物，初二每周开设 2 课时的生理及卫生，高中取消文理分科，在高一每周开设 3 课时的生物学。1947 年内战爆发，各地教育难有作为。这一课程标准未待实行，国民党政权就垮台了[②]。

---

① 毕苑. 中国近代教科书研究 [D]. 北京：北京师范大学，2004：47.
② 熊明安. 中国近现代教学改革史 [M]. 重庆：重庆出版社，1999：102-103.

就中学生物学教科书而言，民国末期出版的教科书很多是以前版本的再版。例如，曹非编、陈烈光参与编写，长沙分丰馆出版的《初中实用植物学》，1934年初版，1948年版本为第17版；曹非编、陈烈光参与编写，长沙分丰馆出版的《初中实用动物学》，1936年初版，1948年版本为第14版；曹非编、陈烈光和曾省斋参与编写，长沙分丰馆出版的《初中实用生理卫生学》，1928年初版，1948年版本为第17版。也有在1948年前后出版的教科书。例如，贾祖璋编，开明书店出版的《开明新编高级生物学》，1948年初版，1949年版本为第9版。

三、中华人民共和国成立以来中学生物学教科书发展概要

1949年10月1日，中华人民共和国成立，中国的教育事业掀开了崭新的一页。自1949年至2000年，除"文化大革命"时期外，人民教育出版社主持了各套中学生物学教学大纲和统编教材的编写。人民教育出版社根据不同历史时期国家教育行政部门颁发的学制、教学计划、生物学课程设置、生物学教学大纲的规定和要求，编写出版了各套生物学教材。中华人民共和国成立后的50年中，我国前后颁发了十多个教学计划、十多个生物学教学大纲（或课程标准），实行过多种学制，规定开设的生物学课程在设置上有很大变化。因此，人民教育出版社在不同历史时期编写出版的生物学教材，在教学目的、内容、要求、编排、印制、系列化等方面，具有不同的特点，充分反映出不同的时代特色。

需要指出的是，有人说中华人民共和国成立之后到2001年新课改之前，课程、教材一直是中央集权，一直是人民教育出版社垄断。实际上，这是与实际情况不符的。翻阅这并不久远的历史可知，在"文化大革命"之前几年，已经有多个版本教科书在使用。"文化大革命"期间，人民教育出版社被解散，各地自编教材。20世纪90年代，义务教育教科书出现了多种版本的局面。

在2001年开始的基础教育课程改革中，课程标准的制定由教育部委托专家组研制，教科书进一步多样化。但人民教育出版社仍是教科书编写的主力，人教版中学生物学教科书是使用面最广的教科书。

（一）中华人民共和国成立之初（1949—1951）

中国人民政治协商会议第一届全体会议制定和通过的《共同纲领》第五章第四十一条就对我国教育的性质、任务和发展方向进行了明确的规定："中华人民共和国的文化教育为新民主主义的，即民族的、科学的、大众的文化教育。人民政府的文化教育工作，应以提高人民文化水平，培养国家建设人才，肃清封建的、买办的、法西斯主义的思想，发展为人民服务的思想为主要任务。"

1949年12月23日至31日，教育部召开第一次全国教育工作会议，明确了改革旧教育的方针和步骤，确定了发展新教育的方向；提出教育必须为国家建设服务，学校必须为工农开门。

中华人民共和国成立后，中央决定教科书由国家统一组织编写和出版，即采取"国定制"。1949年10月，中共中央宣传部部长陆定一在全国新华书店第一届出版工作会议的闭幕词中就明确提出：教科书要由国家办，因为必须如此，教科书的内容才能符合国家政策，而且技术上可能印得好些，价格也便宜些，发行也免得浪费。他还指出：教科书对国计民生，影响特别巨大，所以非国营不可。1950年9月，出版总署召开全国出版会议，会上提出中小学教材必须全国统一供应的方针。据此，出版总署和教育部决定共同组建人民教育出版社。中央对成立编辑出版中小学教材的专业出版社极为重视，毛泽东主席亲笔题了社名。同年12月1日，人民教育出版社正式成立，出版总署副署长叶圣陶兼任社长、总编辑。

人民教育出版社刚成立时，由于编辑干部人员少，教材供应的时间紧迫，只能在已经出版的教材中选择比较好的教材加以修改，以及参考苏联中学生物学教材编译相应教材。这一时期，人民教育出版社修改、编译的中学生物学教材有以下几本。

《初级中学植物学课本》（上、下册），东北人民政府教育部编译，周建人、濮源澄校订，1950年原版为新华书店出版，后由人民教育出版社出版。

《初级中学动物学课本》（上、下册），周建人编，李沧、于观文助编，上册1950年原版，下册1951年原版，原版为新华书店出版，后由人民教育出版社出版。

《初级中学生理卫生课本》，林英、文彬如编，中央人民政府出版总署编审局修订，1949 年原版为新华书店出版，后由人民教育出版社出版。

这是人民教育出版社成立后出版的第一套全国通用中学生物学教材。

高中阶段广泛采用的是陈桢编写和修订的高中生物学课本。

（二）学习苏联经验时期（1952—1957）

在中华人民共和国成立之初全面学习苏联模式的时期，生物学教科书的编写也处在这样的时代大潮里。1952 年 10 月，教育部以苏联的中学生物学教学大纲为蓝本，制定了中华人民共和国成立后第一个《中学生物教学大纲（草案）》。在此教学大纲的指导下，参照苏联学校的教科书，结合中国的实际情况，人民教育出版社编写了全国通用的中学生物学教材，这是人民教育出版社编写出版的第二套全国通用中学生物学教材。

《初级中学课本植物学》（上、下册），方宗熙编，李沧助编，1952 年原版，人民教育出版社出版。

《初级中学课本动物学》（上、下册），方宗熙编，李沧助编，1952 年原版，人民教育出版社出版。

《初级中学课本生理卫生学》（上、下册），方宗熙编，李沧助编，1952 年原版，人民教育出版社出版。

《高级中学课本达尔文主义基础》（上、下册），方宗熙、王以诚编，1952 年原版，人民教育出版社出版。

这套中学生物学教材出版后很快就被修订：《初级中学课本植物学》上、下册合并为全一册；《初级中学课本动物学》上、下册合并为全一册；《初级中学课本生理卫生学》上、下册合并为全一册，并改书名为《初级中学课本人体解剖生理学》；《高级中学课本达尔文主义基础》上、下册合并为全一册。人民教育出版社还编写了《初级中学课本卫生常识》《高级中学课本人体解剖生理学》。

1956 年，《中学生物学教学大纲（修订草案）》颁布。大纲配合有以下几个文件：1956 年的《初级中学实验园地实习教学大纲（草案）》、1956 年的《关于 1956—1957 学年度使用中学生物学教学大纲（修订草案）植物学部分和植物学课本的说明》和 1957 年的《关于中学历史、地理、物理、生物等科教科书的精简办法》。1957 年，《关于制发 1957—1958 学年度中学教学计划的通知》颁布，通知提出，为了减轻学生负担和提高他们的学习质量，要精简教材内容，减少学科门类。

人民教育出版社再次根据教学大纲和有关文件要求，对这套全国通用中学生物学教科书进行修订。修订之后的出版情况如下。

《初级中学课本植物学》（上、下册），徐晋铭、李培实编，1957年第1版，人民教育出版社出版。

《初级中学课本动物学》，郑实夫、叶佩珉编，1958年第1版，人民教育出版社出版。

《初级中学课本生理卫生》（上、下册），人民教育出版社编，1958年第1版，人民教育出版社出版（该书为"大跃进"时期出版）。

《高级中学课本生物学》（上、下册），人民教育出版社编，1958年第1版，人民教育出版社出版（该书为"大跃进"时期出版）。

这套教材的总体特点是：（1）初中植物学、动物学课本，在体系安排上与1953年版的课本相比变化不大，但在内容的思想性与系统性、实验和实习的设置等方面，都有一定程度的改进；（2）整体结合中国实际更加密切；（3）在高中生物学课本中，关于遗传和育种的内容，仍然还是只讲米丘林学派，受苏联的影响仍然明显。

（三）"大跃进"时期（1958—1961）

1958年3月，教育部颁布了《关于1958—1959学年度中学教学计划的通知》。这个教学计划对中学课程作了调整，要求加强劳动教育，调整了部分学科设置和教学时数安排。关于生物学学科的调整，具体规定如下：初中一年级植物，初中二年级动物，都为每周3小时；初中三年级生理卫生，每周2小时；高中一年级生物学，每周3小时。原高中人体解剖生理学和达尔文主义基础两科取消，其主要内容将分别在初中生理卫生和高中生物学中讲授。

1958年，全国掀起"大跃进"高潮，当时的中小学教材被批判为"少慢差费""陈旧落后"。中共中央国务院和教育部通知，各地可以对教育部颁布的通用教材进行修订补充，也可以自编教材。"大跃进"中各地编写的教材大多受当时政治、社会变动影响，给教材内容贴"政治标签"，严重削弱了基础知识。1959年，根据中央指示，教育部组织编写新的全国通用中小学教材。1961年人民教育出版社编写出版了一套十年制教材，供少数实验学校使用，力图纠正

"大跃进"时期学制、课程、教材的混乱局面。这是人民教育出版社编写出版的第三套教材，出版情况如下。

《中学课本生物学》，分第一册、第二册、第三册，人民教育出版社编，均为1961年第1版，人民教育出版社出版。

《初级中学课本生理卫生》（全一册），人民教育出版社编，1961年第1版，人民教育出版社出版。

这套教材是十年制教材，是在学制由12年缩短至10年的背景下完成的。这套教材没有完全避免"大跃进"时期教材贴"政治标签"、系统性差等问题。

这一时期，各省市自编教材数量达几十本之多。很多出版社，如上海教育出版社、杭加湖人民出版社、福建人民出版社、北京出版社等都出版了自编教材。

（四）调整时期（1962—1965）

1961年2月，中共中央批转了中央文教小组《关于1961年和今后一个时期文化教育工作安排的报告》。文件规定：当前文化教育工作必须贯彻执行"调整、巩固、充实、提高"的方针，要总结经验教训，提高教育质量。根据"调整、巩固、充实、提高"八字方针，中学课程在总结经验教训的基础上，进行了一系列的调整和改革。1963年3月，中共中央发出《中共中央关于讨论试行全日制中小学工作条例草案和当前对中小学教育工作几个问题的指示》（以下简称《指示》），提出中小学教育是整个教育事业的基础，提高中小学的教育质量，是一项具有战略意义的任务。作为《指示》的附件，《全日制小学暂行工作条例（草案）》（简称"小学四十条"）、《全日制中学暂行工作条例（草案）》（简称"中学五十条"）对小学和中学的培养目标、教学工作、思想政治工作、生活管理、行政工作、党的工作等都作出了具体的规定。1963年7月，教育部发布了《关于实行全日制中小学新教学计划（草案）的通知》，同月颁发了《全日制中小学教学计划（草案）》。

根据上述文件的规定，在教学时数方面，初中生物课的每周时数，由8课时减为5课时，再减为4课时，也就是在6年之间减去了一半的课时；高中生物课的每周时数，由3课时减为2课时，也就是减去了三分之一的课时。在生物学课开设年级方面，初中生物课由连续开设3年，改为初中开设2年，相隔2

年后高中开设1年。

1963年5月，教育部颁布《全日制中学生物教学大纲（草案）》。1963年版的教学大纲比以前的教学大纲更加全面、详尽，并且有不少的改革特点，包括：注意加强基础知识；重视加强生物学基本技能的训练；贯彻理论密切联系实际的原则；选取的教学内容做到"中国化"；贯彻"百家争鸣"的方针，同时讲授两派遗传学理论；重视联系各地实际，要求编写乡土教材；强调通过基础知识的讲述，培养学生的辩证唯物主义观点。可以说，此教学大纲是生物学课程改革上的一项创举，意义是重大的，为编写符合中国实际的中学生物学教材提供了正确的依据。

根据上述文件，人民教育出版社在中宣部副部长张磐石、教育部副部长董纯才的领导下，开始编写十二年制中小学教材，这就是人民教育出版社编写出版的第四套全国通用生物学教材，包括以下书目。

《初级中学课本植物学》，人民教育出版社生物编辑组编，1963年第1版，人民教育出版社出版。

《初级中学课本动物学》，人民教育出版社生物编辑组编，1964年第1版，人民教育出版社出版。

《初级中学课本生理卫生》，人民教育出版社生物编辑组编，1964年第1版，人民教育出版社出版。

第四套全国通用生物学教材具有以下特点：（1）注意加强基础知识和基本技能训练；（2）理论密切联系实际，尤其是密切联系中国实际，克服了学习苏联经验而生搬硬套的弊病；（3）贯彻"百家争鸣"的方针，同时讲授两派遗传学理论；（4）通过基础知识的介绍，培养辩证唯物主义观点。

本阶段生物学学科的教科书以人民教育出版社生物编辑组编写的第四套全国通用生物学教材为主，同时各地根据教学大纲的要求，编写出版了乡土教材，以使中学生物学教材更好地适应我国地域辽阔、情况复杂的特点，弥补全国通用生物学教材可能存在的局限性。这一时期，北京出版社、辽宁人民出版社、甘肃人民出版社等都出版了自编教材。

（五）"文化大革命"时期（1966—1976）

1966年5月，"文化大革命"开始，至1976年结束。这是教育受到严重冲击的十年。

"文化大革命"一开始，全国通用的中学教材就被看作"封资修的大杂烩"，成为批判的对象，从此全国通用的中学教材被停止使用。接着，负责编写、出版全国中小学教材的人民教育出版社被撤销，全体人员下放到教育部五七干校劳动，接受考查。

1966年6月13日，中共中央、国务院批转教育部党组《关于1966—1967学年度中学政治、语文、历史教材处理意见的请示报告》。教育党组的报告中提出，发动师生揭发批判原有的教材。中央批示指出：目前中学所用教材，没有以毛泽东思想挂帅，没有突出无产阶级政治，违背了毛主席关于阶级和阶级斗争的学说，违背了党的教育方针，不能再用；教育部应该积极组织力量，根据党和毛主席有关教育工作的指示，重新编辑中学各科教材。

1967年10月，中共中央发出《关于大中小学复课闹革命的通知》，要求大、中、小学一律开学，一边进行教学，一边进行改革，逐步提出教学制度和教学内容的革命方案。那时，一般由学校或师生自定课程，自选教学内容，自编教材。

1968年，北京、上海等地教育部门组织力量编写暂用教材，1969年开始发行试用。不少没有编教材的地区采用北京、上海编的教材。

"文化大革命"期间，中学生物课被取消，许多省、市、自治区开设了农业基础课，由各地自编农业基础课教材，主要讲授"三大作物（稻、麦、棉）一头猪"，生物学基础知识和实验基本技能相关内容被大量削减。各地编写出版的教材，体系混乱，基础知识被严重削弱。

生物学课程从1966年被取消，直到12年后的1978年才得以恢复。"文化大革命"打乱了中学教学计划和课程设置，破坏了学校的正常教学秩序，搞乱了教学思想，冲散了教师队伍，图书仪器设备遭受很大损失，使中学教育陷入停滞状态。同整个中学教育事业一样，中学的课程教材建设受到严重冲击。

（六）拨乱反正时期（1977—1980）

"文化大革命"使我国教育系统遭受严重冲击，也给中小学课程教材建设事业造成巨大的损失。1976年10月，中共中央政治局采取果断措施，粉碎"四人帮"，全国各项工作逐渐进入全面恢复和发展时期。

1977年，邓小平复出，首先紧抓了教育战线的拨乱反正。他一开始就抓了中小学课程教材问题。1977年8月4日至8日，邓小平在北京主持召开了科学与教育工作座谈会，并做了影响中国教育乃至中国人命运的两件大事。第一件大事是恢复已经停止了十年的高考，另一件大事就是决定重新编印全国通用教材。根据邓小平同志的指示，教育部组成了由原人民教育出版社的主要编辑，以及从全国18个省、自治区、直辖市选借的大、中、小学教师和教育科学研究部门的教研人员构成的约200人的编写班子，以"全国中小学教材编写工作会议"的形式，开始草拟中小学各科教学大纲和编写全国通用的中小学教材，并成立了以教育部副部长浦通修为组长，由浦通修、教育部中学司司长肖敬若、人民教育出版社主要领导戴伯韬、叶立群、张玺恩等五人组成的"全国中小学教材编审领导小组"。领导小组集体研究确定中小学教材的编写方针和各科教材的编写原则，并领导制定各科教学大纲，遇重大原则问题报教育部党组审定。

"全国中小学教材编写工作会议"按学科设立政治、小学语文、中学语文、数学、英语、俄语、物理、化学、生物、历史、地理、体育共12个编写组。生物学学科教材编写组组长是叶佩珉。为编好"文化大革命"后第一套全国通用中小学教材，全国中小学教材编写工作会议期间，教育部聘请45位知名专家担任各科教材的编写顾问。这些顾问为中小学教材建设事业提出了许多建设性的意见。

1978年1月18日，经国务院批准，由全国中小学教材编写工作会议草拟制定的《全日制十年制中小学教学计划试行草案》由教育部颁发。该草案确定以十年制为中小学的基本学制，其中小学为五年，初中为三年，高中为两年。根据《全日制十年制中小学教学计划试行草案》，中学生物课教学内容分为初中和高中两个部分。初中主要讲授植物、动物和生物进化的基础知识，高中主要讲授遗传变异等基础知识。中学生理卫生课，在初中阶段讲授人体构造生理、青春期卫生知识和常见病多发病的预防。青春期卫生的内容各地可根据学生发育情况提前和移后讲授。在高中阶段，利用机动时间，以6课时左右，用讲座形式进行晚婚和计划生育教育。初中生物课于初中阶段六年级（初中一年级）开设，每周2课时，共64课时。高中生物课于高中阶段十年级（高中二年级）

上学期开设，每周 2 课时，共 30 课时。生理卫生课于初中阶段七年级（初中二年级）和初中阶段八年级（初中三年级）上学期开设，每周 1 课时，共 48 课时。

1978 年 9 月，十年制全日制中小学开始使用由教育部组织编写的全国通用教材。这套教材即人民教育出版社编写出版的第五套全国通用生物学教材。

本套教材共三本，包括初中两本和高中一本，具体书目如下。

《全日制十年制学校初中课本生物全一册》（试用本），中小学通用教材生物编写组编，1978 年 3 月第 1 版，人民教育出版社出版。

《全日制十年制学校高中课本生物全一册》（试用本），中小学通用教材生物编写组编，1978 年 11 月第 1 版，人民教育出版社出版。

《全日制十年制学校初中课本生理卫生全一册》（试用本），中小学通用教材生物编写组编，1978 年 3 月第 1 版，人民教育出版社出版。

这套全国通用生物学教材主要具有以下特点：（1）拨乱反正，尽力排除极"左"的影响；（2）强调基础知识教学，注重基本能力培养；（3）教材内容逐渐与国际接轨；（4）存在"深、难、重"等问题。

（七）20 世纪 80 年代（1981—1989）

1. 编写全日制六年制、五年制中学生物学教材（1981—1983）

1982 年制定的宪法，以国家根本大法的形式为新时期教育立法奠定了最高法律准则。1983 年 10 月，邓小平为北京景山学校成立 20 周年题词：教育要面向现代化，面向世界，面向未来。这就是著名的"三个面向"。"三个面向"指明了新的历史时期教育发展的战略方向。

在基础教育阶段教学计划和教学大纲的制定方面，该时期也有了一些新的变化。1979 年以来，学生的负担过重问题越来越突出。因此，需要采取改革学制、修改教学计划的办法来解决这个问题。教育部在 1981 年 4 月，编制、颁发了《全日制六年制重点中学教学计划试行草案》和《全日制五年制中学教学计划试行草案的修订意见》，并要求一般中学在 1985 年以前过渡为 6 年制。

1981 年颁发的全日制六年制、五年制中学教学计划，突出了中学阶段的基础教育性质，课程设置比较全面、科学、合理，并且规定高中开设选修课等，为 1986 年九年义务教育教学计划的制定奠定了较好的基础。

1981年的《全日制六年制重点中学教学计划试行草案》中指出：讲授生物体（植物、动物、人体）生长发育的规律和生物界发生发展规律的基础知识；培养学生掌握生物实验实习的基本技能。此外，文件还提出：人口教育在高中三年级上学期开设讲座，并在生理卫生、生物、地理等课内结合进行。

关于生物学课程的开设年级和课时，教学计划规定如下。

初中一年级开设植物学，每周2课时，共计64课时。

初中二年级开设动物学，每周2课时，共计64课时。

初中三年级开设生理卫生，每周2课时，共计64课时。

高中三年级（五年制在二年级）开设生物学，每周2课时，共计64课时。

这个教学计划规定的生物课，共开设4年，周课时为2课时，总课时为256课时。

人民教育出版社生物编辑室接受教育部的委托，于1981年下半年起草了中学生物学和生理卫生两个教学大纲的初稿。并且在1981年9月中旬，召开了中学生物学教材改革座谈会。座谈会讨论了中学生物学教材改革的方向和编写原则，对教学大纲初稿中各部分教学内容的安排，提出了修改意见。1981年年底，这两个教学大纲的征求意见稿发至全国各省、自治区、直辖市教育厅（局），并且在《生物学通报》杂志1982年第1、2期上发表，进一步广泛地征求生物教师、教研人员和有关同志的意见。

自1982年年初开始，人民教育出版社生物编辑室依据生物学和生理卫生两个教学大纲修改稿的基本精神及修改稿中确定的指导思想、编写原则和教学内容，编写了第六套全国通用的中学生物学教材，具体书目如下。

《初级中学课本植物学全一册》（试用本），李沧等编，1982年2月第1版，人民教育出版社出版。

《初级中学课本动物学全一册》（试用本），叶佩珉等编，1983年1月第1版，人民教育出版社出版。

《初级中学课本生理卫生全一册》（试用本），任树德等编，1983年1月第1版，人民教育出版社出版。

《高级中学课本生物全一册》，人民教育出版社生物编辑室编，1982年2月第1版，人民教育出版社出版。

这一阶段的初中植物学课本、初中动物学课本和初中生理卫生课本均对编排体系作了调整，编写方式也有所改革。高中生物学课本是在1978年版课本的基础上修改的，主要内容和编排体系没有大的变化。

2. 编写两种教学要求的高中生物学教材（1984—1989）

1983年，教育部提出高中生物课实行两种教学要求和采用两种教材。教育部于1985年颁发的《高中生物教学纲要（草案）》指出："基本要求的教学内容，适用于二年制和三年制高中。纲要中的授课时数，是按二年制高中和三年制高中的教学计划（每周2课时，共56课时）安排的，供教学时参考。较高要求的教学内容，由有条件的学校在保证学生学习基本要求前提下选用。"

根据相应要求，人民教育出版社对第六套教材进行了修订，形成了第七套全国通用教材。

第七套全国通用生物学教材是在1982年版《高级中学课本生物全一册》的基础上改编而成的，具体书目如下。

《高级中学课本生物（甲种本）全一册》（试用）（简称甲种本），人民教育出版社生物编辑室编，1985年1月第1版，人民教育出版社出版。

《高级中学课本生物（乙种本）全一册》（试用）（简称乙种本），人民教育出版社生物编辑室编，1985年1月第1版，人民教育出版社出版。

甲种本的教学内容、编排体系、程度深浅，基本上适合重点中学和条件较好的中学使用。乙种本比甲种本适当降低了程度和要求，但是，这两种教材的差距并不很大。乙种本不只是适当调整了教学内容，降低了程度，而是较好地体现了对高中生物课的基本要求，整本教材的脉络更加清楚，重点更加突出，对教和学的要求更加明确、具体，从而可以达到既减轻学生的学习负担，又提高生物学教学质量的目的。

（八）20世纪90年代（1990—2000）

1. 根据高中教学计划调整意见和生物学教学大纲（修订本）编写高中生物学教材（1990—1995）

1990年3月，国家教委颁发《现行普通高中教学计划的调整意见》，对1981年颁发的高中教学计划进行调整。调整后的课程结构由学科课程和活动两部分组成。学科课程采取必修课和选修课两种形式。活动包括课外活动和社会实践活动。相关文件规定，生物学学科在高二年级为必修课，每周 3 课时，授课总时数为 102 课时。与原教学计划相比，生物学学科的必修课时略有增加。

国家教委决定，调整后的高中教学计划和教学大纲将从 1990 年秋季开始实施，从高中一年级入学新生开始实行。具体到高中生物必修课，将从 1991 年秋季开始设课，并且使用人民教育出版社根据调整后的教学大纲编写的高中二年级生物必修课教材。接着，从 1992 年秋季开始，将开设高中生物选修课，使用人民教育出版社编写的高中三年级选修课教材。初中植物学、动物学和生理卫生三门课，将从 1990 年秋季开始根据调整后的教学大纲进行教学，但是，仍然使用原来的各种初中生物学教材。1992 年以后的生物学教学大纲版本，只保留高中生物学部分，初中执行《九年义务教育全日制初级中学生物教学大纲（试用）》。

人民教育出版社根据高中教学计划调整意见和生物学教学大纲（修订本）的要求，编写高中生物学教材。这是人民教育出版社编写出版的第八套全国通用教材，具体书目如下。

《高级中学课本生物（全一册）（必修）》，人民教育出版社生物自然室编，1990 年 10 月第 1 版，人民教育出版社出版。

《高级中学课本生物（全一册）（选修）》，人民教育出版社生物自然室编，1991 年 10 月第 1 版，人民教育出版社出版。

这套生物学教材的必修课本，包括细胞、生物的新陈代谢、生物的生殖和发育、生命活动的调节、遗传和变异、生命的起源和生物的进化、生物与环境 7 章。这样选取和安排的教学内容，比较符合高中生物学课程的教学目的，而且前后各章的教学内容具有密切的内在联系，比较符合循序渐进的原则，也比较符合由微观到宏观的发展顺序，即由细胞水平讲到个体水平再讲到生态系统。教材中的这些内容，可以使学生对生物界的自然面貌形成正确的认识，同时也可以使学生受到辩证唯物主义观点的思想教育。

2. 义务教育法实施后编写的我国首套初中生物学教材和与之相衔接的高中生物学教材（1989—2001）

1986 年 4 月 12 日，第六届全国人民代表大会第四次会议通过《中华人民共和国义务教育法》。义务教育法从1986年7月1日正式施行。义务教育法的颁布和实施，对教材的编写使用具有深远的影响。

1986年9月22日全国中小学教材审定委员会在北京成立，我国中小学教材体制由国定制转变为审定制，作为"一纲多本"前提的制度改革首先启动。

1988年初，国家教委颁发了《九年义务教育全日制初级中学生物学教学大纲（初审稿）》。这个大纲同时适用于"五·四"制和"六·三"制两种学制。1992年6月，国家教委颁发了《九年义务教育全日制初级中学生物教学大纲（试用）》。国家教委在这一时期还规定，义务教育各学科初中课本实行"一纲多本"。

人民教育出版社生物室根据《中华人民共和国义务教育法》《义务教育全日制小学、初级中学教学计划（试行草案）》和《九年制义务教育全日制初级中学生物学教学大纲（初审稿）》的基本精神和要求，编写了义务教育三年制、四年制初中生物学教材，具体书目如下。

《义务教育三年制初级中学教科书（实验本）生物第一册（上）》，人民教育出版社生物自然室编，1989年10月第1版，人民教育出版社出版。

《义务教育三年制初级中学教科书（实验本）生物第一册（下）》，人民教育出版社生物自然室编，1990年4月第1版，人民教育出版社出版。

《义务教育三年制初级中学教科书（实验本）生物第二册》，人民教育出版社生物自然室编，1990年10月第1版，人民教育出版社出版。

《义务教育四年制初级中学教科书（实验本）生物》，人民教育出版社生物自然室编，第一册（1990年10月第1版）、第二册（1991年10月第1版）、第三册（1992年10月第1版），人民教育出版社出版。

上述实验本经修订后，出版情况如下。

《九年义务教育三年制初级中学教科书生物第一册（上）》，人民教育出版社生物自然室编，1992年10月第1版，人民教育出版社出版。

《九年义务教育三年制初级中学教科书生物第一册（下）》，人民教育出版社生物自然室编，1993年4月第1版，人民教育出版社出版。

《九年义务教育三年制初级中学教科书生物第二册》，人民教育出版社生物自然室编，1994年10月第1版，人民教育出版社出版。

《九年义务教育四年制初级中学教科书生物》，人民教育出版社生物自然室编，第一册（1992年10月第1版）、第二册（1993年10月第1版）、第三册（1994年10月第1版），人民教育出版社出版。

在这一时期，国家教委按照"一纲多本"的精神，在全国范围内，组织编写了具有不同风格、不同水平、适应不同地区特点的义务教育生物学教材，一纲一本的情况开始打破，初步实现了生物学教材的多样化。多个省市依据教学大纲编写了自己的教材，如北京、江苏、河南、河北、广东、山西等。

2000年至2001年，人民教育出版社生物编辑室根据《九年义务教育全日制初级中学生物教学大纲（试用修订版）》的要求，对1992—1994年版的九年义务教育三年制、四年制初级中学生物学教科书进行了修订，2001年经全国中小学教材审定委员会审查通过，供全国除上海市和浙江省以外地区的初中一年级使用。修订后这套教科书的书名与1992—1994年版的完全一致。在封面上，将原教科书封面左上角所注的"经国家教委中小学教材审定委员会审查试用"改为"经全国中小学教材审定委员会2001年审查通过"。

在实行义务教育法之后，与义务教育阶段相衔接的高中生物学教材，则到1997年前后才正式出版。

1996年3月26日，国家教委基础教育司印发《全日制普通高级中学课程计划（试验）》，将学科类课程分为必修、限定选修（简称限选）和任意选修。该课程计划是中华人民共和国成立后第一个独立的高中课程计划，它与九年义务教育课程计划相衔接，是编订普通高中各学科教学大纲、编写各学科教材、进行教学试验的依据。同年，4月10日国家教委印发《全国教育事业"九五"计划和2010年发展规划》，提出从"三个面向"出发使教育事业适应未来需要。

1997年9月，人民教育出版社根据《全日制普通高级中学各科教学大纲（供试验用）》编写的、与九年义务教育教材相衔接的全日制普通高级中学教科书开始在江西、山西、天津"两省一市"进行试验。2000年1月，教育部印发《关于扩大普通高中新课程方案试验的通知》，将原在江西、山西、天津进行的课程试验扩大至黑龙江、辽宁、山东、江苏、安徽、河南、青海共十个省、直辖市。几年后，全国其他省（自治区、直辖市）陆续开始使用这套教材。

这套教材在重视知识教育的同时，比以往更加重视能力培养和思想品德教育；增加并改进了观察、实验、调查、课外生物科技活动等内容；丰富和扩展了理论联系实际的内容，渗透了STS（科学、技术、社会）教育思想；重视对学生进行科学态度、科学精神和科学方法教育，特别是创新精神和实践能力的培养，有利于全面推进素质教育；反映了现代生物科学技术的新进展，具有较鲜明的时代气息；在编写方式上更加重视启发性；教材图文并茂，彩色印刷，版式活泼，接近发达国家的教材。具体书目如下。

《全日制普通高级中学教科书（试验本）生物（必修）》，人民教育出版社生物自然室编著，第一册1997年12月第1版、第二册1998年6月第1版，人民教育出版社出版。

《全日制普通高级中学教科书（试验本）生物（选修）全一册》，人民教育出版社生物自然室编，1998年12月第1版，人民教育出版社出版。

上述试验本经修订后，出版情况如下。

《全日制普通高级中学教科书（试验修订本·必修）生物》，人民教育出版社生物自然室编，第一册2000年3月第2版、第二册2000年11月第2版，人民教育出版社出版。

《全日制普通高级中学教科书（试验修订本·选修）生物全一册》，人民教育出版社生物自然室编，2000年12月第2版，人民教育出版社出版。

这套高中教材，与实行义务教育法之后编写出版的初中生物学教材构成完整的一套教材，为人民教育出版社编写出版的第九套全国通用中学生物学教材。

2004年，高中课程改革启动，课程标准实验教材逐渐取代这套高中教材。2010年，随着广西进入高中改革，高中课程标准实验教材完全覆盖全国各省市，这套教材退出了历史舞台。

（九）21世纪初期（2001年至今）

1. 新课改中的初中生物学教科书

2001年，《全日制义务教育生物课程标准（实验稿）》颁布。2001年9月，根据该课程标准编写的教材开始在全国38个实验区使用，这标志着中学生物学学科的新一轮课程的实施。随后，实验范围逐年扩大，至2006年，义务教育阶段生物学新课程全面铺开。

《全日制义务教育生物课程标准（实验稿）》提出了三大课程理念：面向全体学生、提高生物科学素养、倡导探究性学习。课程标准从知识、能力、情感态度价值观三个维度提出了课程的目标；改变了传统的植物学、动物学、生理卫生、遗传进化、生态等分科模式的课程内容结构，构建了突出人与生物圈的知识体系。

2011年，经修订的《义务教育生物学课程标准》颁布。该标准特别注重生物学重要概念的学习，增加了"通过学习，教师应帮助学生形成的生物学重要概念"的内容。重要概念以描述概念内涵的形式展开。修订后的课程标准在具体内容中，增加了动物类群的内容要求，对课程性质、目标行为动词、实施建议等也作了一些调整。

新课改后，从2001年开始陆续有多个版本的初中生物学教材出版，主要有：

人民教育出版社《义务教育课程标准实验教科书生物学》；

江苏教育出版社《义务教育课程标准实验教科书生物》；

北京师范大学出版社《义务教育课程标准实验教科书生物学》；

河北少年儿童出版社《义务教育课程标准实验教科书生物学》；

江苏科学技术出版社《义务教育课程标准实验教科书生物》；

济南出版社《义务教育课程标准实验教科书生物学》；

山东科技出版社《义务教育课程标准实验教科书（五·四学制）生物学》。

上述版本的初中生物学教科书都努力体现课程标准的要求：内容框架都按照突出"人与生物圈"的思路来设计，都贯彻"提高生物科学素养"的课程理念，从提高学生生物科学素养的角度选择知识内容，避免繁、难、偏、旧；都倡导自主、合作、探究的学习方式，设计了大量的探究活动，使学生学习、理解生物学知识的过程，同时也是体验方法、学习技能的过程，是情感态度价值观获得发展的过程；都注重与学生生活以及现代社会科技发展的联系，关注学生的学习兴趣。多个版本的教科书都力图以学生的发展为中心组织知识内容，构建全套教材的知识体系。

2. 新课改中的高中生物学教科书

2003年3月31日，教育部颁布了与义务教育阶段新课程衔接的《普通高中新课程方案（实验）》和《普通高中生物课程标准（实验）》。高中生物学课程的基本理念为：提高生物科学素养、面向全体学生、倡导探究性学习、注重与现实生活的联系。高中生物学课程包括必修3个模块，即分子与细胞、遗传与进化、稳态与环境；选修3个模块，即生物技术实践、生物科学与社会、现代生物科技专题。必修内容是生物科学的核心内容，选修是为满足学生多样化发展的需要而设计的。高中生物学课程的目标，也是从知识、能力、情感态度价值观3个维度提出的。

新一轮高中生物学课程改革于2004年秋季在广东省、山东省、海南省和宁夏回族自治区进行实验，到2010年，高中新课程在全国全面铺开。高中课程改革启动后，出现了5个版本的高中生物学教材，分别是：

人民教育出版社《普通高中课程标准实验教科书生物》；

江苏教育出版社《普通高中课程标准实验教科书生物》；

中国地图出版社《普通高中课程标准实验教科书生物学》；

浙江科技出版社《普通高中课程标准实验教科书生物学》；

河北少儿出版社《普通高中课程标准实验教科书生物》（这套教材后改为由北京师范大学出版社出版）。

该轮课程改革中，出现了许多可喜的变化，但也出现了不少问题，有的地方甚至是旧的问题还没有解决，新的问题就已经出现。例如，在课程改革之初，理论界和实践中的轻视知识、只要过程不要结果的论调很盛行；在新课程各科的教材中，各式各样的探究占据着不少的比例，唯恐"探究力度"不够，在某些情况下过多的"探究"甚至在实践中造成了新的"繁、难、深、重"的问题；在教学过程中，形式化的学生活动在不少课堂中占用了大量宝贵的学习时间，为活动而活动的情况在课堂中一再出现；有关新课改的理论和实践问题存在着一定的争论。

在高中课程改革的实施过程中，师资问题、课时紧张的问题、课程资源的制约问题是影响课程改革效果的关键问题。由于受到各种主观、客观因素的制约，实验、探究的开展情况并不理想。在高中生物学课程改革实施过程中，选修课程是名存实亡，高考考什么，学校就开什么，因此对学生来说基本没有选择的余地，选修 2 模块基本没有学生选用。

经修订的高中生物学课程标准于 2017 年年底正式颁布，《普通高中生物学课程标准（2017 年版）》2018 年年初由人民教育出版社正式出版。

第二编　清朝末年的教科书

第三章 清朝末年的中学生物学教科书（1902—1912）

一、本阶段的社会背景

（一）政治背景

中国最后一个封建王朝清王朝，在走到 18 世纪末已经是日薄西山了。清王朝在鸦片战争之前的近两百年里，也曾出现过盛世。当西方新兴的、引领近代工业文明的、拥有先进技术的资本主义国家的发展蒸蒸日上时，清政府却在闭关锁国中沉沦、腐朽。鸦片战争让这个古老的帝国看到了列强的坚船利炮。但是，天平在继续朝西方倾斜，清王朝的统治者和人民都被列强放到了砧板上。清王朝的腐朽，封建大厦的腐败仍在继续，当时的统治者仍在固守祖宗基业，晚清重臣李鸿章在为统治者努力地裱糊大厦，以糊弄的方式掩藏起内在底子的破败。不过，变革的种子一经萌芽就一定会成长，这种变革，如果不是改良，就会是革命。清王朝处在变天的前夜。

19 世纪末，清王朝的统治危机进一步加剧，内有农民起义和反抗，外有列强步步紧逼，不变革无以为继。当时的民族资产阶级维新派，为挽救民族危亡、发展资本主义，大力宣传西方民主政治，促进了中国人民的觉醒。清政府为维护风雨飘摇的封建统治，也不得不适应时代潮流，摆出学习西方进行政治改革的姿态，采取"预备立宪"等措施以图继续维持王朝统治。

进入 20 世纪，中国社会结构迅速变化。1900 年八国联军的入侵，让西逃途中的慈禧太后也不得不直面实施新政的必要性。1901 年，新政开始实施。在 20 世纪初的十年中，随着新政的开展，产生了新知识分子、从旧士绅阶层分化出来的新绅士，以及从统治阶层中分化出来的以袁世凯为首的北洋政治军事利益集团。传统社会结构发生巨大裂变，士农工商的旧格局不复存在。在这个新的社会结构里，每一个阶层都有着自己的利益和政治要求。新绅士希望参与政权；

地方督抚希望保持甚至扩大已经获得的权力；商人阶层在政治上紧随新绅士，对清政府造成一定的压力；新知识分子公开反满；而下层民众则反对新政进而反对清政府[①]。

社会结构的分化，为清王朝挖掘好了坟墓。然而，清廷的所谓新政，预备立宪，主要目的是作姿态，意图是用有限的新政来换取实质上的皇权永固、贵族特权，用考虑变革的姿态掩盖实质上的不愿意变革。结果，人们已经不再给腐朽王朝改良的机会了，改良派也陆续转变为革命派。

（二）文化科技背景

公元14—17世纪是西方历史上的文艺复兴时期，教育在努力摆脱宗教的束缚。在文艺复兴早期，一批教育家阐述了自然科学知识的教育价值，一些学校也陆续开设了一些全新的课程，如自然、物理、地理等。但由于自然科学革命尚未发生，课程在范围和内容的更新程度方面仍是有限的。16世纪，自然科学逐渐从人文科学中独立出来，出现了许多自然科学学科。到18世纪，自然科学的地位就超越了人文科学的地位[②]。17—18世纪，延续千年的以人文教育为主的课程发生了重大变化，自然科学被引进了学校课程，一些学校开设了物理学、化学、动物学、植物学等自然科学课[③]。但到18世纪末，给予学生一些科学训练的学校仍为数甚少[④]。19世纪，自然科学课程开始大规模进入中学，并在学校教育中逐渐占据重要位置。例如，1832年，在欧洲，即使是教会也为了适应新形势而对教育计划进行修改，调整教学科目，有关自然科学的教学得到了增强，学科扩大，增加了化学、生物学、动物学、矿物学等新学科，原有的物理、数学、天文、心理学等学科也增加了新分支和现代科学的内容[⑤]。

在中国深厚的传统文化中，尽管也不时有着或大或小的科学发现，也有一定的科学知识的积累，但却未能孕育出现代科学。到了清末，尤其是鸦片战争之后，引进翻译西方的科学技术著作，派遣留学生出国学习，对引进科学技术

[①] 迟云飞. 清末社会的裂变与各阶层分析——兼论清王朝的覆亡[J]. 史学集刊, 2003 (4): 33-39.
[②] 邹德秀. 500年科技文明与人文思潮[M]. 北京: 科学出版社, 2002: 1.
[③] 李方. 课程与教学基本理论[M]. 广州: 广东高等教育出版社, 2002: 53.
[④] 马骥雄. 外国教育史略[M]. 北京: 人民教育出版社, 1991: 239-240.
[⑤] 吴式颖. 外国教育史教程[M]. 北京: 人民教育出版社, 1999: 186-187.

具有十分重要的作用。

在洋务运动中，洋务派以"自强"为名，兴办军事工业并围绕军事工业开办其他企业，建立新式武器装备的陆海军，在兴办企业的同时，也涉及西方科学技术的学习和引进。1862 年，清政府在北京设立同文馆。同文馆陆续开设英文馆、俄文馆、德文馆和东文（日文）馆。学员除学习外文，还涉及天文、化学、测地、算学、万国公法、医学生理、天文、物理、外国史地等科。学员最多时达 120 人，毕业生大多任清政府译员、外交官员和其他洋务机构官员。洋务派在全国修建了 30 余所近代新式学校，用来培养科学、军事、翻译人才。同时，同文馆翻译及出版西书，推广西学。此外，派遣留学生也是洋务运动的重要内容。

1872—1875 年，洋务派先后派遣了 4 批共 120 名青少年到美国留学 15 年，开创了近代中国派遣留学生的先河。1877 年，福州船政学堂也派遣学生赴欧洲各国学习海军指挥和船舰技术。但是，派遣留学生的举动遭到了顽固派的反对。他们认为学生在接受了西方文化的影响之后将会怀疑中国文化的绝对优越性，因此留美学生于 1881 年被全部召回。此后，海外留学直到 19 世纪末 20 世纪初逐渐恢复，出现新的高潮，并转向以自费留学、赴日留学和学习政法为主。到 1910 年，留学人数达到 2 万以上，其中官费生约 300 名。这些留学生回国后，其中很多人成为影响中国社会变革的重要人物。

我国翻译出版西方科技书籍开始于 1811 年，鸦片战争以后开始兴盛起来，洋务运动时期进入高潮。出版译著的学科逐渐由以自然科学为主转向以社会科学为主，内容集中于了解世界、求富求强、救亡图存、民主革命、科学启蒙五个方面。从事这一工作的机构主要有三类：一是外国在华教会系统，如广学会、美华书馆、益智书会、广州博济医院、上海土山湾印书馆；二是清政府系统，如上海江南制造局翻译馆、北京同文馆、天津机器局、天津武备学堂；三是民间系统，如商务印书馆、译书公会、事务报馆、农学报馆。其中最主要的是江南制造局翻译馆和广学会，它们翻译出版的科技书籍，前者到 1909 年达 160 种，后者到 1911 年达 238 种。这些西方科技书籍的翻译出版有力地促进了西方科学技术和资本主义思想文化在中国的传播。

(三)生物学学科发展与在中国传播的背景

考虑到分析清末科技发展背景的需要,本章对近代生物学发展的介绍范围为1801年到1911年。这个阶段主要有细胞学说和生物进化论两项重大的进展。

1. 细胞学说的提出

17世纪中叶,罗伯特·虎克(R. Hooke)用自己改制的复式显微镜观察植物,发现并命名了细胞。19世纪,显微镜技术的发展为进一步研究细胞内部的结构提供了条件。布朗运动的发现者英国植物学家罗伯特·布朗(R. Brown)发现了细胞里面有细胞核。捷克科学家普金叶(J. E. Purkinje)观察到细胞内部的生命物质。

在总结前人研究的基础上,1838年德国的施莱登(M. J. Schleiden)发表论文《论植物的发生》,提出细胞不仅是一切植物最基本的生命活动单位,而且也是植物赖以发展的根本实体,植物发育是靠新细胞的不断形成来实现的。1839年德国动物学家施旺(T. Schwann)发表了《关于动植物结构和生长一致性的显微研究》一文,标志着统一的细胞学说的形成。细胞学说的核心思想是:细胞是一切生命体共同的结构、功能和生殖单元。施莱登和施旺都认为新细胞可以由细胞碎片的"原浆",通过一个类似于结晶的物理过程产生。这个错误后来由德国病理学家魏尔肖(R. Virchow)纠正。魏尔肖在1845年指出,细胞只能由原来的细胞分裂生成,"一切细胞来自细胞"[1]。

细胞学说从微观水平上阐明了生命的本质,也将看似没有内在联系的植物、动物等生物体在细胞水平上统一起来。

2. 生物进化论的提出

早在18世纪后期,法国博物学家布丰(G. Buffon)在《自然史》中,依据古生物学证据提出了物种可变的观点,并指出气候、食物数量和人类驯化是物种变异的主要原因。法国生物学家拉马克(J. B. Lamarck)在19世纪初提出了生物进化的观点,他将物种列出了从低级到高级的进化序列。为了解释进化的原因,他提出了"获得性遗传学说",认为生物体内有一种"内在的生命力",

---

[1] 韩跃红. 19世纪生物学的两大丰碑[J]. 科学学与科学技术管理, 1999, 20(11): 48-49.

推动生物去努力适应环境变化的需要。拉马克认为生物在适应过程中造成器官用进废退，最终引发生物发生变异和进化，如长颈鹿为吃到高树上的叶子而长长了脖子，鼹鼠因世世代代生活在地下而丧失了视力。

1831年，达尔文（C. R. Darwin）以一个地质学家的身份，登上了英国海军的"贝格尔号"军舰，去南美洲进行科学考察。在这历时5年、航程约215万海里的环球考察中，达尔文除了进行地质考察，还广泛地搜集动植物标本和古生物化石，并进行详细记录。回到英国后，通过整理大量资料与不断地思考，达尔文想到生物之间存在着生存竞争，许多生物变种在生存竞争中优胜劣汰，这是"自然选择"的过程。为了证明这一过程，达尔文开始研究人工选择问题，并亲自做了家鸽的育种实验，在取得丰富的实验材料以后，达尔文开始撰写《物种起源》。1858年，华莱士（A. R. Wallace）完成《论变种无限地离开其原始模式的倾向》论文，此文与达尔文的观点非常一致。此后，达尔文加快了写作速度，终于在1859年发表了《物种起源》，1871年又发表了《人类的由来及性选择》，明确提出人类是由动物进化来的。达尔文的著作材料充实、论证严密，他也被视为科学进化论的创立者。

达尔文进化论的主要思想有以下几点。包括人类在内的所有生物都是由共同祖先出发，从低级到高级、从简单到复杂进化而来。进化的机制主要是自然选择。在环境的变化、器官的用与不用以及人工选择这三种因素的影响下，生物会发生性状的改变即变异。在生存竞争中，那些发生了有利变异的个体容易存活下来，其变异的有利性状也因而通过遗传被巩固、积累下来，由小到大终于引起了变种，进而还会形成差异更大的新种、新属、新科。而那些发生了不利变异的个体则因为脆弱的生存力，难以在严酷的自然环境中存活下来。

达尔文的进化论从宏观上揭示了生命的发展规律，而细胞学说则从微观上、在细胞层次上阐述了生命现象的本质。进化论和细胞学说的伟大意义绝不限于生物学，它们起到的思想解放作用是空前的。它们揭示了自然界的联系、变化和发展，因而被恩格斯视为新世界观赖以建立的科学基础——19世纪自然科学"三大发现"中的两个伟大发现。

3. 在生物体的结构、功能与个体发育方面的研究进展

18世纪后期，实验研究方法逐步建立，19世纪的生物学家运用实验研究的

方法研究生物体的结构与功能，并不断有新的发现。

在生理学方面，法国生理学家马让迪（F. Magendie）创建了实验生理学，他对神经系统特别感兴趣，是第一个对脑脊液进行详细研究的科学家。俄国生理学家证实中脑和大脑里存在着抑制激发脊髓反射的机制——中枢抑制，开创了脑功能的研究。俄国生理学家巴甫洛夫首次提出"条件反射"的概念。

在植物生理方面，瑞士化学家索绪尔（N. T. Saussure）阐述了绿色植物以阳光为能源，以二氧化碳和水为原料，形成有机物和氧的光合作用过程。

分离、分析技术的发展，使生物化学研究方面取得了一定进展。德国化学家沃勒（F. Wöhler）发表《论尿素的人工制成》，第一次用非生命物质为原料合成了有机物尿素。德国化学家毕希纳（E. Buchner）用无细胞酵母压出液发酵产生了酒精，首次证明离开活细胞的"酿酶"仍具有活性。瑞士生理化学家米舍尔（J. F. Miescher）首次分离出核素，即核酸。1860年前后许多学者都认为蛋白质是在生命过程中起重要作用的物质，其组成单位是氨基酸，到19世纪末已有12种氨基酸被分离并测定。

4. 微生物学取得系列进展

1857年法国微生物学家巴斯德（L. Pasteur）证实乳酸发酵是由有生命的微生物引起的。此后的几年，他还通过实验否定了微生物的自然发生说。1876年德国科学家科赫（R. Koch）发现炭疽病病原体，并创建了细菌的培养技术。1892年，俄国微生物学家证实烟草花叶病是由病叶的过滤提取液——过滤性病毒感染引起的。

5. 遗传学的创立与发展

1866年奥地利修道士孟德尔（G. J. Mendel）公布《植物杂交的试验》论文，提出了他通过豌豆杂交实验所发现的两个遗传规律。但孟德尔的研究结果在当时未引起人们的注意。直到1900年，三位遗传学家分别通过实验证实了孟德尔遗传规律的科学价值。此后，孟德尔就被公认为现代遗传学的奠基人。孟德尔所用的统计分析的方法为生物学研究提供了新思路。

6. 对细胞结构与功能的认识

在细胞学说提出之后，随着显微制片技术的发展，人们对细胞的认识不断深化。19世纪70—80年代，德国细胞学家弗莱明（W. Flemming）阐述了动物细胞的有丝分裂过程，德国植物学家施特拉斯布格（E. A. Strasburger）阐述了植物细胞的有丝分裂过程。比利时胚胎学家贝内登（E. van Beneden）发现马蛔虫受精卵的染色体为雌性原核与雄性原核染色体之和，最早发现染色体的减数现象。

在这个阶段人们还用光学显微镜观察到一些细胞器。卡米洛·高尔基（C. Golgi）创建了神经细胞的硝酸银染色法，并用这种方法发现了高尔基体。随后，线粒体、中心体等也被发现。

7. 对胚胎和发育方面的认识

石蜡切片等技术使人们能够对植物的生殖结构进行细致的观察，对植物胚胎发育的过程有了系统的认识。德国植物学家施特拉斯布格在被子植物中发现精子和卵融合的现象，并指出胚是受精作用的产物。俄国胚胎学家首次准确地描述了哺乳动物的卵。

8. 19 世纪中国的生物学发展状况

中国是世界文明古国之一，也是农业文明的重要发祥地。中华民族在与自然界的相处中积累了丰富的生物学知识。《诗经》《尔雅》《南方草木状》《本草纲目》等记录了我们祖先对自然界中的动物、植物，及动植物药物的认识、分类，还有对动植物与环境关系的认识。

19 世纪中国的生物学在以下方面有所发展。

1830 年中国医学家王清任著《医林改错》，他根据对尸体的观察，重新绘制脏腑图，改正中国前人旧说，正确地区分了胸腔、腹腔的部位，指出膈肌之上只有心脏、肺脏，其余内脏器官均在膈肌之下。该书记述了气管、支气管和细支气管，纠正了"肺有二十四孔"的错误观点。他提出"灵机记性在脑不在心"，还提出听觉、视觉、嗅觉均与大脑有密切联系的观点。

19 世纪 40 年代末，中国植物学家吴其濬的《植物名实图考》记述了植物 1714 种，"每物附图，绘图精审，有的可据以定科或目"。该书是中国 19 世纪的一部重要植物学专著。

19 世纪中国传统的生物学还是在农学、传统医学的框架下发展，采用描述的方法，从用途上对动植物进行分类，这与西方近代生物学的科学方法有很大的不同。

9. 近代生物学传入中国的情况

随着西方传教士进入中国，西方的科学如医学、生理学等也开始进入中国。

鸦片战争后，清政府割让香港，开放广州、福州、厦门、宁波、上海等地，允许传教士在这些地方传教、办学堂、办医院。西学书籍开始在这些地方出现。翻译、编译西学书籍成为西方的生物学传入中国的重要渠道。最初翻译、编译书籍的工作主要由西方传教士与中国人合作完成。

甲午战争之后，面对亡国灭种的危机，人们意识到吸收西方现代科学知识对民族生存发展的重要性。在学习西方科学文化的热潮中，生物学知识进一步传入中国。当时翻译的书籍不仅有英美的生物学有关著作，还有日本的图书与教科书。后来大量留学日本的学生参与了翻译生物学相关书籍与教科书的工作。

10. 翻译、编译书籍，介绍西方生物学成就

中国第一部介绍西方解剖学和生理学的书籍是上海墨海书馆1851年出版的《全体新论》。英国医生哈信（B. Hobson）当时在中国行医。他在行医之余编写此书，全书3万余字，图200余幅，较全面地介绍了西方近代的人体解剖学知识。

此后，陆续有生理学书籍出版。1886年，总税务司署出版了《身理启蒙》，作者为英国著名生理学家米歇尔·福斯特（M. Foster），由英国人艾约瑟（Rev. J. Edkins）翻译。该书为科学启蒙系列丛书（MacMillan Series of Science Primers）之一，该丛书中的若干册被翻译成中文丛书，名为《格致启蒙十六种》。李鸿章、曾纪泽为该套丛书写序，该丛书出版后受到知识界人士的高度重视。

这些生理学书籍的共同的特点是：解剖学占有较大的比例，实为解剖生理学；神经系统的内容较少，没有内分泌等内容，西方近代生理学的新成就少。有的书中有部分宗教性的内容。

1858年，我国学者李善兰和英国来华传教士韦廉臣及艾约瑟合译的《植物学》一书由上海墨海书馆出版。该书是根据英国植物学家林德利（J. Lindley）所著的《植物学基础》（Elements of Botany）翻译而成的，是我国第一部介绍西方近代植物学基础知识的译著。从文艺复兴到19世纪中叶，植物学在西方迅速发展。许多植物学研究的重要成就在该书中都有介绍。例如，那些只有在显微镜下才能看到的植物组织构造；植物各器官的生理功能，如植物的蒸腾作用及其对环境的影响等；植物的生殖器官及传粉受精；种子萌发的条件以及根据植

物形态构造等分类的近代植物分类方法等。

李善兰在这部译著中创立了许多植物学中文名词术语，他借鉴《周礼地官大司徒》中的"植物"一词将"botany"译为"植物学"。这一名词不仅为中国生物学界一直沿用，还传入日本，为日本生物学界接受并沿用至今。李善兰将植物的花描述为"花有四轮，分萼、瓣、须、心，乃生育之体也"，指出"须在瓣之内为雄物""心居花之中……乃雌物也"，后来植物学上将雌蕊的组成单位称之为"心皮"，即从此书而来。

1894年，英国传教士傅兰雅（J. Fryer）编译出版了《植物图说》一书，以图解的形式对植物形态构造详细地加以介绍。

19世纪末20世纪初，学者们还从西方和日本翻译了许多动物学、植物学等相关书籍。如樊炳清译了《普通动物学》《寄生虫》，罗振常译了《日本昆虫学》等。译著中还有许多是大学或中学的教科书。这些著作对当时中国学者了解西方生物学知识起到了一定的作用。

11. 创办刊物，介绍生物学知识

1875年，傅兰雅主持创办了中国第一个中文科学期刊《格致汇编》，最初每月一期，后改为一季一期，连续出了七年，几乎每期都有一定篇幅介绍动物、植物方面的知识。

1896年，我国第一批自然科学学会之一农学会在上海成立。1897年5月25日，农学会创办了《农学报》。前十八册为半月刊，翌年第十九册（1898年正月）起改为旬刊。《农学报》以传播科学技术为宗旨，以介绍西方和日本先进的科学技术、科学理念为主，所刊内容，并不限于农业知识，涉及农林牧副渔各个领域。

总之，在清朝最后的几十年中，西方近代的生物学逐步传入中国，传入活动仅限于对西方生物学知识的翻译介绍。

（四）教育发展与改革背景

在西方，伴随着现代教育制度的改革，科学教育的发展很快，这在国民素养提高的过程中发挥着重要作用。然而在我国，直到20世纪初，仍然沿用科举取士，科学技术仍然没有进入教育的主流阵地。

1839年，由西方人主持的以英国传教士马礼逊名字命名的"马礼逊学堂"

成立。在这所学校所设的课程中，有国文、英文和算术，后增代数、几何、地理、历史、生理、音乐等。马礼逊学堂开创了教会在华办学的先声，这可以看作我国学校教育最早接触生物学课程内容的事件。此后，许多教会学校课程都设有生理学、生物学。例如，北京最早（1864年成立）的教会学校贝满女校（现北京166中学），开设了科学初步、生物等科学课程[1]。但是，当时教会学校的教学内容带有浓厚的宗教色彩和神学观点，并且使用的是外国教材，也由外国人执教。因此，严格地说，在当时，生物学课程并没有真正进入我国学校的课程设置。到19世纪末，在洋务运动中（或受其影响）建立的一些新式学堂中设有生物学的课程。例如，张之洞创办的两湖书院（1902改为湖北高等学堂，即普通高中）在1898年设置的9门课程中，有一门为"博物"；湖北自强学堂（1902年改为方言学堂）1898年开设的8门课程中，有一门为"理科"，该课程包括生理学和格致学等[2]。

光绪二十八年（1902年），清政府为了实现"中学为体，西学为用"，颁布了《钦定中学堂章程》（壬寅学制），科学课程从此正式进入正规教育的门户。然而，《钦定中学堂章程》颁布后并没有真正实施。1903年，张之洞奉命入京主持制定新学制，他会同张百熙、荣庆，在壬寅学制的基础上，参考日本学制，吸收制定湖北学制的经验，修成《奏定中学堂章程》，即癸卯学制。光绪二十九年（1904年），《奏定中学堂章程》颁布施行。

就生物学课程来说，《钦定中学堂章程》的颁布也可看作它在中国学校教育的起点。章程规定博物为中学课程之一。博物学也曾被称为自然史，其内容包括植物、动物、生理卫生、矿物等。《钦定中学堂章程》中规定，中学第一年至第四年开设"博物"，其中第一年为"动物状"，第二年为"植物状"，第三年为"生理学"，第四年为"矿物学"。1904年颁布的《奏定中学堂章程》中，明确阐述了：博物，其植物当讲形体构造，生理分类功用；其动物当讲形体构造，生理习性特质，分类功用；其人身生理当讲身体内外之部位，知觉运动之机关及卫生之重要事宜；其矿物当讲重要矿物之形象性质功用，现出法、鉴识法之要略[3]。

---

[1] 陈景磐. 中国近代教育史[M]. 北京：人民教育出版社，1979：61.
[2] 江山野. 世界中学课程设置博览[M]. 长春：吉林教育出版社，1989：103-104.
[3] 课程教材研究所. 20世纪中国中小学课程标准·教学大纲汇编：生物卷[G]. 北京：人民教育出版社，2001：1-2.

《奏定中学堂章程》中还规定：凡各科课本，须用官设编译局编纂，经学务大臣奏定之本；其有自编课本者，须呈经学务大臣审定，始准通用。

二、本阶段课程概要

（一）学制、本学科课程设置与课程标准

1902年，清政府颁布了《钦定中学堂章程》，这标志着我国近代学校制度正式建立。壬寅学制规定，中学堂设博物课，即后来中学"生物"课程的前身。

"博物"一词最早见于我们古代解释名物的辞书《尔雅》：若乃可以博物不惑，多识于鸟兽草木之名，莫近于尔雅。此书包含对花草、树木、昆虫、鱼类、鸟类、兽类等动植物的解释和分类，代表着我国古人对动植物界的认识水平。但在以科举考试为中心的传统教育体系里，这些知识是不登大雅之堂的，除了从《三字经》《千字文》等启蒙教本中获取动植物的零星知识，"一心只读圣贤书"的学子们无缘科学系统地了解窗外"花鸟虫鱼"的无穷奥妙。但是在西方近代分科教育体系内，"博物学"却是不可或缺的重要课程。

《钦定中学堂章程》规定，中学堂第一年到第四年都开设博物课，内容包括植物学、动物学、生理卫生和矿物学。

（二）教科书制度

中国近代的生物学教育起始于传教士设立的教会学校。初期的教会学校，只设有生理学和博物学等零星的生物学课程。后来传教士成立了学校教科书委员会，即"益智书会"，负责编写学校教科书。洋务运动开始以后，国人建立了一些新式学堂，这些学堂也有一些教科书，但其中的生物学教科书很少。

19世纪末开始，有一些新式学堂和近代出版机构开始编写教科书，这些教科书以译自日本的居多。

清政府颁布新学制以后，各地建立了大量新式中小学堂，对教科书的需求也更加迫切。在这种情况下，从国家的教育机关到民间的出版社和书坊，以至中小学堂自身，都编写、翻译了大量中小学生物学教科书。

三、本阶段教科书概貌

（一）教科书出版总体情况

1902—1912年，有多种供中学堂学生使用的博物教科书出版。这些书当中，有的书名是博物学，有的是植物学、动物学、生理卫生；大部分是日、美等国学者编写国人翻译的，小部分是国人自编。

（二）教科书的总体特点

清朝末年的中小学生物学教科书，大部分是译本，有译自日本的，也有译自欧美的，国人自编的教科书所占比例较小。事实上，在中华民国成立后的一段时期内，从外国直接翻译或编译的教科书仍占很大比例，但是呈逐渐下降的趋势。从教科书作者上来看，有外国传教士、政府编译机关的专职人员、民间书坊的编辑、中学教师和留学生等，其中留日学生在日译教科书方面贡献颇多。

清朝末年的中学生物学教科书，语言上多为浅近的文言文，文字竖排，基本没有正规的标点符号断句，教科书呈现的体例还不是很规范。当时教科书里所用的学科名词、术语，与今天我们所习惯的名词术语差别较大。从教科书的内容上看，动物学、植物学教科书的基本内容是解剖学、分类学以及生理学的内容；编译自外国的教科书，显然也只能多以外国的动植物为例进行说明，与中国国情、中国的生物多样性有一定的距离。

清朝末年的中小学生物学教科书尽管还很不成熟，但开启了以新式教科书传播现代生物学知识的道路，让一部分学生开始接受现代生物学教育，并为以后的自编教科书打下了基础。当然，不可否认的是，在那个年代，仍有编译得比较精美的教科书出现，教科书中的插图绘制准确，甚至还有彩色插图出现；有的生物学教科书中，甚至已经安排了显微镜观察等实验。

（三）有影响的代表性人物、出版机构和出版的教科书介绍

1. 清政府及其官办机构编写出版的生物类教科书

清政府陆续颁布壬寅学制和癸卯学制之后，全国各地建立起了大量的新式学堂。随着学堂数的增加和入学人数的增长，教科书的需求变得十分迫切。当时的民间出版机构如文明书局、商务印书馆已经先于政府抢占了教科书市场，但是政府也不愿放弃对教科书的领导权，一直都在筹划编辑国定教科书。然而，清政府教育机关思想落后、工作效率低下，始终没能编成一整套供全国使用的中小学教科书。在这种背景下，清政府采取了官编教科书与民间教科书并行，对民间教科书进行审定的制度。除学部和京师大学堂之外，地方也成立了官书局，负责编审教科书。总体来看，清政府及其官办机构编写出版的生物类教科书数量有限，影响也比较小。随着清政府被推翻，清政府官办机构编写的教科书很快就退出了历史舞台，民间机构编写的教科书在民国初期仍占有一席之地。

（1）京师大学堂

京师大学堂尚在筹办时就建立了译书局，1902年还在上海成立了译书分局。北京和上海的两个译书局存在时间都不长，译介的教科书也不多。1902年京师大学堂还成立了编书处，所编教科书也很有限。后来京师大学堂颁布的"暂定各学堂应用书目"中没有他们自己编译的教科书。其上海译书局编译的生物类教科书主要有：《博物学教科书植物部》二册，《博物学教科书生理部》一册，《博物学教科书动物部》四册。

（2）学部编译图书局

1905年清学部正式设立，次年成立学部编译图书局，负责编译教科书，这是国家编写统一教科书的首次尝试。不过编译图书局编译的教科书种类并不多，影响也不大，涉及生物类的有《中学堂用博物学动物篇》等。

（3）各地官书局

除清朝中央政府外，地方政府的官办书局也编译出版了一些教科书。

湖北译书官局：《动物教科书》。

江楚编译官书局：《植物学实验初步》《生理教科书》。

河北译书局：《生理卫生教科书》。

广西学务处：《乡土格致教科书》。

南洋官书局：《中等生理学教科书》。

北洋官书局：《植物教科书》。

2. 民间出版机构、学堂及个人编写出版的生物类教科书

与清政府及各地方官办书局相比，清朝末年的民间教科书编辑出版显得更加繁荣。山西大学堂等高等和中等学堂、文明书局和商务印书馆等出版机构，

以及个别热心人士纷纷参与到新式教科书的编写行列，民间编写出版的教科书占据了中小学教科书的主阵地。日本的中小学生物学教科书对清朝末年新式教科书的影响很大，该时期编译的教科书有的是直接翻译自日本教科书，有的是根据日本教科书稍加改编而成。

以下主要介绍文明书局、商务印书馆和山西大学堂译书院等机构编译的中小学生物学教科书，并简要介绍其他出版机构编译的教科书。

（1）文明书局

文明书局成立于1902年，发起人包括廉泉、俞复、丁宝书等，是近代较早涉入教科书出版发行的民办出版机构，在清朝末年、民国初期教科书的发展史上占有重要地位。文明书局出版的生物学教科书主要有以下几种。

《蒙学科学全书》系列，是一套为初等小学堂编写的教科书，包括《蒙学动物教科书》（华循编）、《蒙学植物教科书》（华循编）、《蒙学生理教科书》（丁福保编）以及《蒙学卫生教科书》（丁福保编）。

初等小学教科书包括《初等博物教科书》（侯鸿鉴译著，1904年）以及《初等植物学教科书》（日本斋田功太郎、染谷德五郎合著，范绍洛译补）。

高等小学教科书包括《高等小学博物教科书》（张肇熊译补）、《高等小学卫生教科书》（章乃炜译补）、《高等小学生理卫生教科书》（丁福保译补）以及《高等小学理科教科书》（王季烈译）。

中等教科书包括《中等植物学教科书》（藤井健次郎著，华文祺译，1906年）、《中学动物教科书》（安东伊三次、岩川友太郎著，钱承驹编译，1907年）以及《中学生理卫生教科书》（吴秀三著，华申祺、华文祺译，1904年）。

普通教科书系列包括《普通博物学教科书》（华文祺编，1907年）、《普通植物学教科书》（钱承驹辑译，1907年）以及《普通生理卫生教科书》（丁福保编）等。

最新教科书系列包括《最新动物学教科书》（大森千藏著，戴麟译，1904年）、《最新植物学教科书》（藤井健次郎著，王季烈译，1904年）、《最新初等动物教科书》（矢岛喜源次著，华文祺译补，1907年）、《最新初等植物教科书》（矢岛喜源次著，华文祺译补，1907年）以及《最新初等生理卫生教科书》（矢岛喜源次著，华文祺译补，1908年）。

文明书局编译出版的生物学教科书还有《新撰博物教科书》（堀正太郎、藤田经信合编，华文祺译，1904年）以及《动物学》（糟谷美一著，孙国光译著，1907年）等。

（2）商务印书馆

商务印书馆成立于1897年，发起人有夏瑞芳、鲍咸恩、鲍咸昌、高凤池等，从初期主要从事印刷商业表册发展到出版各类书籍。从进入教科书出版领域起，商务印书馆一直是近代教科书方面的最大出版商。该馆早期出版的生物学教科书有《普通博物问答》（1905年）、《博物示教》（杜就田编译）以及《动物学新论》（箕作佳吉著，杜就田译）等。清政府实行新学制后，商务印书馆出版了我国第一套现代意义上的教科书"最新教科书"系列。这套教科书中与生物学有关的包括：《高等小学用最新理科教科书》（1904年）、《最新中学教科书动物学》（白纳原著，黄英译述，奚若校订，1905年）、《最新中学教科书生理学》（史砥尔原著，谢洪赉译，商务印书馆校阅，1904年）以及《最新中学教科书植物学》（三好学原著，亚泉学馆编译，1903年）。

此外，商务印书馆还出版了《生理学教科书》（廖世襄编，1903年）、《新撰动物学教科书》（五岛清太郎著，许家庆、凌昌焕译述，杜就田、杜亚泉译订，1908年）、《中学植物教科书》（松村任三、齐田功太郎著，杜亚泉、杜就田译订）、《中学植物新教科书》（王明怀译，严保诚改订，1911年第3版）、《实验植物学教科书》（三好学著，杜亚泉译，陈学郢校，1911年）、《高等小学教科书生理学》（1909年）以及《小学教科书博物学大意》（1909年）等中小学生物类教科书。商务印书馆在清朝末年出版的教科书，有一些在民国初期仍在使用。

（3）山西大学堂译书院

山西大学堂译书院1902年在上海成立，译员包括传教士、中国人和日本人，而译书多源自日本。其译介的供中学堂用的生物类教科书主要有：《植物学教科书》（大渡忠太郎著，西师意、许家惺译述）、《动物学教科书》（丘浅博士著，西师意、许家惺译述）、《生理学教科书》（丘浅次郎著，西师意、许家惺译述）以及《动物学》（柯璜编）等。

（4）其他民间出版社

教育世界出版社，1901年成立于上海，组织者为罗振玉等。该社编译的生物类教科书主要有：《近世博物教科书》（藤井健次郎编纂，松村任三校阅，樊炳清译)、《中等植物教科书》(松村任三、斋田功太郎合著,樊炳清译)、《普通动物学教科书》(五岛清太郎著,樊炳清译)。

作新社,1901年创办于上海,发起人为留日学生戢翼翚和日本女教育家下田歌子,译员多为留日学生。社址在上海,在东京有发行所。该社编译的生物类教科书主要有:《植物学教科书》(日本五岛清太郎著)、《中等植物教科书》(日本松村任三、斋田功太郎合著,樊炳清译)、《中等教科书新编动物学》(1905年)、《新编博物学教科书》(1906年)。

会文学社,亦称会文堂书局,1903年成立于上海,创办人是汤寿潜与沈霖。该社编译的生物类教科书有《中学生理学》(范震亚编译)。另外,该社还出版了留日学生范迪吉主持翻译的《普通百科全书》,这套书包括初等和中等教科书,以及相当于大专程度的教学参考书,涉及各个学科门类,翻译后有部分被采用为教科书,其中有不少关于生物学的,如富山房的《动物学问答》《植物学问答》等。

教科书译辑社由留日学生陆世芬等成立于东京。该社编译的中小学生物类教科书有:《中等植物学》(三好学著)、《普通生理教科书》(片山正义著)、《中等动物学》(石川千代松著)、《植物之生理》(田园正人著)、《中学生理教科书》(斯起尔原本,何燏时译补)、《小学理科教科书》等。

江南总农会编译的《农学丛书》共有七集,其中大部分是农学教科书,有一些关于生物学的,如第四集的《农用动物学》(石川千代松、外山龟太郎讲述,1903年)、第六集的《植物学教科书》(松村任三著,刘大猷译)、第七集的《中等教育动物学教科书》(饭岛魁编,王国维译)等。

上海科学会编译部编译的生物类教科书主要有:《中等博物教科书动物学》(秦嗣宗编辑,1906年)、《中等博物教科植物学》(李天佐编,1908年)、《中等博物教科书生理卫生学》(陈用光编,1907年)、《普通教育植物学教科书(中学校用)》《普通教育动物学教科书(中学校用)》(曾彦编,1910年)。

上海普及书局编译的生物类教科书主要有:《普通教育动物学教科书(中学用)》(安东伊三次郎、岩川友太郎、小幡勇志著,张修爵、王官寿辑译,1906年)、《普通教育植物学教科书(中学用)》(彭树滋编撰,1906年)。

东京东亚公司编译的生物类教科书主要有:《生理及卫生教科书(中学用)》

（宏文学院编辑，三宅秀讲授，金太仁作译，1907年）、《动物学教科书》（安东伊三次郎讲述，金太仁作译，1907年）。

上海科学书局编译的生物类教科书主要有：《初等博物教科书》《人体生理图》（丁福保撰，1902年）、《生理卫生学（中学用）》（张桐瑞著，1907年）。

时中书局出版有《女子理科教科植物编》（滨幸次郎、河野龄藏著，姚昶旭、杨传福译补，1906年）。

新学会社出版有《博物学教科书》等。

科学仪器馆出版有《中等植物教科书》《普通动物学》。

上海益智社出版有《博物学教科书》。

上海商学会出版有《简明生理学》。

启文社出版有《博物学教科书》。

上海理科书社出版有《中学校博物学科用·博物学教科书》（虞和寅著，1902年）。

东京启文书局出版有《最新植物学教科书》（大久保三郎等著，王葆真译，1907年）。

清国留学生会馆出版有《新编中学生理学教科书》（坪井次郎著，沈王桢译，1906年）。

（5）其他学堂

湖南中学堂出版有《中等动物学讲义》（汪鸾翔著，1907年出版）。

湖北师范生学堂编译的生物类教科书主要有：《师范教科丛编·第十种·生理学》（安东伊三次郎讲授，湖北师范生胡鹏翥、沈增祺、胡庸诰、范维蕃编，1905年）、《师范教科丛编·动物学第十二种》（山内繁雄讲授，陈炳炎、刘骞合编，1905年）、《师范教科丛编·植物学第十三种》（铃木龟寿、山内繁雄讲授，湖北师范生沈增祺、刘人璪、吴赐宝编，1905年）。

江苏师范编辑了江苏师范讲义，根据日本人笔记翻译，由日本并木印刷所印刷，如《江苏师范生讲义·第十一编·生理》（铃木龟寿讲授）、《江苏师范讲义·植物·第十三编》（铃木龟寿讲授）。

3. 本阶段的代表性人物

杜亚泉（1873—1933）

杜亚泉原名炜孙，字秋帆，浙江人，是19世纪末20世纪初我国著名的科学家、编辑家、教育家和思想家。他倡导以实践教育救国，办学校、办刊物，宣传科学与民主。1900年杜亚泉在上海创建了亚泉学馆，一方面从事教学，一方面创办《亚泉杂志》，传播数学、物理学、化学、天文学、地学、生物学等各科知识，还翻译、编写了大量教科书与科学著作。1904年，杜亚泉进入商务印书馆，任理化部主任，主持商务印书馆自然科学方面的编译工作，一生中翻译、编译、编纂和审校了大量教科书。清朝末年，杜亚泉编著了《新撰植物学教科书》、翻译了《实验植物学教科书》、译述了《新撰植物学教材》等生物学教科书。

四、代表性教科书

《普通教育植物学教科书》

（一）基本信息

1. 出版单位

上海普及书局。

2. 作者与编写方式

彭树滋编撰，见图3-1。

彭树滋：江苏吴县人，留学日本千叶医专药科。1909年被授予医学举人。与张修爵合编《最新实验化学教科书》（1911年），1929年被聘为教育部编审处委员[①]。

3. 出版、版次

光绪三十二年（1906年）第1版，见图3-2。光绪三十三年（1907年）、三十四年（1908年），宣统元年（1909年）均有出版。

---

① 牛亚华. 清末留日医学生及其对中国近代医学事业的贡献[J]. 中国科技史料，2003，24（3）：228-243.

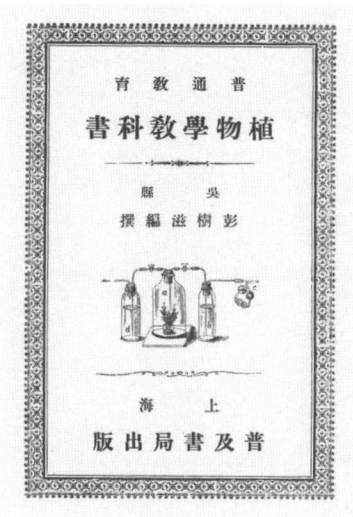 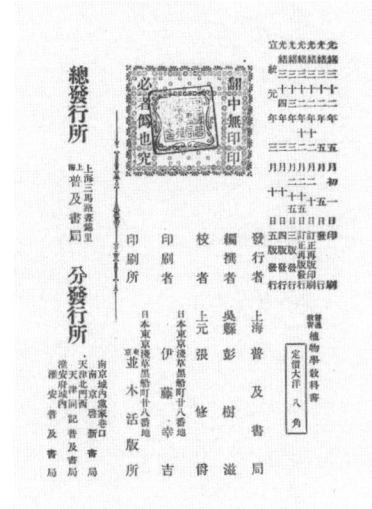

图 3-1 《普通教育植物学教科书》封面　　图 3-2 《普通教育植物学教科书》版权页

（二）编写背景与编写依据

清朝末年新学制颁布后，对新教科书的需求促使大量出版机构开展教科书出版业务，众多学者也投身教科书编写。有留日背景的学者彭树滋编写了此书，其目的正如书中凡例所写：本书专以充一般中学程度诸学校之教科用为目的而编纂者。在当时编译科学教科书省时省力的情况下，本书为独立编纂，十分难得。

（三）编写体例与教材结构

该书包括绪论、第一编植物形态学、第二编植物解剖学、第三编植物生理学、第四编植物分类学及实验等几部分。编下分章，章内不分节。凡例中注明：用五号活字记述的内容，可视时间情况而异，如时间不够可从略。

该书为铅字印刷，在日本东京排版印刷。

该书文字竖排，标点全为句号。

该书有插图，且插图还颇为精美。插图中标注序号用英文字母 abc。书中专业术语同时附有英文名。

以下为该书的目录。

绪论
　第一章　生物无生物
　第二章　植物与动物之区别

第三章 植物学

第一编 植物形态学

 第一章 茎

 第二章 茎之变态（其一）

 第三章 茎之变态（其二）

 第四章 叶

 第五章 叶之变态（其一）

 第六章 叶之变态（其二）

 第七章 根及其变态

 第八章 花（其一）

 第九章 花（其二）

 第十章 花（其三）

 第十一章 果实

 第十二章 种子

 第十三章 结论

第二编 植物解剖学

 第一章 细胞

 第二章 原形质（其一）

 第三章 原形质（其二）

 第四章 细胞膜

 第五章 细胞之形状

 第六章 组织（其一）

 第七章 组织（其二）

 第八章 组织（其三）

 第九章 茎之构造（其一）

 第十章 茎之构造（其二）

 第十一章 根之构造

 第十二章 叶之构造

 第十三章 结论

第三编 植物生理学

  第一章 营养

  第二章 吸收作用

  第三章 蒸腾作用

  第四章 同化作用

  第五章 呼吸作用

  第六章 成长

  第七章 运动（其一）

  第八章 运动（其二）

  第九章 运动（其三）

  第十章 生殖（其一）

  第十一章 生殖（其二）

  第十二章 生殖（其三）

  第十三章 结论

第四编 植物分类学

  第一章 变形菌部（变形菌门）

  第二章 藻菌部（分生门鞭毛门）（其一）

  第三章 藻菌部（藻门）（其二）

  第四章 藻菌部（菌门）（其三）

  第五章 藻菌部（附属地衣门）（其四）

  第六章 苔蕨部（苔藓门）（其一）

  第七章 苔蕨部（羊齿门）（其二）

  第八章 显花部（裸子门）（其一）

  第九章 显花部（被子门）（其二）

  第十章 显花部（被子门）（其三）

  第十一章 植物之分布（其一）

  第十二章 植物之分布（其二）

  第十三章 结论

实验之部（附录）

第一章 解剖学实验

第二章 生理学实验

第三章 分类学实验

（四）内容特点

在绪论中，该书阐述了什么是生物，植物和动物的区别以及植物学研究的内容、方法。该书主体内容四编，系统地阐述了植物的形态、结构、生理、分类等知识。形态、解剖的知识内容，阐述清楚、科学；解剖学内容介绍到了细胞层次；植物生理学的内容也很系统、全面。在植物分类学内容中，关于菌、藻的内容与今天的植物学内容有一定的出入，关于苔藓植物、蕨类植物、裸子植物、被子植物的内容，除名词与今天的不同之外，其分类大致与今天的植物分类相同。在介绍了几大类群后，该书还介绍了它们的分布。即使是用今天的植物学教科书的标准去看，该书内容也不失全面、系统。书中还附有详细的解剖、生理、分类的实验，在中学生物学课程初设阶段就做到这一点，实在是值得赞叹。

《普通教育动物学教科书》

（一）基本信息

1. 出版单位

上海普及书局。

2. 作者与编写方式

日本安东伊三次郎、岩川友太郎、小幡勇治原著，张修爵、王官寿译，见图3-3。

张修爵：江苏上元人，就读于千叶医专专科。1910年被赏赐医学进士。1929年被聘为教育部编审处委员[①]。

3. 出版、版次

光绪三十二年（1906年）第1版，见图3-4。光绪三十三年（1907年）、

---

① 牛亚华. 清末留日医学生及其对中国近代医学事业的贡献[J]. 中国科技史料, 2003, 24（3）: 228-243.

图 3-3 《普通教育动物学教科书》封面

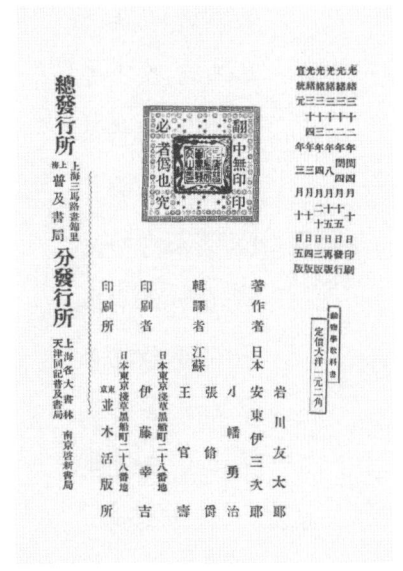
图 3-4 《普通教育动物学教科书》版权页

三十四年（1908 年），宣统元年（1909 年）均有出版。

（二）编写背景与编写依据

该书由日本教科书编译而来，供一般程度中学使用。

（三）编写体例与教材结构

该书除绪论外，分各论、通论两编。各论下分门，门下分纲。通论下分两章，章下不分节。译例中注明：用五号活字记述的内容，可视教学时间情况而异，如时间不够可从略。

该书为铅字印刷，在日本东京排版印刷。

该书文字竖排，标点全为句号。

该书有插图，且插图还颇为精美。插图中标注序号用英文字母 abc。书中专业术语同时附有英文名。

以下为该书的目录。

绪论

第一编 各论

 第一门 脊椎动物

  第一纲 哺乳类

　　　　第二纲　鸟类

　　　　第三纲　爬虫类

　　　　第四纲　两栖类

　　　　第五纲　鱼类

　　第二门　节足动物

　　　　第一纲　昆虫类

　　　　第二纲　蜘蛛类

　　　　第三纲　多足类

　　　　第四纲　甲壳类

　　第三门　软体动物

　　　　第一纲　头足类

　　　　第二纲　腹足类

　　　　第三纲　薄鳃类

　　第四门　蠕形动物

　　　　第一纲　环虫类

　　　　第二纲　圆虫类

　　　　第三纲　扁虫类

　　第五门　棘皮动物

　　　　第一纲　海胆类

　　　　第二纲　海星类

　　　　第三纲　海参类

　　　　第四纲　海蛇尾类

　　　　第五纲　海百合类

　　第六门　腔肠动物

　　　　第一纲　珊瑚类

　　　　第二纲　水母类

　　第七门　海绵动物

　　第八门　原生动物

　　　　第一纲　纤毛类

第二纲 鞭毛类

第三纲 根足类

第二编 通论

第一章 动物界

第二章 进化论

（四）内容特点

该书由在日本广为使用的动物学教科书编译而来。在编译过程中，译者对内容进行了增删，略去了某些与我国社会生活无关的例子，添加了一些结合我国实际的例子。在动物学名词、动物名称的确定方面，译者综合考虑了当时的译本和日文原名称，采用较准确的名词、名称。插图有采自原书的，也有译者自己提供或从其他日本学者处获得的。

该书包括各论、通论两编。各论分类群对动物进行介绍。对动物类群的介绍，采用先高等动物再低等动物的呈现顺序。通论包括动物界、进化论两章。动物界一章对动物界进行了概述，简述了动物的生理。进化论一章介绍了自然选择学说的主要内容，以及动物进化的证据等内容。

书中正文上方有关键词提示，对应下方的相应内容，非常便于阅读者浏览全书，也便于学习者抓住关键词统领相应概念。

《中等博物教科动物学》

（一）基本信息

1. 出版单位

科学会编译部。

2. 作者与编写方式

秦嗣宗编，见图 3-5。

秦嗣宗：广西灵川人，曾在广西体用学堂（广西大学前身）学习。

3. 出版

光绪三十四年（1908 年）出版，见图 3-6。

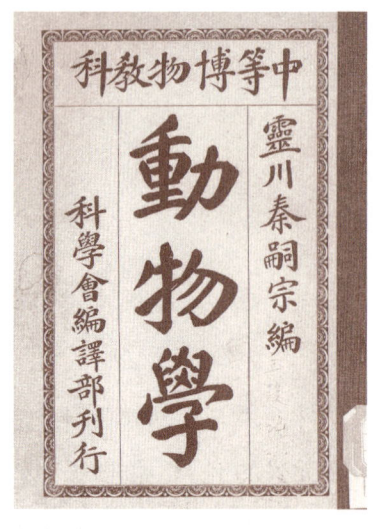 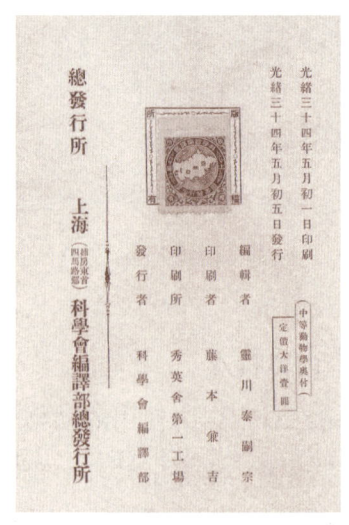

图 3-5 《中等博物教科动物学》封面　　图 3-6 《中等博物教科动物学》版权页

(二) 编写背景与编写依据

该书主要参考了日本丘浅博士所著的《近世动物学》，在体例上略作修改，同时借鉴了当时其他动物学著作。

(三) 编写体例与教材结构

该书在日本排版印制，铅字印刷，文字竖排，标点全为句号。该书插图精美，少量插图还是彩色的，如图 3-7 中所示。

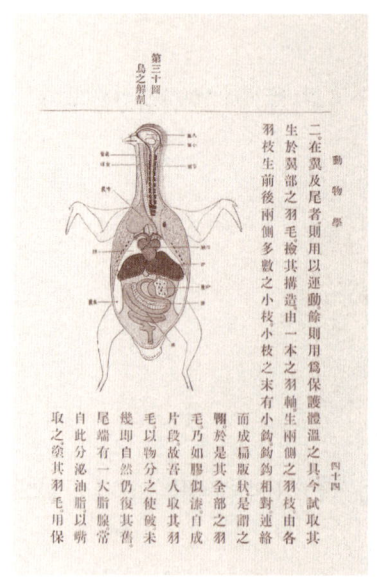

图 3-7 《中等博物教科动物学》内页展示

该书共分两编。第一编为绪论及各论，编下分门，门下分纲，纲下分目。第二编为通论，编下分章，章下再分小标题"一""二"。

该书的目录如下。

第一编　绪论及各论

　第一门　脊椎动物

　　第一纲　哺乳类

　　　第一目　猿类　第二目　食肉类　第三目　鳍脚类

　　　第四目　有蹄类　第五目　长鼻类　第六目　鲸类

　　　第七目　啮齿类　第八目　翼手类　第九目　食虫类

　　　第十目　贫齿类　第十一目　有袋类　第十二目　单孔类

　　第二纲　鸟类

　　　第一目　猛禽类　第二目　攀禽类　第三目　鸣禽类

　　　第四目　鸠鸽类　第五目　鸡类　第六目　涉禽类

　　　第七目　游禽类　第八目　走禽类

　　第三纲　爬虫类

　　　第一目　龟类　第二目　蜥蜴类　第三目　鳄类

　　　第四目　蛇类

　　第四纲　两栖类

　　　第一目　无尾类　第二目　有尾类

　　第五纲　鱼类

　　　第一目　硬骨类　第二目　软骨类　第三目　硬鳞类

　　　第四目　有肺类　第五目　圆口类

　第二门　节足动物

　　第一纲　昆虫类

　　　第一目　鞘翅类　第二目　鳞翅类　第三目　膜翅类

　　　第四目　双翅类　第五目　半翅类　第六目　脉翅类

　　　第七目　直翅类　第八目　弹尾类

　　第二纲　蜘蛛类

　　　　　第一目　真正蜘蛛类　第二目　壁虱类　第三目　蝎类
　　　　　第四目　拟蝎类　第五目　触脚类　第六目　长脚类
　　　第三纲　多足类
　　　第四纲　甲壳类
　　　　　第一目　胸甲类　第二目　节甲类　第三目　切甲类
　　　　　第四目　蔓足类
　　第三门　软体动物
　　　第一纲　头足类
　　　第二纲　腹足类
　　　第三纲　瓣鳃类
　　第四门　蠕形动物
　　　第一纲　环虫类
　　　第二纲　圆虫类
　　　第三纲　扁虫类
　　第五门　棘皮动物
　　　第一纲　海胆类
　　　第二纲　海星类
　　　第三纲　海参类
　　　第四纲　阳遂足类
　　　第五纲　海百合类
　　第六门　腔肠动物
　　　第一纲　珊瑚类
　　　第二纲　水母类
　　第七门　海绵动物
　　第八门　原始动物
　　　第一纲　纤毛类
　　　第二纲　根足类
　第二编　通论
　　第一章　动物之生活

一　个体之维持

　　二　种属之维持

第二章　进化论

　　一　自然淘汰说

　　二　动物进化之说

（四）内容特点

该书分两编，第一编为绪论及各论，分门别类介绍各动物类群。该书对动物类群的介绍，采用先高等动物再低等动物的呈现顺序。原因如作者在前言中所述：低等动物，世人素不注意，其构造又与人体生理学不同，骤然由此教授，则学者无比较之确实观念，殊难了解，故由高等动物顺序及之，俾其以基于生理学所得之知识，而彻悟其未知之事。第二编为通论，先介绍了动物的运动、行为以及动物的种群繁衍，又介绍了自然选择学说以及动物进化的证据等内容。

该书对动物的分类介绍到目这一层次，介绍得非常详细。该书对进化论内容的介绍也十分详尽。

《中学生理教科书》

（一）基本信息

1. 出版单位

教科书译辑社。

2. 作者与编写方式

美国斯起尔著，何燏时译补，见图3-8。

何燏时：1878年生，字燮侯，浙江省绍兴市诸暨赵家镇花明泉村人。我国最早赴日本留学的学生之一，毕业于日本东京帝国大学（现日本东京大学）工科冶金系。

3. 出版

光绪二十八年（1902年）出版，见图3-9。

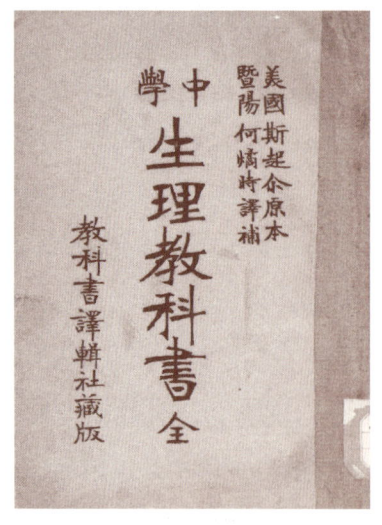
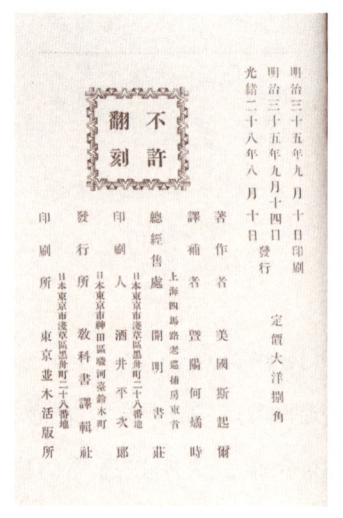

图 3-8 《中学生理教科书》封面　　图 3-9 《中学生理教科书》版权页

（二）编写背景与编写依据

该书以美国当时的主流生理学教材斯起尔所著的《生理学》为蓝本，也参考了其他教材作了少量补充修改。

（三）编写体例与教材结构

该书分编，除第八编"五官论"之外，其他各编内不再细分，而是连贯叙述。文字竖排，无标点符号，铅字印刷，有精美的插图，在日本印制。

全书最后还有"问题"一项，针对各编内容提出问答题 431 个。

该书的目录如下。

绪论

第一编　骨骼论

第二编　筋论

第三编　皮肤论

第四编　呼吸及声音论

第五编　循环论

第六编　消化及食物论

第七编　神经系统论

第八编　五官论

　　　　第一　触官

　　　　第二　味官

　　　　第三　嗅官

　　　　第四　听官

　　　　第五　视官

　　第九编　结论

　　附录

　　　　看病摘要

　　　　消毒法

　　　　救急法

　　　　解毒法

　　　　问题

（四）内容特点

该书对人体结构的叙述，按照骨骼、筋、皮肤、呼吸、循环、消化、神经、五官等主题展开，没有泌尿、内分泌、生殖系统的知识内容。可见，该书中关于人体系统的知识与现代的认识有较大差异。在分别叙述后，用一编结论来作概括叙述。全书最后的附录，包括看病摘要和消毒、救急等项，介绍了基本的护理常识。

书中的"试验"穿插在正文叙述中。例如，第5页在叙述了骨骼的功能之后，就安排有2个"试验"来检验骨和鸡蛋的成分，此后，课文再介绍骨的成分；第17页介绍手的结构功能后，安排一个"试验"来说明手指长短不同的作用。

《最新中学教科书植物学》

（一）基本信息

1. 出版单位

商务印书馆。

2. 作者与编写方式

亚泉学馆根据三好学原版编译。

三好学：日本理学博士，植物学家。

3. 出版、版次

光绪二十九年（1903年）第1版，光绪三十一年（1905年）再版，封面见图3-10，版权页见图3-11。

图3-10 《最新中学教科书植物学》封面

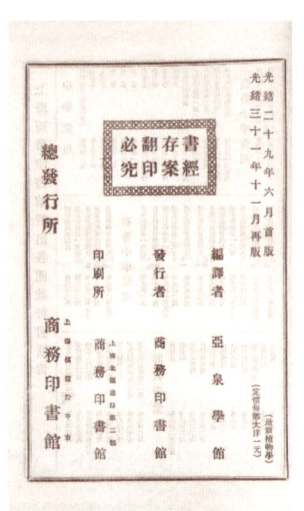
图3-11 《最新中学教科书植物学》版权页

（二）编写背景与编写依据

杜亚泉先生于1903年根据日本理学博士三好学的原著编译该书。三好学的原著在日本已印至第26版，且逐版均有修订。该书依其第26版编译，同时参考了多部植物教科书。

原著中植物名称未注汉名或拉丁名者约有四成至五成，在该书中作者对这部分内容进行了补充。对外国所产植物或未能查到汉名的植物，该书仅列拉丁名不列汉名。

（三）编写体例与教材结构

该书分为四编，编下分章，有附录。

该书用文言文撰写，铅字印刷，文字竖排，标点全为句号。植物学术语后附有英文，植物学名后附有拉丁文，拉丁文以正体排版。附录中有少量表格，从左向右横排。

以下为该书的目录。

总论

第一编 植物形态学

  第一章 胚

  第二章 根

  第三章 芽及枝

  第四章 叶

  第五章 花

  第六章 果实

第二编 植物解剖学

  第一章 植物原器

  第二章 根

  第三章 茎

  第四章 叶

第三编 植物生理学

  第一章 根

  第二章 茎

  第三章 叶

  第四章 花

  第五章 果实及种子

第四编 植物分类学

  第一章 分类之主意

  第二章 各论

    第一 显花植物部

    第二 隐花植物部

附录 植物记载法

（四）内容特点

植物学总论，介绍了"植物界""植物学"和"植物分类"的概念。该书分为四编：第一编植物形态学、第二编植物解剖学、第三编植物生理学、第四编植物分类学。前三编中，植物形态学、解剖学和生理学等内容均只介绍显花植物。植物分类学分成二章，第一章"分类之主意"介绍了分类学的理论与方法；第二章为各论，分成显花植物部和隐花植物部。附录为植物记载法，介绍了观察描述植物的器具、描述记录的方法等。

该书图文并茂，图中各结构有注字。在章的结尾与某些知识点的讲解中使用了类似于概念图的方式总结梳理各概念之间的联系。

全书有大小插图共 265 幅，根据三好学原著描绘，插图较原著略有增加。

《最新中学教科书动物学》

（一）基本信息

1. 出版单位

商务印书馆。

2. 作者与编写方式

美国白纳原著，黄英译述。

3. 出版、版次

光绪三十一年（1905 年）第 1 版，封面见图 3-12，版权页见图 3-13。

图 3-12 《最新中学教科书动物学》封面

图 3-13 《最新中学教科书动物学》版权页

（二）编写背景与编写依据

该书译自美国白纳所著的教科书。作者提倡"课堂精练"，通过观察各种动物，学习解剖法、显微镜研究法及分辨动物的方法，使学生理解理论，领悟关系。作者还提出教科书文字不宜高深，讲解务必明晰。

（三）编写体例与教材结构

该书共分为八章。第一章至第七章介绍无脊椎动物，第八章介绍脊椎动物。正文后附有中西动物名称对照表。

该书铅字印刷，文字竖排，标点符号全用句号。

以下为该书的目录。

原序

例言

动物学总引

第一章　原生动物

第二章　多孔动物

第三章　腔肠动物

第四章　棘皮动物

第五章　蠕形动物

第六章　软体动物

　　双壳类、单壳类、首足类

第七章　节足动物

　　甲壳类、鞘翅类、脉翅类、直翅类、半翅类、双翅类、鳞翅类、膜翅类、多足类、蜘蛛类、捕虫法

第八章　脊椎动物

　　鱼类、两栖类、蛇类、蜥蜴类、鳖类、鳄鱼类、鸟类、剥制鸟皮法、乳哺类、测量及剥制哺乳动物法

动物学中西名目表

(四)内容特点

该书在动物学总引中对动物学有总体的介绍。第一至七章介绍了原生动物、多孔动物、腔肠动物、棘皮动物、蠕形动物、软体动物、节足动物。第八章用很大的篇幅介绍了脊椎动物。

各章末多有"总论",总结概括本章内容要点。一些章后有实验方法的介绍,如第一章原生动物后面有一段"实验要言";第七章后介绍了"捕虫法";第八章脊椎动物有"剥制鸟皮法""测量及剥制哺乳动物法"等。

《最新中学教科书生理学》

(一)基本信息

1. 出版单位

商务印书馆。

2. 作者与编写方式

美国史砥尔原著,谢洪赉译述。

谢洪赉:1873年生人,字鬯侯,别号寄尘,是清末民初知名的翻译家、著述家,译、著的高校、中小学教材达16部。

3. 出版、版次

光绪三十年(1904年)第1版,光绪三十二年(1906年)第6版,封面见图3-14,版权页见图3-15。

图3-14 《最新中学教科书生理学》封面

图3-15 《最新中学教科书生理学》版权页

（二）编写背景与编写依据

该书译自美国科学课本作家史砥尔所著的教科书，内容适合我国中学生学习。

朱元均在该书的序中谈到我国有关养生之言的陈旧、谬误以及西方的解剖学、生理学的发展，感叹"我国今日人种之弱"，译生理学书供少年学习，人人身体力行，强体卫国。

（三）编写体例与教材结构

该书正文之前有"生理学序""译例""教授要言"。教学内容共十章，其中第十章是附录，附有问题和中西名称对照表。

"教授要言"指出该书应教授一年，如只能教授半年，作者也给了精简建议。作者还提出了课堂教学的方法、考核学生的方法等，还指出有条件的学校应配备显微镜和玻片标本供学生观察，配备人体模型与人体图以辅助教学。"教授要言"中还列出了中西文的度量单位对照。

该书为铅字印刷，文字竖排，标点符号全用顿号。

以下为该书正文部分的目录。

绪言

第一章 骨骼论

第二章 肌论

第三章 皮肤论

第四章 呼吸与声音

第五章 血脉循环论

第六章 消化及食物论

第七章 脑系论

第八章 五官论

第九章 康健与死亡论

第十章 附录

　　问题

　　中西名目表

(四)内容特点

作者提到,研究人体的学问分为三科:全体学(解剖学内容之一)、生理学和卫生学。三者相互关联,不得分开,该书兼及三项。书中各章介绍结构功能等基本知识后会讲解常见疾病及防治保健的知识。

作者在译例中陈述了该书的五个特色:一为简明;二为贴近日常养生;三为清晰,每章前先列层次(类似于概念图);四为问题的设置,每章后设有问题,问书中未及之意,引导学习者思考,全书最后还列出了问题,供学生温习自修;五为"广论、注语博采群籍、旁阐曲喻"。

《实验植物学教科书》

(一)基本信息

1. 出版单位

商务印书馆。

2. 作者与编写方式

三好学原著,杜亚泉译述,陈学郢校订,见图3-16。

3. 出版、版次

宣统三年(1911年)第1版,见图3-17。

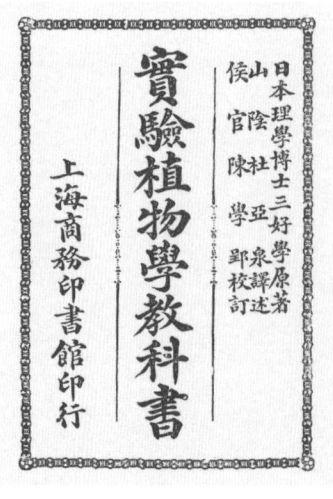
图3-16 《实验植物学教科书》封面

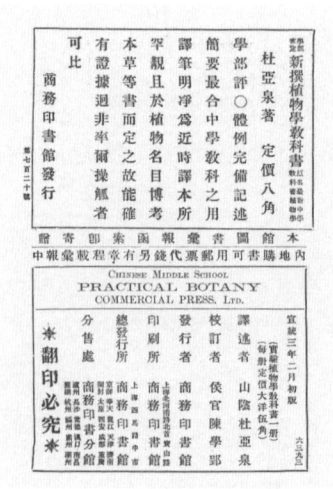
图3-17 《实验植物学教科书》版权页

（二）编写背景与编写依据

本书由日本学者三好学原著的《植物学实验初步》译述而来，目录与原著相同。三好学原著中，明确该书为与《植物学教科书》（前文介绍的《最新中学教科书植物学》是它的编译本）配合使用的教科书，该书突出了实验内容，但在植物学教科书中介绍的内容则从略。

（三）编写体例与教材结构

该书介绍了适宜中等学校开展的植物学实验的技术与方法，包括植物描述法、实验仪器用法、实验试剂的配制法、植物标本采集保存与制作法、植物解剖及生理学实验法等。全书共六章，章内分节。全书仅有正文，无前言、后记等说明性文字及附录。

该书为铅字印刷，文字竖排，标点全为句号。化学名称等音译的术语附有英文，部分试剂的名称附有英文。用汉字表示计量的数字。

书中插图共 62 幅，很有立体感与质感。图上方有图题，图题文字多为从右向左横排。有少量表格，表格中文字从左向右横排。少量介绍详细的课文以小字排版。

该书在上海印刷、发行。分售处有泸州、长沙、常德、汉口、南昌、芜湖、杭州、广州、潮州。

以下为该书的目录。

第一章　植物体记载法
　　第一节　器具
　　第二节　叶及花之记载式
　　第三节　显花植物记载式
第二章　实验用具药料及显微镜用材料调制法
　　第一节　显微镜及用法
　　第二节　实验器械及器具
　　第三节　实验用药品及色料
　　第四节　显微镜用材料调制法
第三章　植物解剖学及隐花植物实验

第一节 植物解剖学实验

  细胞及细胞膜

  细胞内含物 原生质及其运动 叶绿体 小粉

       糊粉及蛋白质 衣诺林 结晶体

       脂肪及油 细胞液

  导管 筛管 有孔导管 重孔纤维 螺旋纹导管

      横纹导管 乳汁导管

  组织 扁平组织即柔组织 纺锤组织即硬组织

      厚角组织 厚膜组织

  组织系 表皮 附毛茸及鳞片 木栓层 维管束

  根及根冠

  茎

  叶

  花粉

第二节 隐花植物实验

  石松类 木贼类 萍类 羊齿类 藓类 苔类

  菌类 地衣类 轮藻类 藻类 原微植物类

第四章 植物生理学实验

第一节 种子之萌发

第二节 生长

第三节 同化作用

第四节 营养

第五节 呼吸

第六节 蒸腾作用

第七节 植物之运动

第八节 生殖

第五章 植物采集法腊叶制法及保存法

第一节 采集用器具

第二节 采集心得

　　　　第三节　压榨器具

　　　　第四节　压榨法

　　　　第五节　腊叶保存法

　　　　第六节　藻类标本制法

　　　　第七节　菌类标本制法

　　第六章　构设植物园法

（四）内容特点

该书六章详细介绍了植物学实验的技术与方法。

该书可看作我国中学生物学教科书中最早出现的实验指导书。该书内容以植物学实验方法为主，植物学理论知识介绍从略。该书向我国读者介绍了植物学这门实验科学的仪器设备、实验方法。书中文字描述简洁，信息量大，内容基于实践，操作指导性强。

该书图片精美，图文并茂。书中一些术语，特别是试剂等音译名称虽与现在的说法有出入，但书中附有英文，可供读者核对。

《中等格致课本卷一（上、下）动物》

（一）基本信息

1. 出版单位

南洋公学。

2. 作者及编写方式

法国包尔培著，徐兆熊译。

3. 出版

上海南洋公学光绪二十九年（1903年）出版（第二次印行），封面见图3-18。

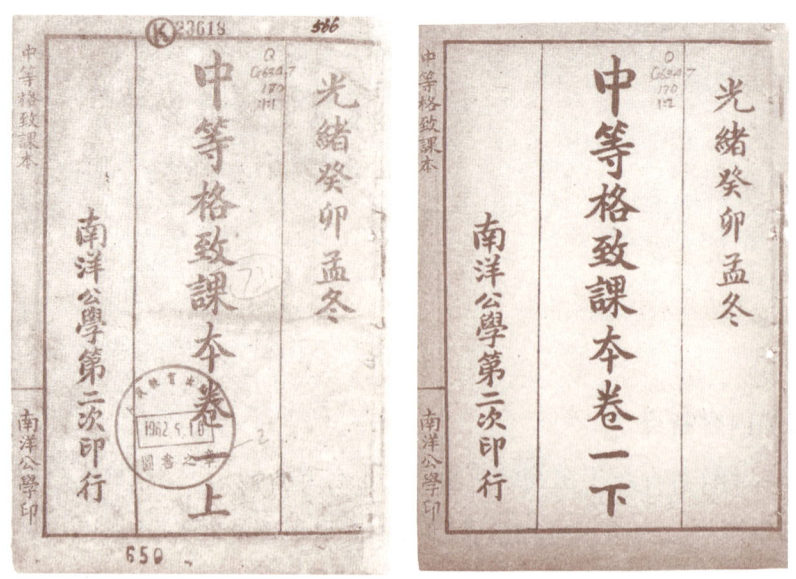

图 3-18 《中等格致课本卷一（上、下）动物》封面

（二）编写体例与教材结构

该书内容竖排，标点全为句号。该书内容按"课"来编，每课内无下一级标题。该书为文言文叙述，有少量关于动物形态、结构的插图。

该书的目录如下。

卷一上 动物

  第一课 总论

  第二课 分类

  第三课 有骨与无骨之动物

  第四课 有脊骨类

  第五课 无骨类

  第六课 续无骨类

  第七课 论有脊动物

  第八课 爬行两栖及鱼族

  第九课 有脊类一乳哺族　种一两手科即人

  第十课 种二四手科即猴类

  第十一课 种三食虫科

第十二课 种四蝙蝠科

第十三课 种五善龈科

第十四课 种六食肉科

第十五课 续食肉科

第十六课 续指行族

第十七课 续前课

第十八课 种七象科

第十九课 种八似善啮科

第二十课 续蹄科

第二十一课 续前蹄科

第二十二课 种十 鲸科

第二十三课 续鲸科

第二十四课 种十二 无牙类

卷一下 动物

第二十五课 有脊类二

第二十六课 鸟（原书无标题）

第二十七课 善走族

第二十八课 善凫族

第二十九课 长腿族

第三十课 善爬族

第三十一课 食肉族

第三十二课 有脊动物第三类

第三十三课 蛇族

第三十四课 蜥蜴（原书无标题）

第三十五课 水陆两栖类

第三十六课 鱼类

第三十七课 鱼的外形（原书无标题）

第三十八课 鱼可分五大类（原书无标题）

第三十九课 闪鳞族（原书无标题）

第四十课 柔体类

第四十一课 有首科分三类（原书无标题）

第四十二课 第三类圆节类

第四十三课 蚱蜢（原书无标题）

第四十四课 六足虫十二科（原书无标题）

第四十五课 多足族（原书无标题）

第四十六课 蜘蛛族

第四十七课 有壳族

第四十八课 蛴螬类

第四十九课 带虫（原书无标题）

第五十课 猬皮类

第五十一课 体空类

第五十二课 贱虫类

（三）内容特点

该书以"课"为单位，无章节层次结构。课与课之间所讲动物类群层次差别很大。第一课总论，介绍了世界上的物体分为动物、植物、矿物三大类并介绍了它们的异同。第二课讲多种多样的动物，分类时要关注其内外形态结构特征。第三课，以马、蝇为例，讲有骨动物和无骨动物在形态、结构上的区别。第四课、第五课、第六课则详细介绍有脊骨类、无骨类的形态结构特征。之后，该书再详细介绍各类群的动物，介绍代表性的科、族（大致相当于目）。有些课后有"习问"栏目，列有与本课知识有关的几个问题。从对动物类群介绍的顺序看，该书先介绍脊椎动物，后介绍无脊椎动物，先高等、后低等，与常见的动物教科书介绍顺序相反，便于读者从熟悉的动物入手学习，较具特色。

《中等格致课本卷二上论植物》

（一）基本信息

1. 出版单位

南洋公学。

2. 作者与编写方式

英国罗伯德原著，徐兆、熊子璋等翻译。

3. 出版

光绪二十九年（1903年）出版，封面见图3-19。

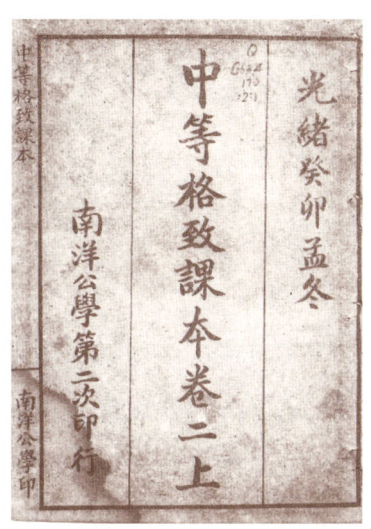

图3-19 《中等格致课本卷二上论植物》封面

（二）编写体例与教材结构

该书内容为手写体，文字竖排，标点全为句号。该书内容按"课"来编，每课内无下一级标题。该书为文言文叙述，有一些植物形态、结构的插图。

有些课后有"习问"栏目，列有与本课知识有关的几个问题。

该书的目录如下。

  论植物
   第一课 植物各类大小不同 植物之体
   第二课 树身

第三课　根　枝　叶　花

第四课　果实　不全之花　须之位置

第五课　肥料　种子

第六课　棕树之生

第七课　单仁与双仁植物之别　内长外长植物

第八课　植物寿限

第九课　植物分类

第十课　双仁植物第一部

第十一课　双仁植物第二部

第十二课　双仁植物第三部

第十三课　双仁植物第四部

第十四课　单仁植物

第十五课　无仁植物

第十六课　续无仁植物

（三）内容特点

该书在介绍植物形态结构的部分，以梨树、棕树为例，分别介绍双子叶植物、单子叶植物的形态结构。在介绍植物分类的部分，介绍了科学分类不宜以乔木、灌木、草本来分，也不宜以一年生、多年生来分，然后，阐述科学分类的方法，以花的结构、种子的结构来区分。该书将植物分为单仁植物、双仁植物、无仁植物三大类（分别对应单子叶植物、双子叶植物、孢子植物）。双仁植物又根据花的结构分四类。

《新编生理学问答》

（一）基本信息

1. 出版单位

商务印书馆。

2. 作者及编写方式

商务印书馆编译所编辑。

3. 出版、版次

光绪二十九年（1903年）第1版，封面见图3-20，版权页见图3-21。

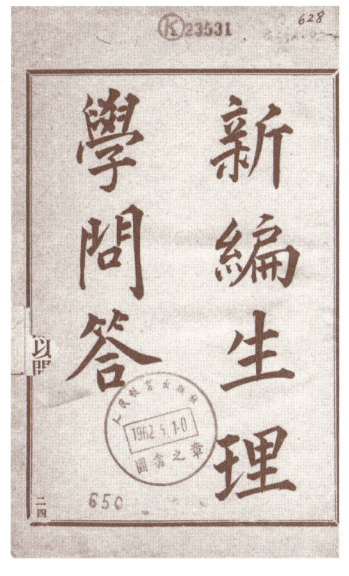 

图3-20 《新编生理学问答》封面　　图3-21 《新编生理学问答》版权页

（二）编写背景与编写依据

该书的序（署名山阴胡颖之）中说明，编本书的意图在于通过讲解生理学知识来强健国民。

（三）编写体例与教材结构

全书以问答的形式介绍人体生理及卫生知识。

该书为铅印、竖排，以文言文叙述，标点全为顿号。全书无插图。

该书的目录如下。

总论

骨格论

筋肉论

饮食消化论

皮肤及吸收分泌生理

体温及分泌生理

　　神经系统论

　　五官器论

　　附录

　　　　家畜乳汁与妇人乳汁之分量比较表

　　　　各种肉之成分比较表

　　　　谷类之成分

　　　　各种蔬菜成分

　　　　咖啡及茶之成分

　　　　含窒素性及无窒素性滋养质之比例

　　　　劳动男子日日需要之营养平衡量

　　　　成人之标准食养

　　　　齿牙发生记臆表

　　　　浴法温度

（四）内容特点

该书以问答的形式，阐述人体骨骼、肌肉、消化、分泌、神经等器官、系统的结构功能。附录介绍各种肉类、谷物等食物的营养成分，以及人体营养需求、牙齿发育、洗浴温度等内容。

该书内容较简单，侧重于讲与健康有关的运动系统、消化系统、神经系统，呼吸系统、循环系统、生殖系统的知识内容几乎没有涉及。

第三编　民国时期的教科书

第四章 民国初期的中学生物学教科书（1912—1922）

一、本阶段的社会背景

（一）政治背景

民国初期是中国教育发展史上的重要时期，在很大程度上决定了中国教育的未来走向。在民国前夜，虽然清政府在当时的困局下试图改革中国的教育制度，但是如火如荼的革命形势使其政权岌岌可危，其先后颁布的壬寅学制和癸卯学制并没有真正实施。1911年爆发的辛亥革命不但推翻了腐朽的清王朝，还使中国彻底抛弃了封建制度，中国的教育从此进入了新纪元。

1912年1月1日，中华民国成立，中国社会发展翻开了新的一页。此后短短的三个月内，临时政府即制定了一系列有利于巩固民主政治和发展资本主义的法律和政策。在革新教育制度上，《中华民国临时约法》中也有相关规定，在提倡普及教育、取消在学校祭孔读经、删改教科书中忠君和其他有悖于民主共和原则的内容等方面，具有很大的进步。政治思想上获得极大解放的教育界，以满足新时代呈现出来的新的社会要求为目的，对全国的教育进行了较全面的资产阶级变革，从而加快了中国教育近代化的步伐。表现在生物学教育方面就是新的教育宗旨指导下博物学课程标准的制定以及科学民主精神影响下的博物教科书的编撰。

辛亥革命的胜利如同昙花一现，胜利果实很快就被以袁世凯为首的北洋军阀窃取，中国进入北洋政府统治时期。在袁世凯复辟帝制步伐的紧逼下，举国陷入尊孔复古的逆流中。1915年2月，北洋政府颁布的《特定教育纲要》明确规定：各学校均应崇奉古圣贤为师法，宜尊孔以端其基，尚孟以致其用[①]。这就

[①] 舒新城. 中国近现代教育史资料：上册［M］. 北京：人民教育出版社，1981：256.

把尊孔尚孟作为学生思想政治教育的根本内容，意图把学生从小就培养成安分守己、不争不躁、不敢犯上作乱的顺民。至此，教育领域也被复辟的阴影笼罩着，民国初年的民主共和精神早已荡然无存。

北洋政府逆历史潮流的行为没有持续太久，在同封建复辟势力的反复较量中，中国的知识分子掀起了思想更为激进，更为彻底的新文化运动。这是中国社会前所未有的思想启蒙运动，对教育领域有着深刻的影响，其主要表现在抨击封建旧教育的危害，审视传统教育的不足，推行资产阶级的新教育。在这种新的教育理念的影响下，中国生物学教育领域也发生了巨大的变化，在当时新的课程标准指导下的博物课程的设置，以及白话文博物教科书的出现更是掀起了民国初期博物教科书编写的高潮。

（二）文化科技背景

1. 本时期文化的变化概述（1912—1922）

伴随着清政府灭亡和新政权的建立，中国传统文化与西方现代文化面临着更剧烈的交锋。民国初年中国的文化依然是在对这两种文化的弃扬中发展变化的，可大致划分为以下两个阶段。

（1）第一阶段：传统复古文化的回潮和文化调和主义的兴起

清朝末年，随着对外战争的失败，中华民族的民族自信受到极大打击。从"中体西用"被动接受西方先进的科学技术到甲午战争后试图主动全面地学习效仿西方文化，与此相适应的是，中国思想界人士对传统文化的质疑也与日俱增。民国的建立，标志着传统的社会—政治和文化—道德秩序的解体，一度为西方文化的传播提供了更为广阔的空间。旧秩序虽然已经解体，但传统文化并未从中国社会销声匿迹。

① 民初传统复古文化的回潮

随着清朝的灭亡，与忠君思想相配套的一系列行为标准都因王权的倾覆而呈现风雨飘摇之势。事实上，在民国初年，不论是北方的北洋系势力范围，还是南方的革命党势力范围，都出现了蔑视法度、乱象丛生的现象。这与清末以来大家孜孜以求的民主社会的根本精神自然是背道而驰的。因此，民国初年，精英阶层展开了对道德规范的广泛讨论与寻求。然而，1914年开始的第一次世界大战暴露出了西方资本主义文明的各种问题，中国很多知识分子对西方文化产生了怀疑。于是，思想界人士在厌倦与失望之余，又重新将视线投向曾经维系社会的行为标准——传统儒学，民初传统文化开始回潮。当时政界内希望借助儒学来恢复道德的不仅有以袁世凯为领导的北洋派，事实上也有革命党人士。1914年1月15日，《正谊》杂志在北京创刊，其作者既有与黄兴关系甚密的国民党人士，如谷钟秀、杨永泰，也有具进步党背景的张东荪，该杂志明确指出以回归原始儒学作为纠正道德缺失的唯一之路，但他们也无法克服原始儒学对人性要求过高的痼疾。

② 文化调和主义的兴起

传统文化的回潮与繁荣是短暂而虚假的。江河日下的现实情况表明，传统儒学已经不足以支撑中国社会现状了，顽固的保守主义思想逐渐失去市场。对西方文明的重新审视与对中国现状的反思就这样纠缠在一起，文化调和主义应运而生，一度非常流行。文化调和主义的主要代表人物是杜亚泉和章士钊，他们分别以《东方杂志》和《甲寅杂志》为阵地，宣扬文化调和的思想。他们认为，可以学习西方的科技，但伦理道德等东西，还是中国的优越，中国传统伦理道德为救国之良剂[①]。1912年1月，中华书局创立之初，陆费逵等人即标识出其出版宗旨为"融合国粹欧化"，可视为对提倡国粹与鼓吹欧化两种文化主张的调和。归根结底，他们也是"中体西用"论者，只不过是"体"和"用"的范畴发生了变化。现在看来，"文化调和论"并不是全无道理。两种文化相遇，最终的结果大多是调和。但在当时的历史条件下，传统文化的势力异常强大，杜亚泉和章士钊的文化调和理论表面上看似乎合理，但在当时的历史条件下的确有为旧势力辩护的作用。

（2）第二阶段：对传统文化说"不"的新文化运动开始席卷中国

新旧文化的相处，状态固然是新旧杂糅，但是在新旧杂糅的同时，还有着你死我活的斗争。文化调和主义者的善良愿望和理想模型，注定在现实中是无法实现的。传统文化在中国根深蒂固，如果没有激进彻底的革命，就很难打破传统文化的壁垒。1915年9月，《青年》（后改名《新青年》）杂志创刊，标志着新文化运动的大幕开启。1918年，陈独秀和文化调和主义的代表人物杜亚泉展开了著

---

① 陈独秀. 调和论与旧道德[J]. 新青年，1919，7：1号.

名的关于东西方文化的论战。新文化倡导者猛烈批判文化调和主义者的主张。在他们看来，极端守旧者已经没有势力，而最能迷惑年轻人的，恰是这种似是而非的调和主张。他们认为，中国传统文化的惰性太大，只有采取矫枉必须过正的方法，坚决对传统文化说"不"，才能真正解决中国面临的文化危机和社会危机。

新文化运动，绝不仅仅是一场以反传统为主轴的破坏运动，而是一场重要的现代价值重建运动。新文化运动对民主与科学的推崇，决定了此后中国文化发展的新方向。五四以后，人们对科学的理解更加深入，追求科学的热情也更为高涨。如果说在清末，对中国知识分子来说，科学还局限于科技物质成就和自然科学，那么五四时期，科学则不仅普遍涵盖一般社会科学，更是一种广义的世界观和方法论，一种包括破除迷信、打碎偶像、崇尚理性、注重逻辑实证等精神在内的价值观念。为了进一步将此理念在社会中推广，胡适号召，应该树立一种"评判的态度"，以科学与民主作为一个基本标准，来重新估定一切价值。科学思想的确立与传播，对中国未来的发展产生了深远的影响。

2. 近代生物学的发展与传入中国的情况

（1）生物学的发展

20世纪初，生物学发展迅速，在遗传学、生理学、内分泌学、微生物学、胚胎学等方面都有显著的进展。考虑到教科书分析的需要，现将主要成果介绍如下。

美国遗传学家摩尔根（T. H. Morgan）发现果蝇白眼性状的遗传总是与性别相关，指出白眼基因位于X染色体上，而Y染色体不含有它的等位基因，从而发现了伴性遗传现象。之后，他用果蝇进行实验，又发现了连锁与互换规律。

1911年美国生物化学家芬克（C. Funk）从米糠中分离提纯出有活性的维生素B结晶。1912英国生物化学家霍普金斯（F. G. Hopkins）用实验肯定了维生素的存在，并提出"营养缺乏症"的概念。荷兰学者艾伊克曼（C. Eijkman）证实糙米含维生素B1，有治疗多发性神经炎的作用。

德国生物化学家瓦尔堡（O. H. Warburg）设计了可以精确测定组织耗氧速度的测压计，揭示出正铁血红素在生物氧化呼吸链中起着呼吸酶的作用。他的工作为研究生物氧化奠定了基础。

1914年美国生物化学家肯德尔（E. C. Kendall）提取并获得了甲状腺素结晶。

1915年英国微生物学家特沃尔特（F. W. Twort）和法国学者德荷雷莱（F. H. D'Herelle）发现了噬菌体。

20世纪初，德国化学家维尔斯塔特（R. Willstatter）发现叶绿素分子中1个镁离子同4个氮原子相连。

1915年美国营养学家麦克勒姆（E. V. McCollum）发现了维生素A；1922年又发现了维生素D，并证明它与软骨症有关。

1918年德国胚胎学家施佩曼（H. Spemann）发现在胚胎生长过程中的组织诱导效应，开创了实验胚胎学的研究。

1922年英国生物化学家希尔（A. V. Hill）和德国生物化学家迈耶霍夫（O. Meyerhof）分别研究了肌肉收缩中的化学过程。

加拿大生理学家班廷（F. G. Banting）及其助手贝斯特（C. H. Best）在麦克劳德（J. J. R. Macleod）的指导下，分离提纯出胰岛素，并将其成功地应用于治疗糖尿病。

（2）生物学在中国的传播和发展情况

1911年辛亥革命以后，近代生物学开始在中国逐渐扎根。1909年开始，许多大学设立农林科、博物部或生物系。例如，1909年金陵大学设立农林科，1910年湖南高等师范学校设立生物系，1917年中华农学会在南京成立，1923年中山大学、岭南大学在广州都设立农学院等。民国初期，在北京、武昌、南京、成都和沈阳等地，先后建立了高等师范学校，并设有博物部或农业专修科。1917年北京大学设立了生物门（系）。这些初期建立的高等学校博物部或生物系，担负了开创中国近代生物学的重任。到1936年，设有生物系的公立、私立大学已经有47所。从这以后，生物学的高等教育进一步得到发展。这些大学的生物系也都积极开展各种研究工作。这些部门机构的设立，一方面学习、传播近代生物学知识，发表文章、出版书籍；另一方面也促进了标本室、实验室的建立，以便我国生物学家能自己进行科学研究[1]。

19世纪20年代前后，一批在国外学有所长的学者开始陆续回国，并投身到中国近代生物学的开拓工作中去。

---

[1] 王宗训. 中国植物学发展史略[J]. 中国科技史料，1983（2）：22-31.

负责北京大学生物系工作的钟观光，自1917年至1921年，足迹遍及福建、广东、广西、云南、浙江、安徽、湖北、四川、河南、山西、河北等十一个省，采集腊叶植物标本一万六千多种，共十五万号。他不仅为北京大学建立了植物标本室，而且开创了我国学者自己采集和制作标本进行科学研究的新时代。另外，1919年陈焕镛曾到海南岛调查采集标本；1923年陈焕镛、钱崇澍和秦仁昌曾到湖北西部调查采集标本。1917年，钱崇澍从美国学成回国后，开始了植物分类学、植物生理学及植物生态学等领域的研究。在20年代初的几年时间里，我国学者采集标本、建立标本室的逐渐增多，发表了许多地区的植物名录。1925—1931年，罗宗洛、李继侗、汤佩松先后开始了植物生理学的研究。

民国初年，中国还没有自己的专门的生物学研究机构。1914年，留美学生任鸿隽、赵元任、胡达、秉志、过探先、周仁、杨杏佛、章元善、金邦正等人，为在祖国提倡科学、传播知识、发展实业，在美国创办了《科学》杂志，第二年10月在美国正式成立了"中国科学社"。1918年，中国科学社总部从美国迁回南京，开始为科学在中国扎根而努力。1920年，中国科学社发起人之一秉志也从美国回国。他一回到祖国，便马上投入到开拓我国近代生物学的教学和研究工作中。最初他在南京高等师范学校农业专修科教普通动物学，他自己编写教材，教法别开生面，结果专修班中有一半同学由学农改为学动物学。1922年，农业专修科并入东南大学，成为东南大学创立生物系的基础。就在这一年，秉志和胡先骕等人共同发起，在南京正式成立了第一个由我国学者主管的生物学研究机构，即中国科学社生物研究所，秉志任第一任所长。研究所的任务有三方面：一是研究，二是培养人才，三是推广、普及科研成果。研究所分动物和植物两部分，秉志兼任动物学部主任，胡先骕任植物学部主任，研究所着重于本国动植物的调查、分类研究，同时进行一些生物的解剖、生理和生化研究。研究所出版了《中国科学社生物研究丛刊》，后来丛刊分为动物和植物两部，分别汇集动物和植物方面的研究成果。生物研究所的建立是中国近代生物学发展史上的一个重要里程碑。它为许多大学贡献了师资力量，许多后来建立的生物学研究机构，都直接或间接地源于它[①]。

---

① 汪子春. 中国近代生物学发展概况［J］. 中国科技史料，1988，9（2）：17-35.

(三)教育发展与改革背景

1912年1月,在孙中山等革命党人的自由民主教育思想的指导下,中华民国成立了教育部,并任命蔡元培为第一任教育总长,接着颁发了《普通教育暂行办法》的教育法令。法令共分为14条,其要点有:初等小学可以男女同校;小学读经科一律废止;旧时学堂一律改称学校,监督、堂长一律改称校长;废止旧时奖励出身;中学为普通教育,文实不分科。与这个法令同时颁布的还有《普通教育暂行课程标准》,共有11条,其中规定了中小学的课程内容和教学计划,对旧教育的内容进行了改革。

1912年2月,蔡元培在《对于教育方针之意见》中,尖锐地批判了1906年公布的教育宗旨,他指出:忠君与共和政体不合,尊孔与信教自由相违。1912年9月2日,中华民国第一个教育宗旨发布,内容为:注重道德教育,以实利教育、军国民教育辅之,更以美感教育完成其道德。从这个民初第一个教育宗旨的内容可以看出,它明显删除了"忠君"和"尊孔"两点,从而也就在根本上同清末的封建专制主义的教育方针划清了界限。新宗旨中说到的"道德教育"是指对青少年进行"自由、平等、博爱"等资产阶级的政治、思想道德教育。这是新教育宗旨的核心,也是民国教育的中心。"实利教育"是指对学生进行有关生产知识和技能的教育。"军国民教育"是指军事体育训练。同时,新宗旨还增添了"以美感教育完成其道德",以此表达了刚刚取得政权的资产阶级的思想境界。这个新宗旨对辛亥革命以后教育事业的发展起到了相当积极的作用。教育部于1912年先后公布了《中学校令》和《中学校令施行规则》,这几条政令对中学学校的教育宗旨、课程设置、学生的修业年限、学生的入学资格等方面作了较为具体的规定,规定了中学以"完足普通教育,造成健全国民"为宗旨。

1915年年初,《颁布教育要旨》中提出了"爱国、尚武、尚实、法孔孟、重自治、戒贪争、戒躁进"七项教育宗旨,强调教育"必于忠孝节义植其基,于知识技能求其阙",以培养"大仁、大智、大勇之国民"[①]。

在五四时期,中国教育界学习西方教育的情况有了很大变化,这一时期

---

① 舒新城. 中国近现代教育史资料:上册[M]. 北京:人民教育出版社,1981:245.

的教育逐渐开始转向向美国学习,特别是美国教育家杜威(J. Dewey)和孟禄(P. Monroe)相继来中国讲学,使美国教育思想在中国的影响越来越大。美国教育相较于日本教育更具备自由主义和民主主义精神。随着教育教学改革的不断推进,民主、自由、个性逐渐成为那个时代的最强音,教育界呈现出前所未有的思想活跃局面。比较有代表性的有:蔡元培、黄炎培、陆费逵等人提出的职业教育思潮;由清末的西艺教育发展而来的,倡导者多为留美学生的科学教育思想;陈独秀所主张的"弃神而重人",鲁迅做"真人"的教育等所表现出来的健全人格教育思潮;胡适等人传入的杜威的实用主义教育思潮;另外还有勤工俭学思潮、平民教育思潮等。这些思潮虽然思想来源不同,各自强调的重点不同,但它们都倡导教育的民主化以及教育与社会生产生活的紧密联系。其中实用主义教育思潮对当时正在热烈追求新思想的中国教育界具有极大的诱惑力,因此,它很快成为对中国教育界产生深远影响的最重要的思潮。

二、本阶段课程概要

(一)学制、本学科课程设置与课程标准

1912年,临时教育会议制定的《学校系统令》(壬子学制)于9月公布实行。此后,教育部又公布了一些各级学校的法令,对壬子学制进行了修改和完善。1913年,教育部对已经公布的法令进行综合,制定了一部完整的学校系统,即壬子癸丑学制。壬子癸丑学制对课程的设置进行了重大革新,取消了中小学那些读经讲经的课程,增加了自然科学课程和实用课程,这体现了资产阶级的教育更重视授予学生实际生活所必需的生产知识和技能。

1913年3月19日,国民政府颁布《中学校课程标准》,其中博物部分的课程标准详见表4-1[①]。

---

① 课程教材研究所. 20世纪中国中小学课程标准·教学大纲汇编:生物卷[G]. 北京:人民教育出版社,2001:5.

表 4-1 中学校课程标准（摘录）

科目	第一学年		第二学年		第三学年		第四学年	
	每周时数	教学内容	每周时数	教学内容	每周时数	教学内容	每周时数	教学内容
博物	3	植物 普通植物之形态、分类、解剖、生理、生态、分布、应用等之大要 动物 普通动物之形态、分类、解剖、生理、习性、分布、应用等之大要	3	动物 同前学年 生理及卫生 人身之构造 个人卫生 公众卫生	2	矿物 普通矿物及岩石之概要 地质学之大要		

（二）教科书制度

1912 年，孙中山在南京组织临时政府，1 月 9 日教育部成立，蔡元培任教育总长。很快，袁世凯掌握中央政权，中国进入北洋政府统治时期。北洋政府发布了一系列关于教科书编审的法令规章。1912 年，中华民国临时政府教育部颁布了《普通教育暂行办法》和《普通教育暂行课程标准》。同年 5 月，教育部公布了《审定教科图书暂行章程》。这个章程可以说是民国第一个有关教科书编审制度的法令法规。该章程共 11 条，规范对象包括小学校的教师、学生用书和中学校学生用书。章程规定图书应于出版前呈教育部审定，审定内容包括印刷纸张、行款册幅、封面式样及价格等方面，教育部以公报形式宣布已经审定之图书，经过审定之图书可以在每册书面载明某年月日经教育部审定字样。教育部随后又公布了《审定教科用图书章程》《各省图书审查会规程令》《小学校令》《中学校令》《中学校令实施规则》，形成了较为完善的教科书审查制度体系。政府一方面力图统一全国教科书编审权力于教育部，另一方面考虑到民初教育的实际情况，增加了"各省图书审查会"这一中间辅助机构，由"各省图书审查会"监督检查各校教科图书的使用。很快,各省图书审查会的审查职能被弱化,1914年1月,教育部发布部令,规定:各校教科用书均由校长就教育部审定图书内择用之。同时,教育部公布《修正审定教科用图书规程令》,重申中小学校教科书须经教育部审定,取消了各省组织图书审查会的条款,表明教育部具有审定教科图书的全权职能。由于政局不稳,教育部仅于1918年发布过第一次重行审定之教科书目,此后便没有什么作为。

1915年,北洋政府颁布的《特定教育纲要》指出:兴学由造就师范编辑教科书入手。文件同时指出:由部编辑小学、中学教科书,以确定全国教育之基础。此职责由部设之编审处完成,并且规定:中小学教科书于一定期限内编定颁发,国定制与审定制并行。但从实际来看,部编教科书的设想并没有在民国初期实现。

三、本阶段教科书概貌

(一)教科书出版总体情况

民国初年的教科书市场基本被商务印书馆和中华书局占据。其他出版机构也出版了少数教科书,如上海的科学会编译部出版过一套"实用主义"教科书。但这些教科书在质量、发行量和影响方面都逊色于商务印书馆及中华书局出版的教科书。

商务印书馆在20世纪初从印刷业转型为主要出版发行教科书之后,业务量大增,迅速成为出版界和文化教育界的翘楚,尤其在教科书出版领域,它取代了文明书局,推进了国人自编教科书的体系化和近代化。商务印书馆在民国建立之前就已经奠定了深厚的基础。中华书局则是伴随着共和政权同时成立的,将教科书作为主打业务。因此,这两大出版机构必然会在民国初期有一场激烈的竞争。

1912年民国初建,商务印书馆开始组织编辑同人,筹划按照新学制出版"共和国新教科书"。商务印书馆编写的中学生物学教科书包括杜亚泉编辑的《植物学》《生理学》,徐善祥编辑的《动物学》。中华书局的创办人陆费逵,曾在文明书局和商务印书馆任编辑，积累了不少编辑出版的经验。1911年武昌起义后，他非常有前瞻性的加紧编写适合共和政体需要的中小学教科书，民国建立后，随之出版了"中华教科书"。从发行状况和历史口碑来看，还是"共和国新教科书"略胜"中华教科书"一筹。

人民教育出版社等机构收藏的中小学教科书中，从1912年到1922年，共有中学生物学相关的教科书27本，其中植物学9种，动物学10种，生理学8种，详见表4-2（按收录版本出版时间的先后排序）。

表4-2 本阶段主要中学生物学教科书一览表

题名	著者	出版单位
植物学讲义	严保诚 孔庆莱 编纂	商务印书馆
中等博物教科书植物学	李天佐 编	科学会编译部
中等博物学教科书动物学	秦嗣宗 编	科学会编译部
中学植物学教科书	（日）藤井健次郎 著；华文祺 译	文明书局
动物学新教科书	（日）箕作佳吉 原著；王季烈 译订；杜就田 参订	商务印书馆
生理卫生学	（美）吕特奇 著；罗庆堂译述	科学会编译部
中学生理学教科书	（日）坪井次郎 著；杜亚泉 杜就田 编译	商务印书馆
民国新教科书动物学	丁文江 编	商务印书馆
最新动物学教科书	（日）丘浅次郎 著；唐英 译述	科学会编译部
中华中学动物学教科书	华文祺 编	中华书局
最新中学教科书植物学	（美）甘惠德 编纂；杜亚泉 校订	商务印书馆
共和国教科书生理学	杜亚泉 凌昌焕 编纂	商务印书馆
民国新教科书生理及卫生学	王兼善 编	商务印书馆
中华中学生理教科书	华文祺 编	中华书局
中学新撰动物学教科书	凌昌焕 许家庆 编译	商务印书馆
三好学植物讲义	黄以仁 编纂	商务印书馆
实用教科书生理卫生学	吴冰心 编纂	商务印书馆
实用主义动物学教科书	马君武 编纂	科学会编译部

续表

题名	著者	出版单位
实用主义植物学教科书	（德）司瑞尔 著；马君武 编译	商务印书馆
中华中学植物教科书	彭世芳 编	中华书局
新制植物学教本	吴家煦 彭世芳 编辑	中华书局
共和国教科书动物学	徐善祥 等编纂	商务印书馆
生理卫生新教科书	（日）三岛通良 著；孙佐 编译	商务印书馆
共和国教科书植物学	杜亚泉 编	商务印书馆
新制动物学教本	吴家煦 吴德亮 编辑	中华书局
新制生理学教本	顾树森 编辑；吴家煦 校阅	中华书局
中学动物学教科书	杜就田 孙佐 编译；杜亚泉 校	商务印书馆

（二）教科书的总体特点

相比清朝末年的课程文件，1913年颁布的《中学校课程标准》中明显增加了植物的生态分布、动物的分布和生理中的公众卫生等内容。这些都体现出民国初期蔡元培"五育并举"中的"实利主义教育"和"科学教育"。这种变化在教科书中的体现也十分明显。植物生态学开始独立成章，如1921年商务印书馆出版的《共和国教科书植物学》。动物教科书也出现了不同于之前以动物分类为主线的体例，如1920年商务印书馆出版的《共和国教科书动物学》。生理教科书也有专门的章节讲授有关公众卫生的内容。

与清朝末年以翻译为主的教科书相比，民国初期大多数教科书属于国人自编。伴随学科发展和社会进步，从清朝末年到民国短短十几年间，植物学、动物学以及生理学教科书都体现出一些新的特点。

纵观民国初期的生物学教科书，"尚实"是该段时间的突出特点，所谓尚实，就是学以致用。学部具体规定：凡中小学所用教科书，宜浅近可行，具体可用；教员讲授以实物为标本，使学生知闻并进。有关动植物应用的内容开始独立成章，而且篇幅大量增加。

（三）有影响的代表性人物介绍

本阶段出版的教科书中，多数为国人自编。杜亚泉、杜就田、华文祺、王季烈等一批在教科书翻译方面有成就的学者继续承担中学博物课程教科书的翻译工作，同时自编一定数量的博物课程教科书。一批新的学者、翻译家加入博物课程教科书的编写队伍，其中有著名教育家、政治家马君武，著名教育家凌昌焕。

马君武（1881—1940）

马君武，原名道凝，又名同，改名和，字厚山，号君武，汉族，祖籍湖北蒲圻，生于广西桂林。中国近代学者、教育家和政治活动家，广西大学的创建人和首任校长。

1899年考入广西体用学堂，努力学习数学、英语。1901年成为广西第一批留日学生，1902年结识孙中山，1905年参与组建同盟会，也是同盟会章程八位起草人之一，《民报》的主要撰稿人。1907年远走德国，在柏林工业大学攻读矿物冶金专业，期望学成回国后"利用所学，以图新民国工业之发展"。毕业时获工学学士学位。

1911年辛亥革命成功后，参与起草《中华民国临时约法》，旋即担任中华民国临时政府实业部次长，后又担任孙中山革命政府秘书长、广西省省长，北洋政府司法总长、教育总长，是国民党元老级人物。

1924年，马君武开始淡出政坛，精力逐步投入教育事业，先后担任大夏大学、北京工业大学、中国公学等学校校长。马君武以其"改造中国的封建教育体制、力推现代高等教育"的理念奠定了他在中国近代教育史上的地位，与主张"思想自由，兼容并包"的蔡元培同享盛名，有"北蔡南马"之誉。

凌昌焕（1873—1947）

凌昌焕，字文之，号子元，江苏省吴江县莘塔镇人氏，近代著名教育家，中华职业教育社、新南社社员，南社纪念会会员。

1900年自家乡迁居上海，1906年入商务印书馆编辑所，1907年被聘为上海浦东中学教员，1912年6月经杜亚泉先生介绍再入商务印书馆编辑所，任自然科编辑。1932年1月28日，商务印书馆等遭日本飞机炸毁，凌昌焕被解雇，时年六十，后在上海中华教育用具厂、南洋中学任教员并从事编译工作。

四、代表性教科书

《实用主义植物学教科书》

(一) 基本信息

1. 出版单位

商务印书馆。

2. 作者与编写方式

马君武编译,资料采自德国司瑞尔原著的《植物学》。

3. 出版、版次

民国四年(1915年)初版,封面见图4-1。

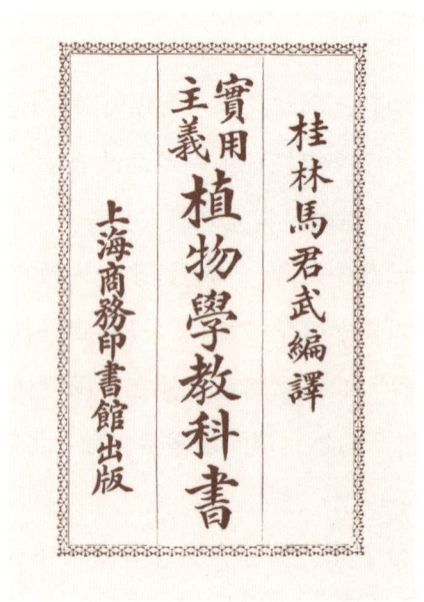

图4-1 《实用主义植物学教科书》封面

(二) 编写背景与编写依据

该书依据课程标准,专为一般程度中学编写。

(三) 编写体例与教材结构

该书为铅字印刷,文字竖排,标点全为句号。书中专业术语同时附有英文名。附有"植物学教科书名词表",为中文、英文及拉丁文的植物名称对照,同时标出了该植物在该书中的页码。

该书有插图 356 幅，彩图 47 幅，彩图有专门的编号，穿插在课文之间，这在当时的中等植物学教科书中是别开生面的，如图 4-2 中所示。

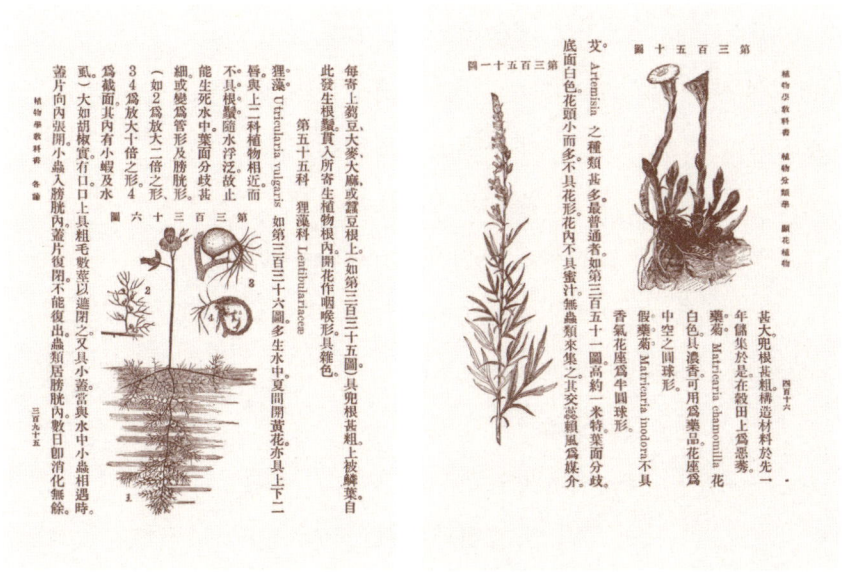

图 4-2 《实用主义植物学教科书》内页展示

以下为该书的目录。

通论

第一章 细胞学

 第一节 细胞概论

 第二节 细胞之内容

  （甲）元素及其各部分

  （乙）细胞液及其内部溶解之物质

 第三节 细胞膜

 第四节 细胞团体

第二章 植物形态学及生理学

 植物之各部分

  第一节 叶之形态及生理

（一）叶之分类及位置
　　（二）叶之消受养料
　　　　甲　消受养料之倾向
　　　　乙　惟绿色植物及其绿色之部分能消受炭酸
　　　　丙　消受作用必需日光
　　　　丁　片叶构造及消受关系
　　　　戊　叶体消受作用所构成之物质
　　　　己　构成物质之迁徙及储藏
　　（三）叶之呼吸作用及植物呼吸之理
　　（四）叶之蒸发水汽作用
第二节　根之形态及生理
　　甲　根之功用及形状
　　乙　根之生长及构造
　　丙　根之生长受地心吸引力之影响
　　丁　既萌芽之植物在土地内依根固结之事
第三节　茎之形态及生理
　　甲　茎之生长及形状
　　乙　茎之方向
　　丙　茎之构造
　　丁　束管
　　戊　茎之孔道
　　己　茎之皮层
　　庚　茎之强度
第四节　花之形态及生理
　　甲　花之生殖
　　乙　花之部分
　　丙　花之地位
　　丁　花之交蕊
　　戊　花之结实

第五节　果实及子实之形态及生理

各论

第三章　植物分类学

　　第一部　隐花植物

　　　第一族　铺生植物

　　　　第一类　藻类

　　　　　　第一级　绿藻　　第二级　褐藻　　第三级　红藻

　　　　　　第四级　硅藻

　　　　第二类　菌类

　　　　　　第一级　丝菌

　　　　　　　　第一分级　竿脚菌　　第二分级　管囊菌

　　　　　　　　第三分级　锈菌　　　第四分级　烧菌

　　　　　　　　第五分级　藻菌

　　　　　　第二级　分生菌（即微菌）

　　　　　　第三级　变形菌

　　　　第三类　云耳类

　　　第二族　苔藓类

　　　　　　第一级　藓类

　　　　　　第二级　苔类

　　　第三族　凤尾草类

　　　　　　第一级　凤尾草

　　　　　　第二级　木贼

　　　　　　第三级　鸢萝

　　第二部　显花植物

　　　第一族　裸子植物

　　　　　　第一级　针叶木类　　第二级　柏类　　第三级　杉类

　　　第二族　被子植物

　　　　　　第一级　单仁植物

　　　　　　　　第一科　百合科　　　　　　第二科　灯芯草科

　　　　　第三科　水仙草科　　　第四科　蝴蝶花科

　　　　　第五科　棕榈科　附芭蕉科　第六科　芋科

　　　　　第七科　管叶科　　　　第八科　鱼子菜科

　　　　　第九科　谷草科　　　　第十科　酸草科

　　　　　第十一科　兰花科　　　第十二科　泽泻科

　　　　　第十三科　水鳖草科

　　第二级　双仁植物

　　　　第一分级　花瓣不完全之植物

　　　　　第一科　栗科　　　　第二科　桦树科

　　　　　第三科　核桃科　　　第四科　杨柳科

　　　　　第五科　荨麻科　　　第六科　大麻科

　　　　　第七科　桑树科　　　第八科　榆树科

　　　　　第九科　寄生树科　　第十科　马兜铃科

　　　　　第十一科　桂树科　　第十二科　瑞香科

　　　　　第十三科　蓼花科　　第十四科　甜菜科

　　　　第二分级　花瓣完全之植物

　　　　（1）离瓣植物

　　　　　第十五科　鸡足菜类　　第十六科　酸棘科

　　　　　第十七科　莲花科　　　第十八科　油菜科

　　　　　第十九科　罂粟科　　　第二十科　芸香科

　　　　　第二十一科　茶树科　　第二十二科　紫堇科

　　　　　第二十三科　茅膏菜科　第二十四科　石竹花科

　　　　　第二十五科　马栗科　　第二十六科　枫树科

　　　　　第二十七科　橙橘科　　第二十八科　菩提树科

　　　　　第二十九科　锦葵科　　第三十科　鹤嘴花科

　　　　　第三十一科　酸蒴科　　第三十二科　亚麻科

　　　　　第三十三科　葡萄科　　第三十四科　大戟科

　　　　　第三十五科　伞花科　　第三十六科　常春藤科

　　　　　第三十七科　佛甲菜科　第三十八科　仙人掌科

第三十九科 虎耳草科　　第四十科 夜烛科

第四十一科 牧地花科　　第四十二科 柘榴科

第四十三科 玫瑰科　　　第四十四科 豆科

第二分级 花瓣完全之植物

（2）连瓣植物

第四十五科 石南科　　　第四十六科 钥匙花科

第四十七科 刺槌科　　　第四十八科 橄榄科

第四十九科 龙胆科　　　第五十科 喇叭花科

第五十一科 毛叶科　　　第五十二科 辣椒科

第五十三科 唇花科　　　第五十四科 喉花科

第五十五科 狸花科　　　第五十六科 车前科

第五十七科 钟花科　　　第五十八科 南瓜科

第五十九科 茜菜科　　　第六十科 忍冬科

第六十一科 缬菜科　　　第六十二科 刺蓟科

第六十三科 菊花科

（四）内容特点

该书体例与以往的植物学教科书有所不同，不是按照植物形态学、植物解剖学、植物生理学和植物分类学这四编来划分的。全书分通论和各论两部分。通论又有两章，第一章讲植物内部细胞结构，第二章分别讲植物叶、根、茎、花、果实的外部形态生理。各论先阐述植物分类的原理，再对各个门类进行详细介绍。这种体例既能保证知识的完整性，又避免了常见版本教材中植物解剖学和形态学内容的重复。该书材料采自德国司瑞尔博士所著的《植物学》，在术语翻译上特别谨慎，除了沿用中国旧有的名词及采用日本引进的名词外，作者新创了不少名词。

《中学新撰动物学教科书》

（一）基本信息

1. 出版单位

商务印书馆。

2. 作者与编写方式

凌昌焕、许家昌编译。

3. 出版、版次

光绪三十四年（1908年）初版，民国五年（1916年）第9版，封面见图4-3，版权页见图4-4。

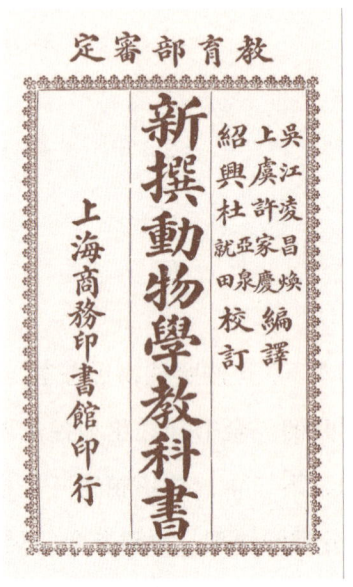 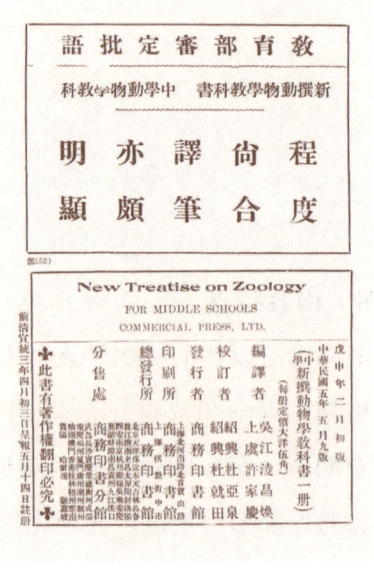

图4-3 《中学新撰动物学教科书》封面　　图4-4 《中学新撰动物学教科书》版权页

（二）编写背景与编写依据

该书专为一般程度中学编写，由日本教科书编译而来。

（三）编写体例与教材结构

该书分为总论，各论，动物凡论三篇。篇下分章，章下分节。

该书为铅字印刷，文字竖排，标点全为句号。全书插图126幅，颇为精美。

以下为该书的目录。

第一篇　总论
第二篇　各论
 第一章　脊椎动物
  第一节　哺乳类
  第二节　鸟类
  第三节　爬虫类
  第四节　两栖类
  第五节　鱼类
 第二章　节足类
  第一节　甲壳类
  第二节　多足类
  第三节　蜘蛛类
  第四节　昆虫类
 第三章　软体类
  第一节　头足类
  第二节　腹足类
  第三节　双壳类
 第四章　环虫类
  第一节　蚯蚓
  第二节　沙蚕
  第三节　蛭
 第五章　圆虫类
 第六章　扁虫类
  第一节　条虫
  第二节　笄蛭
  第三节　木叶蛇
 第七章　棘皮类

第一节　沙噀

　　第二节　海胆

　　第三节　星鱼

第八章　腔肠类

　　第一节　珊瑚

　　第二节　海葵

　　第三节　水母

第九章　海绵类

第十章　原虫类

　　第一节　变形虫

　　第二节　夜光虫

　　第三节　草履虫

第三篇　动物凡论

　　第一章　动物之生殖

　　第二章　动物之发生

　　第三章　动物之成长

　　第四章　动物之彩色

　　第五章　动物散布之理之分布

　　第六章　动物之变迁

　　第七章　进化论之大意

（四）内容特点

该书送教育部审定的评语为：程度尚合，译笔亦颇明显。

该书分成三篇，内容相互呼应。总论简述了动物学的研究对象，动物界的分类等。各论按照从高等到低等的顺序，从哺乳类到原虫类，选取最常见的代表，详细讲解其解剖结构。动物凡论介绍了动物的生殖、发生、成长、体色、分布、变迁以及进化论的大意。

该书在最后简述了高等动物与高等植物、动物界与植物界的区别。

《实用教科书生理卫生学》

（一）基本信息

1. 出版单位

商务印书馆。

2. 作者与编写方式

吴冰心编纂，凌昌焕校订。

3. 出版、版次

民国四年（1915年）初版，民国十年（1921年）第7版，封面见图4-5，版权页见图4-6。

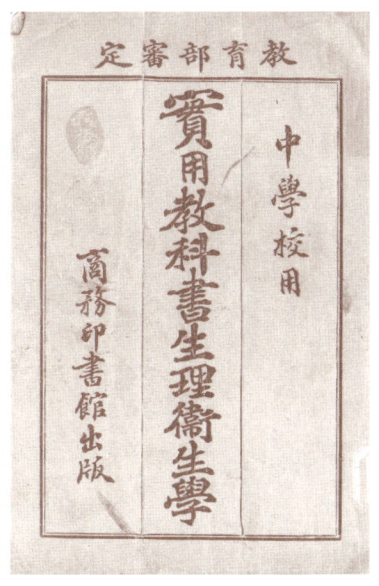

图4-5 《实用教科书生理卫生学》封面

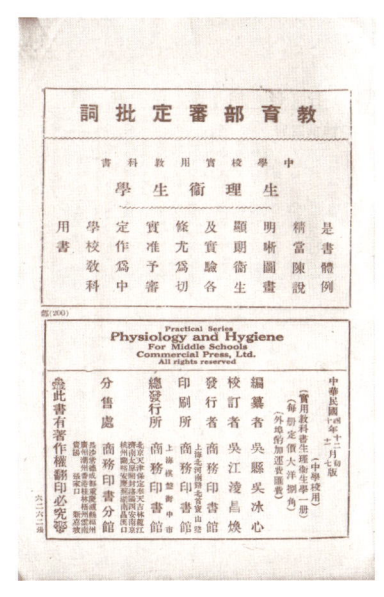

图4-6 《实用教科书生理卫生学》版权页

（二）编写背景与编写依据

该书依据课程标准，专为中学及中等同程度的学校编写。

（三）编写体例与教材结构

该书破除传统的生理学分别讲九大系统的惯例，全书分为三大篇。首篇是运动生理，以生活现象开始，讲解人体运动。第二篇为营养生理，因为运动需要消耗物质，物质需要营养补充。第三篇是神经生理，因为神经是运动和营养的主宰。绪论为生理的发端，结论为卫生的总括，这种新颖的体例是前所未有的。

该书每一段落都先概括叙述本段大要，列成简表，以求一目了然。全书有大小两种字体，大字为该书正文，小字用于参考，可根据课时多少酌情讲授。该书术语名称后都附有英文。

该书为铅字印刷，文字竖排，标点全为句号，插图十分精美。

以下为该书的目录。

绪论
  定义
  细胞
  组织
  器官
  系统
  人体
第一编 运动生理
 第一章 骨骼
  骨之构造
  骨之作用
  主要之骨
  骨之卫生及疾病
  （附）关于骨之实验
 第二章 筋肉
  筋肉之构造
  筋肉之作用
  主要之筋肉
  筋肉之卫生及疾病
  （附）关于筋肉之实验
第二编 营养生理
 第一章 消化

　　　　消化器之构造

　　　　消化器之作用

　　　　饮食物

　　　　体温

　　　　消化器之卫生及疾病

　　　　（附）关于消化之实验

　　第二章　循环

　　　　循环器之构造

　　　　循环器之作用

　　　　血液

　　　　淋巴

　　　　循环器之卫生及疾病

　　　　（附）关于循环之实验

　　第三章　呼吸

　　　　呼吸器之构造

　　　　呼吸器之作用

　　　　声音

　　　　呼吸器之卫生及疾病

　　　　（附）关于呼吸之实验

　　第四章　排泄

　　　　排泄器之构造

　　　　排泄器之作用

　　　　排泄物

　　　　排泄器之卫生及疾病

　　　　（附）关于排泄之实验

第三编　神经生理

　　第一章　脑脊髓及神经

　　　　脑脊髓及神经之构造

　　　　脑脊髓及神经之作用

脑脊髓及神经之卫生及疾病

　　（附）关于脑脊髓及神经之实验

第二章　五官

　　视官之构造及作用

　　视官之卫生及疾病

　　（附）关于视官之实验

　　听官之构造及作用

　　听官之卫生及疾病

　　（附）关于听官之实验

　　嗅官之构造及实验

　　嗅官之卫生及疾病

　　（附）关于嗅官之实验

　　味官之构造及实验

　　味官之卫生及疾病

　　（附）关于味官之实验

　　触官之构造及实验

　　触官之卫生及疾病

　　（附）关于触官之实验

结论

　　个人卫生

　　公众卫生

（四）内容特点

该书送教育部审定的批语为：是书体例精当，陈说明晰，图画显朗，卫生及实验各条尤为切实，准予审定作为中学校教科用书。

该书系统分明，材料精练，目的是让读者读到这本书时能够获得生理学概略的知识，以免概念模糊，知识混淆。该书注重卫生方面的内容，叙述生理的地方都与卫生相呼应。另外，该书注重实验，要让读者直观地看到所讲授的内容不是虚假的。

《共和国教科书植物学》

(一)基本信息

1. 出版单位

商务印书馆。

2. 作者与编写方式

杜亚泉编纂。

3. 出版、版次

民国二年(1913年)初版,民国十一年(1922年)第28版,封面见图4-7,版权页见图4-8。

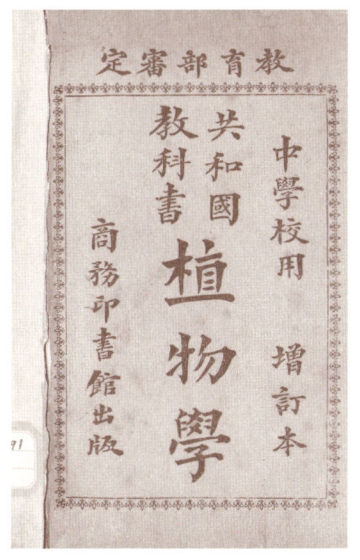 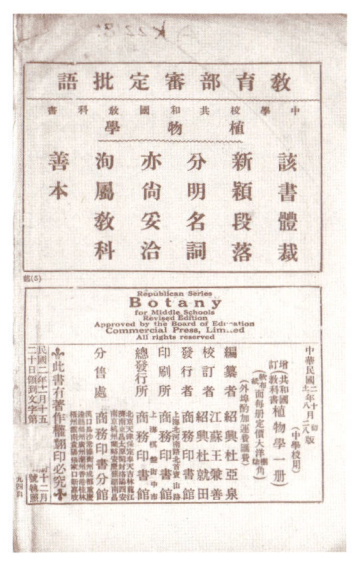

图4-7 《共和国教科书植物学》封面　　图4-8 《共和国教科书植物学》版权页

(二)编写背景与编写依据

该书依据课程标准编写,预计教学时数80~90学时。

(三)编写体例与教材结构

该书分六篇,分别是植物形态学、植物解剖学、植物生理学、植物生态学、植物分类学和应用植物学。篇下分章,许多章下分节。

该书为铅字印刷,文字横排,且自左至右排版,标点符号全为句号。书中名词后同时附有英文,有插图,多数插图较精美,如图4-9中所示。

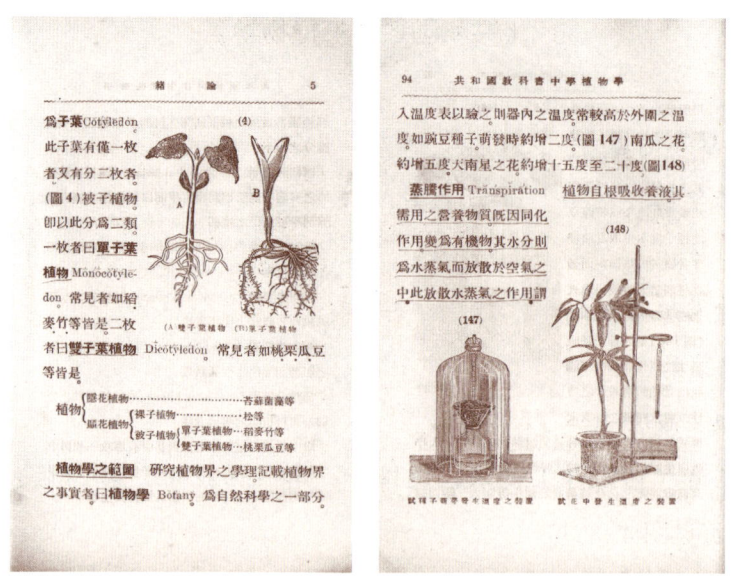

图 4-9 《共和国教科书植物学》内页展示

该书的目录如下。

绪论
编辑大意
第一篇 植物形态学
　　第一章 生长机官
　　　第一节 根
　　　第二节 茎
　　　第三节 叶
　　第二章 生殖机官
　　　第一节 花
　　　第二节 果实
　　　第三节 种子
第二篇 植物解剖学
　　第一章 细胞
　　第二章 组织
　　第三章 构造

第一节　根之构造

　　　第二节　茎之构造

　　　第三节　叶之构造

第三篇　植物生理学

　　第一章　生长作用

　　　第一节　营养

　　　第二节　成长

　　第二章　关系作用

　　第三章　生殖作用

　　　第一节　无性生殖

　　　第二节　有性生殖

第四篇　植物生态学

　　第一章　关于生长之适应

　　　第一节　对于水分气候等之适应

　　　第二节　对于动植物之适应

　　第二章　关于生殖之适应

　　　第一节　对于受粉之适应

　　　第二节　对于散布种子之适应

第五篇　植物分类学

　　第一章　分类法概要

　　　第一节　人为分类法与自然分类法

　　　第二节　自然分类法之大纲

　　　第三节　植物命名法

　　第二章　显花植物之科目

　　　第一节　合瓣植物

　　　第二节　离瓣植物　上

　　　第三节　离瓣植物　下

　　　第四节　单子叶植物

　　　第五节　裸子植物

第三章　隐花植物之概略

　　　　第一节　羊齿门

　　　　第二节　苔藓门

　　　　第三节　菌藻门

　第六篇　应用植物学

　　第一章　食用植物

　　　　第一节　食用之部分

　　　　第二节　食用物之制造

　　　　第三节　嗜好料植物

　　　　第四节　饲料植物及肥料植物

　　第二章　工艺植物

　　　　第一节　纤维植物

　　　　第二节　染料植物

　　　　第三节　树脂及油蜡植物

　　第三章　材用植物

　　　　第一节　建筑用材

　　　　第二节　器具用材

　　　　第三节　编织用材

　　　　第四节　薪炭材

　　第四章　观赏植物

　　第五章　药用植物及有毒植物

　　　　第一节　药用植物

　　　　第二节　有毒植物

（四）内容特点

该书送教育部审定的批语为：该书体裁新颖、段落分明，名词亦尚妥洽，洵属教科善本。

该书是综合性的植物学教材，其内容几乎覆盖了植物学的各个分支领域，内容全面、系统。该书特别关注植物学与社会生活的联系，专设一篇"应用植物学"，分别阐述食用植物、工艺植物、材用植物、观赏植物、药用植物及有毒植物。

《共和国教科书动物学》

（一）基本信息

1. 出版单位

商务印书馆。

2. 作者与编写方式

徐善祥等编纂。

3. 出版、版次

民国四年（1915年）初版，民国八年（1919年）第11版，封面见图4-10，版权页见图4-11。

 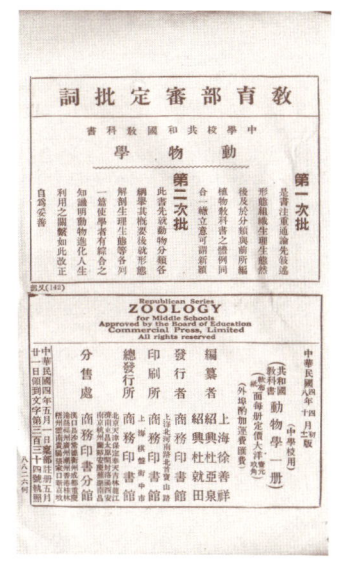

图4-10 《共和国教科书动物学》封面　　图4-11 《共和国教科书动物学》版权页

（二）编写背景与编写依据

该书依据课程标准编写，与《共和国教科书植物学》同属一套教科书。

（三）编写体例与教材结构

该书分动物分类学、动物形态学、动物组织学、动物生理学、动物生态学和应用动物学六篇。篇下分章，章下分节，节内正文还有黑体字标题层级。正文中关键词用黑体字排印。专业名称后均列有英文单词。该书有插图，不少插图非常精美，如图4-12中所示。

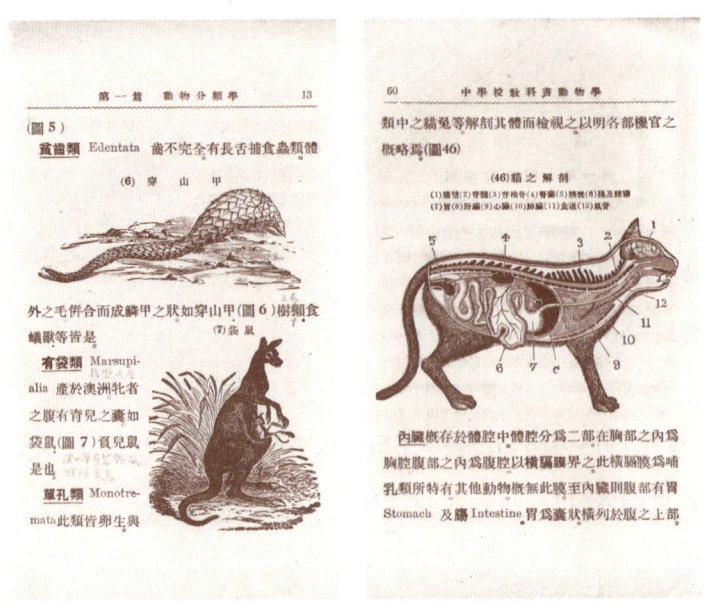

图4-12 《共和国教科书动物学》内页展示

该书的目录如下。

绪论

编辑大意

第一篇 动物分类学

  第一章 分类之概要

  第二章 脊椎动物

  第三章 节肢动物

  第四章 软体动物

  第五章 蠕形动物

  第六章 棘皮动物

  第七章 腔肠动物

  第八章 海绵动物

  第九章 原生动物

第二篇 动物形态学
  第一章 机官之类别
  第二章 生长机官
  （数据库中原文缺少第三章）
  第四章 生殖机官
  第五章 关系机官
第三篇 动物组织学
  第一章 细胞
  第二章 细胞分裂
  第三章 组织
  第四章 构造
第四篇 动物生理学
  第一章 生长作用
  第二章 生殖作用
  第三章 关系作用
第五篇 动物生态学
  第一章 生长上之适应
  第二章 生殖上之适应
  第三章 进化论
第六篇 应用动物学
  第一章 食用动物
  第二章 役使动物
  第三章 益农动物
  第四章 工艺动物
  第五章 药用动物

（四）内容特点

该书送教育部审定的第一次批语为：是书注重通论，先叙述形态组织生理生态，然后及于分类，与前所编植物教科书之体例同合一辙，立意可谓新颖。

第二次批语为：此书先就动物分类各纲，举其概要后，就形态解剖生理生态等各列一篇，使学者有综合之知识，明动物之进化，人生利用之关系，如此改正自为妥善。

该书是综合性的动物学教材，其内容几乎涉及动物学的各个分支领域，内容全面、系统。该书特别关注动物学与社会生活的联系，专设一篇"应用动物学"，分别阐述食用动物、役使动物、益农动物、工艺动物、药用动物。

《民国新教科书生理及卫生学》

（一）基本信息

1. 出版单位

商务印书馆。

2. 作者与编写方式

王兼善编纂。

3. 出版、版次

民国三年（1914年）初版，民国十一年（1922年）第10版，封面见图4-13，版权页见图4-14。

图4-13 《民国新教科书生理及卫生学》封面

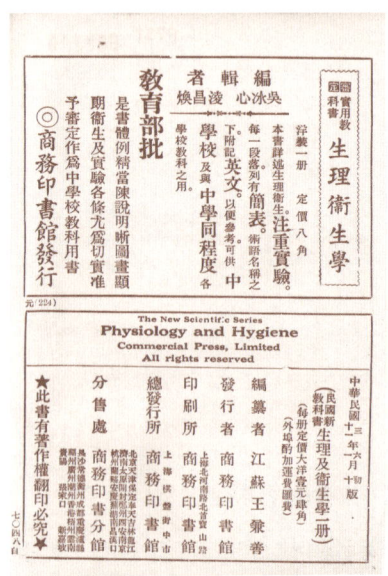
图4-14 《民国新教科书生理及卫生学》版权页

（二）编写背景与编写依据

该书依据课程标准编写，需用课时约80学时，供一年教学使用。

（三）编写体例与教材结构

该书分上下两编。上编为生理学，下编为卫生学。编下分章，章内先安排总论，再用罗马数字分"节"。每"节"内再细分内容，先设方框标题，之下再设黑体字标题。正文中关键词用黑体字排印，专业名称后均列有英文单词。书后有附录，为中英文名词对照，书中有插图。

该书的目录如下。

绪论

上编　生理学

　　第一章　骨骼系

　　　　总论

　　　　Ⅰ　全身骨骼之大要

　　　　Ⅱ　骨之连接法

　　　　Ⅲ　骨之含质及构造

　　第二章　筋肉系

　　　　总论

　　　　Ⅰ　随意筋

　　　　Ⅱ　不随意筋

　　第三章　消化系

　　　　总论

　　　　Ⅰ　各种消化器官之研究

　　　　Ⅱ　食物之研究

　　第四章　吸收系

　　　　总论

　　　　明汁系

　　第五章　血脉系

　　　　总论

Ⅰ 血液

　　Ⅱ 血脉系之各种器官

　　Ⅲ 血之循环

第六章 呼吸系

　总论

　　Ⅰ 呼吸系之各种器官

　　Ⅱ 气体所以得在呼吸器中一出一入之故

　　Ⅲ 呼吸于生活上之关系

第七章 排泄系

　总论

　　Ⅰ 泌尿器

　　Ⅱ 皮肤

第八章 神经系

　总论

　　Ⅰ 神经系构造之大要

　　Ⅱ 脑髓

　　Ⅲ 脊髓

　　Ⅳ 脑缐

　　Ⅴ 附五官之研究

下编　卫生学

　卫生学之要旨　个人卫生与公众卫生之别

　第一章　个人卫生

　　总论

　　　Ⅰ 运动

　　　Ⅱ 休息

　　　Ⅲ 饮食

　　　Ⅳ 沐浴及衣服

　　　Ⅴ 烟酒之害

　第二章　公众卫生

总论
  Ⅰ 家室之卫生
  Ⅱ 传染病之微生物
  Ⅲ 传染病之防免法
附 数种急救法之大要
中西名词索引

（四）内容特点

该书送教育部审定的批语为：是书体例精当，陈说明晰，图画显明，卫生及实验各条尤为切实，准予审定作为中学校教科用书。

该书为生理及卫生学，分上下两编，上编为生理学，下编为卫生学。生理学部分详细介绍人体的几大主要系统。每一系统单独成章介绍，介绍时，先总体概述，再分别阐述其组成和功能。下篇为卫生学，介绍个人卫生的注意事项以及公共卫生，尤其是传染病预防方面的基础知识。该书兼顾人体生理和卫生学，内容比较全面。

第五章　民国中期的中学生物学教科书（1922—1937）

一、本阶段的社会背景

（一）政治背景

1916—1928年，中国处于军阀割据混战时期。民国时期军阀及其军阀集团以武力为后盾，利用资产阶级民主政治的形式，操纵和控制国家政权，对社会进行统治。其实质是实力之下的武治，它与寻常的封建统治相比带有更多的动乱性和黑暗性。军阀政治是近代中国社会变迁中的一种政治现象，它是旧的封建政治瓦解，新的民主政治尚未完全建立起来的一种过渡政治。军阀的存在致使财政体系崩溃和社会运行机制紊乱，兵祸、天灾、匪患和鸦片毒害酿成了社会性灾害。与此同时，在军阀混战连续不断，难以形成统一的现代化发展模式的情况下，军阀实行的"保境安民"仍不失为一种对现代化模式的探索，尽管其主观目的是维护地方割据和聚敛个人财富，但在客观上造成的地方官僚资本的发展，却为国家和地方的社会发展创造了条件。袁世凯死后群龙无首，统治者忙于招架大革命的汹涌怒涛而舞枪弄炮，对教育界基本采取放任自流的态度，这些都催化了1922年的学制更新和相应的课程体系、教学方法的系统改革。

从南京国民政府成立到卢沟桥事变的十年间，内战和抗日战争都是局部的，中国大部分地方经历了一段相对稳定的发展时期。此时，教育投入逐年增加，教育管理逐渐完善，尤其是广大教育工作者勤勉敬业，各级各类教育都得到了较大的发展。国民党采用"以党治国"的模式，强化思想控制，渗透独裁精神，反映到教育方面，便是强调集权和统一，并通过教育立法和制度建设，把民国教育纳入国民党一党专制的轨道。国民政府此阶段的教育立法和制度建设具有明显的双重效应。一方面，它起到了规范教育，严格管理的作用，从而有利于教育事业的有序发展和教育质量的提高；另一方面，由于国民党立法建制，要的是一党专制，剪除异端，势必阻遏学术自由、个性发展与百家争鸣，压制了五四以来教育民主化的进程，迟滞了中国教育走向现代化的历史步伐。

（二）文化科技背景

1. 本时期文化的变化概述

（1）"科学、民主"思潮的继续发展

五四以后，追求科学、民主的思潮和运动继续得到发展。民主思潮发生了分化，分别沿着资产阶级民主和社会主义指导下的新型民主两种追求、两条轨迹发展。前者以胡适等人为代表，继续坚持西方资产阶级民主理想。1929年他们发起了"人权运动"公开反对国民党的独裁统治，呼吁人的生存权、个性发展权、政治民主权、财政管理权、言论自由权、社会法制化及在法律面前的人人平等权。后者则以共产党人和左翼进步人士为中坚。他们认为，西方近代资产阶级民主虽标榜代表人民，其实只不过代表本阶级，并不真正反映广大工农民众的利益和要求，因此是狭隘的，算不上真正的民主。他们强调要实现真正的民主，必须铲除少数人的阶级特权，改变"大多数的无产劳动者困苦不自由"这种不合乎"德谟克拉西"的状况。全面抗战爆发前夕，左翼文化人还曾发起一场新启蒙运动，以继承五四和超越五四为目的，再次将民主与科学作为启蒙的目标，显示出文化思想运动发展的螺旋式上升。与此同时，全国范围内曾兴起较大规模的科学化宣传运动。热心于运动的人士集合起不少自然科学家和社会科学家，成立了"中国科学化运动协会"。他们声明：运动的使命是"以科学的方法，整理中国固有的文化；以科学的知识，充实中国现在的社会；以科学的精神，广大中国未来的生命"[①]。这一时期，文化各个领域的发展中，无不渗透着民主化与科学化的精神追求。教育方面，该时期教育改革最具权威性的指导原则就是杜威所宣传的平民主义（或称民主主义）教育。它强调接受教育权的平等，注意培养人的个性和独立人格，重视实验精神，对推进中国现代教育的形成，其功甚伟。

---

① 顾毓秀."中国科学化"的意义[J].中山文化教育馆季刊，1935，2（2）：415-422.

（2）"全盘西化"文化观的退潮与新民主主义文化的成熟

南京国民政府成立以后，国民党强化思想文化统治，开展"党化教育"和"三民主义教育"。复古和守旧的思想利用政治上的有利时机重新抬头，"读经""祀孔"等复古思潮再次泛滥。已居于主流思想地位的西化思想受到正在上升的复古思潮的潜在威胁，胡适等人不得不倡导起"全盘西化"。"全盘西化"的文化观在抗战前得到发展，在1935年全国性的文化论战后影响达到鼎盛。随着西方文化广泛而深入地引进与传播，人们越来越清醒地认识到，保持和发展中国文化的民族特点，根据国情、民族性来消化和吸收外来文化，具有不容忽视的必要性和重要性。抗日战争全面爆发后，民族主义意识空前强化，文化"民族化"或"中国化"的认识与实践也更为明确、更趋自觉。例如，在文艺领域，"民族形式"问题引起广泛讨论，出现了许多既具有现代意识，又具有浓郁民族风格的作品。新兴的各门社会科学如社会学等，也纷纷提出了"中国化体系"的建设目标，并有可喜收获。各种各样的中西文化互为融通的思想成为被普遍接受、真正富有活力的、理性的文化主张。新民主主义的文化方案就是在这种主张下产生、发展并成熟的。其理论的最终成熟以毛泽东的"新民主主义论"的发表为标志。"新民主主义文化"也就是通常所说的"民族的、科学的、大众的"文化。它既贯穿了崇尚民主与科学的价值取向，又凝聚着高昂而理性的民族精神。

2. 近代生物学传入中国的情况

民国时期是中国近代生物学的创建时期。在抗日战争全面爆发前，国内多数地区局势还算平稳，一批生物学研究机构和学会得以创建，研究工作开始取得成果。抗日战争全面爆发后，生物学家前期努力的成果受到极大的破坏，生物学的发展进入困难时期。

（1）成立研究机构

19世纪20年代后，生物研究所成立，它培养了许多科学家和大学教师，后来建立的许多生物学研究机构都直接或间接地源于它，如北平的静生生物调查所，首任所长是秉志，主要调查中国北方的动物和植物。1929年和1930年北平研究院动物研究所和植物研究所先后在北平成立，生理研究所随后成立。1930年生物研究所在重庆北碚成立，为调查研究西部地区的动植物建立了基地。

（2）成立学术团体

当时先后成立的学术团体有中华水产生物学会（厦门，1920年）、中国生物学会（1924年成立于法国，1928年移回北平）、博物学会（北平，1925年）、中国生理学会（北平、1926年）、中国古生物学会（北平，1929年）、中国植物学会（南京，1933年）、中国动物学会（南京，1934年）。

（3）形成了一支研究队伍并开始取得成果

① 分类学方面

我国幅员辽阔，有丰富的生物资源，急需开展动植物调查、分类等基础性工作。在经费、人员、设备有限的情况下，我国生物分类学方面先发展起来，形成了分类研究的繁荣局面。胡先骕研究种子植物，他发现的各科属新种有上百种之多，他与合作者编写了多部植物学著作；钱崇澍研究华东的植物，发表了我国最早的植物学研究论文；秦仁昌研究蕨类植物，戴芳澜等研究真菌，饶钦止和曾呈奎研究藻类，也都有建树。

② 植物形态解剖、生理生化等方面

张景钺研究植物形态学；罗宗洛、李继侗、汤佩松等研究植物生理，取得了一定成果，如1929年李继侗的《改变对光合作用速率的瞬间效应》论文在学术界很有反响；汤佩松发现植物种子呼吸过程中细胞色素的存在和作用。

③ 动物学方面

王家楫等一批学者研究原生动物，陈纳逊等一批学者研究腔肠动物等无脊椎动物，取得了一定成果；胡经甫在昆虫研究领域发表了50多篇文章；还有一批学者研究鱼类、两栖类、鸟类等，如朱元鼎、方炳文、寿振黄等，都取得了一定成果。

④ 其他研究领域方面

动物和人体解剖、生理学、组织学和胚胎学等方面，我国研究人员如秉志、武兆发等也开展了研究并取得一定成果。

遗传学方面，李汝祺、陈子英、陈桢等也开展了许多研究。陈桢研究了金鱼的变异和品种的形成，发表了多篇论文。

古生物的研究主要结合地质调查开展，李四光等许多研究者根据古生物化石来研究分类学并取得一定成果；裴文中关于周口店中国猿人化石的发现和研究更是闻名于世。

中国近代生物学的建立和发展，改变了由外国学者研究中国动植物的局面，造就了许多科研教学人才。但与当时世界生物学的发展相比，我国近代生物学的发展在研究范围和研究水平上还是有很大差距。

（三）教育发展与改革背景

相对而言，在民国中期，中国文化界的生态环境相对宽松。文化启蒙运动的波澜壮阔，西方教育理论的系统输入，民间教育团体的脱颖而出，新教育思潮的奔腾翻涌使教育获得了长足发展，突出表现为1922年的学制更新和相应的课程体系、教学方法的系统改革。

1. 新学制的产生

教育改革是新文化运动的重要组成部分。从1915年起，与"科学、民主"两面旗帜的高扬相一致，科学教育、平民教育思潮风靡一时。与"打倒孔家店"的呐喊相一致，国民教育摒弃了"以孔子之道为修身大本"的陈腐教条。与"文学改良和白话文运动"相一致，中小学教育取消文言文，采用语体文，并将文言教材重新编定。这一切，都为进一步改革教育清扫了封建路障。同一时期，中国教育界以健全的开放心态，关注世界各发达国家教育的利弊得失与发展趋向。胡适、陶行知、郭秉文、蒋梦麟等的社会影响，加上杜威、孟禄等美国教育家来华讲学后产生的轰动性效应，使美国式的自由主义、民主主义教育、多层次多系统多渠道的办学体制以及注重实际应用等教育理念传入中国，教育改革的参照重心由日本转向美国。中国教育界开始了学制改革的新探索。1915年4月，湖南省教育会从教育改革的整体考虑，提出了"改革学校系统案"，简称"湘案"，针对我国学制仿制日本造成的学校教育不完全、学校阶段不衔接、学校年限过长等弊病，提出一份颇具特色的完整的"学校系统表"。随后，有关学制改革的讨论日益深入。与此同时，北京大学、南京高等师范、湖南一师、吴淞中国公学等，都进行了学制改革的具体实践。尤其是蔡元培按"思想自由、兼容并包"原则，在北大"博采众议，厉行革新"，更使北京大学声誉鹊起。从1915年"湘案"提出，到1921年广东"学校系统草案"形成，经过"十月怀胎",1922年新学制终于"一朝分娩"。尽管新学制基本仿照美国,还有一些不合国情、不切实际的规定,但瑕不掩瑜,就总体而言,这是中国教育界纠正旧制的缺点,适应时代的要求,力图与国际教育和现代化潮流接轨的一次比较成功的改革。

2. 新学制的发展与定型

1929年3月通过的《中华民国教育宗旨及其实施方针》规定:"中华民国之教育,根据'三民主义',以充实人民生活,扶植社会生存,发展国民生计,延续民族生命为目的。务期民族独立,民权普遍,民生发展,以促进世界大同。"从上述宗旨出发,1931年9月国民党中央常务会议发布《三民主义教育实施原则》,对初等教育、中等教育、高等教育、师范教育、社会教育、蒙藏教育、华侨教育、留学教育等各级各类教育的教育目标及课程、训育、设备等,进行了详尽的实施规定。据此,国民政府教育部积极制定各项教育法规法令,至1933年大体完备,陆续公布《专科学校组织法》《大学组织法》《小学法》《中学法》《师范学校校法》《职业学校法》以及相应规程,详细规定了各级各类学校的总纲、目标、修业年限、课程设置、设备管理、编制、师资、行政、经费、成绩考查、入学、毕业等事项。相继颁行的课程标准,更对各科课程的目标、教材大纲、教学时数、实施办法作了具体规定。同时,政府还建立了一整套严密的从小学到大学的训育管理制度。这样,南京国民政府就不仅以法规形式确定了教育改革的指导原则,使三民主义教育宗旨具体化、制度化,而且使各级各类学校在管理上有了法定依据和操作规范。这一时期,按照国民政府的规划,中国各级各类教育稳步发展,并逐渐趋向本土化。至抗日战争全面爆发前的1936年,无论学校数、招生数、毕业人数,还是教育经费投入数、教育质量与学科程度,都达到了民国以来的最高水平。尤其是各派教育家进行的乡村教育、平民教育、职业教育实验,推进了中国的教育改革,推进了教育的本土化,更推进了中国教育的发展。

二、本阶段课程概要

（一）学制、本学科课程设置与课程标准

1922年，《学校系统改革令》确定了"六·三·三·四"学制。文件规定初级中学施行普通教育；高级中学分普通、农、工、商、师范、家事等科。

1923年，《新学制课程纲要总说明》确定初级中学授课以学分计，毕业共需修满180学分，包括必修总学分164学分（自然科占16学分，体育科下设生理卫生科占4学分）、选修16学分。高级中学分普通、农、工、商、师范、家事等科，并附《高级中学课程总纲》。其中规定，以升学为主要目的者称普通科，分两组，第一组注重文学及社会科学；第二组注重数学及自然科学。高级中学毕业学分总额150学分，课程包括公共必修科目64学分，分科专修第一组第二组皆至少56学分，纯粹选修30学分。第二组课程附注规定："志不在升学理工数学科者，得减少数学之一部分，增修有关系之科目（例如，志在升学医农者，注重生物），其增减分量，由学校定之。"

1929年，教育部中小学课程标准起草委员会颁布《初级中学暂行课程标准说明》，规定初级中学总学分依然为180学分，但不再分必修和选修。其中自然科改为15学分，生理卫生单独4学分，不再下属于体育科，自然科兼采混合与分科两种标准，由各学校自行采用。《高级中学普通科暂行课程标准说明》中规定，高级中学普通科不再分文理两组，原因是："旧时普通科又分文理两科，虽曰适合学生个性，便于升学，惟分化过早，于研究高深学术，殊多窒碍。"高级中学毕业学分依然为150学分，但是不再专门设立公共必修科目，只设13门必修课132学分（其中生物学8学分），选修课18学分。

1932年颁布的《初级、高级中学课程标准总纲》规定了各学期每周各科教学及自习时数。其中生物科相关的规定见表5-1。

表 5-1　1932 年初级、高级中学各学期每周各科教学时数表

阶段	科目	第一学年		第二学年		第三学年		合计
		一学期	二学期	三学期	四学期	五学期	六学期	
初级中学	卫生	1	1	1	1	1	1	6
	植物	2	2					4
	动物			2	2			4
高级中学	卫生			2				2
	生物学	5	5					10

1936 年的《修正初级中学课程标准》，将生理卫生科目重新纳入自然科，仅在第一学年两学期开设，每周 1 个教学时数。《修正高级中学课程标准》中取消卫生科，生物学依然仅在第一学年开设，每周授课时数减少为 4。

（二）教科书制度

民国初年允许民间自由编纂教科书，教育部对教科书进行审查。教育部早在 1913 年就设立了编纂、审查二处，但由于政局不稳，这两个机构也几经裁撤、重设和另外命名。然而，作为民间团体的全国教育会联合会，对中国教育事业作出了积极的贡献。从 1915 年 4 月召开第 1 次大会，到 1928 年年底国民政府形式上统一中国之前，全国教育会联合会共召开过 11 次大会。每次会议的提案、决议案都涵盖了教育事业的多个方面，其中不乏改革中小学校教科书的决议案。

国民政府时期，国民政府对教科书的编审做了一些卓有实效的工作。

首先是相关法令的颁布与国立编译馆的成立。1927 年 6 月，南京国民政府公布《修正中华民国大学院组织法》，规定中华民国大学院为全国最高学术教育机关。大学院下设文化事业处，负责教科图书的审查事项，以及教科书和其他教育上必要图书的编纂事项。1929 年 7 月国民政府废除了大学区制，大学院存在期间公布的教科图书审查条例随即废止，教科书编审的有关事项仍归属教育部负责。1929 年 1 月教育部公布《教科图书审查规程》，制定《暂行教科图书审查办法》《审查教科图书共同标准》。《教科图书审查规程》第一条规定：学校所用之教科图书，未经国民政府行政院教育部审定或已失审定效力者，不得发行

或采用。教育部按照一定的程序对教科书进行审定，之后在公报上宣布通过审定的教科书的书名、册数、定价、某种学校用、发行的年月和编辑人及发行人的姓名。通过审定的图书，应在书面上记明某年某月经国民政府行政院教育部审定字样。《暂行教科图书审查办法》较为详细地规定了审查程序和方式。1932年年底国民政府公布《中学法》和《小学法》，法令规定，中小学教科图书均应采用教育部编辑或审定者。这几个法令可以说是国民政府关于教科书审查的专门性规章制度。1932年6月14日，国立编译馆正式成立，教育部编审处随即裁撤，其职能归并于国立编译馆。国立编译馆隶属于教育部，一直存在到1949年，其职能是掌理教科图书及学术文化书籍的编译事务。

其次是部编教科书的出版。1931年，国民党第四次全国代表大会讨论议定：中小学之教科书，应完全由教育部编印，中小学校应采用此项教科书，同时对坊间所售之教本，中小学教育自编之讲义，一律禁止或取缔。部编中小学教科书尚未印行以前，仍用审查办法，以杜绝不良教科书的发行。1935年国民党第五次全国代表大会上，教育部汇报：教科书之审查，久已施行，部编教科书之计划，中学部分明年可以完成，中等以上学校教本由部统一编定，亦正积极进行，期于短期内完成。1937年前后，教育部就编纂出版了相当数量的教科书，其科目包括国语、历史、地理、算术、自然、几何、化学、矿物、生理卫生等，这是中国有自编教科书以来，由国家机构组织编写的较为系统的一批教科书。国立编译馆在抗战胜利后的几年间也编纂出版了一系列中小学教科书，数量不算很多，但科目比较成体系。

三、本阶段教科书概貌

（一）教科书出版总体情况

新学制颁布的最初几年，没有出现配套教材前，课程标准规定的高中教材植物学是王兼善的《中学植物学教科书》，动物学是丁文江的《中学动物学教科书》。1926年商务印书馆和中华书局各出版了一套紧随1922年新学制的综合高中生物学教科书：《新学制高级中学教科书公民生物学》和《新中学教科书高级生物学》。这是我国最早出现的将植物、动物与人体生理卫生编制在一起的综合的生物学教材。《新学制高级中学教科书公民生物学》分为上下两卷，上卷五编，下卷三编，总计八编：总论、食物与生命、生物之继续、生物之生活方法、生物之反应生活、生物之改良、人类之生活以及人类与他种生物之关系。上卷五编大半重于实验室工作，下卷三编重于校外工作如采集调查记载等事。《新中学教科书高级生物学》内容更加系统，按照生殖、营养、遗传、进化、应用分别讲植物、动物和人，从低等到高等，体系简明，质量较高。1928年年底，国民政府形式上统一了中国。商务印书馆出版了"新时代教科书"，中华书局出版了"新中华教科书"，科目分类上十分细致。1922年到1929年，混合动植物学的初中生物学教科书一直没有出现，1929年暂行课程标准又规定初中自然科兼采分科制和混合制两种，并且各给出了课程标准。除1931年，中华书局出版的《新中学生物学》属混合初中教材外，初中教材没有走向综合，一直都是分科教材。相反，综合的高中教材在这之后如雨后春笋般涌现，而且逐渐成熟。

1932年"一·二八事变"，日军进犯淞沪，炸毁了商务印书馆。商务印书馆复业时推出了规模空前的"复兴教科书"。该套书不仅包括各个科目，还包括生物学实验课本等。

人民教育出版社等机构收藏的中小学教科书中，从1923年到1937年，主要中学生物学相关的教科书见表5-2（按收录版本出版时间的先后排序）。

表5-2 本阶段主要中学生物学教科书一览表

教科书名称	编者	出版机构
现代初中教科书生理卫生学	顾寿白 编辑	商务印书馆
新中学教科书动物学	宋崇义 编	中华书局
新中学教科书植物学	宋崇义 编	中华书局
初级中学动物学	李约 编	求知社
初级中学植物学	李约 编辑	文化学社
动物学	南开中学 编	编者自刊
现代初中教科书植物学	凌昌焕 编辑；胡先骕 校订	商务印书馆

续表

教科书名称	编者	出版机构
民国新教科书植物学	王兼善 编	商务印书馆
新学制高级中学教科书公民生物学	王守成 编辑	商务印书馆
新中学教科书高级生物学	陆费执 郦福畴 编	中华书局
新撰初级中学教科书植物学	杜就田 编辑	商务印书馆
新撰初中或师范学校教科书实验植物学	曹之彦 编辑；刘治廷 校阅	中华印刷局
现代初中教科书动物学	杜就田 编辑；秉志 校订	商务印书馆
新时代民众学校卫生课本	凌昌焕 编；程瀚章 校订	商务印书馆
新中学教科书初级生理卫生学	张起焕 编；陈映璜 校	中华书局
新中学教科书生理卫生学	宋崇义 编	中华书局
初中动物学	王采南 编著；江问渔 校订	世界书局
初中植物学	徐克敏 编辑；龚昂云 校订	世界书局
初级中学动物学	肖述宗 编辑	百城书局
初级中学植物学	张国璘 编	百城书局
初中生理卫生学	庄畏仲 龚昂云 编著	世界书局
生物学实验	吴瑞庭 编	中华科学教育改进社
新中华生理卫生	糜赞治 编；朱文祺 校	新国民图书社
新中学生物学	陆费执 张念恃 编；胡先骕 校	中华书局
新撰初级中学教科书生理卫生学	顾寿白 编	商务印书馆
初级中学动物学	李约 编	文化学社
初级中学教科书生理卫生学	张国璘 编辑	师大附中理科丛刊社
初级中学生理卫生学	李约 编	文化学社
初中教科书生理卫生学	魏春芝 编；经利彬 校	著者书店
高中生物学选	李唐宪 选辑	安阳县印刷局
开明植物学教本	王蕴如 编；周建人 校	开明书店

续表

教科书名称	编者	出版机构
生理卫生	成士杰 编	百城书局
生物学	王树鼎 编著	百城书局
新中华生物学	费鸿年 编	新国民图书社
新撰初级中学教科书动物学	陈兼善 编辑	商务印书馆
初中动物	陈纶 编；华文祺 校	中华书局
初中卫生	郑勉 等编；华汝成 校	中华书局
初中卫生学	刘怀蠹 编；周宗琦 校	北新书局
初中植物	华汝成 编；华文祺 校	中华书局
复兴初级中学教科书动物学	周建人 编著	商务印书馆
复兴初级中学教科书卫生学	程瀚章 编著	商务印书馆
龚氏初中卫生	龚昂云 编著；洪式闾 校订	世界书局
北新生理卫生	薛德焴 编	北新书局
初级中学北新动物学	嵇联晋 编辑	北新书局
初级中学生理卫生学	朱隆勋 张起焕 编	文化学社
初中动物学	缪端生 于暴让 编；薛德焴 校订	新亚书店
初中动物学教本	王志清 编著；吴子修 校订	大东书局
初中卫生教本	程瀚章 编著	大东书局
初中植物学教本	凌昌焕 编著	大东书局
复兴初级中学教科书植物学	童致棱 编著；胡先骕 校订	商务印书馆
复兴高级中学教科书生物学	陈桢 编著	商务印书馆
洪氏初中生理卫生学	洪式闾 编著	世界书局
开明生理卫生学教本	顾寿白 编	开明书店
新标准初级中学卫生学	张国璘 编	师大附中理科丛刊社
新标准初级中学植物学	张国璘 编	师大附中理科丛刊社
新建设时代初中动物学	梁修仁 著	建设图书馆
新生活初中教科书植物	韦琼莹 编辑；李顺卿 校订	大东书局

续表

教科书名称	编者	出版机构
新亚教本初中生理卫生	薛德焴 编	新亚书店
新中华生物学	陈兼善 编	中华书局
新中学动物学	宋崇义 编；钟衡臧 等参订	中华书局
新中学植物学	宋崇义 编；钟衡臧 俞宗振 参订	中华书局
徐氏初中动物学	徐琨 等编著；龚昂云 校订	世界书局
最新高中生物学	曹非 编；曾锡勋 黄建动 参订	六合公司
最新生物学	吴瑞庭 编著；费鸿年 校阅	中华科学教育改进社
新标准初中动物学	萧述宗 编	百城书局
初级中学北新植物学	吴子修 王志清 编辑	北新书局
初中动物学	嵇联晋 编	北新书局
初中教本最新植物学	谢循贯 吴瑞庭 编	中华科学教育改进社
复兴高级中学教科书生物学实验	江栋成 编著	商务印书馆
复兴高级中学教科书卫生学	程瀚章 编著	商务印书馆
高级中学教科书生物学实验法	龚礼贤 陈霞飞 编	商务印书馆
高中生物学	陈兼善 编	中华书局
教育生物学	潘锡九 编著	世界书局
马氏初中植物学	马光斗 等编著；龚昂云 校订	世界书局
生物学	吴元涤 编	世界书局
王氏初中动物学	王采南 编著；胡哲齐 校订	世界书局
新标准初级中学卫生学	朱隆勋 编	师大附中理科丛刊社
新标准初中教本动物学	周建人 著；杜亚泉 校	开明书店
新标准初中卫生学	朱隆勋 编著	文化学社
新标准初中植物学	张国璘 编著；胡先骕 李顺卿 校	百城书局
徐氏初中植物学	徐克敏 编著；胡哲齐 校订	世界书局
初级中学动物学	薛德焴 编著	正中书局

续表

教科书名称	编者	出版机构
初中动物参考书	华汝成 编；糜赞治 校	中华书局
初中植物参考书	华汝成 编；糜赞治 校	中华书局
卫生学	程瀚章 编著	大东书局
新生活初中教科书植物	黄以增 编	大东书局
初中新生理卫生	袁舜达 编著	世界书局
初中生理卫生	华汝成 编；糜赞治 校	中华书局
初中卫生参考书	江栋成 徐志敏 编；华汝成 校	中华书局
普通生物学实验指导	顾昌栋 编	编者自刊
新标准初级中学生理卫生学	张国璘 编著	师大附中理科丛刊社
徐杜两氏初中植物学	徐克敏 杜就田 编著	世界书局
初中动物	陈纶 华汝成 编；朱彦頫 校	中华书局
初中新植物学	李泳章 编著	世界书局
初中植物	华汝成 糜赞治 校	中华书局
初中植物学教本	贾祖璋 编著	开明书店
复兴初级中学教科书生理卫生学	程瀚章 编著	商务印书馆
高中生物学	陈兼善 华汝成 编著	中华书局
高中新生物学	赵楷 楼培启 编著	世界书局

（二）有影响的代表性人物介绍

除杜就田、凌昌焕等翻译家和教科书编写的老专家继续编写生物学教科书外，还有一批著名的生物科学家加入教科书的编写队伍，如植物学家胡先骕、遗传学家陈桢等，著名教育家陈鹤琴也主编了《生物的进化》教科书。

胡先骕（1894—1968）

胡先骕，江西新建人，字步曾，中国植物学的奠基人，世界知名的植物学家。1912年参加东西洋留学考试，顺利进入美国加利福尼亚大学和哈佛大学，学习农业和植物学，1916年学成回国。1918年起，胡先骕先后任南京高等师范学校、国立东南大学、北京大学、北京师范大学等校教授，中正大学校长，中央研究院评议员、院士。他是北平静生生物调查所的创办人之一。中华人民共和国成立后，任中国科学院植物研究所研究员。胡先骕对我国植物学的研究，尤其是对植物分类学、古植物学和经济植物学的研究，有很大的贡献。他发现了一个新科、六个新属和一百几十个新种，首次鉴定并与郑万钧联合命名了"水杉"，建立"水杉科"。在教育上，他倡导"科学救国、学以致用，独立创建、不仰外人"的教育思想。胡先骕与钱崇澍、邹秉文合编了我国第一部中文《高等植物学》，他校的《新中学生物学》由中华书局1931年出版。中华人民共和国成立后，他是全国第五套生物学通用教材的审阅者。

陈桢（1894—1957）

陈桢，江西铅山人，字席三，别号协三。动物学家、遗传学家，生物学史学家。1918年毕业于南京金陵大学获农学士学位，并留校任育种学助教。1919年公费赴美留学，入康奈尔大学研究院为研究生。次年春转为哥伦比亚大学研究院动物系研究生，1921年夏获哥伦比亚大学硕士学位。1922年回国，先后在东南大学、清华大学、北京师范大学、中央大学、西南联大等校任教。抗日战争胜利后，继续任清华大学生物系教授兼系主任。1952年院校调整后，任北京大学生物系教授，兼任中国科学院动物研究室主任，1957年任中国科学院动物研究所所长。

他毕生从事教育和科研，1924年编著《普通生物学》，1928年改名为《复兴高级中学教科书生物学》，影响很大。他先后教过动物学、无脊椎动物学、进化论、组织学、动物生理学、遗传学、生物学史等课程，培养了大批人才，在遗传、进化、动物行为等研究方面有丰硕的成果。1940年被聘为中央研究院评议会评议员，1943年被选为中国动物学会会长，1947年被聘为联合国教育科学文化组织中国委员会第一届委员，1948年被选为中央研究院院士及北平研究院学术会议会员。1950年受中国科学院委托主持动物标本整理委员会工作，同年被选为中国动物学会理事长。1954年任中国动物图谱编辑委员会主任委员，中国科学院自然科学史委员会委员，《动物学报》编委会主任。1955年被选为中国科学院生物学地学部常务委员。

四、代表性教科书

《现代初中教科书动物学》

（一）基本信息

1. 出版单位

商务印书馆。

2. 作者与编写方式

杜就田编纂，秉志校订。

3. 出版、版次

民国十二年（1923年）初版，民国十八年（1929年）第70版，封面见图5-1，版权页见图5-2。

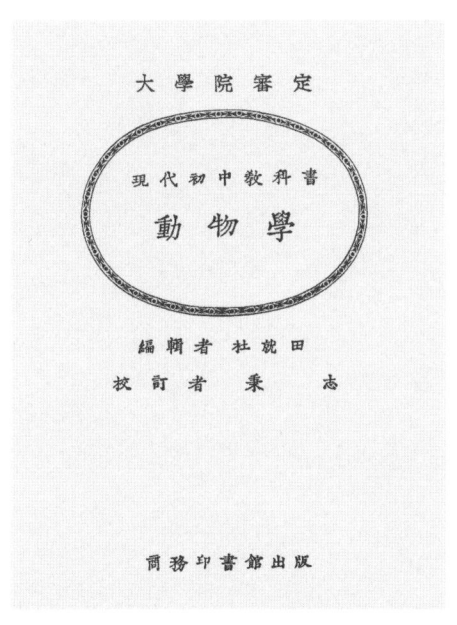

图5-1 《现代初中教科书动物学》封面

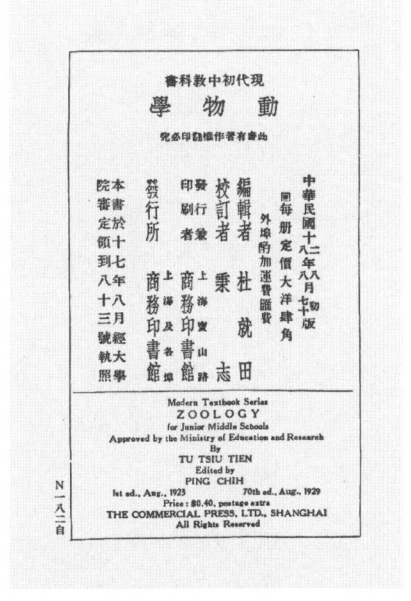

图5-2 《现代初中教科书动物学》版权页

（二）编写背景与编写依据

该书依照新学制规定的课程纲要编纂。

（三）编写体例与教材结构

全书共分三章：第一章动物各论，讲常见动物；第二章动物通论，系统讲授理论知识；第三章应用动物概论，揭示动物与"人生"（人类生活）的关系。

各论中提到的术语，就是分类上的类名，都附有解释。书中有很多动物列表比较以及提示纲要。

以下为该书的目录。

  绪论
  第一章 动物各论
    第一节 蜂 蚁
    第二节 蛾 蝶
    第三节 蝇 蚤
    第四节 萤 蜻蜓
    第五节 蝉 蟋蟀 蠹鱼
    第六节 蜈蚣 马陆
    第七节 蜘蛛 蝎
    第八节 虾 蟹
    第九节 猫
    第十节 鼠
    第十一节 蝙蝠 猬
    第十二节 马 牛
    第十三节 象 猴
    第十四节 鲸 鸭獭
    第十五节 鸡
    第十六节 鸽 雀
    第十七节 雁 鹤
    第十八节 鹰 啄木鸟
    第十九节 龟
    第二十节 蛇
    第二十一节 蛙
    第二十二节 鲤

　　　　第二十三节　鳗鲡

　　　　第二十四节　鲛

　　　　第二十五节　乌贼

　　　　第二十六节　螺　蚌

　　　　第二十七节　蚯蚓

　　　　第二十八节　蛔虫　绦虫

　　　　第二十九节　海胆　海参　海盘车　海百合

　　　　第三十节　水母　珊瑚虫　水螅

　　　　第三十一节　海绵　草履虫

　　第二章　动物通论

　　　　第一节　动物的类属

　　　　第二节　动物体的构造

　　　　第三节　细胞和组织

　　　　第四节　动物的生殖和发生

　　　　第五节　动物的习性和形态

　　　　第六节　自然淘汰和人为淘汰

　　　　第七节　动物的分布

　　　　第八节　动物的过去

　　　　第九节　动物和植物的关系

　　第三章　应用动物概论

　　　　第一节　食用动物

　　　　第二节　使役动物

　　　　第三节　爱玩动物

　　　　第四节　益农动物

　　　　第五节　工艺动物

　　　　第六节　药用动物

（四）内容特点

该书虽然分成三章，但是内容相互呼应。第一章为动物各论，选取主要动物，作为模式，说明它的形态、习性等，为学生实地研究提供基础。第二章动物通论，论动物的构造、组织、生殖、发生等，使学生了解归纳的方法和系统上的研究。第三章应用动物概论，分食用、使役、药用等数项，说明动物和"人生"之间的关系，其中举的例子都不出第一章的范围。

作者提到动物内部形态"百说不如一图"，所以该书插图很多，如图5-3中所示。

图5-3 《现代初中教科书动物学》内页展示

《现代初中教科书生理卫生学》

（一）基本信息

1. 出版单位

商务印书馆。

2. 作者与编写方式

顾寿白编辑。

3. 出版、版次

民国十二年（1923年）初版，民国十八年（1929年）第128版，封面见

图 5-4，版权页见图 5-5。

图 5-4 《现代初中教科书生理卫生学》封面

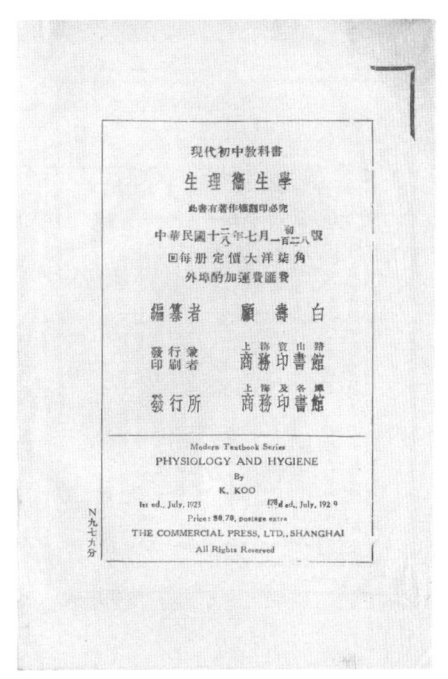

图 5-5 《现代初中教科书生理卫生学》版权页

（二）编写背景与编写依据

该书依据新学制课程纲要编写。

（三）编写体例与教材结构

该书的内容，除绪论外，分为营养生理、运动生理、感觉生理、全身生理和一般卫生五篇。前几篇的内容是先说解剖，再说生理，然后说卫生和疾病。解剖学的部分，重在提要删繁，所以只记载各器官的位置和形态的概要，至于微细的组织和构造，除必不可少的部分（如肌肉、血液）外，一概从略。

活力素、免疫、新陈代谢、内分泌等都是近代医学上的新说，中学生也应有这些常识，所以该书特将以上各项进行了简单介绍。

全书记述都是用白话代文言。文字自左向右横排，书中术语和重要事项都用黑体排印，每一术语下都附有英文原名。

以下为该书的目录。

绪论
 （甲）人体概说
  （一）人体的构造
  （二）人体的部位
  （三）人体的化学成分
 （乙）人体的生活现象

第一篇　营养生理
 第一章　消化
  第一节　饮食品
  第二节　消化器的解剖
  第三节　消化器的生理
  第四节　消化器的卫生和疾病

 第二章　循环
  第一节　血液
  第二节　心脏和血管的解剖
  第三节　心脏和血管的生理
  第四节　淋巴系统
  第五节　循环器的卫生
  第六节　循环器的疾病

 第三章　呼吸
  第一节　呼吸器的解剖
  第二节　呼吸器的生理
  第三节　呼吸和循环的关系
  第四节　呼吸器的卫生
  第五节　呼吸器的疾病
  第六节　发声器的解剖
  第七节　发声器的生理

第四章 排泄

  第一节 泌尿器的解剖

  第二节 泌尿器的生理

  第三节 泌尿器的卫生和疾病

  第四节 皮肤的解剖

  第五节 皮肤的附属物

  第六节 皮肤的生理

  第七节 皮肤的卫生

  第八节 皮肤的疾病

第二篇 运动生理

 第一章 总说

 第二章 骨骼

  第一节 骨的解剖

  第二节 骨的生理

  第三节 骨的卫生和疾病

 第三章 肌肉

  第一节 肌肉的解剖

  第二节 肌肉的生理

第三篇 感觉生理

 第一章 神经系

  第一节 神经系的解剖

  第二节 神经系的生理

  第三节 神经系的卫生和疾病

 第二章 视觉器

  第一节 视觉器的解剖

  第二节 视觉器的生理

  第三节 眼的卫生

  第四节 眼的疾病

 第三章 嗅觉器

　　　　第一节　嗅觉器的解剖

　　　　第二节　嗅觉器的生理

　　　　第三节　嗅觉器的卫生和疾病

　　第四章　听觉器

　　　　第一节　听觉器的解剖

　　　　第二节　听觉器的生理

　　　　第三节　听觉器的卫生和疾病

　　第五章　皮肤感觉

　　　　第一节　触觉器的解剖

　　　　第二节　触觉器的生理

　　第六章　味觉器

　　　　第一节　味觉器的解剖

　　　　第二节　味觉器的生理

　　　　第三节　味觉器的卫生

第四篇　全身生理

　　第一章　新陈代谢

　　第二章　体温的调节

　　　　第一节　体温

　　　　第二节　体温的发生

　　　　第三节　体温的放散

　　　　第四节　体温的调节

　　　　第五节　关于体温的卫生

　　第三章　人体的保全

　　　　第一节　形态学的保全

　　　　第二节　生理学的保全

　　第四章　人体的防卫

第五篇　一般卫生

　　第一章　个人卫生

　　　　第一节　个人卫生的方法

第二章 疾病——传染病

  第一节 总说

  第二节 传染病

  第三节 传染病的来源

  第四节 法定的传染病

  第五节 慢性传染病

  第六节 传染病的预防

第三章 救急法

  第一节 卒倒

  第二节 出血

  第三节 骨折和脱臼

  第四节 日照病和热射病

  第五节 冻伤

  第六节 火伤和汤伤

  第七节 缢死和溺死

  第八节 咬伤

  第九节 中毒

第四章 公众卫生

（四）内容特点

  该书的编写目的在于使中学生得到生理卫生的概念。该书的记载以生理为主，卫生为辅。绪论先将关于人体全部的基本知识提供给读者，以便读各论时能有头绪。书中有密切关系的部分，都会另外给出说明，使读者知道各方面的联系，如呼吸和循环、味觉和嗅觉。

  该书所述的卫生方法，重在讲解积极的养生和锻炼。书中稍微涉及复杂生理的内容，会另用简单的方式说明，以便了解和记忆。

  该书插图丰富，共154幅，并特加彩色图数帧，如图5-6所示。读者一边读正文内容，一边看图画，理解自然更明了，印象也会更深刻。

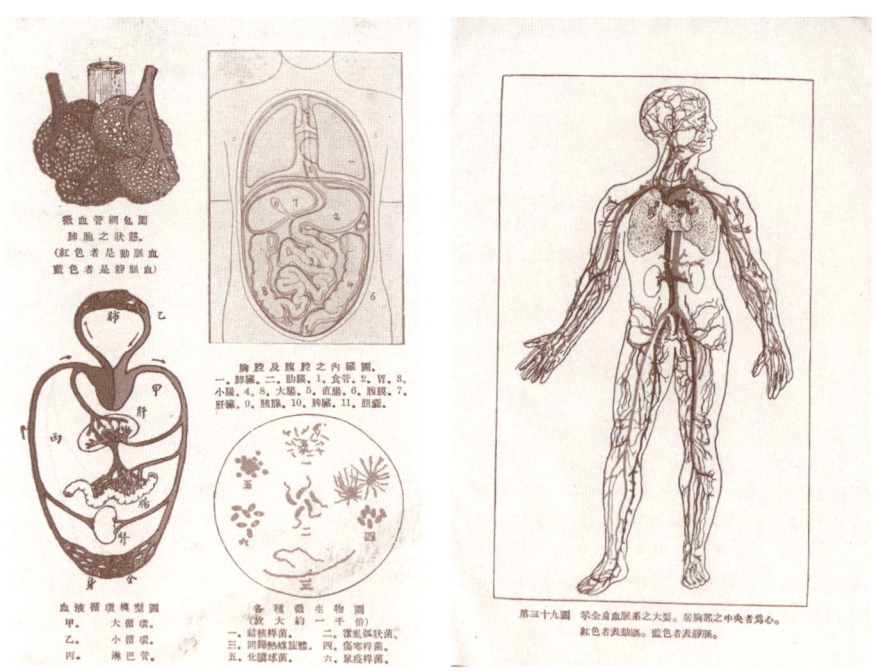

图 5-6 《现代初中教科书生理卫生学》内页展示

《新学制高级中学教科书公民生物学》

（一）基本信息

1. 出版单位

商务印书馆。

2. 作者与编写方式

王守成编辑。

3. 出版、版次

卷上民国十三年（1924年）初版，民国十五年（1926年）第3版；卷下民国十四年（1925年）初版，民国十五年（1926年）再版，封面见图5-7，版权页见图5-8。

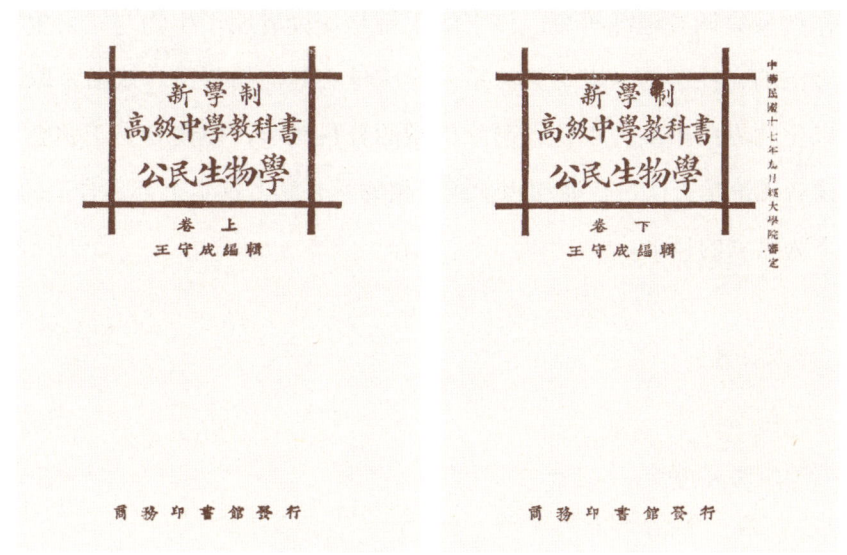

图 5-7 《新学制高级中学教科书公民生物学》封面

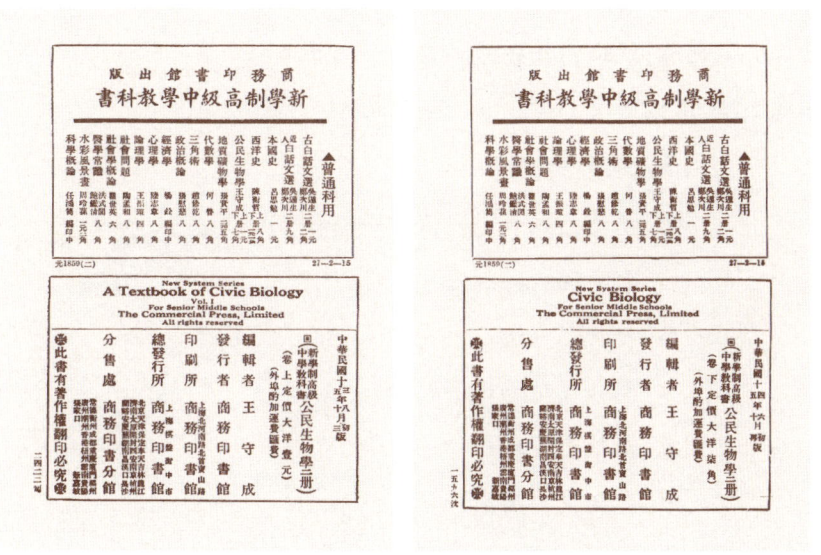

图 5-8 《新学制高级中学教科书公民生物学》版权页

（二）编写背景与编写依据

该书依据新学制高级中学生物学课程纲要编写而成。

（三）编写体例与教材结构

该书分为上下两卷，上卷五编，下卷三编，总计八编，包括总论、食物与生命、生物之继续、生物之生活方法、生物之反应生活、生物之改良、人类之生活、人类与他种生物之关系。上卷五编大半重于实验室工作，下卷三编重于校外工作如采集调查记载等事。该书的主旨是使读者明了生物与"人生"有卫生的、经济的、社会的、思想的关系，养成身心健全的公民。该书采取混合编制法，以生物界的事实为本位，避除机械的分科教学，使读者易于领会、养成兴趣。读者无论是否读过普通动物学或者植物学来学习这本书都是合适的。

以下为该书的目录。

上卷目录：

绪论

第一编 总论

  第一章 生物与无生物

  第二章 生物体构造之基本

  第三章 生物体之种类

  第四章 环境与生物之关系

第二编 食物与生命

  第一章 物质与能力

  第二章 植物摄取食料之器官——根

  第三章 食物原料之来源

  第四章 食物之制造厂——叶

  第五章 养分在植物体中之运化

  第六章 动物之食物

  第七章 食物及其用途

  第八章 消化与吸收

  第九章 呼吸与循环

第三编 生物之继续

  第一章 生长与再生

  第二章 新生物

  第三章 动植物之两性

  第四章 世代交替

  第五章 发生

第六章　花与花粉传授

　　第七章　果实与种子之分布

第四编　生物之生活方法

　　第一章　地方与时季中之适应

　　第二章　生活态度中之适应

　　第三章　身体上之特性与生活适应

　　第四章　幼稚时代与亲体之保护

　　第五章　生物之社会生活

第五编　生物之反应生活

　　第一章　反应性与感觉之原始

　　第二章　眼与光

　　第三章　声之感觉

　　第四章　动物之神经系

　　第五章　本能习惯与智慧

　　第六章　毒物于生命组织之影响

下卷目录：

第六编　生物之改良

　　第一章　农产物之来源与价值

　　第二章　家养动物之来源与价值

　　第三章　变异

　　第四章　遗传

　　第五章　动植物之进种

　　第六章　人种改良

第七编　人类之生活

　　第一章　人类之意义与其进化

　　第二章　人类之今夕与将来

　　第三章　人类与环境之关系

　　第四章　人类环境之改良

第八编　人类与他种生物之关系

第一章　绿色植物与人生——应用植物

第二章　绿色植物与人生——田园之恶莠

第三章　森林之利益与保护

第四章　我国之森林问题

第五章　无色植物与吾人之关系——菌类植物之研究

第六章　无色植物与吾人之关系——细菌与人生

第七章　动物与人生——应用动物

第八章　动物与人生——人体中之寄生虫

第九章　昆虫问题——昆虫传播病役

第十章　昆虫问题——昆虫为病原微生物之中间宿主

第十一章　昆虫问题——昆虫与人类经济

第十二章　鼠之问题

第十三章　鸟类与人生

（四）内容特点

该书在每章开篇提出问题若干，为讨论要点。"教者有所依据，可以不为初中教材所范围。在学者亦得目标而有所适从。教者学者尚取讨论态度不为注射式教学共同研究，可收事半功倍之效。"书中内容分本文、附文两种，主要内容为本文，次要内容为附文。该书以"人生"为中心，重于实用主义，其中凡偏于学理方面的材料，可取可舍，如开始即读第三章或第四章均无不可。编者建议书中内容在教授时根据实际情况取舍，务必使教材适于使用。向来教授博物学都是以教科书为主，这样下去益少弊多。现在生物学教学都是以实验为主，书本为辅，该书的编写就是为了参考用的。

《复兴初级中学教科书植物学》

（一）基本信息

1. 出版单位

商务印书馆。

2. 作者与编写方式

童致棱原编,周建人改编,胡先骕校订。

3. 出版、版次

上册民国二十六年（1937年）第1版；下册民国二十六年（1937年）第1版,民国二十七年（1938年）第15版,封面见图5-9,版权页见图5-10。

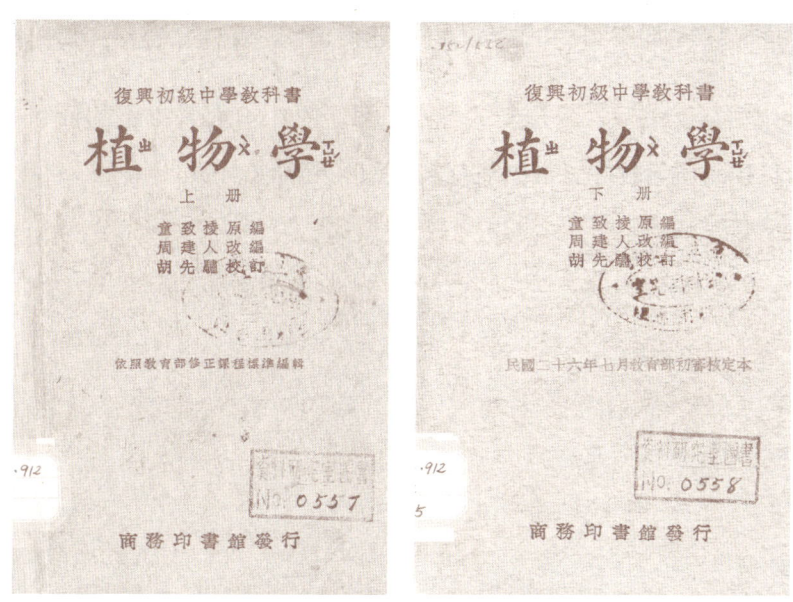

图5-9 《复兴初级中学教科书植物学》封面

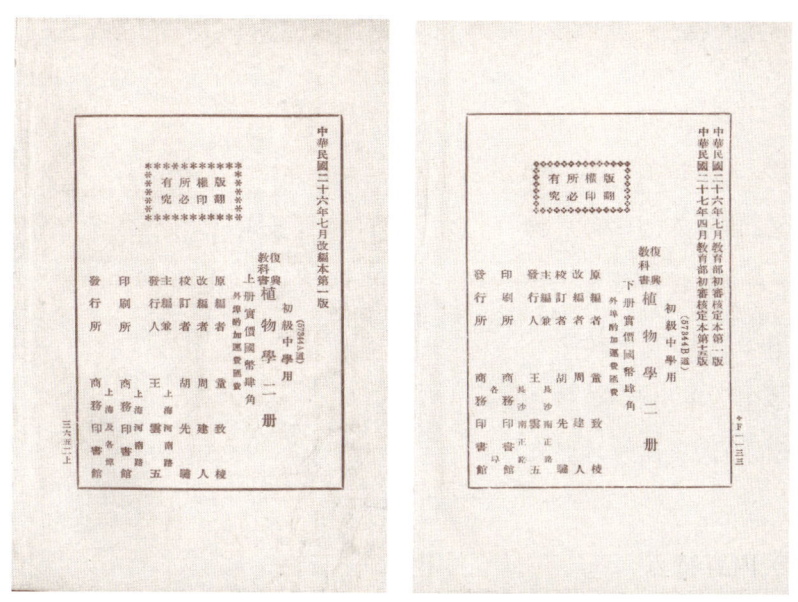

图5-10 《复兴初级中学教科书植物学》版权页

（二）编写背景与编写依据

该书依据民国二十五年（1936年）修正的初级中学课程标准植物学教学大纲编制，由国民政府教育部组织审定。原版为童致棱编著，胡先骕校订，本版为改编版，由周建人改编，胡先骕校订。

（三）编写体例与教材结构

该书分上、下册，共十二章。正文有黑体字标题。专业名词用黑体字排印，并加注英文。

该书用白话文编写，采用新式标点符号。书中有非常丰富的插图，几乎每页都有，且插图质量较好。书中附有实验和汉英名词对照。

该书的目录如下。

上册：

第一章 绪论

第二章 植物的基本构造

第三章 根

第四章 茎

第五章 叶

下册：

第六章 花

第七章 果实

第八章 种子

第九章 藻菌植物

第十章 苔藓植物

第十一章 蕨类植物

第十二章 种子植物

附录 汉英名辞对照表

（四）内容特点

该书内容涉及植物的形态结构以及植物的主要类群。形态结构部分包括植物的基本构造介绍和根、茎、叶、花、果实、种子的介绍；植物类群部分则分为菌藻植物、苔藓植物、蕨类植物和种子植物几大类群来讲。书中知识内容较为精练。

该书每章后基本都安排了实验。例如，第一章后就安排有显微镜的使用法、细胞的构造、细胞的各种形式 3 个实验。上册共安排了 23 个实验；下册安排了 33 个实验。实验数量多是该书的一大特色。

《初中动物》

（一）基本信息

1. 出版单位

中华书局。

2. 作者与编写方式

陈纶、华汝成编，朱彦颁校订。

3. 出版、版次

上册为民国二十六年（1937 年）第 6 版，下册为民国二十八年（1939 年）第 28 版，封面见图 5-11，版权页见图 5-12。

图 5-11 《初中动物》封面

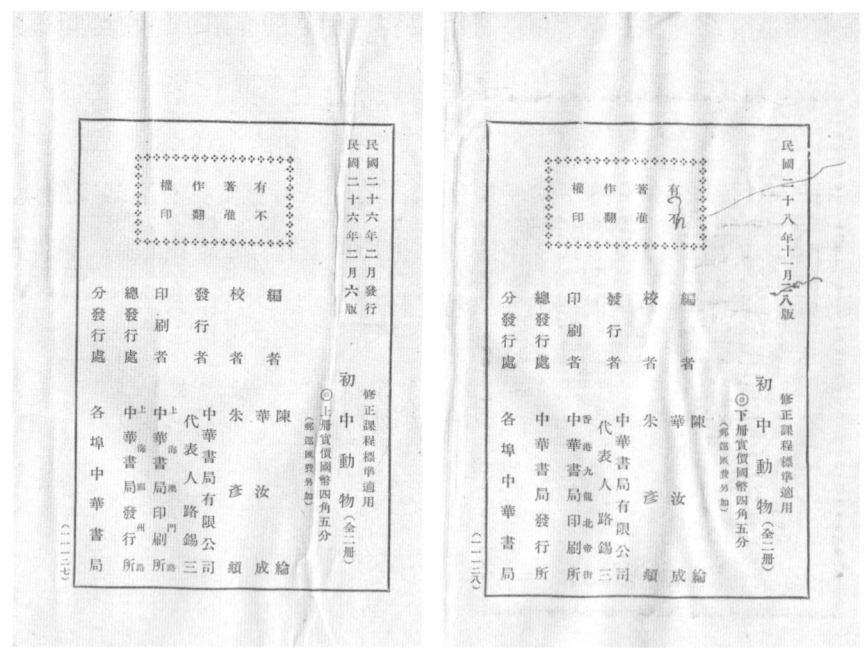

图 5-12 《初中动物》版权页

（二）编写背景与编写依据

该书遵照教育部当时新颁布的修正初级中学课程标准编辑，供初中一年级使用。

（三）编写体例与教材结构

该书分上、下册，共二十章，章下分节。节内有黑体字标题，之下还有标题细分。

该书采用白话文，新式标点。书中有较多的插图，插图绘制精致。上、下册各有一页彩色插图，上册为兔的解剖，下册为海中奇观。书中附有中英文名词对照。

该书的目录如下。

上册：

第一章 概论

第二章 哺乳纲

　　第一节 猫

　　　　第二节　犬

　　　　第三节　牛

　　　　第四节　马

　　　　第五节　猕猴

　　　　第六节　象

　　　　第七节　鼠

　　　　第八节　蝙蝠

　　　　第九节　鲸

　　　　第十节　鼹鼠　鲮鲤

　　　　第十一节　大袋鼠　鸭嘴兽

　　　　第十二节　哺乳纲通论

　　第三章　鸟纲

　　　　第一节　鸡

　　　　第二节　鸭

　　　　第三节　鸽

　　　　第四节　燕

　　　　第五节　鹰

　　　　第六节　啄木鸟

　　　　第七节　鹤

　　　　第八节　鸵鸟

　　　　第九节　鸟纲通论

　　第四章　爬虫纲

　　　　第一节　龟

　　　　第二节　蛇

　　　　第三节　蜥蜴　鳄鱼

　　　　第四节　爬虫纲通论

　　第五章　两栖纲

　　　　第一节　蛙

　　　　第二节　蝾螈

第三节 两栖纲通论

第六章 鱼纲

第一节 鲫

第二节 鳟鱼

第三节 沙鱼

第四节 肺鱼

第五节 鱼纲通论

第七章 脊椎动物通论

中西名词对照表

下册：

第八章 节肢动物（一）

第一节 蚕蛾和螟蛾

第二节 蝶

第三节 蝗

第四节 蜜蜂 蚁

第五节 蚊 蝇

第六节 蜻蜓 白蚁

第七节 天牛

第八节 蝉

第九节 蚤 床虱 衣鱼

第十节 昆虫纲通论

第九章 节肢动物（二）

第一节 蜘蛛——蜘蛛纲

第二节 蜈蚣——多足纲

第三节 虾（附）蟹——甲壳纲

第四节 节肢动物通论

第十章 软体动物

第一节 蚌

第二节 蜗牛

第三节 乌贼

第四节 软体动物通论

第十一章 棘皮动物

第一节 星鱼

第二节 海胆 海参

第三节 棘皮动物通论

第十二章 环形动物

第一节 蚯蚓

第二节 蛭

第三节 环形动物通论

第十三章 圆形动物

第一节 蛔虫

第二节 圆形动物通论

第十四章 扁形动物

第一节 绦虫

第二节 扁形动物通论

第十五章 腔肠动物

第一节 水螅

第二节 水母 珊瑚

第三节 腔肠动物通论

第十六章 海绵动物

第一节 毛壶

第二节 海绵动物通论

第十七章 原生动物

第一节 草履虫

第二节 变形虫 疟虫

第三节 原生动物通论

第十八章 无脊椎动物通论

第十九章 人类在自然界的位置

第二十章 生命的现象和特性

中西名词对照表

（四）内容特点

第一章为概论，二至十八章介绍各动物类群，按照由高等（哺乳动物）到低等（原生动物）的顺序介绍。其中，在介绍完脊椎动物、无脊椎动物之后，都单安排一章通论来作概括性介绍。最后两章介绍动物、人类在自然界中的位置，以及生命的现象和特征。

每章先列出本章要旨，每一门、每一纲动物的介绍以比较重要的种类为代表，介绍其形态结构、生理习性等，补充其他种类时就不再介绍内部构造。在对动物类群进行介绍时，以分类次序为经，以日常所见与"人生"最有关系的各种动物为纬，一律采用归纳法。该书对各动物类群的介绍十分详细。关于动物类群的介绍、动物与人类生活的关系，编者注意采用我国的实例。

书中每节后都有观察实验，以落实课程标准的实习要求。

《复兴初级中学教科书生理卫生学》

（一）基本信息

1. 出版单位

商务印书馆。

2. 作者与编写方式

程瀚章编著。

3. 出版、版次

民国二十五年（1936年）初版，审定本民国二十六年（1937年）出版，封面见图5-13，版权页见图5-14。

图 5-13 《复兴初级中学教科书生理卫生学》封面

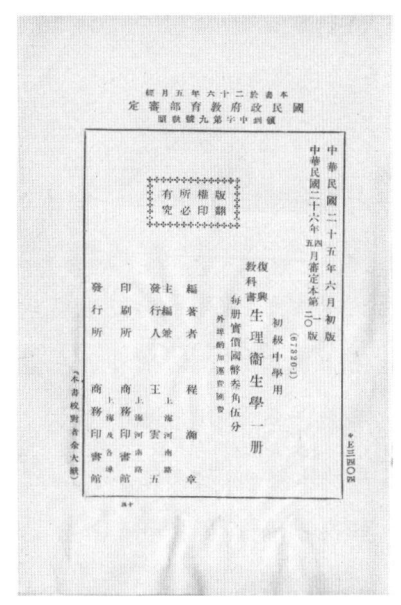

图 5-14 《复兴初级中学教科书生理卫生学》版权页

（二）编写背景与编写依据

该书依据教育部修正的课程标准编辑，供一学年使用。

（三）编写体例与教材结构

该书分十七章，章下不分节，直接进入黑体字标题，每节后有练习题。

该书白话文叙述，采用新式标点，但文字竖排。文内有插图，绘制精致，有彩色插页一页（人体内脏解剖图）。书中设英汉名词对照。

该书的目录如下。

第一章　卫生的意义

第二章　人体的概观

第三章　骨骼姿势和体重身长各关系

第四章　运动和神经系统

第五章　消化系统

第六章　营养和发育

第七章　呼吸系统

第八章　循环系统

第九章 排泄系统

第十章 心理卫生

第十一章 免疫的意义

第十二章 病原概论

第十三章 急救和护病常识

第十四章 学校中的卫生设施

第十五章 卫生习惯和个人健康

第十六章 公共卫生的重要

第十七章 政府对于人民的卫生设施

四角号码索引

英汉名词对照表

（四）内容特点

该书第一章首先介绍了卫生、健康的定义，卫生与健康的关系，保健的意义。第二至九章是人体生理部分的内容。第二章概述人体的结构、功能，关于人的生殖在本章作了简要介绍。之后，该书分章阐述骨骼、运动、神经、消化、呼吸、循环、排泄等系统。在阐述上述系统时，该书将运动系统与神经系统合在一章阐述，关注二者的关系；在讲完消化系统后，单设一章介绍营养和发育。

该书第十至十七章为卫生的内容。该书专门设立一章（第十章）介绍心理卫生，之后介绍传染病、免疫、急救、卫生习惯、公共设施等内容。

《复兴高级中学教科书生物学》

（一）基本信息

1. 出版单位

商务印书馆。

2. 作者与编写方式

王云五主编，陈桢编著。

3. 出版、版次

民国二十二年（1933年）初版，民国三十六年（1947年）第136版，封面见图5-15，版权页见图5-16。

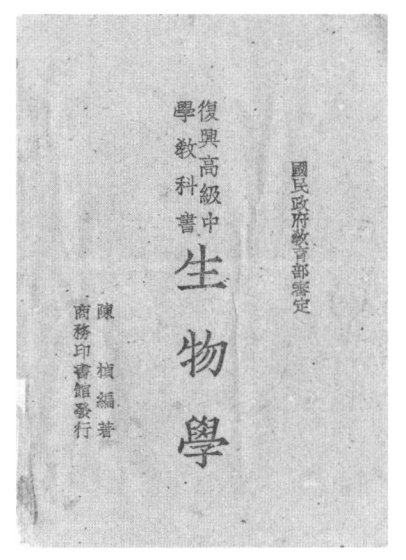 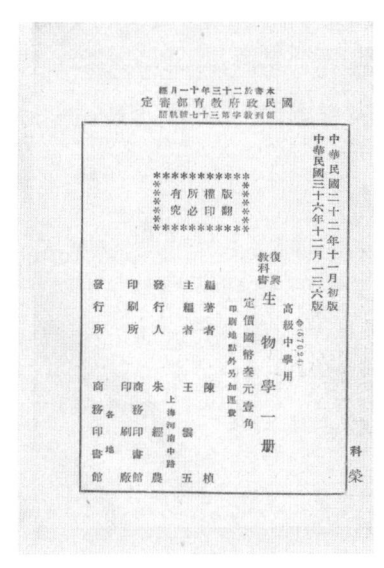

图5-15 《复兴高级中学教科书生物学》封面　　图5-16 《复兴高级中学教科书生物学》版权页

（二）编写背景与编写依据

该书按照课程标准编写，参考了几百本当时出版的专业书籍、杂志并结合作者自己的研究论文著成，经过当时的教育部审定。

（三）编写体例与教材结构

该书分八篇，篇下分章。

书中专业名词后一般都加注英文。书中有插图，插图多数是从各种参考书里引用的，少数是自制的。引用的、自制的，都在图注里加以说明。

书后有附录，初版有两个附录。附录一为生物学发达史一览表，附录二为英汉名词对照表。后面的版本还增加了附录三英汉名词对照表说明。

以下为该书的目录。

前言

第一篇　导言

第二篇　细胞，原生质与生命现象的特点

第一章 细胞的形体

第二章 原生质

第三章 细胞的生理

第四章 细胞的分裂

第五章 生命现象的特点

第三篇 单细胞生物的生活

第一章 鼓藻与硅藻

第二章 酵菌

第三章 细菌

第四章 眼虫

第五章 草履虫

第六章 疟虫

第七章 动植物之间的生物

第八章 单细胞与多细胞之间的生物

第四篇 多细胞植物的生活

第一章 菌藻植物

第二章 苔藓植物

第三章 羊齿植物

第四章 种子植物

第五章 植物的生理

第五篇 多细胞动物的生活

第一章 腔肠动物

第二章 环节动物

第三章 脊椎动物

第六篇 个体的起源演发与衰老

第一章 无生源论与生源论

第二章 生殖与性

第三章 生殖细胞有轮转

第四章 个体的演发

　　　　第五章　衰老死亡与寿命
　　第七篇　遗传
　　　　第一章　前后代生物相似的原因
　　　　第二章　偏生论与种质论
　　　　第三章　孟德尔定律
　　　　第四章　遗传的物质基本
　　　　第五章　雌雄性的决定
　　　　第六章　个性的决定与改良
　　第八篇　演化
　　　　第一章　演化的证据
　　　　第二章　演化的成绩：植物，动物与人类
　　　　第三章　演化的成绩：适应
　　　　第四章　演化的原因与方法
　附录一　生物学发达史一览表
　附录二　英汉名词对照表
　附录三　英汉名词对照表说明

（四）内容特点

该书最能代表民国时期高中生物学教科书的水平，其再版次数之多，足以说明它的受欢迎程度。它不仅在当时国内的高级中学被普遍使用到1954年，而且流行于东南亚一带的华侨学校。

该书按照普通生物学的体系编写，内容丰富，包括细胞的结构与功能、细胞分裂、生物类群、植物生理、动物生理、发育、遗传、进化等内容，使学生能从这本教科书的学习中对生物科学有全面的了解。其中有关遗传理论的阐述，简明、深刻。

该书注意反映生物科学的新进展，介绍深入浅出，如性别决定的基因平衡理论、中间性、性逆转等。同时，该书十分重视生物学科学史素材的应用，在教科书正文中不时引用、渗透。在书后还附有生物学大事记，简要列出了从古希腊时期到20世纪实验生物学兴起各时期的重大事件。

书中尽量采用中国的资料,不照搬外国。例如,环节动物的描述用中国的环毛蚯蚓而不用欧洲的蚯蚓;遗传规律用金鱼的材料进行阐述而不是只讲豌豆与果蝇;生物的进化也引证金鱼起源于鲫鱼作为证据。这样,不仅有利于学生在实验课中进行直接观察,还激发了他们热爱祖国的情感。

该书章节安排合理,如多细胞动物的生活一章,选择了腔肠动物(水螅)、环节动物(蚯蚓)和脊椎动物(蛙、人)进行介绍,而没有对所有的无脊椎动物类群进行介绍。这既简明扼要,又利用几个代表类群反映了进化的主要阶段特点。又如,书中将动植物类型作为进化的结果来介绍,这样将现代类型与古代类型一并简述,有利于学生建立进化发展的观点。

书中的叙述文字流畅、图文并茂,如图 5-17 所示。

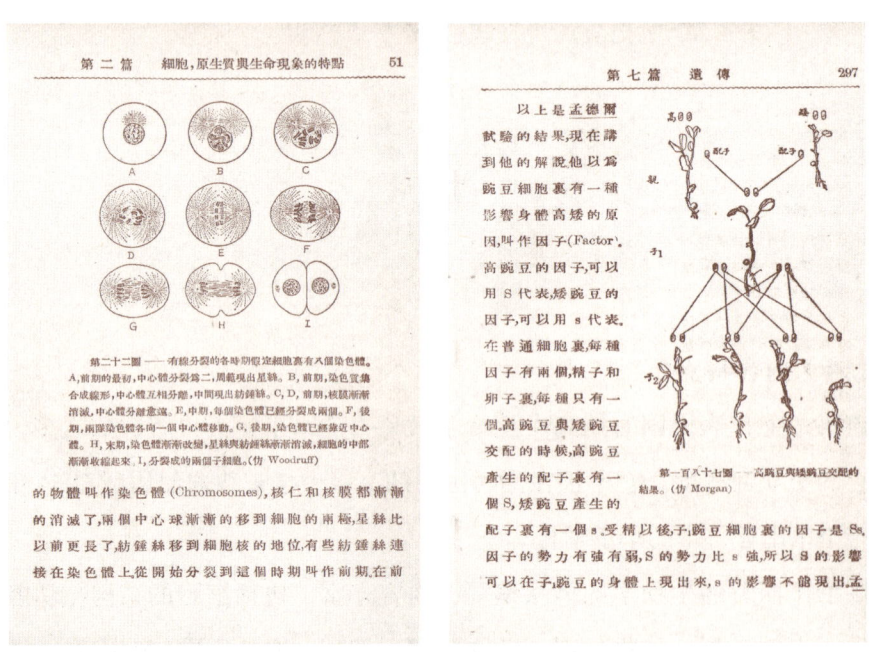

图 5-17 《复兴高级中学教科书生物学》内页展示

第六章　民国晚期的中学生物学教科书（1937—1949）

1937年抗日战争全面爆发。此后一段时间，中国教科书的发展走向衰落，主要表现在数量、种类的萧条上。1945年，抗战胜利后不久，内战即爆发，到1949年国民党政权覆灭，国家基本上处于战争状态，这段时期的中学生物学教科书也没有太多可提的亮点。

一、本阶段的社会背景

（一）政治与文化背景

1937年7月7日，日本帝国主义发动了对中国的全面侵略战争。1937—1945年，中国在极端困难的条件下，抗击侵略，建设国家。1945年以后，由于战争的破坏、内战的爆发，最终使国民政府的教育没落衰败。

（二）教育发展与改革背景

1. 全面抗战时期民国教育在逆境中发展

抗日战争全面爆发后，国民党制定"抗战建国"的基本国策，通过《战时各级教育实施方案纲要》，确立了"战时当作平时看"的教育指导方针。从抗日战争的需要出发，国民政府采取了一系列紧急的应变措施，如高等学校迁往内地，创设国立中等学校，安置流亡青年就学等。从建国的长远目标着眼，教育部力求维持学校系统的正常运作，对平时教育进行弹性调整，以培养学生承担建设国家、复兴民族的能力，为将来建设准备后续力量。同期，教育管理水准也有提高。国民政府战前规定在教育行政官员选用标准的基础上，推行"计划—执行—考核"三环相联的"行政三联制"，使中央与地方各级教育行政机关职责明确、权限分明、分工协作，比较有效地提高了教育行政的管理水平与工作效率。

全面抗战时期教科书编审政策更明显地显示出战争特色。卢沟桥战事一发，8月份国立编译馆就上呈教育部，建议编辑中小学课本时要注意发扬国家民族意识，以配合抗战军事。1938年3月29日，国民党中央通过的《中国国民党抗战建国纲领》规定，教育制度和教材要以增进抗战力量为指导。7月，教育部通过了《各级教育实施方案》，要求：对于各级学校各科教材须彻底加以整顿，使之成为一贯之体系而应抗战与建国之需要，尤宜编辑中小学公民、国文、史地等教科书及各地乡土教材，以坚定爱国爱乡之观念。抗战进入相持阶段后，各种物资紧缺，流通不畅。教育部组织调查各省所需教科书的数量，暂定教科书补充办法，并编印战时补充教科书。对抗战造成的"教科书饥荒"现象，教育部专设管理机关，下拨专款，主持教科书的印刷、运输、调查和平价事宜，号召学校扩大抄写教科书运动，或采用木刻教科书方法，以救书荒。

2. 解放战争时期国民政府教育的衰败与新民主主义教育的兴起

抗战胜利后，国民政府比较顺利有序地完成了教育的善后工作。但是，国民党为维护专制独裁统治，公然违背民意发动内战，用屠刀斩断了教育发展的生机。国统区爱国师生的反抗斗争愈演愈烈，声势浩大的"反饥饿，反内战，反迫害"运动，逐渐壮大为埋葬蒋家王朝的第二条战线。与国民政府教育走向衰败的历史轨迹相反，毛泽东的新民主主义教育理论在抗战时期已经成熟，民族的、科学的、大众的文化教育，成为中国共产党教育实践的指导思想。以发动群众为基点的普及教育运动，使民众不断摆脱文盲和提高觉悟。教育为无产阶级政治服务的方针，更使边区、解放区的教育事业不断扩大，并在有计划地从战时教育向正规教育转变的过程中，迎来了新民主主义革命的伟大胜利。

二、本阶段课程概要

1940年的《初级中学课程标准》和《高级中学课程标准》规定，初中自然科学采用混合教学，如采用分科教学时，博物科内容除动植物外，须略及地质及矿物学大要；高中生物学仅在第一学年开设，自第二年起分为甲乙两组，两组在数学、化学、物理、国文、外国语几科的教学时数上略有差异，甲组偏重数学、物理、化学，乙组偏重国文、外国语。文件中还包含各学期每周各科教学及自习时数表，其中生物学相关的规定见下表6-1。

表6-1　1940年重行修正中学各学期每周各科教学时数表

阶段	科目	第一学年		第二学年		第三学年	
		一学期	二学期	三学期	四学期	五学期	六学期
初级中学	生理及卫生			1	1	1	1
	博物	4	4				
高级中学	生物学	3	3				

1941年，第三次全国教育会议通过了教育行政改进案及中学教育改进案，关于中学制度方面，提出：中等教育阶段除原有"三·三"制中学外，另设六年制中学，不分初高中。经多次审议后，确定了六年制中学教学科目及各学期每周各科教学时数表，其中与生物学有关的规定见下表6-2。

表6-2　1941年六年制中学各学期每周各科教学时数表

科目	第一学年		第二学年		第三学年		第四学年		第五学年		第六学年	
	第一学期	第二学期	第一学期	第二学期	第一学期	第二学期	第一学期	第二学期	第一学期	第二学期	第一学期	第二学期
生理及卫生					2	2						
博物	2	2	2	2	2	2					2	2

说明：博物科包括动植物、生物及矿物，第一学年全年、第二学年全年、以及第三学年的第一学期教授动植物，第三学年的第二学期教授矿物，第六学年教授生物。

三、本阶段教科书概貌

由于抗日战争的全面爆发，中国教科书的发展自20世纪30年代后期开始，呈现明显的衰落趋势。教科书发展的衰落主要表现在出版频率减少和种类、数量的萧条上。全面抗战时期，汪伪政权下的"教育部编审会""教育总署编审会"在1940年前后出版了一系列教科书。这些教科书受到爱国抗日的中国人民的抵抗，没有推广开来，应该说，这是一批失败的教科书。抗战时期，国民政府也比较重视教科书的编写，于1932年成立国立编译馆，在1937年前后推出了一套教科书。这套教科书数量不是很多，均由国立编译馆编纂，商务印书馆出版，主要是面向小学校的公民、国语、算术、自然等科目①。全面抗战中，教科书的出版者主要是商务印书馆和中华书局。但中华书局在1937年后改营印刷业，不注重出版。所以说，自抗日战争全面爆发到"珍珠港事变"，商务印书馆担负了后方中小学校教科书出版的大部分任务。

事实上，从20世纪30年代日军侵华以后，国立编译馆就承担起国民政府赋予的教科书编审工作的职能，全面抗战后国立编译馆统编了中小学教材——《国定本教科书》，该套丛书由七联发行（七联是：正中书局、商务印书馆、中华书局、世界书局、大东书局、开明书店、文通书局）②。

总体来看，全面抗战时期，中学课程改革不是当时的重心。抗战胜利后，1945年9月，教育部召开"全国教育善后复员会议"，专门研讨制定了相关政策。1947年，教育部组织专家再次对中学课程进行全面改革，1948年正式公布方案。1947年内战爆发，各地教育深受其害，难有作为。根据1948年的这一方案，初一每周开设3课时的博物，初二每周开设2课时的生理及卫生，高中取消文理分科，在高一每周开设3课时的生物。这一课程标准未待实行，国民政府就垮台了③。

就中学生物学教科书而言，民国末期出版的很多教科书是以前版本的再版。例如，曹非编、陈烈光参与编写，长沙分丰馆出版的《初中实用植物学》，1934年初版，1948年版本为第17版；曹非编、陈烈光参与编写，长沙分丰馆出版的《初中实用动物学》，1936年初版，1948年版本为第14版；曹非编、陈烈光和曾省斋参与编写，长沙分丰馆出版的《初中实用生理卫生学》，1928年初版，1948年版本为第17版。也有在1948年前后出版的教科书。例如，贾祖璋编，

---

① 毕苑. 中国近代教科书研究[D]. 北京：北京师范大学，2004：47.
② 刘英杰. 中国教育大事典[M]. 杭州：浙江教育出版社，2001：98-199.
③ 熊明安. 中国近现代教学改革史[M]. 重庆：重庆出版社，1999：102-103.

开明书店1948年出版的《开明新编高级生物学》。该阶段的主要教科书详见表6-3（按收录版本出版时间的先后排序）。

表6-3 本阶段主要中学生物学教科书列表

教科书名称	编者	出版机构
初中动物学	"教育部编审会"著	著者自刊
初中生理卫生	"教育部编审会"著	著者自刊
初中生理卫生	"教育总署编审会"著	著者自刊
初中动物学	"教育总署编审会"著	著者自刊
初中植物学	"教育总署编审会"著	著者自刊
高中生物学	"教育总署编审会"著	著者自刊
新编初中动物学	"教育总署编审会"著	著者自刊
新编初中植物学	"教育总署编审会"著	著者自刊
新编初中生理卫生	"教育总署编审会"著	著者自刊
初中动物学教本	贾祖璋 编	开明书店
复兴初级中学教科书动物学	周建人 编著	商务印书馆
更新初级中学教科书生理卫生	赖斗岩 王有琪 编纂	商务印书馆
新中国教科书初级中学动物学	薛德焻 编著	正中书局
新中国教科书高级中学生物学	郑勉 编著	正中书局
初中动物学	陈纶 华汝成 编；朱彦頫 校	正中书局
初中新动物学	赵楷 楼培启 编著	世界书局
生物的进化	陈鹤琴 陈选善 主编	世界书局
新编初中生理卫生	华汝成 编；糜赞治 校	中华书局
新中国教科书初级中学植物学	张珽 编著	正中书局
新中国教科书初中生理卫生学	陈雨苍 编著	正中书局
初中生理卫生学教本	黄素封 著；牛惠生 校订	开明书店
初中植物学	华汝成 编著；糜赞治 校	中华书局

续表

教科书名称	编者	出版机构
吴氏高中生物学	吴元涤 编	世界书局
初级中学生理卫生课本	林英 文彬如 编辑	新华书店

四、代表性教科书

《初中实用植物学》

（一）基本信息

1. 出版单位

长沙分丰馆。

2. 作者与编写方式

曹非编，陈烈光参与编写。

3. 出版、版次

上、下册均为民国二十三年（1934年）初版，民国三十七年（1948年）第17版，封面见图6-1，版权页见图6-2。

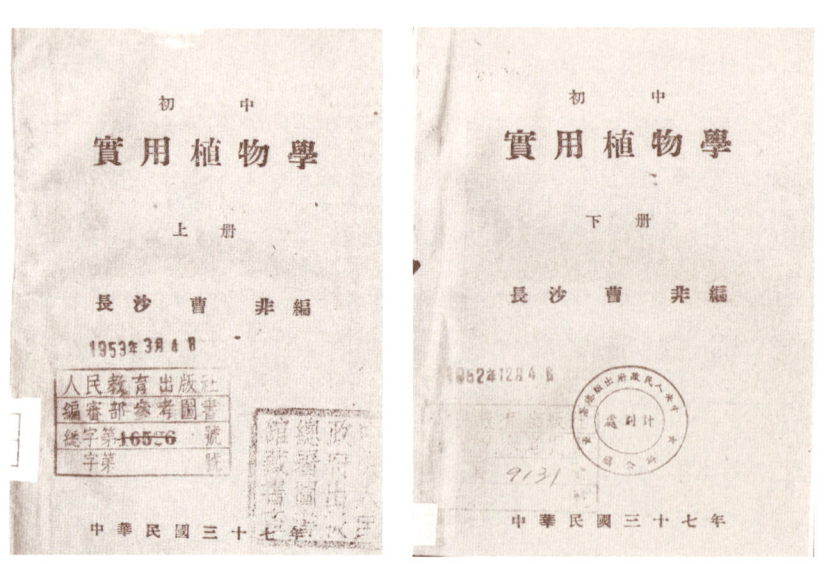

图6-1 《初中实用植物学》封面

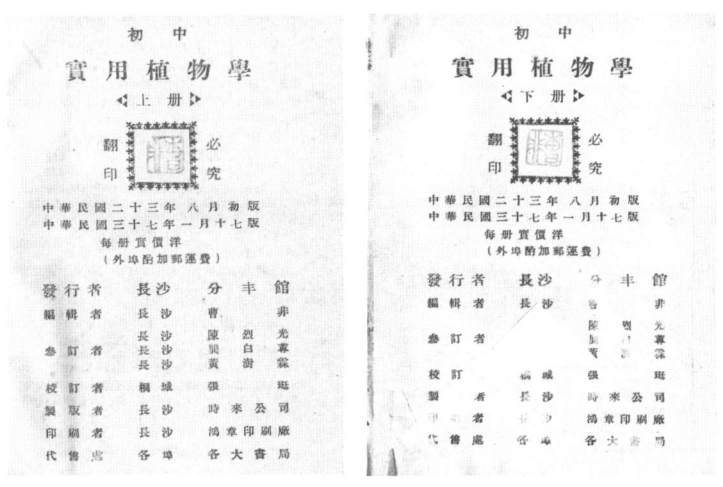

图 6-2 《初中实用植物学》版权页

（二）编写背景与编写依据

1934 年初版的编写依据是民国二十二年（1933 年）颁布的课程标准。第 17 版出版于民国三十七年（1948 年），是在初版基础上修改而成。

（三）编写体例与教材结构

该书分上、下册。内容包括绪论、第一部显花植物、第二部隐花植物。第一部包括第一篇显花植物通论（相当于形态、结构），第二篇显花植物各论（介绍各类群）。第二部隐花植物包括羊齿植物、苔藓植物、菌类植物、藻类植物、细菌植物五篇。篇下分章，章下分节。第二部在介绍各类群时，节下还分小节。

正文文字与图片结合编排，部分实验内容穿插在正文中，不单列实验标题。

书中概念、名词下加波浪线，正文中专业名词未附英文名词对照。每章后设计有几道练习题。

该书的目录如下。

上册：

绪论

  第一节　植物学的意义

  第二节　植物界的类别

第一部　显花植物

  第一篇　显花植物通论

第一章　显花植物概观

　　第二章　显微镜和细胞

　　第三章　根的研究

　　第四章　茎的研究

　　第五章　叶的研究

　　第六章　花的研究

　　第七章　果实和种子的研究

　　第八章　芽的研究

　　第九章　植物的生活现象

下册：

　　第二篇　显花植物各论

　　　　第一章　被子植物

　　　　第二章　裸子植物

第二部　隐花植物

　　第一篇　羊齿植物

　　　　第一章　羊齿

　　　　第二章　石松

　　　　第三章　木贼

　　第二篇　藓苔植物

　　　　第一章　土马鬃

　　　　第二章　地钱

　　第三篇　菌类植物

　　　　第一章　松蕈

　　　　第二章　梅衣

　　第四篇　藻类植物

　　　　第一章　车轮藻

　　　　第二章　硅藻

　　第五篇　细菌植物

结论

（四）内容特点

该书第一部第一编的内容主要为种子植物（显花植物）的形态、结构，很简要地介绍了植物生理的内容。第二编则分别介绍被子植物和裸子植物的主要类群。

第二部介绍了孢子植物（隐花植物）的各类群。最后安排有"结论"，阐述植物在自然界中的作用。

在介绍植物类群时，该书按照从高等到低等的顺序来介绍。先介绍被子植物、裸子植物，再介绍蕨类、苔藓、菌类、藻类。

《初中实用动物学》

（一）基本信息

1. 出版单位

长沙分丰馆。

2. 作者与编写方式

曹非编，陈烈光参与编写。

3. 出版、版次

上、下册均为民国二十五年（1936年）初版，民国三十七年（1948年）第14版，封面见图6-3，版权页见图6-4。

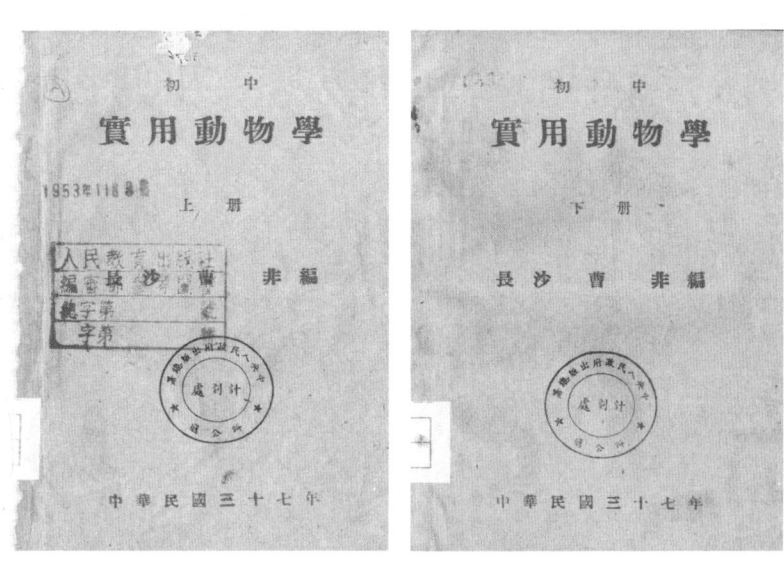

图6-3 《初中实用动物学》封面

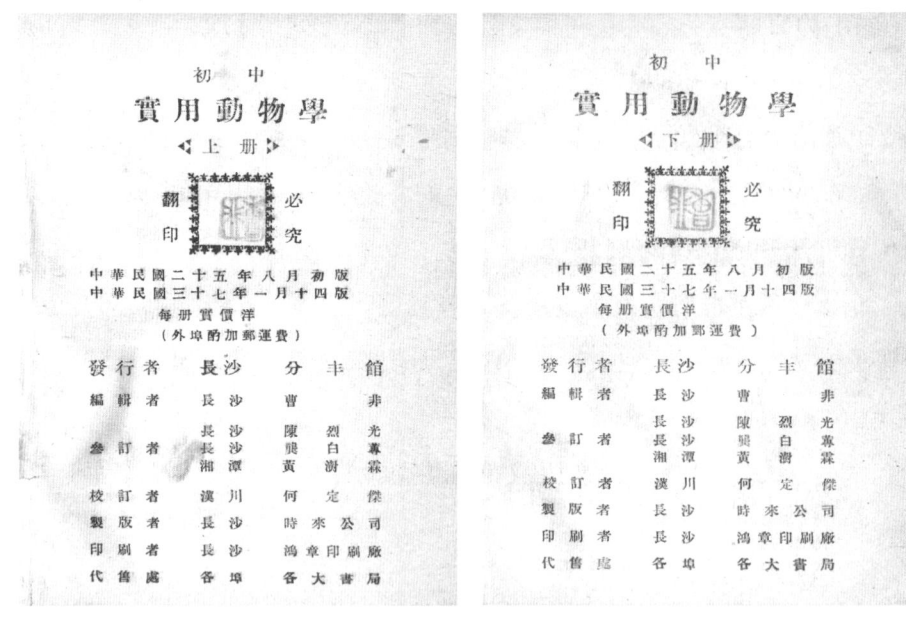

图 6-4 《初中实用动物学》版权页

（二）编写背景与编写依据

该书依据课程标准编写。

（三）编写体例与教材结构

该书分上、下册，除绪论外共八篇。篇下分章，上册章下分节，下册多数章下不明确分节。

该书正文文字与图片结合编排。书中概念、名词下加波浪线，正文中专业名词未附英文名词对照。在介绍完每一动物类群后，设计有多道练习题，一般为问答题。

该书的目录如下。

上册：

绪论

  第一节　动物学的意义

  第二节　研究动物学的方法

  第三节　人体生理学概要

第一篇　脊椎动物

第一章 哺乳类

  第一节 猫的研究

  第二节 猿猴类

  第三节 食肉类

  第四节 翼手类

  第五节 食虫类

  第六节 啮齿类

  第七节 偶蹄类

  第八节 奇蹄类

  第九节 长鼻类

  第十节 游水类

  第十一节 贫齿类

  第十二节 有袋类

  第十三节 单孔类

  第十四节 哺乳类动物提要

第二章 鸟类

  第一节 鸡的研究

  第二节 鹑鸡类

  第三节 鸠鸽类

  第四节 鸣禽类

  第五节 猛禽类

  第六节 攀禽类

  第七节 游禽类

  第八节 涉禽类

  第九节 走禽类

  第十节 鸟类动物提要

第三章 爬虫类

  第一节 水龟的研究

  第二节 龟类

　　　　第三节　鳄鱼类

　　　　第四节　蜥蜴类

　　　　第五节　蛇类

　　　　第六节　爬虫类动物提要

　　第四章　两栖类

　　　　第一节　金线蛙的研究

　　　　第二节　无尾类

　　　　第三节　有尾类

　　　　第四节　两栖类动物提要

　　第五章　鱼类

　　　　第一节　鲋的研究

　　　　第二节　硬骨类

　　　　第三节　板腮类

　　　　第四节　硬鳞类

　　　　第五节　肺鱼类

　　　　第六节　圆口类

　　　　第七节　鱼类动物提要

　　第六章　脊椎动物提要

下册：

第二篇　节足动物

　　第一章　昆虫类

　　第二章　蜘蛛类

　　第三章　多足类

　　第四章　甲壳类

第三篇　软体动物

　　第一章　乌贼的研究

　　第二章　头足类

　　第三章　腹足类

　　第四章　瓣鳃类

第五章　软体动物提要

第四篇　蠕形动物

　　第一章　蚯蚓的研究

　　第二章　环虫类

　　第三章　圆虫类

　　第四章　扁虫类

　　第五章　蠕形动物提要

第五篇　棘皮动物

　　第一章　海胆的研究

　　第二章　海胆类

　　第三章　海星类

　　第四章　海百合类

　　第五章　沙嘿类

　　第六章　棘皮动物提要

第六篇　腔肠动物

　　第一章　水母的研究

　　第二章　水母类

　　第三章　珊瑚类

　　第四章　腔肠动物提要

第七篇　海绵动物

　　第一章　海绵的研究

　　第二章　海绵动物提要

第八篇　原生动物

　　第一章　草履虫的研究

　　第二章　原生动物提要

（四）内容特点

该书分上、下册。上册内容包括绪论、第一篇脊椎动物。第一篇脊椎动物包括哺乳类十四节、鸟类十节、爬行类六节、两栖类四节、鱼类七节，以及对脊椎动物的总结。下册包括第二篇节足动物、第三篇软体动物、第四篇蠕形动物、第五篇棘皮动物、第六篇腔肠动物、第七篇海绵动物、第八篇原生动物，共二十八章。

该书主要内容为动物分类学。绪论中简要介绍了研究动物的意义、动物学的研究方法，并概要叙述了人体结构、生理的内容，为后面学习动物结构打下基础。后面各篇，都是关于动物类群的内容。

该书对动物类群的介绍按照先高等再低等的顺序进行。第一篇介绍脊椎动物（先介绍哺乳类，再介绍鸟类、爬行类、两栖类、鱼类），后面各篇再介绍无脊椎动物（也是从高等介绍到低等）。在介绍每一类群时，先详细介绍一种代表动物的特征，再拿其他同类群动物与它进行比较，由此得出该类群动物的特征。关于动物的内部结构，书中用黑白分明的模式图进行介绍。同时，书中插图也注意安排外部形态的图。每一动物类群介绍完，都安排有练习题，检验学习效果。

《初中实用生理卫生学》

（一）基本信息

1. 出版单位

长沙分丰馆。

2. 作者与编写方式

曹非编，陈烈光、曾省斋参与编写。

3. 出版、版次

上、下册均为民国十七年（1928年）初版，民国三十七年（1948年）第17版，封面见图6-5，版权页见图6-6。

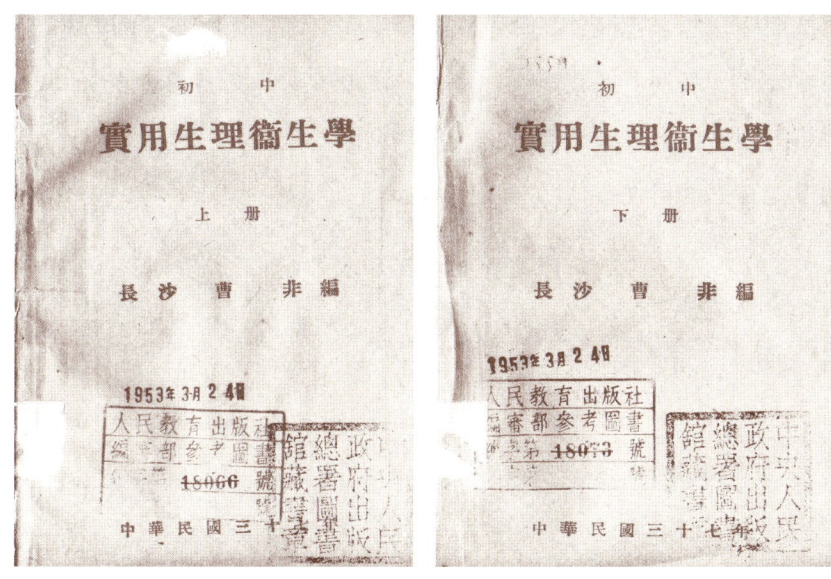

图 6-5 《初中实用生理卫生学》封面

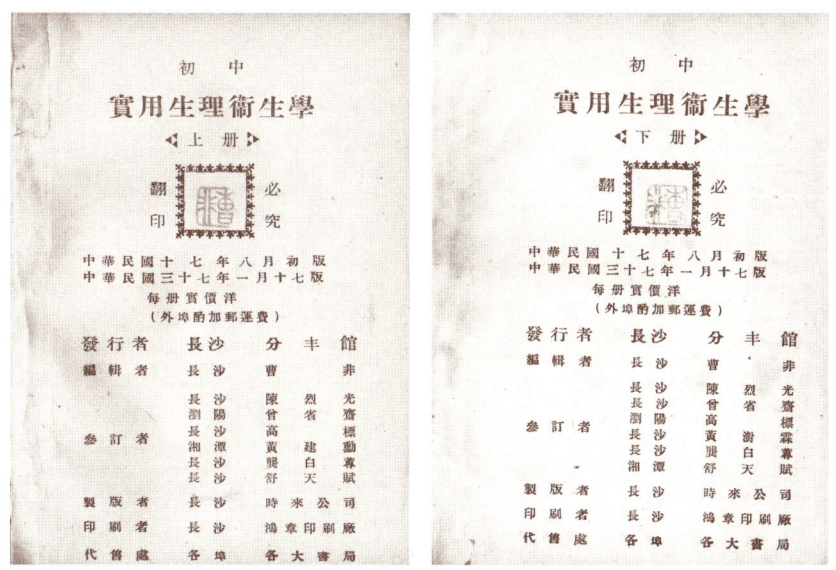

图 6-6 《初中实用生理卫生学》版权页

（二）编写背景与编写依据

该书在 1928 年初版的基础上，按照当时教育部颁布的课程标准修改出版。

（三）编写体例与教材结构

该书分上、下册，包括绪论、八大系统（除内分泌系统外的其他七大系统都有介绍，运动系统分为骨骼系统和肌肉系统两大系统）和附录。章下分节，节内再按照一、二、三细分。每一系统介绍完，都设计有多道问答题。

书中概念、名词下加波浪线，专业术语没有附英文名词对照。

书中有较多插图，有的插图占一整个页面。

以下为该书的目录。

上册：

绪论

  第一节　卫生学的意义和范围

  第二节　人体概论

  第三节　构成人体的基本物体和组织的次序

第一章　骨骼系统

  第一节　骨骼的定义和通性

  第二节　全体骨骼概要

  第三节　关节

  第四节　对于骨骼的卫生

第二章　肌肉系统

  第一节　肌肉的定义和通性

  第二节　随意肌肉的形状和部分

  第三节　全体的主要随意肌肉和作用

  第四节　随意肌肉和骨骼的一班运动现象

  第五节　对于随意肌肉的卫生

第三章　消化系统

  第一节　消化的意义和讨论的范围

  第二节　营养科的研究

  第三节　消化器的构造和生理作用

  第四节　对于消化系统的卫生

第四章　循环系统

  第一节　循环的意义和讨论的范围

  第二节　血液

　　　　第三节　循环器的构造和生理作用

　　　　第四节　淋巴系

　　　　第五节　对于循环系统的卫生

　　第五章　呼吸系统

　　　　第一节　呼吸的意义和讨论范围

　　　　第二节　呼吸器的构造和生理作用

　　　　第三节　发声器的构造和生理作用

　　　　第四节　对于呼吸器的卫生

下册：

　　第六章　排泄系统

　　　　第一节　排泄的意义和讨论的范围

　　　　第二节　泌尿器的构造和生理作用

　　　　第三节　皮肤的构造和生理作用

　　　　第四节　对于排泄器的卫生

　　第七章　生殖系统

　　　　第一节　生殖的意义和讨论的范围

　　　　第二节　男生殖的构造和生理作用

　　　　第三节　女生殖的构造和生理作用

　　　　第四节　胎儿的发育

　　　　第五节　对于生殖系统的卫生

　　第八章　神经系统

　　　　第一节　神经系统的意义和通性

　　　　第二节　全体神经系统的大要

　　　　第三节　全体精神作用概要

　　　　第四节　对于神经系的卫生

　　　　第五节　五官器

　　　　第六节　对于五官器的卫生

附录

　　　　第一节　公共卫生

第二节　内分泌

第三节　中毒急救法

（四）内容特点

本书对生理学的叙述比较翔实，如生殖系统、胎儿发育等。一般科目都以学习理论知识为主，但是卫生这一科目不同，应以"实行"为主旨。因此，编者希望学生在学习该书内容时，在"明理"之外，还要"即知即行"。

《开明新编高级生物学》

（一）基本信息

1. 出版单位

开明书店。

2. 作者与编写方式

贾祖璋编著。

3. 出版、版次

民国三十七年（1948年）初版，1949年第9版，封面见图6-7。

图6-7　《开明新编高级生物学》封面

（二）编写体例与教材结构

该书包括六章主体内容和附录。章下分节，节下用"【 】"标记下一层级标题，再下一级则用阿拉伯数字标记。

每节后都有练习题，一般为几道问答题（也有多至十几道的情况）。

该书的目录如下。

第一章 生物与生物学
　　第一节 生物的特征
　　第二节 生物学及其分科
　　第三节 生物学与其它科学的关系
　　第四节 生物学与民生民族的关系
　　第五节 研究生物学的方法
第二章 细胞和器官
　　第一节 细胞的构造生理及其分裂
　　第二节 组织和器官
第三章 生物的生活
　　第一节 维持个体的生活
　　第二节 维持种族的生活
第四章 生物体的疾病
　　第一节 植物体的病虫害和防治
　　第二节 动物体的疾病和防治
第五章 生物体与厚生
　　第一节 工业与生物学
　　第二节 农业与生物学
　　第三节 优生与民族
第六章 生物的进化
　　第一节 进化学说
　　第二节 进化例证
附录 西文索引

(三)内容特点

该书内容按照普通生物学体系编排,阐述了什么是生物,生物的基本特征,细胞的构造,细胞如何构成组织器官,生物个体和群体的生活,动物体、植物体的疾病,生物学与工业、农业和优生,以及生物进化等内容。

该书内容较为简洁,围绕生物(细胞)的结构、生物的生活以及进化等问题进行概述,不讲述生物类群以及各类群的生理、发育等内容。

该书十分关注生物学与社会生活的关系,专设一章来阐述生物学与工业、生物学与农业以及优生与民族的关系。此外,还设一章来阐述植物体的病虫害和防治、动物体的疾病和防治。从内容篇幅看,该书关注社会生活的内容占到全书的近三分之一。

第四编　中华人民共和国成立后的教科书

第七章　中华人民共和国成立之初，选取与改编中学生物学教科书（1949—1951）

1949 年，中华人民共和国成立，这是中国历史发展的重大转折，从此，中学生物学课程和教材的发展翻开了崭新的篇章。本编的研究范围是 1949 年（中华人民共和国成立之后）至 2000 年出版的中学生物学教科书。

一、本阶段的教育发展与改革背景

随着中华人民共和国的成立，中国的教育事业也进入一个新的发展阶段。中国人民政治协商会议第一届全体会议制定和通过的《共同纲领》第五章第四十一条对我国教育的性质、任务和发展方向进行了明确的规定："中华人民共和国的文化教育为新民主主义的，即民族的、科学的、大众的文化教育。人民政府的文化教育工作，应以提高人民文化水平，培养国家建设人才，肃清封建的、买办的、法西斯主义的思想，发展为人民服务的思想为主要任务。"

1949 年 12 月 23 日，教育部召开了第一次全国教育工作会议。这次会议提出的教育改革方针是：以老解放区新教育经验为基础，吸收旧教育有用的经验，借助苏联经验，建设新民主主义教育。这一方针具体地规定了教育改革的步骤和方向，对这一时期的课程改革起到了直接的指导作用[①]。

在进行普通教育改革的过程中，一个重要的环节就是教科书制度的改革。1933 年，苏联共产党中央委员会颁布了《关于初等与中等学校教科书》的决定，标志着苏联中小学教科书国定制的开始。在此后长达 50 多年的时间里，苏联都是实行中小学教科书国定制。中华人民共和国成立后，在全面学习苏联经验的

---

① 课程教材研究所. 新中国中小学教材建设史（1949—2000）研究丛书：生物卷[M]. 北京：人民教育出版社，2010：75.

时期，中央也立即公开表明教科书由国家统一组织编写和出版，即采取"国定制"的态度。1949年10月，中共中央宣传部部长陆定一在全国新华书店第一届出版工作会议的闭幕词中就明确提出：教科书要由国家办，因为必须如此，教科书的内容才能符合国家政策，而且技术上可能印得好些，价格也便宜些，发行也免得浪费。他还指出：教科书对国计民生，影响特别巨大，所以非国营不可。

1950年9月，出版总署召开全国出版会议，会上提出中小学教材必须全国统一供应的方针。据此，出版总署和教育部决定共同组建人民教育出版社。中央对成立编辑出版中小学教材的专业出版社极为重视，毛泽东主席亲笔题了社名。同年12月1日，人民教育出版社正式成立，出版总署副署长叶圣陶兼任社长、总编辑。人民教育出版社由教育部和出版总署共同领导。

二、本阶段课程概要

1950年教育部颁发的《中学暂行教学计划（草案）》规定：初中开设植物、动物和生理卫生；高中开设生物学。

教育部颁发了全国统一执行的中学教学计划，并且供应全国统一使用的生物学教科书和其他学科教科书，这对1949年以后全国教学秩序的稳定和教学质量的提高都起到了促进作用。

三、本阶段教科书概貌

（一）教科书出版总体情况

中华人民共和国成立初期，人民教育出版社编辑干部人员少，教材供应的时间紧迫，因此只能在已经出版的教材中选择比较好的教材加以修改。同时，编译苏联中学生物学教材也是当时比较稳妥的选择。

这一时期，人民教育出版社修改、编译的中学生物学教材有以下几本，这是人民教育出版社成立后出版的第一套全国通用中学生物学教材。

《初级中学植物学课本》（上、下册），东北人民政府教育部编译，周建人、濮源澄校订，1950年原版为新华书店出版，后由人民教育出版社出版。

《初级中学动物学课本》（上、下册），周建人编，李沧、于观文助编，上册1950年原版，下册1951年原版；原版为新华书店出版，后由人民教育出版社出版。

《初级中学生理卫生课本》，林英、文彬如编，中央人民政府出版总署编审局修订，1949年原版为新华书店出版，后由人民教育出版社出版。

高中阶段广泛采用的是陈桢编写和修订的高中生物学课本，相关教科书内容在前文已经作了介绍。

（二）教科书的总体特点

这个时期修改或编译的生物学教科书有两个特点。一个是肃清了封建的、买办的、法西斯的思想，反映了新民主主义的文化教育思想；另一个是生物学基础知识比较系统、全面。不足之处是教学内容受苏联生物学教科书的影响较大，有些教学内容不太符合中国实际[1]。

（三）有影响的代表性人物介绍

周建人（1888—1984）

周建人，鲁迅的胞弟，浙江绍兴人，社会活动家、生物学家。1919年在北京大学旁听科学总论和哲学等课程。1921年开始，在商务印书馆任编辑，编写中小学动植物教科书等。在上海期间，曾任《东方杂志》《妇女杂志》的助理编辑和《自然》杂志的编辑，并以笔名发表文章，提倡妇女解放，普及科学知识。1923年，在上海大学担任生物学教授，讲授进化论。1933年，参加了中国民权保障同盟成立的筹备会，后来又被推举为调查委员。抗日战争时期，周建人留居上海，在商务印书馆工作，后又在储能中学教书；抗日战争胜利后，他积极参与发起成立中国民主促进会，当选为第一、第二届理事会理事。1948年4月，周建人加入中国共产党，1948年秋天离开上海辗转到了当时党中央所在地——河北省平山县李家庄。1949年年初北平和平解放，周建人任华北人民政

---

[1] 课程教材研究所. 新中国中小学教材建设史（1949—2000）研究丛书：生物卷[M]. 北京：人民教育出版社，2010：77.

府教育部教科书编审委员会副主任。中华人民共和国成立后，周建人历任中央人民政府出版总署副署长，高等教育部副部长，浙江省副省长、省长等职。他还历任民进中央主席、中共九届至十一届中央委员、全国政协副主席、全国人大常委会副委员长等职。中华人民共和国成立以后，他在政务工作十分繁忙的情况下，仍然坚持研究自然科学和哲学，出版有《生物进化浅说》《论优生学与种族歧视》《田野与杂草》等，与叶笃庄、方宗熙合作翻译了达尔文的名著《物种起源》。

四、代表性教科书

《初级中学植物学课本》

（一）基本信息

1. 出版单位

新华书店、人民教育出版社。

2. 作者与编写方式

东北人民政府教育部编译，周建人、濮源澄校订。

3. 出版与使用

1950年原版由新华书店出版，供初中一年级学生使用，后由人民教育出版社出版。

4. 版次与修订

该书是根据苏联十年制中学的教科书编译的。内容经过两次修订，上册内容变化不大，下册第一次修订版中的八、九两部分（米丘林学说的基础、李森科的工作）在第二次修订时合为一部分（自然的改造）。

5. 版本介绍

［封面］上册1950年8月版，下册1951年2月北京初版（见图7-1）。

［开本］32开。

［册数］2册。

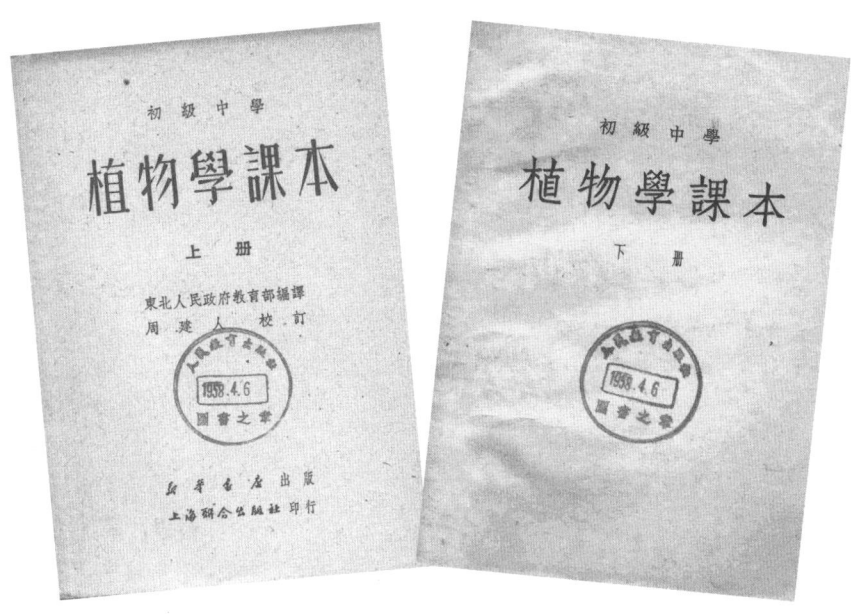

图 7-1 《初级中学植物学课本》封面

(二)编写背景与编写依据

该书是东北人民政府教育部根据苏联十年制中学的教科书编译的,为了适合我国的一般情况,在校阅时进行了必要的修改。

(三)编写体例与教材结构

该书分上、下册,共十一章,主要包括植物以及植物栽培的基础知识,课文中配有较多的插图,便于学生识别各类植物,每篇课文后都编有习题。

该书的目录如下。

上册:

绪论

一 我们的野生植物和栽培植物

二 植物的细胞构造

三 种子和它的萌发

四 根、植物从土壤中吸收养料

五 叶、有机物质的形成

六 茎、植物体中物质的运导和贮藏

七 植物的繁殖

下册：

八 米丘林学说的基础

九 李森科的工作

十 主要的栽培植物

  （一）蔬菜类

  （二）果树植物

  （三）禾谷类

  （四）豆菽类

  （五）工业植物

十一 植物的基本分类

  （一）菌藻植物

  （二）苔类植物

  （三）蕨类植物

  （四）种子植物

总结

  （一）植物界的进化

  （二）栽培植物的起源和发展

（四）内容特点

该书由苏联十年制中学的教科书编译而来，虽然结合我国的实际情况进行了部分修改，但内容方面受苏联的影响依旧很大，不少内容不太适合我国的国情，如大篇幅讲米丘林学说的基础以及李森科的工作等。书中专门对栽培植物进行了讲解，对生产具有一定的指导作用。

（五）课文精选

见图 7-2。

图 7-2 《初级中学植物学课本》内页展示

《初级中学动物学课本》

（一）基本信息

1. 出版单位

新华书店、人民教育出版社。

2. 作者与编写方式

周建人编，李沧、于观文助编。

3. 出版与使用

上册 1950 年原版，下册 1951 年原版。原版为新华书店出版，后由人民教育出版社出版。该书供初中一年级学生使用。

4. 版本介绍

［封面］上册 1951 年 1 月北京第 8 版，下册 1951 年 1 月北京初版（见图 7-3）。

［开本］32 开。

［册数］2 册。

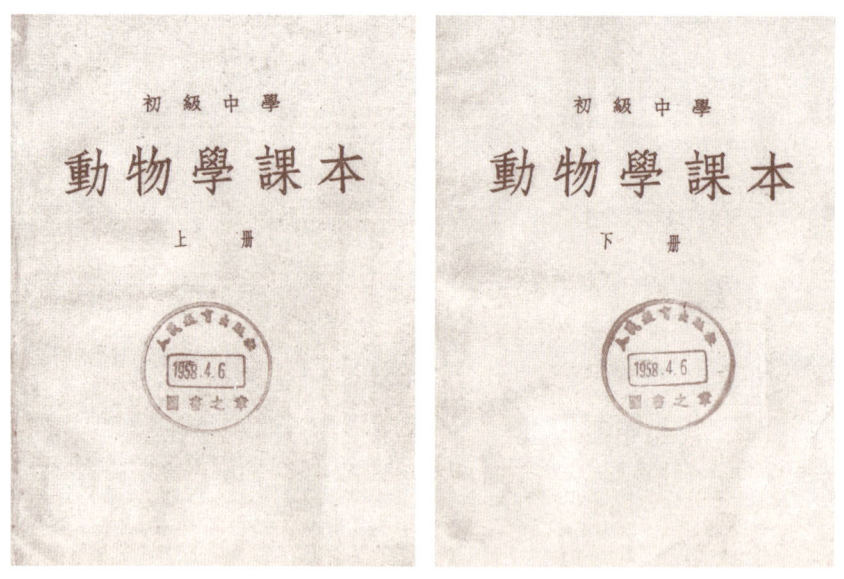

图 7-3 《初级中学动物学课本》封面

（二）编写背景与编写依据

该书在编写的时候，课程标准还没有制定，作者主要按照以下几点来进行编写。

1. 让学生明白我们周围的动物是现实世界客观存在的，种类非常丰富，与生活条件的关系也很密切。我们应该按照实际情况去观察研究它们。

2. 使学生知道每种动物都是历史的产物，他们都有由来，即都是逐步发展来的，现存物种也在不断变化之中。动物界永远是在发展当中的，并非亘古不变。

3. 动物的变化和发展与生活条件有密切的关系。我们要增加生产量、改造动物界，必须懂得动物的可变性以及它们与生活条件的关系。

4. 各种生物在发展中都形成了自身的代谢作用方式，如果生活条件不变，它就会这样遗传下去。如果生活条件发生了变化，代谢作用方式也会发生变化，生物体便改变了性质。如果新的性质固定下来，便会遗传给后代。所以，变异与遗传是相关联的。自然界是物质变化和发展的世界，并没有超自然的东西存在。

（三）编写体例与教材结构

该书除绪论与结论外，共八章，每章后附有练习题和观察题。

该书的目录如下。

上册：

绪论

 1. 动物种类繁多

 2. 蛙——拿它作动物界的代表来观察

 3. 动物研究的开端与发展

第一章 原生动物

 4. 变形虫

 5. 草鞋虫

 6. 微粒子虫与疟虫

 7. 原生动物与经济和健康的关系

 练习题

 观察

第二章 海绵动物

 8. 简单的海绵

 9. 复杂的海绵

 10. 单细胞动物与多细胞动物

 练习题

第三章 腔肠动物

 11. 水螅

 12. 水母

 13. 珊瑚虫

 14. 腔肠动物的用处

 练习题

 观察

第四章 蠕形动物

 15. 肝蛭

 16. 条虫

17. 蛔虫

18. 曲蟮

19. 蠕形动物与人生的关系

练习题

观察

第五章 棘皮动物

20. 星鱼

21. 海胆

22. 海参

23. 棘皮动物的经济价值

练习题

观察

第六章 软体动物

24. 蜗牛及螺蛳蚌

25. 蚌

26. 乌贼

27. 软体动物的养殖

练习题

观察

第七章 节足动物

（甲）甲壳类

28. 虾

29. 蟹

（乙）蜘蛛类

30. 蜘蛛

31. 蝎子

（丙）多足类

32. 蜈蚣

33. 蠷螋

练习题

观察

（丁）昆虫类

34. 蝗虫

35. 蠹鱼·白蚁·蜻蜓

36. 蚜虫·浮尘子·蚱蟟等

37. 猿叶虫及其他

38. 蝴蝶·蛾

39. 苍蝇·蚊子

40. 蜂·蚂蚁

41. 家养昆虫

42. 昆虫的变态

43. 益虫与害虫及害虫的驱除

练习题

观察

下册：

第八章 脊椎动物

（甲）鱼类

44. 鲫鱼和它的同类

45. 其它的鱼类

46. 鱼的变态和移徙

47. 鱼的养殖法

48. 脊椎动物与无脊椎动物

练习题

观察

调查

（乙）两栖类

49. 蛙和它的同类

50. 有尾巴的两栖动物

练习题

观察

（丙）爬行类

51. 蛇和蜥蜴

52. 龟、鳖和鳄鱼

53. 爬虫类和我们的利害关系

练习题

（丁）鸟类

54. 鸽子

55. 其它鸟类

56. 鸟类的生活和环境

57. 鸟类的起源

58. 鸟类和我们的经济关系

练习题

观察

调查

（戊）哺乳类

59. 兔和它的同类

60. 其它的哺乳动物（一）

61. 其它的哺乳动物（二）

62. 其它的哺乳动物（三）

63. 哺乳动物的起源

64. 家畜

练习题

观察

调查

结论

65. 人类的起源

66. 人类改造自然

（四）内容特点

该书按照先低等动物后高等动物的顺序作介绍，对从单细胞动物过渡到多细胞动物，由爬行动物进化为飞鸟，以及人类怎样起源等问题进行了简单的说明。同时对动物与生产的关系也作了一些说明。动物的种类繁多、系统复杂，想要让学生在一个较短的时间内获得概括性的概念与比较丰富的知识是很不容易的。因此，该书挑选了具有代表性的以及与生产关系比较密切的动物来进行讲解。

《初级中学生理卫生课本》

（一）基本信息

1. 出版单位

新华书店、人民教育出版社。

2. 作者与编写方式

林英、文彬如编，中央人民政府出版总署编审局修订。

3. 出版与使用

1949年原版为新华书店出版，后由人民教育出版社出版，供初中一年级学生使用。

4. 版本介绍

［封面］1951年2月北京第4版（见图7-4）。

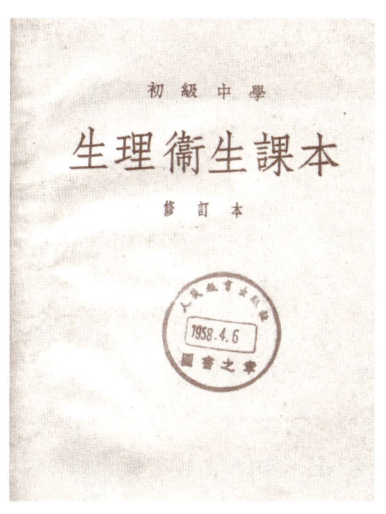

图7-4 《初级中学生理卫生课本》封面

［开本］32 开。

［册数］1 册。

（二）编写背景与编写依据

该书原由新华书店 1949 年出版，在编写时参考了相关书籍，后经中央人民政府出版总署编审局多次修订，可供中学一年级教学用。该书编写的主要目的是介绍人体各部位功能的系统知识，使学生懂得人体生长和生活的规律，以便知道如何适当地保持身体的健康，预防疾病的发生。同时，使学生意识到迷信传说和迷信的治疗方法是不科学不合理的，以去除古老的迷信思想，建立科学观点。

（三）编写体例与教材结构

全书内容包括：绪论、运动、消化、呼吸、循环、排泄、神经与感觉、生殖、人的死亡、传染病、公共卫生。书的最后有两个附录。

该书的目录如下。

第一章 绪论
    一 迷信与压迫
    二 学习生理卫生学的目的
    三 人体概况

第二章 运动
    一 骨骼
    二 肌肉
    三 为什么要运动

第三章 消化
    一 营养料
    二 消化
    三 消化器的卫生与疾病

第四章 呼吸
    一 人必需氧气
    二 呼吸是怎样进行的

三　呼吸器的卫生与疾病

第五章　循环

　　一　血液

　　二　血液是怎样循环的

　　三　淋巴液与淋巴循环

　　四　循环器官的卫生，疾病与止血法

第六章　排泄

　　一　肾脏

　　二　皮肤

　　三　体温是怎样维持的

　　四　皮肤的卫生与疾病

第七章　神经与感觉

　　一　神经中枢与神经作用

　　二　眼——视觉器官

　　三　耳——听觉器官

　　四　嗅觉和味觉

第八章　生殖

　　一　生殖器官的卫生

第九章　人的死亡

　　一　人怎么会死的

　　二　死了到哪里去

第十章　传染病

　　一　传染病是怎么发生的

　　二　细菌的特性

　　三　霍乱，伤寒，痢疾

　　四　儿童最易感染的传染病

　　五　慢性传染病——结核与麻风

　　六　从伤口得到的传染病——破伤风

　　七　疟疾，回归热，黑热病

八　免疫法
　　第十一章　公共卫生
　　附录一　妇婴卫生
　　附录二　家庭常用药品略说

（四）内容特点

生理卫生的内容主要包括解剖、生理和卫生三部分。解剖和生理的内容比较高深，且与人们的日常卫生关系不大。因此，结合该书的编写目的，作者在编写中把重点放在与人们生活关系密切的卫生方面。例如，在讲骨的时候，主要讲儿童与老人骨的特点以及在什么情况下会发生相关疾病，进而使人们知道怎样去保护它。此外，该书没有涉及内分泌的内容。

第八章　学习苏联经验，编写中学生物学教科书（1952—1957）

一、本阶段的教育发展与改革背景

1951年10月1日，政务院正式颁布的《政务院关于改革学制的决定》规定：中学的修业年限为六年，分初中、高中两级；修业年限各为三年，均单独设立；教学内容采取一贯制的精神，同时照顾到分段的需要。这是1949年以后国家正式公布的第一个学制，该学制的确立，给中学课程的设置奠定了基础。

在"课程改革学习苏联经验"的号召下，我国"借鉴"苏联的教学经验，调整高等学校的院系，确立高等教育由国家办学的体制，并且组织翻译、出版了大量苏联高等学校教材。中小学教育使用的也是苏联教材的编译本，当时教育部责成人民教育出版社参照苏联的中小学教材来编写我国十二年制的中小学教材，并规定对苏联教材的整个思想体系与根本内容不作大的变动，只结合中国国情予以适当的改编。

中华人民共和国成立后的最初几年，教育事业经过恢复、改革、整顿和发展，取得了一定的成就和进步。高等学校学生人数增加了69%，中等学校学生人数增加了142.2%，小学学生人数增加了101%，远远超过了国民党时期20年的发展速度[①]。党和政府改变了中华人民共和国成立前教育半殖民地半封建的性质，消除了反动课程和封建法西斯主义的训育，收回了教育主权，建立了马克思主义的理论课程；建立了旨在有利于工农群众入学、培养工农干部和技术人才的学校制度；通过接管私立学校，统一教学计划、教学大纲，以及大学、中专毕业生统一分配工作的制度，将教育纳入统一集中的计划经济体制，为以后

---

① 中国教育年鉴编辑部. 中国教育年鉴（1949—1981）[M]. 北京：中国大百科全书出版社，1984：88.

社会主义教育的发展奠定了基础[①]。但这一时期的教育也存在一些问题。例如，没有制定全国统一的教育事业发展计划，各大区普遍存在着贪多图快、盲目冒进、忽视教学质量的问题；没有把苏联的教学经验与我国实际的教学情况相结合，而是盲目地"生搬硬套"，这不仅束缚了广大教育工作者的思想，也不利于我国教育事业的长远发展。

为了使中学教育能够适应经济建设发展的需要，1954年4月，政务院发布的《关于改进和发展中学教育的指示》从两个方面明确了这个时期中学教育的改革与发展方向。

第一，根据经济建设的需要，确定了中学教育的双重任务。中学教育不仅要为高等学校输送足够数量的合格新生，同时要为国家的生产建设供应有一定政治觉悟、文化修养和健康体质的新生力量。

第二，制定了以提高教学质量为目的，改进教学内容为中心的教育改革的基本方针。

《关于改进和发展中学教育的指示》要求中央教育部根据国家过渡时期的总任务和中学教育目的，进一步以辩证唯物论与历史唯物论的观点、理论与实际联系的方法，有计划地修订中学教学计划，修改教学大纲和教科书，并为教师编辑一套教学指导书，这是提高学校教育质量的一项最基本的工作。

二、本阶段课程概要

（一）学制

1951年3月，教育部召开第一次全国中等教育会议，指出：普通中学的宗旨和培养目标是使青年一代在智育、德育、体育、美育各方面获得全面发展，使之成为新民主主义社会自觉的积极的成员。此次会议上讨论了普通中学的政治、语文、历史、地理以及数理化等学科的课程标准草案以及课程、教材改革的原则，认为必须保持各种教材完整的科学性和贯彻爱国主义精神，并根据当

[①] 陈学恂，高奇. 中国教育史研究：现代分卷[M]. 上海：华东师范大学出版社，2009：308.

时新制定的学制，重编中学教科书，其中数学、物理、化学、生物学等自然科学的教科书要求参考苏联的教科书进行改编①。会议还讨论了关于学制改革的问题，同年10月1日教育部颁布的《政务院关于改革学制的决定》中就对中等教育的学制进行了如下规定。

实施中等教育的学校为各种中等学校，即中学、工农速成中学、业余中学和中等专业学校。中学、工农速成中学和业余中学应给学生以全面的普通的文化知识教育；中等专业学校按照国家建设需要，实施各类的中等专业教育。

中学的修业年限为六年，分初、高两级，修业年限各为三年，均得单独设立。教学内容采取一贯制的精神，同时照顾到分段的需要。初级中学，招收小学毕业生或具有同等学力者，入学年龄以十二足岁为标准；毕业后，得经过考试升入高级中学或其他同等的中等专业学校。高级中学，招收初级中学毕业生或具有同等学力者，入学年龄以十五足岁为标准；毕业后，得经过考试升入各种高等学校。初级和高级中学的毕业生之不升学者，应在政府指导之下就业②。

（二）课程设置

1952年3月，教育部颁发试行的《中学暂行规程（草案）》，进一步对中学教育的任务、目标等进行了规定，规定中明确地指出：中学教育的任务是用马克思列宁主义的理论与中国革命实际相结合的毛泽东思想和普通文化知识教育青年一代，使他们的身心获得全面的发展，以便为升入高等学校或参加建设工作打好基础。中学教育的主要目标包括：使学生正确运用本国语文，得到现代科学的基础知识和技能，养成科学的世界观；发展学生为祖国效忠、为人民服务的思想，养成爱祖国、爱人民、爱劳动、爱科学、爱护公共财物的国民公德和刚毅勇敢、自觉遵守纪律的优良品质；培养学生体育卫生的智能和习惯，以养成强健的体格；陶冶学生的审美观念，启发其艺术的创造能力。《中学暂行规程（草案）》中还提出了《中学教学计划（草案）》，其中规定的生物学课程的设置为：初中一年级为植物，每周3课时；二年级为动物，每周3课时；三年级为生理卫生，每周2课时；高中一年级的生物改为达尔文理论基础，每周2课时。本时期生物学学科课程的基本要求为：生物课和生理卫生课使学生了解生

---

①② 中国教育年鉴编辑部. 中国教育年鉴（1949—1981）[M]. 北京：中国大百科全书出版社，1984：147-148，686.

物体（植物、动物、人体）生长发育的规律和生物界发生发展规律的基础知识，掌握生物实验实习的基本技能[①]。

从 1953 年到 1957 年，国家先后颁发了五个中学教学计划，规定了生物学的课程设置。

（1）"1953 年 8 月至 1954 年 7 月试行中学教学计划（修订草案）的调整办法"规定了以下调整。要减少"植物"课的课时和"动物"课的开设年级。初中二年级上学期"植物"每周授课时数改为 2 小时。"植物"如在一年级已教完的，"动物"自下学期开始讲授。初中三年级："动物"在二年级时已教过，不再讲授，改授"人体解剖生理学"；如果在二年级时已教过"生理卫生学"的，"人体解剖生理学"则不再讲授。高中一年级：在初中时已教过"生理卫生学"，"人体解剖生理学"则不再讲授。高中二年级应授的"达尔文主义基础"提前在高中一年级讲授，每周授课时数仍为 2 小时。

（2）"1954—1955 学年度试行中学教学计划（修订草案）"中关于"卫生常识"课程开设的规定为：现在这科的教材已可供应，因此可补授"卫生常识"科，每周 1 小时。

（3）"关于制发 1955—1956 学年度中学授课时数表的通知"中关于"达尔文主义基础"课程开设的规定为："达尔文主义基础"在上学年已教过的，高中二年级不再开设；少数地区高中一年级时未教过"达尔文主义基础"的，则 1955—1956 学年度高中二年级应开设这一门课程。

（4）"关于制发 1956—1957 学年度中学授课时数表的通知"中，生物学课程的开设与 1955 年的相同。

（5）"关于 1957—1958 学年度中学教学计划的通知"指出：为了"减轻学生负担和提高他们的学习质量"，要"精简教材内容，减少学科门类"。

（三）教学大纲

教育部于 1952 年颁发《中学生物教学大纲（草案）》。该大纲由说明和大纲两个部分组成。说明部分，首先提出了中学生物学教学总的要求以及应该完成的各项任务，然后分别对植物学、动物学、人体解剖生理学、达尔文主义基

---

① 中国教育年鉴编辑部. 中国教育年鉴（1949—1981）[M]. 北京：中国大百科全书出版社，1984：156.

础四门课程的主导思想、教学内容、教学过程中应该注意的问题等作了说明，最后还提出了生物学教学中的几个主要问题。大纲部分，则明确规定了每门课程开设的年级、总的教学时数、各个单元的教学时数以及具体的授课内容（包括基本知识内容、演示、实验、实习）。该教学大纲是参照苏联十年制学校生物学教学大纲制定的，因此照搬照抄的痕迹十分明显。例如，说明部分首先提出的中学生物学教学总的要求中就指出："这四门课程逐步深入地讲授米丘林生物学和巴甫洛夫生理学的基本知识。在各学年的课程中，从生物界中提出具体的事实，并在米丘林生物科学的基础上进行理论的概括。最后一门课程——达尔文主义基础——应该有系统地讲授达尔文关于生物进化学说的基本理论以及米丘林生物学的基本原理，同时向学生阐明米丘林学说是发展农业的理论基础。"学习苏联模式是当时的时代特点，也是中学生物学学科课程建设的特点，虽然一味地机械照搬造成了生物学课程传授的知识内容在一定程度上与中国的实际情况相脱离，但是借鉴国外的教育经验本身就是一个不断摸索、实践和再创造的过程，我们首先通过学习和借鉴苏联的教学经验，迅速建立起新的知识理论体系，这对我国今后生物学学科教育事业的繁荣发展无疑是具有重要意义的。

1956年，教育部颁发了初中汉语和中学数学、物理、化学、生物等15个学科的教学大纲，以"草案"或"修订草案"的方式公开发行。这套教学大纲是在系统地总结20世纪50年代初期课程编制经验的基础上，经过数年广泛征求意见和认真修改而完成的。与20世纪50年代初期的教学大纲比较，理论知识与实际的结合更紧密，特别是数、理、化、生等学科中的概念、定律、原理等基础理论水平有所提高。根据培养全面发展的人才的教育方针，中学教育肩负升学和就业的双重任务，在数学、物理、化学、生物和地理五个学科的教学大纲中，明确提出了实施基本生产技术教育的任务。对生物学学科的设置，主要是根据1956年颁布的《中学生物学教学大纲（修订草案）》，并配合以下几个文件：1956的《初级中学实验园地实习教学大纲（草案）》、1956年的《关于1956—1957学年度使用中学生物学教学大纲（修订草案）植物学部分和植物学课本的说明》和1957年的《关于中学历史、地理、物理、生物等科教科书的精简办法》。

（四）教科书制度

1952年7月，出版总署在《关于中央一级各出版社的专业分工及其领导关系的规定》中提出：人民教育出版社由中央人民政府教育部领导，出版总署辅助领导。在实际工作中，除有关出版方面的一定业务受出版总署领导外，有关方针、任务、计划及日常行政工作均受中央教育部直接领导[1]。

为保证教材编订工作的顺利进行，加强内部的联系和配合，1952年，人民教育出版社在实际工作的基础上，制定了《编辑施工计划暂行办法》，规定：凡准备新编、重编及大修订的小学、中学教学大纲、教科书及教学参考书均应制订编辑施工计划。以1本书为单位，由责任编辑草拟，编辑室讨论，室主任核转副总编辑批准，作为编辑工作的依据。其主要内容是：（1）本书编写或修改的原则；（2）本书拟修改和重写的章节目次；（3）编写步骤；（4）编写所需的人力及其具体分工；（5）各项工作进度的具体日程（如编写进度、绘图进度、送审步骤等）；（6）编写中必须进行的工作（如参观、座谈、约请审读者等）；（7）要求社内其他部门的配合（如对书稿检查、绘图、资料、通联、缮印等部门的要求）；（8）编写所需的主要参考资料[2]。

三、本阶段教科书概貌

（一）教科书出版总体情况

以下为这一阶段人民教育出版社编写出版的教材。这是人民教育出版社编写出版的第二套全国通用中学生物学教材。

《初级中学课本植物学》（上、下册），方宗熙编，李沧助编，1952年原版，人民教育出版社出版。

《初级中学课本动物学》（上、下册），方宗熙编，李沧助编，1952年原版，人民教育出版社出版。

《初级中学课本生理卫生学》（上、下册），方宗熙编，李沧助编，1952年原

---

[1][2] 中国教育年鉴编辑部. 中国教育年鉴（1949—1981）[M]. 北京：中国大百科全书出版社，1984：483，485—486.

版，人民教育出版社出版。

《高级中学课本达尔文主义基础》（上、下册），方宗熙、王以诚编，1952年原版，人民教育出版社出版。

这套中学生物学教材出版后，人民教育出版社很快就对其进行了修订:《初级中学课本植物学》上、下册合并为全一册;《初级中学课本动物学》上、下册合并为全一册;《初级中学课本生理卫生学》上、下册合并为全一册，并改书名为《初级中学课本人体解剖生理学》；编写《初级中学课本卫生常识》;《高级中学课本达尔文主义基础》上、下册合并为全一册；编写《高级中学课本人体解剖生理学》。修订后，具体书目如下。

《初级中学课本植物学》（全一册），方宗熙编，李沧助编，1953年出版，人民教育出版社出版。

《初级中学课本动物学》（全一册），方宗熙编，李沧助编，1953年出版，人民教育出版社出版。

《初级中学课本人体解剖生理学》（全一册），方宗熙编，李沧助编，1953年原版，人民教育出版社出版。

《初级中学课本卫生常识》，人民教育出版社编，1954年第1版，人民教育出版社出版。

《高级中学课本达尔文主义基础》（全一册），方宗熙、王以诚编，1953年出版，人民教育出版社出版。

《高级中学课本人体解剖生理学》，方宗熙、任树德编，1953年第1版，人民教育出版社出版。

根据1956年的《中学生物学教学大纲（修订草案）》，人民教育出版社又对该套教材进行了修订，于1957—1958年出版。修订后的出版情况如下。

《初级中学课本植物学》（上、下册），徐晋铭、李培实编，1957年第1版，人民教育出版社出版。

《初级中学课本动物学》，郑实夫、叶佩珉编，1958年第1版，人民教育出版社出版。

(二)教科书的总体特点

1952 年 10 月,教育部以苏联的中学生物学教学大纲为蓝本,制定了中华人民共和国第一个《中学生物教学大纲(草案)》。该套全国通用的生物学教材就是在此教学大纲的指导下,参照苏联学校的教科书,结合中国的实际情况改编的。

该套教材注意了各学科的科学性、系统性;不同程度地加强了教科书的思想性;一般都有教学大纲,多半有教学参考书,对教师教学有一定的帮助[1]。

该套教材也可以说是过渡性质的教材,在使用中依然存在着很多问题。比较突出的问题是教材内容多且深,不但造成学生的负担过重,而且也不利于教学质量的提高。此外,生物学教材中大篇幅介绍了当时苏联生物学的成就,并不适应我国新时期生物学学科教育的需求。

(三)有影响的代表性人物介绍

方宗熙(1912—1985)

方宗熙,又名方少青,福建云霄人,生物学家。1936 年毕业于厦门大学,获学士学位。1947 年秋,赴英国留学,在伦敦大学研究人类遗传学并于 1950 年获遗传学博士学位。同年回国后历任出版总署编审,人民教育出版社生物编辑室主任,山东大学教授,山东海洋学院教授、副院长,山东省第四、五届政协副主席,山东省侨联、科协副主席,民盟中央委员,中国遗传学会、中国海洋学会副理事长,还是第三、五、六届全国人大代表。在任人民教育出版社生物编辑室主任期间,先后编辑出版了《自然》《植物学》《动物学》《人体解剖生理学》《达尔文主义基础》等教科书,并与周建人、叶笃庄合译了《物种起源》《动物和植物家养下的变异》等书。此外,方宗熙还长期从事海藻遗传育种研究,1976 年主持了海带单倍体遗传育种的研究。

李沧(1922—1997)

李沧,河北玉田人,人民教育出版社特约编审。1946 年毕业于北京大学农学院农艺系。曾任东北大学理学院植物系助教。中华人民共和国成立后,先后在华北人民政府教育部教科书编审委员会、中央人民政府出版总署编审局、人民教育出版社从事中学生物学教科书的编写工作。与叶佩珉一起主编了第一套

---

[1] 课程教材研究所. 新中国中小学教材建设史(1949—2000)研究丛书:生物卷[M]. 北京:人民教育出版社,2010:92.

义务教育生物学教材。合编的图书有中华人民共和国成立后全国通用的多套生物学教科书、教学参考书。合译的图书有［苏］《中学植物学的课堂教学》、［苏］《小学语文课中的自然常识教学》等。发表有影响力的学术论文数十篇。

任树德（1920—1988）

任树德，河北大名人。中国民主促进会会员，人民教育出版社副编审。1949年于浙江大学理学院生物系毕业后，在沈阳东北人民政府教育部编审处从事中学生物学教材的编审工作。1952年调入人民教育出版社任编辑。曾主持并合作编著了中学生理卫生各版本的教科书，中等师范生理卫生教科书。译著有《苏联高等师范院校人体解剖学教学大纲》。

四、代表性教科书

《初级中学课本植物学》

（一）基本信息

1. 出版单位

人民教育出版社。

2. 作者与编写方式

方宗熙编，李沧助编。

3. 出版与使用

1952年原版，分上、下册。1953年将原书的上、下册合并为全一册。供初中一年级学生使用。

4. 版次与修订

1952年原版。1953年，根据教育部1952年颁发的《中学生物教学大纲（草案）》进行修订。1955年，根据教育部1954年颁发的《精简中学生物教学大纲（草案）和课本的指示》进行修订，与原版相比，内容有所精简，标题有所改动。1956年，又根据《关于1956—1957学年度使用中学生物学教学大纲（修订草案）植物学部分和植物学课本的说明》的规定，补充了"植物是活的生物"

一章。

5. 版本介绍

［封面］1953年3月第一次修订原版（见图8-1）。

［开本］32开。

［册数］1册。

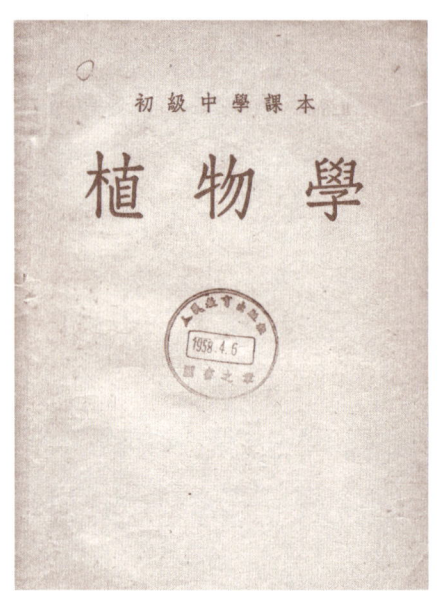

图8-1 《初级中学课本植物学》封面

（二）编写背景与编写依据

1952年3月，教育部颁发的《中学暂行规程（草案）》中提出了《中学教学计划（草案）》。这个时期的生物学课程得到了重视，一方面体现在开设的科目较多且齐全，包括植物、动物、生理卫生、达尔文理论基础；另一方面体现在周课时和总课时都比较多。1952年的中学教学计划中3门初中生物科目的周课时达到8课时，3年总计课时达到288课时。

同年，教育部颁发《中学生物教学大纲（草案）》，其中要求中学生物学教学应该完成的任务包括：给学生以巩固的、有系统的米丘林生物学的知识；同时逐步揭露生物体和生活条件的统一，使学生建立辩证唯物主义的世界观从而揭破唯心论曲解科学的反动本质；向学生介绍生物体发育和形成新类型的原理和方法；培养学生爱国主义的思想，使学生了解祖国的农业和卫生事业的成就和发展，并学习苏联科学家改造自然的理论和成果，以阐明社会主义国家和人民民主国家科学的优越性；使学生认识生物科学在农业上的实际应用，并培养学生在自然界独立工作的能力，使学生对农业上的实际工作有所准备；等等。该书依照此教学大纲、以东北人民政府教育部根据苏联十年制中学的植物学教科书编译的《初中植物学》为蓝本编写而成。该书的原稿和初版曾请国内许多植物学家、农业科学家和北京市若干中学的生物教师审阅，他们提出了许多宝贵的意见。该书就是参考各方面提出的意见修订而成的。

（三）编写体例与教材结构

该书除绪论和结论外，共包括十一章内容。

该书的目录如下。

绪论

第一章　我们的野生植物和栽培植物

　　一　根、茎、叶、花——植物的器官

　　二　森林植物

　　三　农田、菜园和果园里的植物

第二章　植物的细胞

第三章　种子和它的萌发

　　一　种子的构造

　　二　种子的成分

　　三　种子萌发的条件

　　四　种子萌发的状况

　　五　萌发时的营养

　　六　萌发时的呼吸

　　七　播种的准备

　　八　播种

第四章　根——从土壤里吸收养料的器官

　　一　土壤是植物养料的源泉

　　二　根的形态

三　根的生长

　　四　根的内部构造

　　五　根对水分的吸收

　　六　根对无机盐的吸收

　　七　施肥

第五章　叶——制造有机物的器官

　　一　叶的外形

　　二　叶的内部构造

　　三　绿叶在阳光下吸收二氧化碳排出氧气

　　四　绿叶制造有机物

　　五　绿色植物在自然界中的重要性

　　六　绿色植物在经济上的价值

第六章　茎——运输养料的器官

　　一　从芽长出新枝

　　二　茎的种类

　　三　茎的内部构造

　　四　植物体中水分和无机盐的运输

　　五　植物体中有机物的运输和贮藏

　　六　地下茎

第七章　植物的生殖

　　一　植物的无性生殖

　　二　植物的有性生殖

　　三　传粉作用

　　四　虫媒花和风媒花

　　五　从传粉到种子的形成

　　六　果实和种子的传播

第八章　植物的改造——米丘林学说

　　一　米丘林——伟大的自然改造者

　　二　杂交——有性杂种的培育

三　嫁接——无性杂种的创造

　　四　米丘林的成就

　　五　李森科——米丘林学说的发展者

　　六　春小麦和冬小麦的发育过程

　　七　植物阶段发育的学说

　　八　改造春小麦为冬小麦

　　九　李森科为农作物增产而斗争的胜利

　　十　光辉的米丘林学说

第九章　植物的栽培

　　一　食粮植物

　　水稻　春小麦　冬小麦　玉蜀黍　高粱

　　二　蔬菜植物

　　白菜　甘蓝　番茄　黄瓜　胡萝卜　洋葱　马铃薯　菜豆

　　三　果树植物

　　苹果　柑橘

　　四　工业植物

　　棉　亚麻　大豆　甘蔗　甜菜

第十章　土壤的改良和保护——威廉斯学说

　　一　土壤的肥沃性

　　二　播种多年生牧草的意义

　　三　轮作

　　四　土壤的耕作和施肥

　　五　保田造林

　　六　改造祖国的自然界

第十一章　植物的基本群

　　一　细菌

　　细菌的构造和生活　细菌在自然界中和对于人生的意义

　　二　藻类

　　单胞藻、水绵和海带　藻类在自然界中和经济上的意义

三　菌类

　　　　酵母菌和微菌　帽状蕈　菌类跟人生的关系　地衣

　　四　苔藓植物

　　　　葫芦藓　其他的苔藓植物

　　五　蕨类植物

　　　　蕨　问荆和石松　古代的蕨类植物

　　六　种子植物

　　　　裸子植物　被子植物

结论

　　一　植物的进化

　　二　栽培植物的起源和发展

（四）内容特点

1. 知识教育方面

该书是在苏联生物学教科书的基础上进行编写和修订的，受苏联的影响，该书错误地否定了孟德尔、摩尔根的遗传学说，而在遗传育种的章节只讲了米丘林的观点，这在一定程度上制约了我国生物学的发展。直到1960年，为落实教育部"在编辑自然科学方面还要贯彻百家争鸣的方针"，中学生物学教科书的遗传学部分才同时讲了孟德尔、摩尔根的遗传学说和米丘林的学说。虽然该书有着深刻的苏联教科书的烙印，但是在理论知识联系我国生产实际方面有着丰富的内容。例如，该书第一章就利用"森林植物"以及"农田、菜园和果园里的植物"两个小节来对我国各地比较常见的森林植物和主要的栽培植物作了简单介绍，这也为后面章节的内容作了铺垫。在"植物的栽培"章节，主要讲述了我国重要农作物的栽培技术，为今后学生的生产劳动打下良好的基础。

2. 思想教育方面

该书十分重视思想教育的内容。一方面，该书有着丰富的辩证唯物主义思想教育内容，使学生深刻认识到物质世界是普遍联系和永恒运动的。例如，通过介绍植物体是由一个受精卵发育而来的，使学生认识到植物体处于不断地运动和发展之中；通过研究植物的类群，让学生了解到植物界经历了由低等到高等、由简单到复杂的进化发展历程;在学习"种子的萌发条件"以及"绿色植物在自然界中的重要性"时,使学生认识到植物与环境之间存在着相互依存的关系等。此外,该书在介绍"植物的进化"时,指出"在地球的历史上,藻类是出现最早的绿色植物""在地球的历史上,被子植物是出现最晚的植物""在地球的历史中,有一个植物连续发展的过程"等,这对学生建立辩证唯物主义的世界观非常重要。另一方面,该书有着丰富的爱国主义思想教育内容,主要包括:(1)通过新旧社会对比,增强学生热爱中华人民共和国,拥护毛主席和中国共产党领导的爱国情怀;(2)通过介绍我国丰富的森林植物资源和栽培植物资源,让学生认识到祖国"地大物博",增强他们热爱和珍惜祖国自然财富的思想感情;(3)通过讲述我国在改良作物品种和改进农业技术方面的成就,使学生认识到新民主主义社会制度的优越性,增强学生参与建设伟大祖国的自信心。

3. 基本技能教育方面

该书结合教学内容适当安排了演示实验、学生亲身参与的实验或实习,以帮助学生更好地理解书本中的理论知识,掌握基本的生物学实验方法,同时培养学生动手操作的能力。书中还配有一些与实验相关的插图,不仅激发了学生学习的兴趣,还能让学生更加直观地学习如何进行实验操作,同时也方便了老师的教学。不足之处是该书中的实验教学仅仅是在"作业"部分提出要求,没有包含具体的实验目的要求、材料用具、方法步骤等指导性的教学内容,因此不利于学生明确实验目的和规范实验操作。此外,那时"探究"还远未在教育界扎根,教科书中设计的实验大多数是基于现象的观察,缺乏探究性实验的设计,因此不利于培养学生综合分析问题和解决问题的能力以及将所学知识运用于实践的能力。

虽然该书在学科知识的科学性和系统性方面,在重视学生的思想教育方面以及培养学生的基本技能方面都考虑得较为周全,但是存在要求高、分量重、内容深的问题,不仅给学生带来了较重的学习负担,也对教师的教学水平提出了较高的要求,这在一定程度上不适合当时我国教育力量还比较薄弱的国情。

《初级中学课本动物学》

（一）基本信息

1. 出版单位

人民教育出版社。

2. 作者与编写方式

方宗熙编，李沧助编。

3. 出版与使用

1952年原版，分上、下册。1953年将原版上、下册合并为全一册，供初中二年级学生使用。

4. 版次与修订

1952年原版。1953年上、下册合并，内容与1952年原版基本相同。1955年以后的版本为方宗熙、李次卿合编。

5. 版本介绍

［封面］1953年1月第一次修订原版（见图8-2）。

［开本］32开。

［册数］1册。

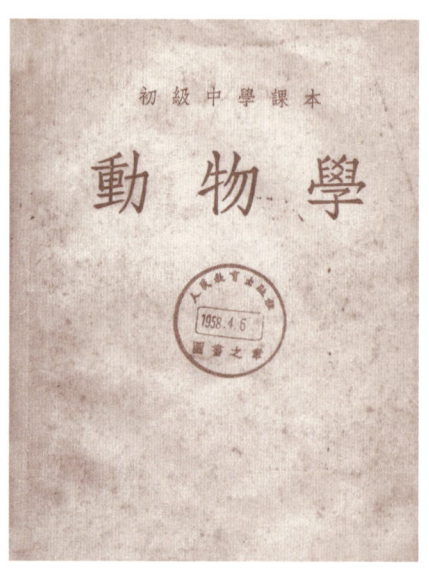

图8-2 《初级中学课本动物学》封面

（二）编写背景与编写依据

该书依照 1952 年颁发的《中学生物教学大纲（草案）》，以东北人民政府教育部根据苏联十年制中学的动物学教科书编译的《初中动物学》为蓝本编写而成。该书的初稿和初版曾请国内许多动物学家和北京市若干中学的生物教师审阅，他们提出了许多宝贵的意见。该书是参考各方面的意见修改而成的。

（三）编写体例与教材结构

该书除绪论与结论外，共有十四章内容。

该书的目录如下。

绪论

第一章 动物的特征和生活条件

　一 家兔的特征和生活条件

　二 运动和运动器官

　三 营养和消化器官

　四 呼吸和呼吸器官

　五 血液和血液循环器官

　六 新陈代谢和排泄器官

　七 神经系统和感觉器官

　八 家兔的生殖和发育

　九 家兔的起源和发展

第二章 原生动物

　一 原生动物的发现

　二 草履虫

　三 变形虫

　四 眼虫

　五 疟原虫

　六 其他的病原虫

第三章 海绵动物

第四章 腔肠动物

    一 水螅

    二 水母

    三 珊瑚虫

第五章 蠕形动物

    一 蚯蚓的生活方式

    二 蚯蚓的内部构造

    三 蛔虫

    四 绦虫

    五 其他的寄生虫

第六章 软体动物

    一 蚌

    二 蜗牛

    三 其他的软体动物

第七章 节肢动物

    一 蝗虫的生活方式和外部形态

    二 蝗虫的内部构造

    三 蝗虫的发育——不完全的变态

    四 跟蝗虫作斗争

    五 粉蝶——完全的变态

    六 螟虫

    七 蚜虫

    八 跟农业害虫作斗争

    九 蚊子和苍蝇

    十 消灭疾病的传播者

    十一 蜜蜂

    十二 蚕

    十三 甲壳类

    十四 蜘蛛类

十五　红蜘蛛

　　十六　节肢动物的各纲

第八章　棘皮动物

第九章　脊椎动物——鱼纲

　　一　鲫鱼的形态和生活方式

　　二　鲫鱼的感觉器官和呼吸器官

　　三　鲫鱼的内脏

　　四　鲫鱼的骨骼和神经系统

　　五　鲫鱼的生殖

　　六　鱼类对于不同生活条件的适应

　　七　软骨鱼和硬鳞鱼

　　八　捕鱼业

　　九　养鱼业

第十章　两栖纲

　　一　青蛙的形态和生活方式

　　二　青蛙的内部器官

　　三　青蛙的生殖和发育

　　四　两栖类的起源

　　五　无尾的和有尾的两栖类

第十一章　爬行纲

　　一　蜥蜴和壁虎

　　二　蛇类

　　三　龟和鳖

　　四　鳄鱼

　　五　爬行类时代

第十二章　鸟纲

　　一　家鸽

　　二　家鸽的肌肉和骨骼系统

　　三　家鸽的其他器官系统

四 鸟类的生殖和发育

五 鸟类的起源

六 不同生活条件下的鸟类——鸵鸟和燕子

七 不同生活条件下的鸟类——游禽和涉禽

八 不同生活条件下的鸟类——攀禽和猛禽

九 候鸟

十 鸟巢的营造和雏鸟的养育

十一 益鸟的保护

十二 家禽——鸡

十三 鸡的管理和饲养

十四 鸭和鹅

第十三章 哺乳纲

一 哺乳类的一般构造

二 哺乳类的生殖和发育

三 低等哺乳类——单孔类和有袋类

四 高等哺乳类——食虫类和翼手目

五 啮齿目

六 食肉目

七 鳍脚目和鲸目

八 有蹄目——偶蹄亚目和奇蹄亚目

九 长鼻目

十 灵长目

第十四章 农业动物

一 猪

二 绵羊

三 马

四 牛

五 柯斯特罗姆种乳牛是怎样育成的

结论

一　动物界概观
二　动物界的发展
三　人类的起源
四　人类改造动物界

（四）内容特点

该书最大的进步就是对动物分类等级进行了科学的命名（将"哺乳类"称为"哺乳纲"，将哺乳动物中的"啮齿类"称为"啮齿目"等），并以此为基础建立起有层次的、能反映动物界亲缘关系的"分类系统"，这样就有利于学生更加深入地认识动物界并了解各个动物类群之间的亲缘关系。

动物学是中学生物必修课中的一门基础课程，该书首先介绍了动物的结构特征和生活条件，然后按照动物进化的顺序来讲述动物界的主要类群。该书在无脊椎动物部分，讲述了原生动物、海绵动物、腔肠动物、蠕形动物、软体动物、节肢动物和棘皮动物；在脊椎动物部分讲述了鱼纲、两栖纲、爬行纲、鸟纲和哺乳纲；接着简单介绍了几种常见的农业动物以及我国的农业动物品种；最后将动物的进化和人类的起源作为全书的结论部分。这样的知识内容编排体系使学生所学到的动物学知识比较系统、全面，而且也符合由简单到复杂，由易到难的认知规律，有利于培养学生的辩证唯物主义观点。

该书的知识内容始终贯彻"动物体与生活条件相统一"的主导思想，并通过课后"问题"的形式来让学生对各种动物适应不同生活条件的身体特征进行归纳总结。例如，在描述苍鹰的身体构造时，书中写道："苍鹰和其他鹰类以袭击的方式捕取食物。它们的身体构造是跟这种生活相适应的。它们的躯干细而结实，翅膀长而发达，尾羽也发达。这样的身体适于疾飞……"在本小节的课后"问题"部分，就提出问题："猛禽有什么特征？这些特征跟什么样的生活条件相联系？"这样，学生在回答问题的过程中，不仅提高了对知识的理解程度，也培养了归纳总结的习惯。

动物行为学的知识是该书的一个知识亮点，例如，该书在"鸟纲"这一章中讲述了鸟类的筑巢、孵卵以及养育雏鸟的行为；在"哺乳纲"这一章中则描述了灵长目中的猕猴、黑猩猩是成群生活的。这些知识对学生了解动物的生长发育规律，更好地利用和改造动物，都是十分重要的。

该书还介绍了许多我国的动物资源与农业生产实际相结合的知识，这样不仅开阔了学生的眼界，培养了学生的爱国主义思想，还可以使学生对我国农业生产的发展前景建立坚定的信心。此外，书中"益鸟的保护"小节中的知识内容，还有助于学生从小树立起保护祖国资源和环境的意识。

该书与同一套的植物学课本一样，同样存在着"高、重、深"的问题，模仿苏联的痕迹也依旧明显，像介绍"柯斯特罗姆种乳牛是怎样育成的"这样的知识内容并不适合中国的实际情况，对学生参加生产劳动也没有什么用处。动物学课本的知识只有密切联系我国的实际，选择或补充对我国经济发展有重要意义的动物种类，并且注意与现代科学技术基础知识的结合，才能推动我国农业乃至整个国家经济的发展。

（五）课文精选

见图8-3。

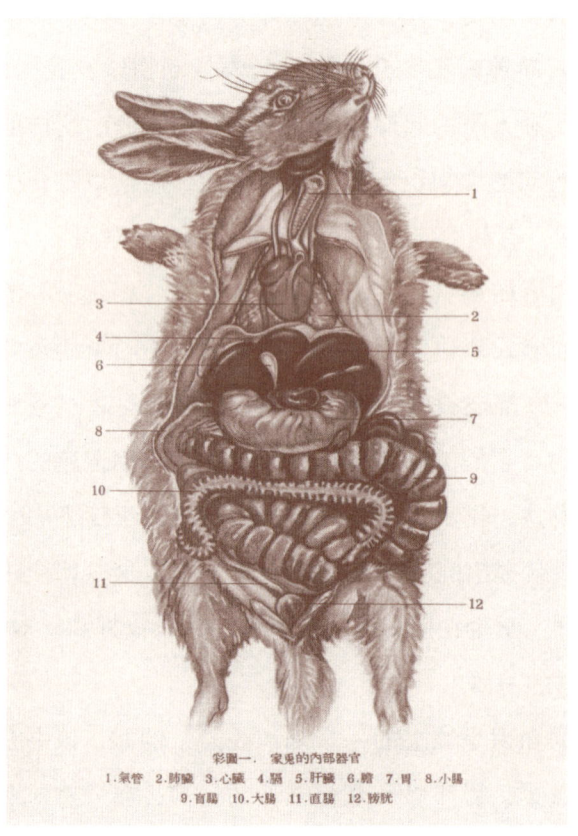

图8-3 《初级中学课本动物学》内页展示

《初级中学课本生理卫生学》

（一）基本信息

1. 出版单位

人民教育出版社。

2. 作者与编写方式

方宗熙编，李沧助编。

3. 出版与使用

1952年原版，分上、下册。供初中三年级学生使用。

4. 版本介绍

［封面］上册1952年7月北京初版，下册1952年12月北京初版（见图8-4）。

［开本］32开。

［册数］2册。

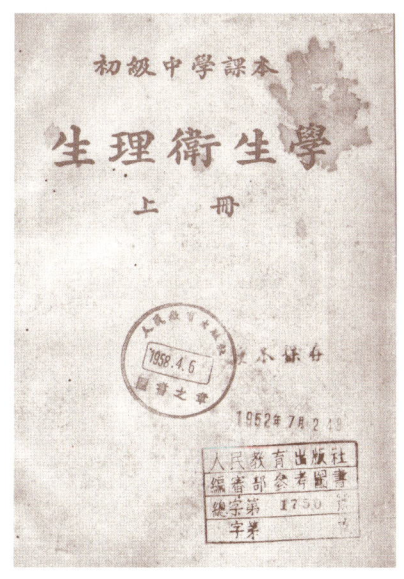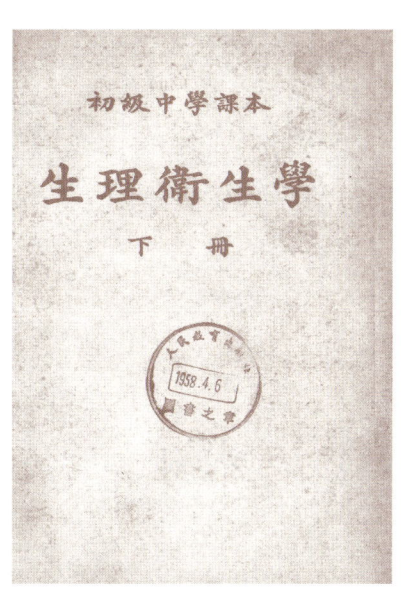

图8-4 《初级中学课本生理卫生学》封面

（二）编写背景与编写依据

该书的编写主要是遵照教育部1951年颁发的《初中自然课程标准草案》。其中，"教材纲要"部分列出了生理卫生学应包括的十一个单元，并在"教材编选要点"部分指出：生理卫生学包括解剖、生理和卫生三部分，但教材的重点应放在卫生方面。

生理卫生学是中学生物学课程之一，与植物学、动物学和达尔文主义基础合为一个系统，一方面以植物学和动物学为基础，另一方面为达尔文主义基础的学习作准备。该书内容大部分取材于东北人民政府教育部翻译的《人体解剖生理学》。而《人体解剖生理学》一书是根据苏联十年制中学的人体解剖生理学教科书翻译而来。为了结合实际，发扬爱国主义精神，编者增加了有关人民卫生的许多材料，介绍了我国人民在解剖学以及生理学研究上的一些成就。

（三）编写体例与教材结构

该书分上、下册，除绪论外共有十二章内容。

该书的目录如下。

上册：

绪论

第一章 人体的基本结构和机能

 一 活质——原生质

 二 细胞和组织

 三 器官、系统和人体

 四 人体是一个整体

第二章 骨骼和肌肉系统

 一 骨骼系统

 二 骨的构造

 三 骨的生长和保健

 四 脱臼和骨折

 五 肌肉和运动

 六 劳动和健康

第三章 血液循环器官

 一 血液的循环

 二 血液循环的重要

 三 心脏的构造

四　心脏的生理

　　五　血液和淋巴的流动

　　六　血液循环的调节

　　七　心脏的锻炼

　　八　血液的成分

　　九　红血球

　　十　血小板——血液的凝固

　　十一　止血

　　十二　血液的保护作用

　　十三　免疫性

　　十四　输血

第四章　呼吸器官

　　一　呼吸器官的构造

　　二　肺里和组织里的气体交换

　　三　呼吸运动

　　四　呼吸的调节

　　五　呼吸的卫生

第五章　消化器官

　　一　消化作用

　　二　口腔

　　三　胃

　　四　肠

　　五　吸收作用

第六章　新陈代谢和营养

　　一　新陈代谢和能的转换

　　二　食物和营养素

　　三　各种营养素的新陈代谢

　　四　维生素和健康

　　五　营养和卫生

下册：

第七章 排泄器官

　　一 排泄作用的意义

　　二 泌尿器官的构造和机能

第八章 皮肤

　　一 皮肤的构造

　　二 皮肤的保护作用和排泄作用

　　三 体温调节

　　四 中暑、受寒、冻伤和烧伤

　　五 皮肤的卫生

第九章 内分泌腺

　　一 胰岛腺

　　二 甲状腺

　　三 肾上腺、生殖腺和脑垂体

　　四 内分泌腺的意义

第十章 神经系统

　　一 神经系统的意义

　　二 神经的构造和性质

　　三 脊髓

　　四 脊髓的反射

　　五 脑的构造

　　六 各种脊椎动物的脑

　　七 后脑和中脑的机能

　　八 前脑的机能

　　九 自主神经系统

　　十 感受器——感觉器官

　　十一 皮肤、粘膜和运动器官的感受器

　　十二 眼——视觉器官

　　十三 视觉和视力

十四　眼的保健

　　十五　耳——听觉器官

　　十六　谢切诺夫和巴甫洛夫——高级神经活动学说的创立者

　　十七　无条件反射和条件反射

　　十八　大脑皮层中的兴奋过程和抑制过程

　　十九　人的高级神经活动特点

　　二十　人体是一个整体和环境对于高级神经活动的作用

　　二十一　神经系统的卫生

　　二十二　睡眠和健康

第十一章　人体的发育

　　一　受精作用

　　二　胚胎和胎儿的发育

　　三　婴儿和儿童发育的特征

　　四　保护婴儿和儿童的健康

第十二章　和传染病作斗争

　　一　传染病的意义

　　二　传染病的传播方式

　　三　怎样预防传染病

　　四　认识几种重要的传染病

　　五　怎样消灭美帝国主义者撒下的毒虫、毒药

（四）内容特点

学生在初中二年级学习了动物学，知道人类跟动物有亲缘关系，知道人类起源于动物。该书的内容将进一步帮助学生了解人类在自然界中的位置，获得关于人体构造和机能的具体知识以及保持和增进人体健康的方法。该书内容特点的分析如下。

1. 知识教育方面

该书主要是全面、详细地介绍了人体的形态结构、生理功能和卫生保健的基础知识以及这些知识在实践中的应用。该书的许多章节都介绍了个人卫生和

公共卫生的知识以及遇到不幸事件（如脱臼、骨折、冻伤、烧伤等）时的初步救护知识，不仅让学生掌握了简单的自我防护、救护知识，也让他们意识到加强体育锻炼，养成良好卫生习惯的重要性。

2. 爱国主义思想教育方面

该书包含了丰富的爱国主义思想教育的内容。例如，在"和传染病作斗争"这一章中，讲述了人民在毛主席和中国共产党的英明领导下，通过在全国范围内实行预防为主的卫生方针，开展爱国卫生运动，基本上把几种严重的传染病如霍乱、鼠疫、天花等的流行制止了。这一卫生事业显著成绩的讲述就从思想教育的层面增强了学生热爱社会主义中国的情感，也使学生认识到我国解剖生理学和医学发展的光明前景，激发了他们参加爱国卫生运动的热情。

3. 基本技能以及多种能力的培养方面

观察能力是学习生物学最基本、最重要的能力，该书编排了较多的培养学生观察能力的内容。通过一系列的学习和实践，学生将逐渐学会观察的步骤和方法，诸如由整体到局部、由表及里、由前到后等，学生不仅会用肉眼观察，还会用解剖镜、显微镜观察；不仅会观察静止的标本和模型，还会观察流动的血液。在观察的过程中，学生分析和解释所观察到的生理现象的能力也在不断提高。

该书还有一个显著的特点就是书中的形态结构图、解剖图、示意图、图解和表格非常多，尤其是绪论之前插入的几张彩色图片，让书本中的知识内容更加形象、生动，也大大激发了学生的学习兴趣。学生通过学习本教材，不仅能够具备基本的识图、绘图能力，还可以学会怎样查阅图鉴、手册等工具书，这样就为学生自主学习生物学知识创造了条件。

《初级中学课本人体解剖生理学》

（一）基本信息

1. 出版单位

人民教育出版社。

2. 作者与编写方式

方宗熙编，李沧助编。

3. 出版与使用

1953年原版，供初中三年级学生使用。

4. 版次与修订

1953年2月原版，同年9月进行了第一次修订。

5. 版本介绍

［封面］1953年2月原版（见图8-5）。

［开本］32开。

［册数］1册。

图8-5 《初级中学课本人体解剖生理学》封面

（二）编写背景与编写依据

中华人民共和国成立之前，国家卫生事业处在奄奄一息的状态，传染病经常流行，人民的死亡率很高。中华人民共和国成立以后几年，我国通过研究苏联的先进科学，吸收苏联的先进经验，确定了科学必须为人民服务的任务，规定了卫生工作以预防为主的方针。1952年，党中央开始在广大的城市和乡村中开展爱国卫生运动，获得了辉煌的成绩。同年教育部颁发的《中学生物教学大纲（草案）》要求中学生物学教学应该向学生介绍如何具体应用巴甫洛夫学说进一步发展医学和生理学，以培养强壮、愉快和热爱劳动的社会主义和共产主义的建设者。该书依照此教学大纲,以东北人民政府教育部根据苏联十年制中学的人体解剖生理学教科书编译的《人体解剖生理学》为蓝本编写而成。该书的原稿和初版曾请国内许多生理学家、医师和北京市若干中学的生物教师审阅。他们提出了许多宝贵的意见。该书就是参考各方面提出的意见修订而成的。

(三)编写体例与教材结构

全书除绪论和附录外,共有十一章内容。

该书的目录如下。

绪论
  一 人体解剖生理学的意义
  二 伟大的生理学家巴甫洛夫
第一章 人体是一个统一的整体
  一 细胞和活质
  二 细胞和周围环境之间的物质交换
  三 细胞和组织
  四 器官、系统和人体
  五 人体怎样成为一个整体
第二章 骨骼和肌肉系统
  一 骨的构造
  二 骨的生长和保健
  三 骨的连接、脱臼和骨折
  四 骨骼系统
  五 肌肉和运动
  六 劳动和健康
第三章 血液循环器官
  一 血液的循环
  二 血液循环的重要
  三 心脏的构造

四 心脏的生理

五 血液和淋巴的流动

六 血液循环的调节

七 心脏的锻炼

八 血液的成分

九 红血球

十 血液的凝固和止血

十一 血液的保护作用

十二 免疫性

十三 输血

第四章 呼吸器官

一 呼吸器官的构造

二 肺里和组织里的气体交换

三 呼吸运动

四 呼吸的调节

五 呼吸的卫生

第五章 消化器官

一 食物和营养素

二 消化作用

三 口腔

四 胃

五 肠

六 吸收作用

七 消化腺的工作的调节

第六章 新陈代谢

一 新陈代谢的意义

二 各种营养素的新陈代谢

三 营养的标准

四 维生素和健康

五　营养的卫生

第七章　排泄器官

　　一　排泄作用的意义

　　二　泌尿器官的构造和机能

第八章　皮肤

　　一　皮肤的构造

　　二　皮肤的保护作用和排泄作用

　　三　体温的调节

　　四　中暑、受寒、冻伤和烧伤

　　五　皮肤的卫生

第九章　内分泌腺

　　一　胰岛腺

　　二　甲状腺

　　三　肾上腺、生殖腺和脑垂体

　　四　内分泌腺的意义

第十章　神经系统

　　一　神经系统的意义

　　二　神经的构造和性质

　　三　脊髓

　　四　脊髓的反射

　　五　脑的构造

　　六　各种脊椎动物的脑

　　七　后脑和中脑的机能

　　八　前脑的机能

　　九　自主神经系统

　　十　感受器——感觉器官

　　十一　皮肤、粘膜和运动器官的感受器

　　十二　眼——视觉器官

　　十三　视觉和视力

十四　眼的保健

　　十五　耳——听觉器官

　　十六　谢切诺夫和巴甫洛夫——高级神经活动学说的创立者

　　十七　无条件反射和条件反射

　　十八　人的高级神经活动的特点

　　十九　人体是一个整体和环境对于高级神经活动的作用

　　二十　神经系统的卫生

　　二十一　睡眠和健康

第十一章　人体的发育

　　一　受精作用

　　二　胚胎和胎儿的发育

　　三　婴儿和儿童发育的特征

　　四　保护婴儿和儿童的健康

附录　跟传染病作斗争

　　一　传染病的意义

　　二　传染病的传播方式

　　三　怎样预防传染病

　　四　认识几种重要的传染病

　　五　怎样消灭美帝国主义者撒下的毒虫、毒物

（四）内容特点

该书是将1952年原版的《初级中学课本生理卫生学》上、下两册内容合并为全一册，并改书名为《初级中学课本人体解剖生理学》。与原版相比，该书的知识内容变动不大。该书主要增加了对巴甫洛夫及其学说的介绍，在此基础上，更加强调人体是一个统一的整体，具体表现在全书总领性的第一章的标题由"人体的基本构造和机能"改为"人体是一个统一的整体"。在之后的章节内容中，也是把人体当作一个统一的整体来研究。例如，"血液循环器官"的章节中，在讲血液循环的重要性时指出："身体各器官的彼此联系，相互影响，也依靠血液循环。身体各器官之间的这种彼此联系和相互影响，是保证人体的统一

和人体各器官的正常活动的重要因素之一。"在"神经系统"的章节中，是这样叙述的："人体能够成为一个完整的个体，主要依靠神经系统——尤其是大脑的作用。""人体是一个统一的整体，各个器官之间普遍联系，相互协调配合"也正是辩证唯物主义中普遍联系的观点的具体体现。

《初级中学课本卫生常识》

（一）基本信息

1. 出版单位

人民教育出版社。

2. 作者与编写方式

人民教育出版社编。

3. 出版与使用

1954年第1版，供初中一年级学生使用。

4. 版次与修订

1954年4月原版，1955年3月第2版，1956年7月第3版。

5. 版本介绍

［封面］1954年4月原版（见图8-6）。

图8-6 《初级中学课本卫生常识》封面

[开本] 32 开。

[册数] 1 册。

(二) 编写背景与编写依据

中华人民共和国成立之前，广大劳动人民缺乏健康知识，许多人也未能建立良好的卫生习惯。因此，中华人民共和国成立后迫切需要提高广大劳动人民的卫生知识，特别是给青少年普及卫生知识，帮助他们建立健康的生活习惯。1953 年 7 月，教育部颁发的《中学教学计划（修订草案）》中规定初中一年级设"卫生常识"课程。次年，该《初级中学课本卫生常识》出版。该书的初稿曾请国内某些生理学家和北京市若干中学的生物教师审阅，他们提出了许多宝贵的参考意见。

(三) 编写体例与教材结构

该书除绪论外，共有十二章内容。

该书的目录如下。

绪论

第一章 我们的身体

第二章 骨骼

  一 脊柱

  二 头骨和胸廓

  三 四肢骨

  四 骨的连接

第三章 肌肉

  一 人体的肌肉

  二 肌肉的锻炼和保健

第四章 消化

  一 食物

  二 食物的消化

  三 牙齿的保健

  四 维生素

五　饮食的卫生

第五章　呼吸

　　一　呼吸器官

　　二　呼吸的卫生

第六章　血液循环器官

　　一　血液的流动

　　二　心脏

第七章　排泄器官

第八章　皮肤

　　一　皮肤的作用

　　二　皮肤的锻炼和保健

　　三　皮肤寄生虫

第九章　感觉器官

　　一　眼

　　二　其他感觉器官

第十章　神经系统

　　一　脑、脊髓和神经

　　二　神经系统的卫生

第十一章　身体各器官的相互关系

第十二章　传染病

　　一　传染病和微生物

　　二　肺结核是怎样传播的

　　三　霍乱是怎样传播的

　　四　由昆虫传播的一些传染病

　　五　跟传染病作斗争

（四）内容特点

该书是在小学自然科学课中有关卫生知识的基础上，讲述了人体的基本构造和普通生理知识、卫生保健知识以及预防疾病的科学知识等，目的在于使学生进一步养成和巩固良好的卫生习惯。该书的主要内容特点包括以下几个方面。

渗透爱国主义思想教育。该书在每一个介绍人体组织、器官、系统基本构造的章节中都有相关的卫生保健知识，并且还渗透着爱国主义思想教育的内容。例如，在"跟传染病作斗争"的小节中鼓励学生积极参加爱国卫生运动。

体现辩证唯物主义思想。该书注意用辩证唯物主义的观点来阐述知识内容，还专门开设了一章来讲述"身体各器官的相互关系"，从而让学生初步了解辩证唯物主义中事物都是普遍联系的观点。

融知识于生活情境之中。"源于生活，为了生活"是本课程开设的一个基本宗旨，因此该书将一些要讲述的知识融入生活情境之中，让学生获得生动的知识，而不是"书本化"的知识。例如，在第四章介绍"食物"的小节中，利用"我们在体力活动以后，感到饥饿，想吃东西"等情境，引出我们所吃的食物中含有丰富的营养成分的知识内容；在"皮肤的保健和锻炼"的小节中，结合"我们削铅笔或削其他东西的时候，一不小心就会削破皮肤，形成伤口"的情境，引出如何处理伤口的卫生保健知识。巧妙地将知识内容与生活情境相结合，也有利于调动学生学习的积极性，并激励他们利用所学知识来解决生活中遇到的简单问题。

该书是为初中一年级学生编写的，既然是常识课本，书中的知识内容必然具有基础性与广谱性。因此与高年级使用的《初级中学课本人体解剖生理学》相比，该书内容简单易懂却又不失系统全面，是一本很好的让学生初步认识自己的身体、了解必要的卫生保健和疾病预防知识，引导学生养成良好的生活和卫生习惯的常识课本。但是由于该书内容与《初级中学课本人体解剖生理学》中讲述的知识内容有重叠，为了避免重复，同时减轻学生的课业负担，到1957年，该书就停止使用了。

《高级中学课本达尔文主义基础》

（一）基本信息

1. 出版单位

人民教育出版社。

2. 作者与编写方式

1952 年 4 月原版由方宗熙编，李沧助编。1955 年修订版由方宗熙、王以诚编。

3. 出版与使用

1952 年原版，分为上、下册。1953 年修订将上、下册合并为全一册，供高中二年级学生使用。

4. 版次与修订

1952 年 4 月原版，1955 年 3 月进行第 4 次修订，内容有所精简。

5. 版本介绍

［封面］1955 年 3 月第 4 版（见图 8-7）。

［开本］32 开。

［册数］1 册。

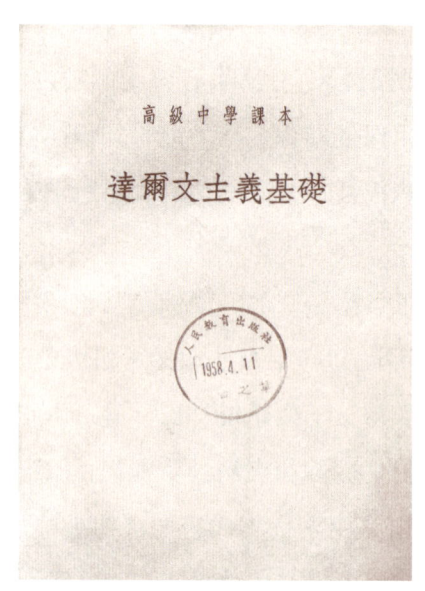

图 8-7 《高级中学课本达尔文主义基础》封面

（二）编写背景与编写依据

教育部在 20 世纪 50 年代初期制定的中学教学计划中表明，课程改革集中在数学和自然科学课程上，这个时期的生物学课程得到了重视。在当时全面学习苏联的背景下，孟德尔、摩尔根等人的遗传学理论被视为"反动的""资产阶级的""唯心主义的"，中学教学计划中要求高中开设的生物科目是"达尔文理论基础"或"达尔文主义基础"。

1952年颁发的《中学生物教学大纲（草案）》是该书编写所遵循的主要依据。后又根据1954年教育部发布的《精简中学生物教学大纲（草案）和课本的指示》对内容进行了精简，以减轻学生的学习负担，提高学生的学习质量。

（三）编写体例与教材结构

全书除绪论外，共有五章内容。

该书的目录如下。

  绪论
    一　生物的多样性、适应性和统一性
    二　达尔文主义及其任务
  第一章　达尔文以前的时代关于进化思想的斗争
    一　达尔文以前的时代关于物种不变的观念
    二　拉马克学说的基本理论
    三　拉马克学说的评价
  第二章　达尔文学说在科学上所完成的革命
    一　达尔文的生平和科学活动
    二　达尔文学说的基本原理
      1　变异性和遗传性
      2　人工选择
      3　自然选择和生存竞争
      4　物种形成的理论
      5　适应的唯物论解释
      6　马克思列宁主义的创始人对于达尔文学说的评价
  第三章　达尔文学说照耀下生物科学的发展
    一　古生物学方面的发展
    二　植物生理学方面的发展
    三　动物生理学方面的发展
    四　地球上生命的起源

五　生物科学的唯物论方向在发展着

　第四章　米丘林学说——生物科学发展的更高阶段

　　一　米丘林的生平

　　二　米丘林的科学活动

　　三　米丘林学说的基本原理

　　　　1　生物体跟它的生活条件的统一

　　　　2　遗传性及其变异性

　　　　3　植物的阶段发育

　　　　4　遗传性在生活条件影响下的定向变异

　　　　5　定向培育植物新品种的原理和方法

　　　　6　定向培育动物新品种的原理和方法

　　四　米丘林学说在国民经济上的意义

　　五　两个世界——两种生物科学

　第五章　人的起源

　　一　人起源于动物的理论

　　二　类人猿和人的比较

　　三　恩格斯关于劳动创造人的理论

　　四　从猿人到真人

　　五　人类发展的道路

（四）内容特点

中华人民共和国成立之后，旧的高中生物学课本被视为"充满唯心理论"而不再适用，为适应我国发展的需要，人民教育出版社编写出版了旨在讲述唯物主义科学理论的《高级中学课本达尔文主义基础》。

在人民教育出版社从事多年中学生物学教科书编写工作的李沧先生 1984 年在《苏联高中生物学教材的三次重大变革及其历史教训》一文中，深刻剖析了苏联《达尔文主义基础》课本中存在的问题[①]，而我国的达尔文主义基础课

---

① 李沧. 苏联高中生物学教材的三次重大变革及其历史教训［J］. 生物学杂志，1984（1）：10-12.

本，除删掉了苏联教材中少量明显不适合我国国情的资料外，几乎就是苏联《达尔文主义基础》课本的译本。因此，李沧先生分析的苏联教材中存在的主要问题基本上就是我国当时使用的《高级中学课本达尔文主义基础》课本中存在的问题。具体内容如下：（1）片面强调思想政治教育，大大削弱了生物学基础知识，（2）教材中大篇幅介绍了苏联科学家的生平及其事业，对其他国家的科学成就一概不予介绍，（3）着重介绍历史上的先进人物，很少结合当时的科学实际。

该书在原版课本的基础上进行了修订。修订后的课本内容更加精简，删去了原版教材中只适合苏联的内容和明显具有批判性质的内容，如"十九世纪的俄国进化论者"等。

《高级中学课本人体解剖生理学》

（一）基本信息

1. 出版单位

人民教育出版社。

2. 作者与编写方式

方宗熙、任树德编。

3. 出版与使用

1953年2月第1版，供高中一年级学生使用。

4. 版次与修订

1953年第1版；1955年版，根据教育部1954年颁发的《精简中学生物教学大纲（草案）和课本的指示》精简了教材内容；1956年版，根据教育部1956年颁发的《中学生物学教学大纲（修订草案）》进行了修订。

5. 版本介绍

［封面］1955年3月第3版（见图8-8）。

［开本］32开。

［册数］1册。

图 8-8 《高级中学课本人体解剖生理学》封面

（二）编写背景与编写依据

同《初级中学课本人体解剖生理学》。

该书的编排和内容与《初级中学课本人体解剖生理学》一书相似，只是根据教育部 1954 年发布的《精简中学生物教学大纲（草案）和课本的指示》精简了部分内容。

（三）编写体例与教材结构

全书除绪论外，共有十一章内容。

该书的目录如下。

  绪论

  第一章 人体是一个统一的整体

   一 活质的构造、成分和性质

   二 组织和器官

   三 人体是一个统一的整体

  第二章 骨骼和肌肉系统

   一 骨的成分、构造和性质

   二 骨的连接

三　脱臼和骨折

　　四　骨骼系统

　　五　骨骼肌的构造和特性

　　六　肌肉的工作

第三章　血循环器官

　　一　血循环

　　二　血循环的意义

　　三　心脏的构造

　　四　心脏的生理

　　五　心脏的锻炼

　　六　血和淋巴的流动

　　七　血循环的调节

　　八　血的成分

　　九　红血球和氧的运送

　　十　血小板和血的凝固

　　十一　白血球和血的保护机能

　　十二　免疫

第四章　呼吸器官

　　一　呼吸器官的构造

　　二　肺里和组织里的气体交换

　　三　呼吸运动

　　四　呼吸的调节

　　五　呼吸的卫生

第五章　消化器官

　　一　食物和营养素

　　二　消化作用

　　三　口腔

　　四　胃

　　五　肠

六　吸收作用

　　七　巴甫洛夫和他对消化生理的研究

　　八　消化腺的工作的调节

第六章　新陈代谢

　　一　新陈代谢的意义

　　二　各种营养素的新陈代谢

　　三　人体需要的能量

　　四　维生素和健康

　　五　营养的卫生

第七章　排泄器官

　　一　排泄作用的意义

　　二　泌尿器官的构造和机能

第八章　皮肤

　　一　皮肤的构造

　　二　皮肤的作用

　　三　皮肤的卫生

第九章　内分泌腺

　　一　内分泌腺和激素

　　二　甲状腺

　　三　垂体

　　四　内分泌腺活动的调节

第十章　神经系统

　　一　神经系统的意义

　　二　神经的构造和性质

　　三　脊髓

　　四　脊髓的反射

　　五　脑的构造

　　六　脑的机能

　　七　植物性神经系统

八　感觉器官

　　九　皮肤、粘膜和运动器官的感受器

　　十　眼——视觉器官

　　十一　眼的保健

　　十二　耳——听觉器官

　　十三　巴甫洛夫是高级神经活动学说的创立者

　　十四　巴甫洛夫的条件反射学说

　　十五　人的高级神经活动的特征

　　十六　神经系统的卫生

第十一章　人体的发育

　　一　受精作用

　　二　胚胎和胎儿的发育

　　三　婴儿和儿童发育的特征

　　四　保护婴儿和儿童的健康

（四）内容特点

该书的知识体系具有科学性和系统性，并且对学生建立科学的、正确的（辩证唯物主义的）世界观有积极作用。该书各章节的编排以及内容与《初级中学课本人体解剖生理学》一书相似，只是根据教育部1954年发布的《精简中学生物教学大纲（草案）和课本的指示》精简了部分过难的、次要的、重复的、头绪过多的内容。例如，删除了"跟传染病作斗争"的内容；各小节后的"问题"部分，问题的数量明显减少，难度也有所降低。该书的内容虽然简练，但涉及的范围比较广，有利于学生掌握系统、全面的人体解剖生理学知识。

《初级中学课本植物学》

（一）基本信息

1. 出版单位

人民教育出版社。

2. 作者与编写方式

徐晋铭、李培实编。

3. 出版与使用

1957 年第 1 版,供初中一年级学生使用。

4. 版次与修订

1958 年和 1960 年两次对该书进行修订,将上、下册合并为一册。

5. 版本介绍

［封面］上册 1957 年 6 月第 1 版,下册 1957 年 12 月第 1 版(见图 8-9)。

［开本］32 开。

［册数］2 册。

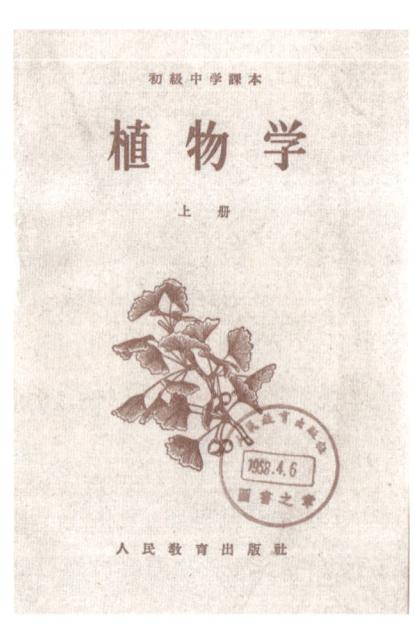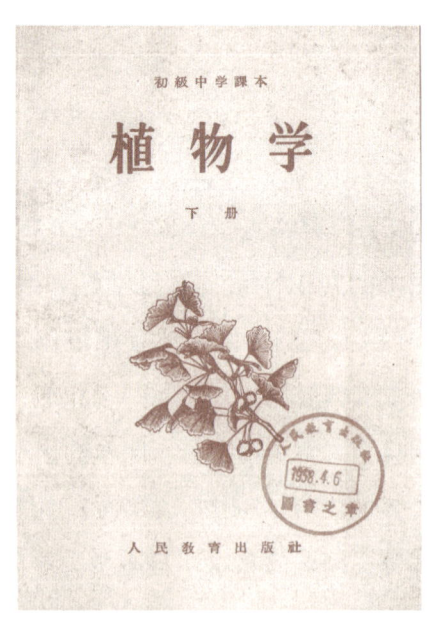

图 8-9 《初级中学课本植物学》封面

(二)编写背景与编写依据

人民教育出版社于 1954 年确定了中小学教材的编写方针。该方针包括:第一,贯彻社会主义思想,采用系统的基本科学知识,注意吸取先进的科学成果;第二,以马克思列宁主义的立场、观点、方法来解释各种问题,即以辩证唯物论与历史唯物论的观点来阐明自然现象和社会生活规律；第三，贯彻理论与实际结合的原则、教育与生产劳动结合的原则，把科学原理、法则、定律与我国工农业建设、革命斗争结合起来；第四，符合教学原则，适合各科教学目的与学生年龄特征；第五，吸取苏联的先进经验[①]。

1956 年教育部颁发的《中学生物学教学大纲（修订草案）》是在 1952 年颁发的《中学生物教学大纲（草案）》的基础上修订的。大纲说明部分包括生物学教学的任务，对植物学、动物学、人体解剖生理学、达尔文主义基础四门课程的说明，以及生物学教学中的几个问题。

为了更好地贯彻教育方针、加强劳动教育，教育部于 1958 年 3 月颁发了《关于 1958—1959 学年度中学教学计划的通知》。这个教学计划对中学课程作了调整和变动，主要包括：加强劳动教育；调整了部分学科设置和时数安排。

该书就是依据 1956 年版的《中学生物学教学大纲（修订草案）》和 1958 颁发的《关于 1958—1959 学年度中学教学计划的通知》编写与修订的，并且贯彻了人民教育出版社 1954 年确定的编写方针。

（三）编写体例与教材结构

该书分上、下两册，包括绪论和十二章内容。

该书的目录如下。

上册：

绪论

第一章　我们常见的植物

　　一　乔木和灌木

　　二　草本植物

第二章　植物体的结构

　　一　植物的器官

　　二　植物的细胞

　　　1　放大镜的构造和使用

---

① 课程教材研究所. 新中国中小学教材建设史（1949—2000）研究丛书：生物卷 [M]. 北京：人民教育出版社，2010：94.

2　显微镜的构造和用法

　　　3　装片的制作

　　　4　植物细胞的构造

第三章　种子

　一　种子的构造

　二　种子的成分

　三　种子萌发的条件

　四　幼苗的营养和呼吸

　　　1　幼苗的营养

　　　2　幼苗的呼吸

　五　幼苗的出土

第四章　根

　一　根的吸收作用

　二　直根系和须根系

　三　根的生长

　四　根的构造

第五章　叶

　一　叶的形态和叶序

　二　叶的构造

　三　植物的光合作用

　四　植物的呼吸作用

　五　植物的蒸腾作用

　六　绿色植物对自然界和人类的意义

第六章　茎

　一　芽和枝条

　二　茎的种类

　三　茎的构造

　四　茎的长粗

　五　茎的输送作用

    六 地下茎

第七章 植物的繁殖

    一 营养繁殖

        1 用茎繁殖

        2 用根繁殖和用叶繁殖

    二 种子繁殖

        1 花

        2 传粉

        3 受精

        4 种子的散布

第八章 植物的生活

    一 植物的基本生活机能

    二 植物生活的必需条件

第九章 作物栽培通论

    一 整地

    二 准备播种用的种子

    三 播种

    四 施肥

    五 灌溉

    六 中耕

    七 轮作

下册：

第十章 作物和作物的栽培

    一 粮食作物

        1 水稻

        2 小麦

        3 玉蜀黍

    二 技术作物

        1 棉

　　　　2 大豆
　　二 蔬菜作物
　　　　1 大白菜
　　　　2 番茄
　　四 果树植物
　　　　1 柑桔
　　　　2 苹果
　　　　3 桃
第十一章 米丘林培育果树新品种的方法
　　一 米丘林布瑞冬季梨的培育
　　二 莱茵特·别尔加摩特苹果的培育
第十二章 植物的分类
　　一 藻菌植物门
　　　　1 藻类
　　　　2 菌类
　　二 苔藓植物门
　　三 蕨类植物门
　　　　1 蕨
　　　　2 问荆和古代的蕨类植物
　　四 种子植物门
　　　　1 裸子植物
　　　　2 被子植物
　　五 植物界的进化

（四）内容特点

该书介绍了植物体的结构、植物的几大营养器官和生殖器官、植物的生活、植物的分类以及作物的栽培等基本知识。该书内容与农业联系非常紧密，如安排了"作物栽培通论"和"作物和作物的栽培"两章。这些丰富的与农业生产相关的内容，能够使学生了解种植主要栽培植物的原理，并且使学生在了解先进农业技术的基础上来提高他们种植农作物的技能。

该书在体系安排上与以前的初中植物学课本相比变化不大,但删去了不少照搬照抄苏联的内容,同时增加了较多结合中国实际的教学内容。例如,删去了"米丘林的生平和事业""米丘林事业的继承者李森科的工作""威廉姆斯的工作"三个单元;在栽培植物的种类方面,删去了不适合中国的洋葱、亚麻、甜菜等,主要讲授中国常见的、与农业生产关系密切的种类。

但是,该书受苏联的影响依然比较明显。例如,第十一章为"米丘林培育果树新品种的方法",讲的内容距离中国实际比较遥远。

《初级中学课本动物学》

(一)基本信息

1. 出版单位

人民教育出版社。

2. 作者与编写方式

郑实夫、叶佩珉编。

3. 出版与使用

1958年第1版,供初中二年级学生使用。

4. 版次与修订

1958年第1版,1960年第2版。

5. 版本介绍

[封面] 1958年6月第1版(见图8-10)。

[开本] 32开。

[册数] 1册。

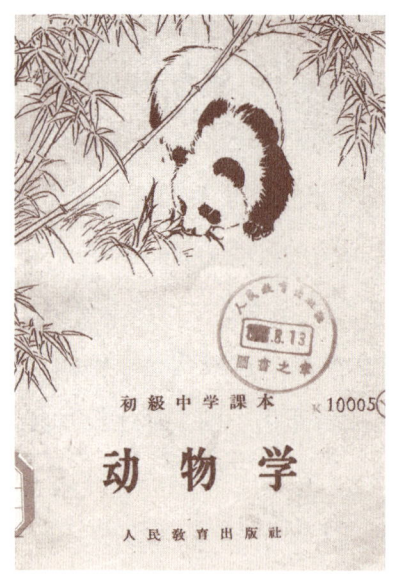

图 8-10 《初级中学课本动物学》封面

（二）编写背景与编写依据

同 1957 年版《初级中学课本植物学》的编写背景与编写依据。

（三）编写体例与教材结构

该书除绪论和结论外，共有十二章内容。

该书的目录如下。

绪论

第一章 原生动物门

第二章 腔肠动物门

第三章 扁形动物门

    一 绦虫

    二 血吸虫

第四章 线形动物门

    一 蛔虫

    二 钩虫

第五章 环节动物门

第六章 软体动物门

第七章 节肢动物门
  一 蝗虫
    1 蝗虫的外部形态
    2 蝗虫的内部构造
    3 蝗虫的生殖和发育
  二 稻螟虫
  三 粘虫
  四 棉蚜
  五 传播疾病的昆虫
  六 蚕
  七 蜜蜂
  八 虾和蟹

第八章 鱼纲
  一 鲫鱼
    1 鲫鱼的外部形态
    2 鲫鱼的内部构造
    3 鲫鱼的生殖和发育
  二 鱼的多样性
  三 捕鱼和养鱼

第九章 两栖纲
  一 青蛙
    1 青蛙的外部形态
    2 青蛙的内部构造
    3 青蛙的生殖和发育
  二 两栖纲的特征和起源

第十章 爬行纲
  一 蜥蜴
  二 爬行动物时代

第十一章 鸟纲

一　家鸽

　　　　1　家鸽的外部形态

　　　　2　家鸽的内部构造

　　　　3　家鸽的生殖和发育

　　二　鸟的起源

　　三　鸟的多样性

　　四　鸟的筑巢、育雏和迁徙

　　五　益鸟和害鸟

　　六　家禽

第十二章　哺乳纲

　　一　家兔

　　　　1　家兔的外部形态

　　　　2　家兔的内部构造

　　　　3　家兔的生殖和发育

　　二　单孔目

　　三　食虫目

　　四　翼手目

　　五　啮齿目

　　六　食肉目

　　七　鲸目

　　八　偶蹄目

　　　　1　牛

　　　　2　绵羊

　　　　3　猪

　　九　奇蹄目

　　十　灵长目

结论

　　一　动物界的进化

　　二　人的起源和人对动物界的改造

（四）内容特点

该书基本上以进化为线索介绍了各个动物类群，在介绍每个类群时，涉及动物的构造、生理以及生殖等多方面的特征，并突出了动物与人类生产、生活等方面的关系。例如，在介绍很多寄生虫时，都突出了这些动物对人类健康造成的不良影响；在介绍节肢动物、啮齿动物时，突出这些动物对农业生产的危害；在介绍一些饲养动物时，突出了人类对它们的利用。除各个动物类群的知识外，该书还涉及动物的进化、人的起源和人对动物界的改造等内容。

该书在基础知识的系统性以及实验、实习等的设置方面，与之前的教材相比，都有一定程度的完善，内容也更加结合中国的实际。但在该书中，苏联的影响依然存在，例如，在讲人类对动物界的改造时，用的例子是苏联培育的家畜品种。

（五）课文精选

见图 8-11。

图 8-11 《初级中学课本动物学》内页展示

第九章 "大跃进"的政治形势下，继续编写中学生物学教科书（1958—1961）

一、本阶段的教育发展与改革背景

1958年，全国掀起"大跃进"高潮，当时的中小学教材被批判为"少慢差费""陈旧落后"。中共中央、国务院发出通知，各地可以对教育部颁布的通用教材进行修订、补充，也可以自编教材。"大跃进"中编写的教材大多受当时政治形势的影响，被贴上"政治标签"，基础知识被严重削弱。1959年，中央指示"普通中小学教材应该保持全国必要的统一性和应有水平"，要求教育部组织编写全国通用中小学教材。1961年人民教育出版社一方面修订当时正在使用的教材，同时编写出版了一套十年制教材，供少数实验学校使用，力图纠正"大跃进"时期学制、课程、教材的混乱局面。这套教材没有完全避免"大跃进"时期贴"政治标签"、系统性差等问题。

二、本阶段课程概要

（一）学制

1959年，中共中央、国务院发布了《关于试验改革学制的规定》，各地纷纷进行缩短学制的试验。试验的学制有小学五年一贯制，中学五年或四年一贯制，中小学七年、九年或十年一贯制等。有些地区和学校编写了适应学制试验的教材。

（二）课程设置

为了更好地贯彻教育方针，加强劳动教育，教育部于1958年3月颁发了《关于1958—1959学年度中学教学计划的通知》。这个教学计划对中学课程作了如下调整和变动[①]。

第一，加强劳动教育，规定参加劳动的时间，并且开设生产劳动科。特别要求加强物理、化学、生物、地理和数学等学科的实验、实习、参观和课外小组活动，以便贯彻劳动教育。

第二，同调整了部分学科设置和时数安排。教学计划对历史、化学、生物等7个学科进行了调整。

关于生物学学科的调整，具体规定如下："为了使初中学生获得比较完整的生物学知识，高中学生在已有知识的基础上，适当地扩大、加深和系统化。生物科作了如下的调整：初中一年级植物，初中二年级动物，都为每周3小时；初中三年级生理卫生，每周2小时；高中一年级生物学，每周3小时。原高中人体解剖生理学和达尔文主义基础两科取消，其主要内容将分别在初中生理卫生和高中生物学中讲授。"

（三）教学大纲

这时期的教学大纲是1956年颁布的《中学生物学教学大纲（修订草案）》。教育部颁布的《关于1958—1959学年度中学教学计划的通知》对教材编写也起到直接指导作用。

三、本阶段教科书概貌

（一）教科书出版总体情况

《初级中学课本生理卫生》（上、下册），人民教育出版社编，1958年第1版，人民教育出版社出版。

《高级中学课本生物学》（上、下册），人民教育出版社编，1958年第1版，人民教育出版社出版。

以上两本教科书，实际上与第八章介绍的1957年第1版的《初级中学课本植物学》（上、下册）以及1958年第1版的《初级中学课本动物学》为一套

[①] 课程教材研究所. 新中国中小学教材建设史（1949—2000）研究丛书：生物卷[M]. 北京：人民教育出版社，2010：101.

教材。

　　1960年6月，教育部指示人民教育出版社重新编写中小学通用教材。1960年下半年开始，人民教育出版社赶编十年制中小学教材，于1961年出版。这是人民教育出版社编写出版的第三套全国通用中学生物学教材。

　　《中学课本生物学》，分第一册、第二册、第三册，人民教育出版社编，均为1961年第1版，人民教育出版社出版。

　　《初级中学课本生理卫生》（全一册），人民教育出版社编，1961年第1版，人民教育出版社出版。

　　不少省市有关部门也组织编写出版了中学生物学教材。

　　《高级中学课本生物学第一册》，上海教育出版社，1958年出版。

　　《浙江省初级中学课本农业植物学》，杭加湖人民出版社，1958年出版。

　　《浙江省初级中学课本农业动物学》，杭加湖人民出版社，1958年出版。

　　《初级中学课本植物学》（初级中学一、二年级使用），福建人民出版社，1958年出版。

　　《初级农业学校试用课本植物学》（上册），安徽人民出版社，1958年出版。

　　《农业中学卫生常识》（暂用课本），广东人民出版社，1958年出版。

　　《北京市初级中学试用课本生物学上册》，北京出版社，1961年出版。

　　《北京市初级中学试用课本生物学中册》，北京出版社，1960年出版。

　　《北京市实验十年制学校试用课本生物学上册》（初中一年级用），北京出版社，1960年出版。

　　《北京市高级中学试用课本生物学》，北京出版社，1960年出版。

　　《北京市初级中学试用课本动物学中册》，北京出版社，1960年出版。

　　《北京市初级中学试用课本动物学与生物学基础知识》，北京出版社，1961年出版。

　　《北京市初级中学试用课本（三年级用）生理卫生》，北京出版社，1961年出版。

　　《北京市初级中学试用课本（一年级用）生理卫生》，北京出版社，1961年出版。

　　《北京市实验十年制学校试用课本（初中一年级用）生理卫生》，北京出版社，1961年出版。

《试验八年制学校试用课本生物学》，辽宁人民出版社，1960年出版。

《四年制中学试用课本植物学下册》，辽宁人民出版社，1960年出版。

《四年制中学试用课本动物学下册》，辽宁人民出版社，1960年出版。

《试验八年制学校试用课本生理卫生》（全册），辽宁人民出版社，1960年出版。

《1960年秋季初中一年小学六年编八九年一贯制五年级过渡课本生物》，吉林师范大学，1960年出版。

《1960年秋季初中二年级编八九年一贯制七年级过渡课本生物》，吉林师范大学，1960年出版。

《1960年秋季初中一年级编八九年一贯制七年级过渡课本生物》，吉林师范大学，1960年出版。

《卫生常识普级课本》（上册），延边人民出版社，1960年出版。

《普通教育五三二制初中课本生物学全一册》（试用本），新疆人民教育出版社，1960年出版。

《五年制中学课本生物学基础三年级》（试用本），上海教育出版社，1960年出版。

《五年制中学课本生物学基础实验实习三年级》（试用本），上海教育出版社，1960年出版。

《五年制中学课本生物学四年级》（试用本），上海教育出版社，1960年出版。

《五年制中学课本生物学初级实习四年级》（试用本），上海教育出版社，1960年出版。

《五年制中学试用课本生物学》，山东人民出版社，1960年出版。

《江苏省五年制中学试用课本生物学第一册》，江苏人民出版社，1960年出版。

《江苏省五年制中学试用课本生物学第二册》，江苏人民出版社，1960年出版。

《初级中学课本生物学第一分册》（试用本），浙江人民出版社，1960年出版。

《初级中学课本生物学第二分册》（试用本），浙江人民出版社，1960年出版。

《初级中学课本动物学上册》（试用本），浙江人民出版社，1960年出版。

《初级中学课本生理卫生补充教材》，浙江人民出版社，1961年出版。

《全日制三、二制中学课本生物学上册》（试用本），江西人民出版社，1960

年出版。

《全日制二、三制中学课本生物学第一册》(一分册·试用本),江西人民出版社,1960年出版。

《全日制二、三制中学课本生物学第一册》(二分册·试用本),江西人民出版社,1961年出版。

《三二制中学试用课本生物学第一册》(初中一年级第一学期用),福建人民教育出版社,1960年出版。

《三二制中学试用课本生物学第二册》(初中一年级第二学期用),福建人民教育出版社,1961年出版。

《十年制学校试用课本生物学》,湖北人民出版社,1960年出版。

《五年制中学试用课本物理学上册》(第一分册),湖南人民出版社,1960年出版。

《十年一贯制课本(中学部分)生物学(试用本)第一册》,四川人民出版社,1960年出版。

《十年一贯制课本(中学部分)生物学(试用本)第二册》,四川人民出版社,1961年出版。

(二)教科书的总体特点

各地编写的教材大多强调了联系生产实际,削弱了生物学基础知识和基本技能;教材的系统性差,难教难学;增加了不少与生物学知识无关的政治内容,这是后来为群众所批评的"形式主义""贴标签"。

(三)有影响的代表性教科书总体介绍

本阶段有代表性的教科书就是教育部指示人民教育出版社编写的中小学通用教材,包括《中学课本生物学》(分第一册、第二册和第三册)、《初级中学课本生理卫生》(全一册)。这套教材是十年制教材,要使原来12年学完的内容在10年的时间里学完。

(四)有影响的代表性人物介绍

徐晋铭(1908—1998)

徐晋铭,人民教育出版社编审。1954年调入人民教育出版社生物编辑室,先后参与了多版中学生物学教学大纲的制定工作,编写了多套初中植物学课本、高中达尔文主义基础课本、高中生物学课本和中师生物学课本,并在担任生物组负责人期间,审阅了多套中学生物学课本。他非常重视研究、吸收国外生物学教材的先进经验,及时反映生物科学新成果。他学识渊博、治学严谨、兢兢业业、精益求精。他从事中学生物学和高师生物学教育,以及中学生物学教材研究、编写工作四十多年,是我国生物学教育和生物学教材编写的专家[1]。

叶佩珉

叶佩珉,人民教育出版社编审,曾任生物自然编辑室主任。自1956年至2000年,她从事研究、编写教材达半个世纪,主持编写了改革开放后多套中学生物学教材,非常重视各套生物学教材的继承、改革、创新。1993年被国务院评为有突出贡献的专家,享受政府特殊津贴。1994—2007年,任中国教育学会生物学教学专业委员会第三、第四、第五届理事长,第六届被聘为顾问。1999年、2004年两次被中国教育学会评为"教育学会系统先进个人"。著有《动物学解难和趣谈》《中学动物学·微生物学·细胞学词典》《生物学课程论》和《生物学课程教材改革探索》等。主编了《中学词海·生物分册》《21世纪中学生工具书系列·生物系列》、国家"九五"重点图书出版规划项目《学科现代教育理论书系·生物学》、以及《新中国中小学教材建设史(1949—2000)研究丛书:生物卷》等。参加了《中国教育大辞典》《中国教育大事典》和2001年版《新华词典》等的撰稿工作[2]。

四、代表性教科书

《初级中学课本生理卫生》

(一)基本信息

1. 出版单位

人民教育出版社。

---

[1][2] 课程教材研究所. 新中国中小学教材建设史(1949—2000)研究丛书:生物卷[M]. 北京:人民教育出版社,2010:95,96.

2. 作者与编写方式

人民教育出版社编。

3. 出版与使用

1958 年第 1 版,分上、下册,供初中三年级学生使用。

4. 版次与修订

1958—1960 年,上册课本的版次未变,但内容有所改动。下册课本,1958 年第 1 版,1959 年第 2 版,1960 年第 3 版。

5. 版本介绍

[封面] 1958 年第 1 版上、下册(见图 9-1)。

[开本] 32 开。

[册数] 2 册。

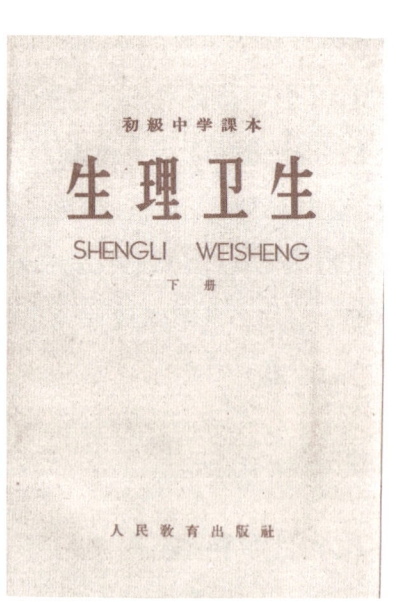

图 9-1 《初级中学课本生理卫生》封面

(二)编写背景与编写依据

同 1957 年版《初级中学课本植物学》的编写背景与编写依据。

(三)编写体例与教材结构

该书包括上、下两册,上册包括绪论和前八章内容,下册包括后三章内容,章下分若干节(除第一章"人体概述"外)。黑白印刷,插图丰富,而且在前面附有 4 页彩图。

该书的目录如下。

上册：

绪论

第一章 人体概述

　　人体的外形

　　人体的构造

　　人体的各个系统

　　人体是一个统一的整体

第二章 骨胳和肌肉系统

　　第一节 骨的构造和成分

　　第二节 骨胳

　　第三节 骨胳的卫生

　　第四节 肌肉

　　第五节 肌肉的工作

第三章 循环系统

　　第一节 血

　　第二节 血循环和淋巴循环

　　第三节 心脏的构造、机能和卫生

　　第四节 血在血管内的流动

第四章 呼吸系统

　　第一节 呼吸系统的构造

　　第二节 气体的交换

　　第三节 呼吸运动

　　第四节 呼吸卫生

第五章 消化系统

　　第一节 食物

　　第二节 消化系统的构造

　　第三节 消化和吸收

第六章 新陈代谢

　　第一节 人体里物质的消耗和补充

　　第二节 维生素

　　第三节 营养卫生

第七章 排泄系统

　　第一节 泌尿器官

　　第二节 皮肤

　　第三节 皮肤的卫生

第八章 内分泌系统

　　第一节 甲状腺

　　第二节 生殖腺、肾上腺和垂体

下册：

第九章 神经系统

　　第一节 神经系统概述

　　第二节 脊髓

　　第三节 脑

　　第四节 感觉器官

　　第五节 大脑皮层的机能——高级神经活动

　　第六节 神经系统的卫生

第十章 传染病

　　第一节 传染病概述

　　第二节 传染病的传播和预防

　　第三节 祖国在防治疾病上的伟大成就

第十一章 环境卫生

　　第一节 住宅卫生

　　第二节 消灭传播疾病的动物

　　第三节 水的清洁

　　第四节 粪便和垃圾的处理

　　第五节 爱国卫生运动

(四)内容特点

该书删掉了原来在高中人体解剖生理学课本中讲的解剖学知识和偏深的生理学知识,增加了预防传染病、环境卫生和劳动卫生等卫生保健知识,还增加了巴甫洛夫高级神经活动的内容。例如,该书增加了第十一章环境卫生,涉及住宅卫生、消灭传播疾病的动物、水的清洁、粪便和垃圾的处理、爱国卫生运动等内容。前面的章节,多是在生理知识的基础上,介绍与个人生活相关的卫生知识,而这一章则侧重于公共卫生。通过对该书知识的学习,学生将获得人体构造和机能的基本知识,获得保持和增进健康的知识,从而知道迷信传说和迷信治法的不合理和不可靠,形成科学观念,最终养成良好的卫生习惯。此外,该书的内容还密切结合当时中国的实际,不仅介绍了中国卫生事业的成就和发展,还注重培养学生的爱国主义精神,号召学生积极参加爱国卫生运动,为中国的社会主义建设事业贡献自己的力量。

另外,该书受苏联的影响减弱了。例如,在前一套教材中,免疫学的知识是放在循环系统部分讲的,而不是放在传染病单元,这是苏联的做法。在该书中,在循环系统部分不讲免疫,只涉及炎症反应。

(五)课文精选

见图 9-2。

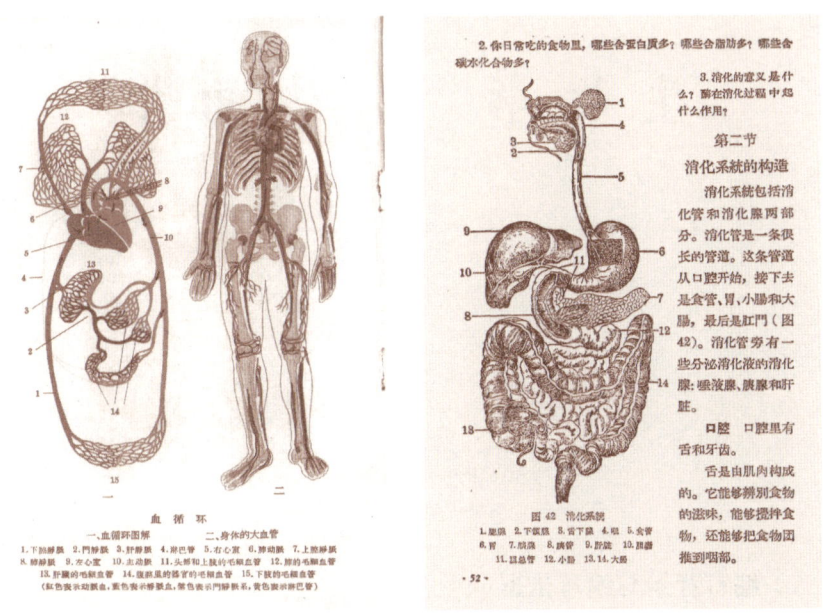

图 9-2 《初级中学课本生理卫生》内页展示

《高级中学课本生物学》

（一）基本信息

1. 出版单位

人民教育出版社。

2. 作者与编写方式

人民教育出版社编。

3. 出版与使用

1958 年第 1 版，分上、下册，供高中一年级学生使用。

4. 版次与修订

1958—1960 年，上册课本的版次未变，但内容有小修改。下册课本，1958 年第 1 版，1959 年第 2 版，1960 年第 3 版。

5. 版本介绍

［封面］1958 年第 1 版上、下册（见图 9-3）。

［开本］32 开。

［册数］2 册。

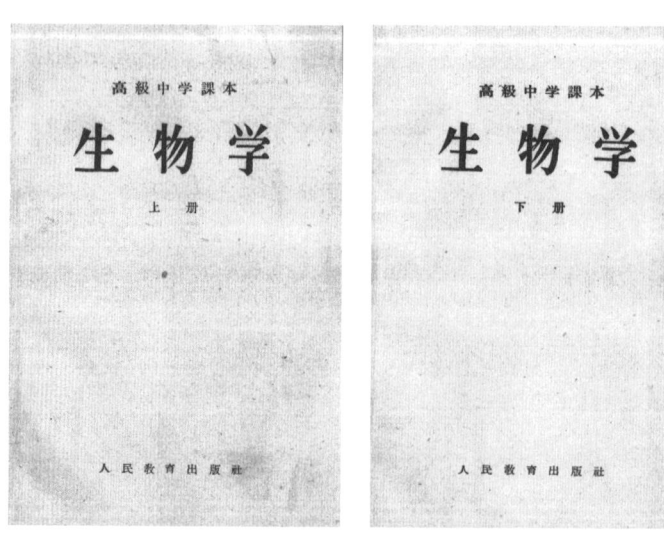

图 9-3 《高级中学课本生物学》封面

（二）编写背景与编写依据

同 1957 年版《初级中学课本植物学》的编写背景和编写依据。

(三)编写体例与教材结构

该书分上、下两册,包括绪论和十章内容,章下不分节,以专题来讲授,黑白版印刷,有丰富的插图,下册还附有两页彩色插图。

上册的内容包括:绪论、细胞、组织和器官、新陈代谢作用、感应性以及七个实验。下册的内容包括:生物的繁殖、遗传、生命的起源和进化、生物进化学说、动植物新品种的创造、向大自然作斗争六个部分。在1960年的版本中,还增加了"农业八字宪法""发展畜牧业""动植物的综合利用"等内容。

该书的目录如下。

上册:

绪论

第一章 细胞

    一 细胞的构造

    二 细胞的化学成分

    三 细胞分裂

第二章 组织和器官

    一 细胞的集合和组织的出现

    二 植物组织

    三 植物器官和植物体的整体性

    四 动物组织

    五 动物器官、系统和动物体的整体性

第三章 新陈代谢作用

    一 绿色植物的新陈代谢作用

        1 水和无机盐的吸收

        2 水的蒸腾

        3 有机物质的制造

        4 有机物质的运输、利用和储藏

        5 植物的呼吸作用

    二 非绿色植物的新陈代谢作用

三　动物的新陈代谢作用

　　　　1　有机养料的消化和吸收

　　　　2　有机养料的输送和利用

　　　　3　动物的呼吸作用

　　　　4　动物的排泄作用

　　　　5　动物的新陈代谢作用的调节

　　　　6　新陈代谢作用的原理在家畜饲养上的应用

　　四　绿色植物在自然界中的意义

　　五　自然界物质的循环

第四章　感应性

　　一　单细胞生物的感应性——趋性

　　二　多细胞植物的感应性

　　　　1　向性

　　　　2　感性

　　三　多细胞动物的感应性

　　四　巴甫洛夫的高级神经活动学说

　　　　1　非条件反射和条件反射

　　　　2　条件反射形成的原理和意义

　　　　3　条件反射的抑制

　　　　4　人类高级神经活动的特征

实验

　　实验一　显微镜的构造和用法

　　实验二　细胞的构造

　　实验三　细胞分裂

　　实验四　植物组织

　　实验五　动物组织

　　实验六　植物的吸收作用、蒸腾作用、光合作用

　　实验七　动物的消化作用、循环作用

下册：

第五章 生物的繁殖

　　一 繁殖的意义和方式

　　二 无性繁殖

　　三 有性繁殖

　　　　1 种子植物的繁殖

　　　　2 脊椎动物的繁殖

　　四 人的生育

　　　　1 生殖系统

　　　　2 人的生殖

第六章 遗传

　　一 遗传性

　　二 遗传性的保守

　　三 遗传性的变异

第七章 生命的起源和进化

　　一 生命的起源

　　二 生命的进化

　　　　1 古生物学上的证据

　　　　2 胚胎学和比较解剖学上的证据

　　三 人的起源

　　　　1 人起源于动物的证据

　　　　2 人的最近的祖先

　　　　3 人的进化

　　　　4 化石人

第八章 生物进化学说

　　一 达尔文学说

　　　　1 人工选择

　　　　2 自然选择

　　　　3 适应

    4　物种的形成

  二　米丘林学说

    1　用改变生活条件的方法改造植物

    2　用有性杂交的方法改造植物

    3　远缘杂交

    4　用营养杂交（嫁接）的方法改造植物

    5　蒙导法

    6　米丘林控制植物发展的原理

第九章　动植物新品种的创造

  一　我国古代创造新品种的成就

  二　我国现代创造新品种的成就

    1　用人工选择的方法选育的新品种

    2　用有性杂交的方法培育成的新品种

    3　用营养杂交的方法培育成的新品种

    4　国家对于创造和推广新品种的方针政策

第十章　向大自然作斗争

  一　争取作物丰收

  二　野生植物资源的利用

  三　植物的综合利用

（四）内容特点

  该书内容包含了原达尔文主义基础课本中的遗传和进化的内容，并且适当扩大和加深了有关生物形态和生理的基础知识。在上册课本中，还增编了实验部分，学生通过实验操作可以加深对知识的理解，其动手能力、观察能力、探究能力也将得到很好的培养。该书还有一个显著的特点就是照搬照抄苏联的教学内容删去了不少，同时增加了较多结合中国实际的教学内容。例如，介绍了"国家对于创造和推广新品种的方针政策"，增加了"向大自然作斗争"的章节等。但是，书中内容还有模仿苏联的痕迹，表现在以下几个方面：（1）关于遗传和育种的内容，仍然是只讲米丘林学派；（2）下册附有2页彩图，其中一整页出示的都是米丘林的堪地勒·基泰伊卡苹果；（3）关于生命的起源，教材中用了很大篇幅讲苏联奥巴林的生命起源学说；（4）教材用了大量篇幅讲巴甫洛夫的高级神经活动学说，包括条件反射的形成及意义、条件反射的抑制、人类高级神经活动的特征等。

《中学课本生物学》

（一）基本信息

1. 出版单位

人民教育出版社。

2. 作者与编写方式

人民教育出版社编。

3. 出版与使用

1961年第1版，分三册。这套生物学教材从1961年秋季起供试验十年制的学校选用，在全国使用的时间不长。

4. 版本介绍

[封面] 1961年版第一册、第二册、第三册（见图9-4）。

[开本] 32开。

[册数] 3册。

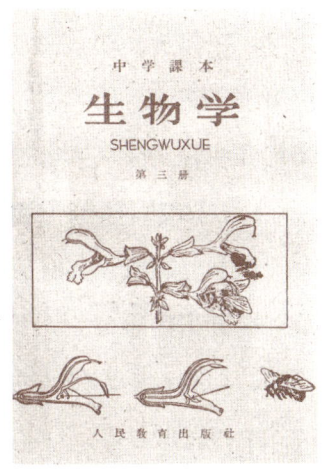

图9-4 《中学课本生物学》封面

（二）编写背景与编写依据

1.《关于试验改革学制的规定》

1958年秋季起，各地纷纷进行缩短学制的试验。1959年1月，中共中央书记处会议作出有关教育的几项决定，其中之一是：体制下放后，中央该管的事，如基建、高等学校教师配备、学制、课程设置和课本等必须管起来。于是，1959年5月24日，国家颁发了《关于试验改革学制的规定》。文件指出：未经批准的学校不得进行试验；在规定新的学制以前，各级各类全日制学校一般应当执行现行学制和修业年限。

2. 国务院副总理陆定一《教学必须改革》的发言

1960年4月，陆定一在第二届全国人民代表大会第二次会议上作了《教学必须改革》的发言。他认为教学还有严重的少慢差费现象，必须进行教学改革。他提出，从现在起进行较大规模的试验，在全日制的中小学教育中，适当缩短年限，适当提高程度，适当控制学时，适当增加劳动；学制改革进一步设想把12年制中小学缩短到10年左右，并把教育程度提高到相当于大学一年级水平。此后，试验学制改革的学校又迅速增加，这套课本就是为了适应当时的学制改革而编写的。

1960年下半年开始，人民教育出版社赶编十年制中小学教材，中宣部副部长张磐石领导教材的编写工作。张磐石副部长在编审干部会上作报告时提出：这次编写十年制教材，要去掉重复、烦琐、少慢差费；要改正错误。所谓错误，一是脱离政治；二是脱离实际，与国家的生产建设相脱离，脱离教师和学生的水平；三是教材中有陈腐落后的、不科学的部分。编写十年制教材，就是要使原来12年学完的内容，缩短2年，用10年的时间学完。此外，该书的编写还始终贯彻着"百家争鸣"的方针。

（三）编写体例与教材结构

该书分三册，共有五编内容，每编下面分若干章（也有不分章的），章下分节。这五编内容分别是：第一编，生物体是由细胞构成的；第二编，植物；第三编，动物；第四编，生物的基本特征和自然界物质的循环；第五编，生物界的发生和发展。

这三册教科书的具体目录如下。

第一册：

绪论

第一编 生物体是由细胞构成的

第二编 植物

  第一章 植物的生活

    第一节 种子和它的萌发

    第二节 根和它的作用

    第三节 叶和它的作用

    第四节 茎和它的作用

    第五节 花和植物的繁殖作用

  第二章 栽培植物

    第一节 小麦

    第二节 棉花

    第三节 苹果

  第三章 造林

  第四章 植物的类群

    第一节 藻类植物

    第二节 菌类植物

    第三节 苔藓植物

    第四节 蕨类植物

    第五节 种子植物

第二册：

第三编 动物

  第一章 原生动物

  第二章 腔肠动物

  第三章 蠕形动物

    第一节 蚯蚓

第二节　寄生蠕虫

　　第三节　对寄生蠕虫的防治

第四章　软体动物

第五章　节肢动物

　　第一节　蜜蜂

　　第二节　昆虫类

　　第三节　甲壳类

　　第四节　蜘蛛类

　　第五节　节肢动物的特征、分类和起源

第六章　鱼类

　　第一节　鲤鱼

　　第二节　鱼的多样性

　　第三节　几种主要淡水鱼

　　第四节　鱼的洄游规律及其应用

第七章　两栖类

第八章　爬行类

第九章　鸟类

　　第一节　家鸽

　　第二节　鸟的多样性

　　第三节　鸟的筑巢、育雏和迁徙

　　第四节　家禽

第十章　哺乳类

　　第一节　猪

　　第二节　单孔类

　　第三节　食虫类

　　第四节　翼手类

　　第五节　鲸类

　　第六节　啮齿类

　　第七节　食肉类

　　　　第八节　偶蹄类和奇蹄类

　　　　第九节　灵长类

　　附录　野生哺乳动物的利用

第三册：

第四编　生物的基本特征和自然界物质的循环

　　第一章　生物的基本特征

　　　　第一节　细胞

　　　　第二节　新陈代谢与生长、发育、繁殖、感应

　　第二章　自然界物质的循环

第五编　生物界的发生和发展

　　第一章　生命的起源

　　第二章　生物的进化

　　　　第一节　生物进化的证据

　　　　第二节　生物进化的规律

　　　　第三节　生物进化的理论——达尔文学说

　　第三章　遗传和变异

　　　　第一节　孟德尔—摩尔根学派对遗传和变异的研究

　　　　第二节　米丘林学派对遗传和变异的研究

（四）内容特点

这三册教材是结合当时学制改革的一次尝试。该书的特点主要有以下几个方面。

与之前的教材相比，该书内容简练不少，但涉及的范围较广、较全面。例如，在第一册植物部分，删除了关于乔木、灌木、草本的内容，删除了关于植物界进化的内容；删除了"作物栽培通论"一章；上一版教材在"作物和作物的栽培"部分，分粮食作物、技术作物、蔬菜作物、果树植物等一共介绍了10种作物，而这一版本，在"栽培植物"一章只介绍了小麦、棉花和苹果3种；原来关于根、茎、叶等器官的知识，都分别用一章来介绍，这套教材将这些内容都缩减为一节。在第二册动物部分，也简化了很多内容。例如，原来的教材

对蝗虫有非常详细的描述，这套教材把蝗虫放在"对农业有害的昆虫"中简单讲述；删除了关于益鸟和害鸟的内容。除此之外，在讲鱼类的时候，原来的教材以鲫鱼为例讲述，这套教材则以鲤鱼为例讲述。

该书在内容上逐渐摆脱了苏联的影响，不再以一章那样的大篇幅介绍米丘林学说的基本原理及其在培育和改良动植物品种上的成就，这在一定程度上更加符合我国的生产建设实际，是一个很大的进步。

根据当时的教材编辑方针"在编辑自然科学教材方面还要贯彻百家争鸣的方针"，该书在第三册中的"遗传和变异"部分，同时讲了"孟德尔—摩尔根学派对遗传和变异的研究"和"米丘林学派对遗传和变异的研究"，这是一个明显的进步。

需注意的是，该书在编写时没有能够完全避免该时期教材编写所存在的问题，如"贴标签"、理论知识多事实材料少、系统性差等。

《初级中学课本生理卫生》（全一册）

（一）基本信息

1. 出版单位

人民教育出版社。

2. 作者与编写方式

人民教育出版社编。

3. 出版与使用

1961年第1版，供初中二年级学生第二学期使用。

4. 版本介绍

［封面］1961年第1版（见图9-5）。

［开本］32开。

［册数］1册。

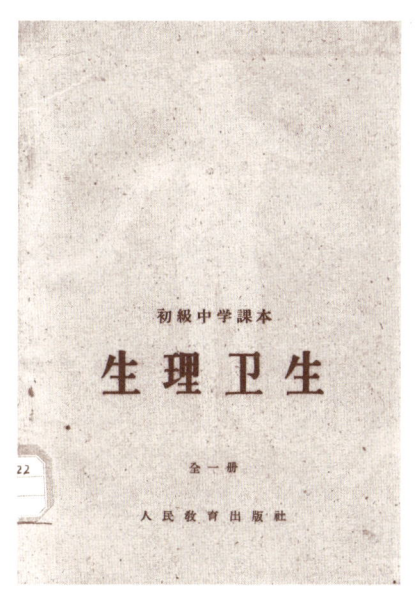

图 9-5 《初级中学课本生理卫生》（全一册）封面

（二）编写背景与编写依据

同 1961 年版《中学课本生物学》的编写背景和编写依据。

（三）编写体例与教材结构

该书是全一册，黑白版印刷，包括绪论和六章内容，章下分节。该书的目录如下。

 绪论
 第一章　人体概述
 第二章　运动
   第一节　骨胳
   第二节　肌肉
 第三章　新陈代谢
   第一节　血循环
    一　血的成分和机能
    二　血循环的动力器官——心脏
    三　血的循环
   第二节　呼吸

　　　　一　气体交换和呼吸运动

　　　　二　呼吸卫生

　　第三节　消化

　　　　一　消化和吸收

　　　　二　饮食卫生

　　第四节　排泄

　　　　一　尿的生成和排出

　　　　二　皮肤的机能

　　　　三　皮肤卫生

　第四章　人体活动的调节

　　第一节　体液调节

　　第二节　神经调节

　　　　一　脊髓

　　　　二　脑

　　　　三　分析器

　　　　四　巴甫洛夫的高级神经活动学说

　　　　五　人的高级神经活动的特点

　第五章　人的发育

　第六章　保护健康，增强体质

　　第一节　劳动跟健康的关系

　　　　一　劳动和体育运动对促进体力发展和智力发展的作用

　　　　二　劳动卫生

　　第二节　集体卫生

　　第三节　国防卫生

（四）内容特点

该书与以前的生理卫生课本相比，各部分内容都作了不同程度的精简，但是概括得比较全面。例如，该书将骨骼和肌肉归为运动器官进行介绍；将血液循环、呼吸、消化、排泄统归到新陈代谢的章节中；第四章概述了调节人体各器官活动的体液调节和神经调节的内容。这样的编排结构更加系统、科学，也更容易让学生理解和接受。该书还与中国当时的生产建设实际相结合，介绍了改善和做好劳动卫生、集体卫生以及国防卫生的知识，以培养学生的爱国主义精神。但是，该书没有能够完全避免"大跃进"期间教材"贴标签"、理论知识多事实材料少、系统性差等问题。

第十章 总结经验教训，编写中学生物学教科书（1962—1965）

一、本阶段的教育发展与改革背景

1961年2月，中共中央批转了中央文教小组《关于1961年和今后一个时期文化教育工作安排的报告》。该报告规定：当前文化教育工作必须贯彻执行"调整、巩固、充实、提高"的方针，要总结经验教训，提高教育质量。根据"调整、巩固、充实、提高"八字方针，中学课程在总结经验教训的基础上，进行了一系列的调整和改革。

1963年3月，中共中央发出《中共中央关于讨论试行全日制中小学工作条例草案和对当前中小学教育工作几个问题的指示》（以下简称《指示》），提出中小学教育是整个教育事业的基础，提高中小学的教育质量，是一项具有战略意义的任务。《指示》指出，中华人民共和国成立以后，中小学的教学质量总的来看是提高的，但是，1953年以后一段时期的教育工作中，照抄外国经验的教条主义的做法以及1958年"教育大发展中某些不适当做法"，使"教育质量有所下降"。为了总结经验，发扬成绩，纠正缺点，继续前进，中共中央责成教育部拟定工作条例，同时提出：改进教学计划，抓紧教材建设，是中小学教育当前和长远的一项重要任务；教育部应当按照条例规定，总结经验，制定教学计划和教学大纲，要在今后两三年内编写或选定质量较高的全国通用的教科书。

作为《指示》的附件，教育部拟定的《全日制小学暂行工作条例（草案）》（简称"小学四十条"）、《全日制中学暂行工作条例（草案）》（简称"中学五十条"）对小学和中学的培养目标、教学工作、思想政治工作、生活管理、行政工作、党的工作等都作出了具体的规定。上述条例规定，中小学必须根据教育部统一规定的教学计划、教学大纲和教科书进行教学，全年保证小学有九个月、中学有九个半月的教学时间，必须贯彻以教学为主的原则。条例对中小学开设的课程作了规定，小学设置语文、算术、自然、历史、地理、生产常识、体育、音乐、图画、手工、劳动等课程。中学必须加强基础知识教学和基本技能的训练，初级中学设置语文、数学、外国语、政治、历史、地理、生物、物理、化学、生产知识、体育、音乐、图画、劳动等课程；高级中学设置语文、数学、外国语、政治、物理、化学、生物、历史、地理、体育、劳动等课程。高中阶段还可以酌情开设农业科学技术知识、制图、历史文选、逻辑等选修课程，高中三年级学生可以根据爱好和志愿选修1~2门。

1963年7月，教育部发布《关于实行全日制中小学新教学计划（草案）的通知》（以下简称《通知》），同月颁发了《全日制中小学教学计划（草案）》。

《通知》明确提出，根据党的教育工作方针和《指示》，吸取中华人民共和国成立以来教学工作的经验，我部重新拟订了全日制中小学教学计划。该教学计划（草案）对文化课、政治课和生产知识课，对教学、生产劳动和假期，都作了必要的安排，使学生能够在德育、智育、体育几方面都得到发展，成为有社会主义觉悟的、有文化的劳动者。

《通知》接着提出了关于新教学计划（草案）的几个原则性问题和实施步骤。在"（二）关于课程的设置和教学要求"这个原则性问题中指出：1957年以前，历史、地理课有不必要的循环重复，生物课有过于烦琐的缺点，这些课程的设置办法也过于分散。新教学计划（草案）使历史、地理、生物三门课程避免了不必要的循环重复，设置办法也适当集中，这样既能使学生学到必要的基础知识，又减少了各学年的课程门类。

《通知》在"（四）关于实施的步骤和必须准备的条件"这个原则性问题中，对"教科书的编辑和供应"指出：教育部人民教育出版社将于1963年秋季供应新编中小学教科书的初小第一册和初中第一册以及相应的教学指导书，以后逐步供应其他年级的新编教科书以及相应的教学指导书。因此，人民教育出版社在中宣部副部长张磐石、教育部副部长董纯才的领导下，开始编写十二年制中小学教材。

二、本阶段课程概要

（一）学制

为了使教育工作贯彻执行"调整、巩固、充实、提高"这一方针，1961年2月7日，中共中央批转中央文教小组《关于1961年和今后一个时期文化教育工作安排的报告》。该报告提出，在学制改革方面，今后不再进行九年一贯制的试验。1963年，教育部颁布《全日制中小学教学计划（草案）》，规定学制为十二年制，小学六年，初中三年，高中三年。

（二）课程设置

根据1963年教育部发布的《全日制中小学教学计划（草案）》，生物学课程的设置情况为：初中一年级设植物，初中二年级上学期设动物，下学期设生理卫生，高中二年级设生物学。与教育部《关于1958—1959学年度中学教学计划的通知》中的生物学课程设置相比较，每门生物课的周课时减少了，开设的年限减少了，生物学课程的总课时减少了。

分析这个时期生物学课程设置的变化，可以明显地看出，在教学时数方面，初中生物课的每周时数，由8课时减为5课时，再减为4课时，也就是在6年之间减去了1/2的课时；高中生物课的每周时数，由3课时减为2课时，也就是减去了1/3的课时。在生物学课的开设年级方面，改为初中开设2年，相隔2年后高中开设1年[①]。

（三）教学大纲

1963年5月，教育部颁布《全日制中学生物教学大纲（草案）》。该教学大纲由五部分组成：教学目的和要求，教学内容，教学内容的安排，教学中应该注意的几点，各年级的教学内容。

在"教学目的和要求"这项中，明确提出学习生物课的意义是："生物课研究的对象是生物（植物、动物）和人体。关于生物和人体的研究，跟发展农业生产和增强人民体质有很密切的关系；对于正确理解生物界的自然现象、破除迷信、培养辩证唯物主义观点，也有一定的帮助。生物知识是从事农业生产和

---

① 课程教材研究所. 新中国中小学教材建设史（1949—2000）研究丛书：生物卷[M]. 北京：人民教育出版社，2010：115.

医药卫生工作所必需的基础,也是进一步学习生物科学、农业科学、医药科学所必需的基础。"同时提出中学生物课的教学目的是:1.使学生获得关于生物体(包括人体)和生物界的基础知识,并且了解这些知识在农业生产、卫生保健和其他方面的应用;2.使学生获得生物实验实习的基本技能。此外,在这项中还对植物学、动物学、生理卫生、生物学四个学科,结合各学科的教学内容,分别提出了具体的教学要求。

在"教学内容"这项中,首先确定了选取教学内容的原则,包括:1.选取阐明生物生理的知识;2.选取阐明生物分类的知识;3.选取阐明生物进化、遗传和变异的知识;4.选取阐述栽培植物、造林和饲养动物的知识;5.选取阐述卫生保健的知识。接着,规定了植物学、动物学、生理卫生以及生物学主要的教学内容。

在"教学内容的安排"这项中,首先说明四个学科的安排顺序以及这样排序的原因,它们的排序依次是初中植物学、动物学、生理卫生和高中生物学。其次,说明各个学科的教学内容编排。

在"教学中应该注意的几点"这项中,明确要求:"生物教学要加强实验实习;加强理论联系实际;通过基础知识的讲述,培养学生的辩证唯物主义观点。"

在"各年级的教学内容"这项中,首先规定了植物学、动物学、生理卫生、生物学每门课程的讲授年级、周课时、总课时、讲课、实验、标本采集和制作、机动的课时。其次,规定各个单元的教学内容,各单元的讲课时数和实验时数。

总的来看,1963年版的教学大纲比以前的教学大纲更加全面、详尽,并且有不少的改革特点,包括:注意加强基础知识;重视加强生物学基本技能的训练;贯彻理论密切联系实际的原则;选取的教学内容做到"中国化";贯彻"百家争鸣"的方针,同时讲授两派遗传学理论;重视联系各地实际,要求编写乡土教材;强调通过基础知识的讲述,培养学生的辩证唯物主义观点[①]。可以说,此教学大纲是生物学课程改革上的一项创举,意义是重大而多方面的,为编写符合中国实际的中学生物学教材提供了正确的依据。

---

① 课程教材研究所. 新中国中小学教材建设史(1949—2000)研究丛书:生物卷[M]. 北京:人民教育出版社, 2010: 116-119.

（四）教科书制度

1963年以前，我国采用的教科书制度基本上是"国定制"，从1963年《全日制中学暂行工作条例（草案）》颁布开始，我国开始施行教科书的"国定制与审定制相结合"的制度，以"审定制"为主。

1963年，教育部聘请了一些知名专家担任生物学教材的审阅者，包括：胡先骕、陈邦杰、秉志、郑作新、张宗炳、陈阅增、蔡翘、周建人、侯学煜。

三、本阶段教科书概貌

（一）教科书出版总体情况

《初级中学课本植物学》，人民教育出版社生物编辑组编，1963年第1版，人民教育出版社出版。

《初级中学课本动物学》，人民教育出版社生物编辑组编，1964年第1版，人民教育出版社出版。

《初级中学课本生理卫生》，人民教育出版社生物编辑组编，1964年第1版，人民教育出版社出版。

以上三本，是人民教育出版社编写出版的第四套全国通用中学生物学教材。

这一时期，许多省市有关部门也编写出版了生物学教材。

《北京市初级中学试用课本生物学上册》，北京出版社，1962年出版。

《北京市高级中学试用课本生物学上册》（高中一年级用），北京出版社，1963年出版。

《北京市高级中学试用课本生物学上册》，北京出版社，1964年出版。

《北京市高级中学试用课本生物学下册》（高中一年级用），北京出版社，1964年出版。

《北京市高级中学试用课本生物学》（高中三年级用），北京出版社，1964年出版。

《北京市初级中学试用课本生理卫生》（三年级用），北京出版社，1962年出版。

《生物的进化知识》（初中三年级用），辽宁人民出版社，1962年出版。

《十年制学校初中课本生物学动物部分》（过渡部分），甘肃人民出版社，1964年出版。

《初级中学课本植物学乡土教材》（试用本），四川人民出版社，1963年出版。

（二）教科书的总体特点

本阶段的生物学教科书以人民教育出版社生物编辑组编写的第四套全国通用生物学教材为主，同时各地根据教学大纲的要求，编写出版了乡土教材，以使中学生物学教科书更好地适应我国地域辽阔、情况复杂的特点，弥补全国通用生物学教材可能存在的局限性。

（三）有影响的代表性教科书总体介绍

人民教育出版社生物编辑组编写的第四套全国通用生物学教科书，包括初中的《植物学》《动物学》《生理卫生》，在高中生物学教科书方面推荐使用北京出版社出版的高中生物学课本。第四套全国通用生物学教材主要具有以下一些特点。

1. 注意加强基础知识和基本技能训练

初中生物课系统地介绍了植物体、动物体和人体形态构造和生理的知识，以及动植物的主要类群、分类和进化的知识，以使学生对生物学学科的概貌有基本的认识，为学生高中的学习奠定良好的基础。课本中除了介绍基础知识外，还设计了一些生物学实验，使学生获得生物学实验基本技能的训练。

2. 理论密切联系实际

初中生物学教材中除了介绍植物学、动物学、生理卫生的基础知识，还介绍了这些知识在农业生产和生活上的应用，如植物栽培、造林、淡水鱼混合放养等。生理卫生课本则结合各个器官系统的构造、生理知识讲授各个系统的卫生保健知识，以及预防传染病、环境卫生、劳动卫生、爱国卫生运动等。

本阶段的教科书与之前的相比，特点之一是内容密切联系中国实际，克服了学习苏联经验而生搬硬套的弊病。

3. 贯彻"百家争鸣"的方针，同时讲授两派遗传学理论

在高中生物学教科书中，同时介绍了摩尔根遗传学派和米丘林遗传学派的基本理论，在摩尔根遗传学中介绍了分离定律、自由组合定律、连锁和互换定

律等，在米丘林遗传学中介绍了植物阶段发育理论、定向控制遗传性的原理等。同时介绍两种理论，有利于学生形成辩证唯物主义观点，防止片面地受某一学派的影响，这是生物学课程内容改革的一个重要突破。

4. 通过基础知识的介绍，培养辩证唯物主义观点

通过基础知识的介绍，使学生对生物界有正确的认识，在潜移默化中渗透辩证唯物主义的观点，这是对"大跃进"时期的"乱贴政治标签""空喊政治口号"等错误做法的拨乱反正。

四、代表性教科书

《初级中学课本植物学》

（一）基本信息

1. 出版单位

人民教育出版社。

2. 作者与编写方式

人民教育出版社生物编辑组编。

3. 出版与使用

1963年第1版，供初中一年级学生使用一学年。每周2课时，共70课时。讲课54课时（乡土教材课时包括在内），实验11课时，标本采集和制作1课时，机动4课时。

4. 版本介绍

［封面］1963年第1版（见图10-1）。

［开本］32开。

［册数］1册。

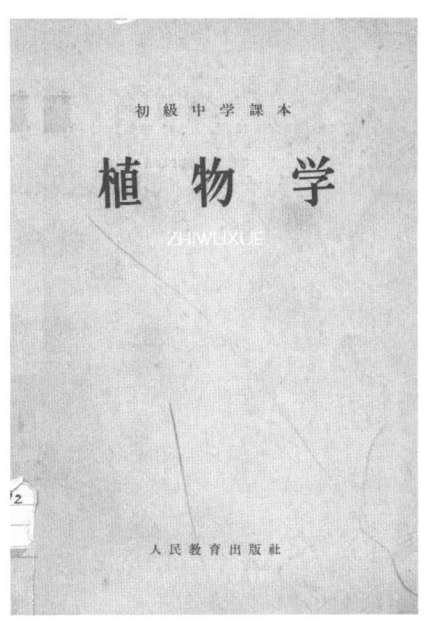

图 10-1 《初级中学课本植物学》封面

（二）编写背景与编写依据

1963 年 7 月，教育部发布《关于实行全日制中小学新教学计划（草案）的通知》，同月颁发了《全日制中小学教学计划（草案）》。按照教育部的要求，人民教育出版社开始编写这套十二年制中小学教材。

此外，从 1961 年夏中央文教小组指示教育部编写十二年制中小学教材开始，人民教育出版社就花了很多时间调查研究和学习讨论。一大批编辑人员到农村、工厂调查那些地方的教育状况和需要哪些基础知识和基本技能；搜集整理马克思主义经典作家的有关论述；整理分析我国自清朝末年废科举办学堂以来，各科教材和教学的情况；讨论教材编写中的主要问题，如思想政治教育和文化科学知识教育的关系、理论和实际的关系等。在此基础上，人民教育出版社生物编辑室完成了编写出版第四套全国通用生物学教材的任务，同时还编写了配套的教学指导书。

（三）编写体例与教材结构

该书内容包括：绪论、植物体的构造、种子、根、叶、茎、花和果实、植物体的构造和生理的小结、栽培植物和造林、植物的类群、结语。课本的最后部分是实验指导，每个实验指导包括目的要求、材料用具、方法步骤等内容。

该书的目录如下。

绪论
第一章 植物体的构造
　　第一节 细胞
　　第二节 组织和器官
第二章 种子
　　第一节 种子的构造
　　第二节 种子的成分
　　第三节 种子的萌发
　　第四节 种子萌发时胚的营养
　　第五节 种子萌发时胚的呼吸
第三章 根
　　第一节 根的形态
　　第二节 根的构造
　　第三节 根对水分的吸收
　　第四节 根对无机盐的吸收
　　第五节 根的变态
第四章 叶
　　第一节 叶的形态
　　第二节 叶的构造
　　第三节 叶的光合作用
　　第四节 叶的呼吸作用
　　第五节 叶的蒸腾作用
　　第六节 叶的变态
第五章 茎
　　第一节 芽和芽的发育
　　第二节 茎的种类
　　第三节 茎的构造

第四节　茎的输导作用

　　第五节　茎的变态

　　第六节　茎的繁殖

第六章　花和果实

　　第一节　花的构造

　　第二节　花的种类和花序

　　第三节　传粉

　　第四节　受精作用和果实、种子的形成

　　第五节　果实的构造和种类

　　第六节　种子的散布

第七章　植物体的构造和生理的小结

　　第一节　植物体的构造

　　第二节　植物体的生理

第八章　栽培植物和造林

　　第一节　栽培植物

　　　　1 水稻　2 小麦　3 棉花　4 大豆　5 柑橘　6 苹果

　　第二节　造林

第九章　植物的类群

　　第一节　藻类植物

　　　　1 绿藻　2 其他藻类

　　第二节　菌类植物

　　　　1 细菌　2 真菌

　　第三节　苔藓植物

　　第四节　蕨类植物

　　　　1 蕨　2 问荆

　　第五节　种子植物

　　　　1 裸子植物　2 被子植物概述　3 几科被子植物

结语

　　第一节　植物的进化

　　　　第二节　栽培植物的起源和发展

　　［附录］野生植物的利用

　　实验

　　　　实验一　认识显微镜的构造，练习使用显微镜，制作装片

　　　　实验二　观察细胞的构造

　　　　实验三　观察根的构造

　　　　实验四　观察叶的构造

　　　　实验五　验证绿色植物的光合作用

　　　　实验六　观察茎的构造

　　　　实验七　观察水绵和青霉

　　　　实验八　认识几科被子植物的特征

　　　　实验九　采集和制作植物标本

（四）内容特点

1. 加强基础知识，重视基本技能

与以前的植物学教材相比，该书注意加强了基础知识，知识系统而全面，内容丰富而充实。在知识内容上，该书首先以生活中常见的被子植物为例，介绍种子、根、叶、茎、花、果实等六大器官的基本构造和生理功能，基本遵循被子植物一生的发生发展过程。这种方式不仅条理清晰地介绍了被子植物的基本构造和生理功能，符合生物学学科的知识呈现规律，还兼顾了被子植物的生命活动过程，符合学生对植物的认知规律。其次，该书介绍了栽培植物，主要是我国非常重要的粮食作物和其他农作物，如水稻、小麦、棉花、大豆、柑橘、苹果以及造林用的植物，使学生对植物学知识在生活中的应用有个基本的了解。最后，按照由低等到高等的顺序介绍了植物的主要类群等知识，以使学生对植物界的概貌有个大概的认识。

该书除了注重基础知识，还重视生物学基本技能的培养。在教材的最后，实验指导的部分使学生获得使用显微镜、观察细胞构造、做简单植物生理实验、采集和制作植物标本、画植物的简图等技能。

2. 注重理论联系实际

全书还始终贯彻理论联系实际的原则，一方面讲述了栽培植物、造林等基础知识，另一方面让学生了解植物学知识在农业生产和生活上的应用。此外，该书最突出的改革特点就是教学内容密切结合中国的实际，克服了学习苏联经验而生搬硬套的弊病。例如，在栽培植物这部分，讲了在中国最有代表性的水稻、小麦、棉花、大豆、柑橘和苹果；在植物的类群这部分，选择讲授了与人们生产和生活关系十分密切的，也是很常见的十字花科、蔷薇科、锦葵科、豆科、菊科和禾本科。教材内容进行"中国化"的意义是非常重大的，不仅有利于学生对所学生物学知识的理解和应用，还有利于对学生进行热爱祖国、热爱家乡的爱国主义思想教育。

（五）使用、地位与影响

该书自1963年起，作为试用本在全国普遍使用。之后，根据教育部颁发的《关于调整和精简中小学课程的通知》，人民教育出版社又对该书进行了修订。但是由于1966年5月开始的"文化大革命"，该初中植物学课本的使用时间不长。

《初级中学课本动物学》

（一）基本信息

1. 出版单位

人民教育出版社。

2. 作者与编写方式

人民教育出版社生物编辑组编。

3. 出版与使用

1964年第1版，供初中二年级学生第一学期使用。每周3课时，共54课时。讲课45课时（乡土教材课时包括在内），实验6课时，标本采集和制作1课时，机动2课时。

4. 版本介绍

［封面］1964年第1版（见图10-2）。

[开本] 32 开。

[册数] 1 册。

图 10-2 《初级中学课本动物学》封面

（二）编写背景与编写依据

同《初级中学课本植物学》。

（三）编写体例与教材结构

该书内容包括：绪论、原生动物门、腔肠动物门、扁形动物门、线形动物门、环节动物门、软体动物门、节肢动物门、鱼纲、两栖纲、爬行纲、鸟纲、哺乳纲、结语。课本的最后部分是实验指导，每个实验指导包括目的要求、材料用具、方法步骤等内容。

该书的目录如下。

绪论

第一章 原生动物门

第二章 腔肠动物门

第三章 扁形动物门

　　第一节 绦虫

第二节　血吸虫

第四章　线形动物门

　　第一节　蛔虫

　　第二节　钩虫

第五章　环节动物门

第六章　软体动物门

第七章　节肢动物门

　　第一节　昆虫纲

　　　　1　蝗虫

　　　　2　稻螟、玉米螟、红铃虫

　　　　3　蚜虫

　　　　4　天牛和金龟子

　　　　5　蜜蜂

　　第二节　甲壳纲和蛛形纲

第八章　鱼纲

　　第一节　鲫鱼

　　第二节　鱼的多样性

　　第三节　淡水养鱼和海洋捕鱼

第九章　两栖纲

　　第一节　青蛙

　　第二节　其他两栖动物

第十章　爬行纲

第十一章　鸟纲

　　第一节　家鸽

　　第二节　鸟的多样性

　　第三节　家禽

第十二章　哺乳纲

　　第一节　家兔

　　第二节　单孔目

　　　　第三节　食肉目

　　　　第四节　偶蹄目和奇蹄目

　　　　第五节　灵长目

　　　　第六节　家畜

　　结语

　　实验

　　　　实验一　观察草履虫

　　　　实验二　解剖蚯蚓

　　　　实验三　解剖青蛙

　　　　实验四　解剖家兔

（四）内容特点

1. 编排体系适当

该书的主要内容是按照动物从低等到高等、由简单到复杂的进化顺序来编排的。这样的编排体系，反映了动物的进化历程和进化规律，可以说是一种进化体系。其实，这种进化体系不仅反映了动物进化的客观事实，同时也反映出组成动物界的四个层次：由动物细胞，到动物个体，到动物种群，到动物群落。重要的饲养动物——家禽、家畜的内容，被安排在相应的门类中，这样既可以密切联系它们所属的类群，又可以保持动物学内容的进化体系不被割裂。

2. 基础知识系统、全面，条理清晰，内容详略得当

动物分类的内容主要分散在节肢动物和脊椎动物两大类群中讲述，因为这两类动物跟人的关系最密切，学生最熟悉。动物进化所需要的动物类群之间亲缘关系的知识，主要在脊椎动物各纲中讲述，因为这几纲之间的亲缘关系表现得很明显，最能说明动物的进化。

3. 重视加强学生生物学基本技能的训练

该书最后的实验指导部分使学生能够获得做生物学实验的基本技能，包括解剖动物、画动物简图、采集和制作昆虫标本等技能，并巩固使用显微镜和制作装片的技能。

4. 理论密切联系实际

书中内容密切联系实际，使学生了解动物学知识在农业生产和生活上的应用。

5. 课本内容与中国的实际相结合

书中讲了在中国危害严重的寄生虫绦虫、血吸虫、蛔虫和钩虫，以及在中国严重危害农作物的蝗虫、稻螟、玉米螟、红铃虫、棉蚜等农业害虫，这有利于学生了解中国当时的农业生产情况，增强他们的社会责任感和建设祖国的使命感。

（五）使用、地位与影响

该书自 1964 年起，作为试用本在全国普遍使用。之后，根据教育部颁发的《关于调整和精简中小学课程的通知》，人民教育出版社对该书进行了修订。但是由于 1966 年 5 月开始的"文化大革命"，该初中动物学课本的使用时间不长。

《初级中学课本生理卫生》

（一）基本信息

1. 出版单位

人民教育出版社。

2. 作者与编写方式

人民教育出版社生物编辑组编。

3. 出版与使用

1964 年第 1 版，供初中二年级学生第二学期使用。每周 3 课时，共 51 课时。讲课 43 课时（乡土教材课时包括在内），实验 6 课时，机动 2 课时。

4. 版本介绍

［封面］1964 年第 1 版（见图 10-3）。

［开本］32 开。

［册数］1 册。

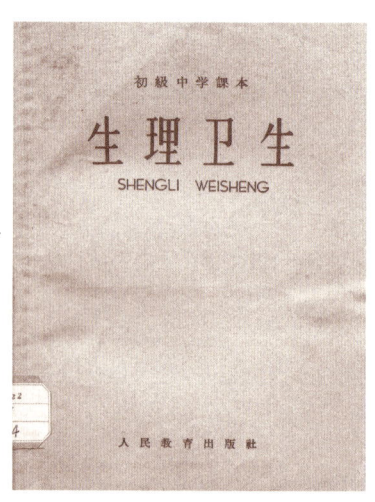

图 10-3 《初级中学课本生理卫生》封面

（二）编写背景与编写依据

同《初级中学课本植物学》。

（三）编写体例与教材结构

该书除绪论外，共十一章内容。课本的最后部分是实验指导，每个实验指导包括目的要求、材料用具、方法步骤等内容。

该书的目录如下。

  绪论
  第一章 人体概述
  第二章 运动系统的构造、生理、卫生
    第一节 骨胳
    第二节 肌肉
  第三章 循环系统的构造、生理、卫生
    第一节 血
    第二节 血循环器官
    第三节 血循环
    第四节 淋巴循环
  第四章 呼吸系统的构造、生理、卫生
    第一节 呼吸系统的构造

第二节 气体交换和呼吸运动

第五章 消化系统的构造、生理、卫生

第一节 食物的成分

第二节 消化系统的构造

第三节 消化和吸收

第六章 新陈代谢

第七章 排泄系统的构造、生理、卫生

第一节 泌尿器官

第二节 皮肤

第八章 内分泌系统的构造、生理、卫生

第九章 神经系统的构造、生理、卫生

第一节 脊髓

第二节 脑

第三节 巴甫洛夫的高级神经活动学说

第四节 感觉器官

一 眼

二 耳和其他感觉器官

第五节 神经系统的卫生

第十章 生殖和发育

第一节 生殖

第二节 发育

第十一章 保护健康，增强体质

第一节 传染病

第二节 环境卫生

第三节 劳动卫生

第四节 积极参加爱国卫生运动

实验

实验一 观察人和动物的组织

实验二 观察血球和血在血管里的流动

（四）内容特点

该书注重基础知识，知识内容概括得全面、充实，包括人体形态结构的知识、生理的知识、防病保健的知识等。书中不仅结合各个系统的构造、生理知识讲授了各个系统的卫生保健知识，同时还设了"保护健康、增强体质"专章，从而贯彻了教学大纲中理论密切联系实际的原则。在该书的最后部分也同样增加了实验指导的内容，使学生获得做简单的动物和人体生理实验、画动物和人体组织简图等技能，巩固使用显微镜和做装片的技能，这样不仅培养了学生的动手能力，而且通过实验加深了学生对所学理论知识的理解。

此外，该书的教学内容做到了密切结合中国实际。例如，在生殖和发育这部分，讲述了晚婚和计划生育的意义；在环境卫生部分，讲了居住卫生、用水卫生、污物（粪便、垃圾）处理，消灭传播疾病的动物等内容。

（五）使用、地位与影响

该书自1964年起，作为试用本在全国普遍使用。之后，根据教育部颁发的《关于调整和精简中小学课程的通知》，人民教育出版社对该书进行了修订。但是由于1966年5月开始的"文化大革命"，该初中生理卫生课本的使用时间不长。

（六）课文精选

见图10-4。

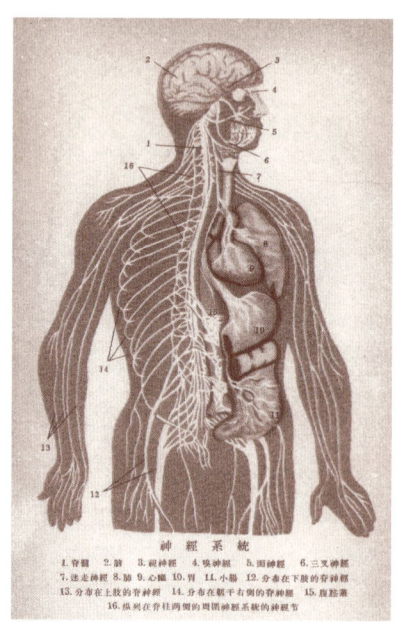

图10-4 《初级中学课本生理卫生》内页展示

第十一章　拨乱反正，编写中学生物学教科书（1977—1980）

一、本阶段的教育发展与改革背景

1972 年 7 月，周恩来总理指示重建人民教育出版社，从五七干校抽调一部分干部回京工作。8 月 7 日，国务院科教组发出《关于重建人民教育出版社的通知》，由原人民教育出版社和高等教育出版社的部分人员重新组成人民教育出版社，逐步承担原来两社的一些任务。但由于"四人帮"的干扰破坏，中小学通用教材的编写工作无法进行。

1976 年粉碎"四人帮"，"文化大革命"结束。1977 年，邓小平复出，首先紧抓了教育战线的拨乱反正，并自告奋勇要为教育工作当"后勤部长"。他一开始就抓了中小学课程教材问题，并指示要进口一批外国教材（指自然科学方面），要结合本国国情编写教材，要组织一个很强的班子编写大中小学教材。在外汇储备本已十分紧张的状况下，邓小平亲自指示，拨专款 10 万美元，责成中国驻美国、英国、联邦德国、法国、日本、苏联等国使领馆协助选购了一大批当时最新的中小学教科书，空运回国，供教材编写人员研究参考。1977 年 8 月 4 日至 8 日，邓小平在北京主持召开了科学与教育工作座谈会，并做了影响中国教育乃至中国人命运的两件大事。第一件大事是恢复已经停止了十年的高考，另一件大事就是决定重新编印全国通用教材。他说："教育部要管教材，不能设想我们国家可以没有统一的中学教材。"根据邓小平同志"要组织一个很强的班子编写大中小学教材"的指示，教育部组成了由原人民教育出版社的主要编辑，以及从全国 18 个省、自治区、直辖市选借的大、中、小学教师和教育科学研究部门的教研人员构成的约 200 人的编写班子，以"全国中小学教材编写工作会议"的形式，开始草拟中小学各科教学大纲和编写全国通用的中小学教材，并成立了以教育部副部长浦通修为组长，由浦通修、教育部中学司司长肖敬若、人民教育出版社主要领导戴伯韬、叶立群、张玺恩五人组成的"全国中小学教材编审领导小组"。领导小组集体研究确定中小学教材的编写方针和各科教材的编写原则,并领导制定各科教学大纲,重大原则问题报教育部党组审定。

"全国中小学教材编写工作会议"按学科设立政治、小学语文、中学语文、数学、英语、俄语、物理、化学、生物、历史、地理、体育共 12 个编写组。生物学教材编写组组长是叶佩珉。为编好"文化大革命"后第一套全国通用中小学教材,全国中小学教材编写工作会议期间,教育部聘请 45 位知名专家担任各科教材的编写顾问,阵容空前强大。这些顾问为中小学教材建设事业提出了许多建设性的意见。生物学学科的教材编写顾问是童第周、贝时璋、王世之。

为 1978 年秋季开学的中小学生奉献一套全新的统编教科书,成为当时教育战线一项重大的"政治任务"。教育部提出要求,各学科必须在 1978 年春完成教学大纲的制定工作,小学、初中第一册教科书和教学参考书从 1978 年秋季起在全国供应,两年内出齐中小学全部教材。

1979 年 2 月 5 日,教育部、国家出版事业管理局联合召开全国教材出版发行工作会议。会议要求切实保证做到教材能"按时、足量供应学校",实现"课前到书,人手一册"的要求。

二、本阶段课程概要

(一)学制

十年"文化大革命"中,各地学制不统一。1977 年 8 月 8 日,在科学和教育工作座谈会上,邓小平同志提出"恢复小学五年,中学五年"的试行方案。1977 年 8 月,教育部召开了 11 个省、直辖市教育局局长和有关人员参加的中小学教学计划座谈会,在初步研究了 28 年教育革命正反两个方面经验的基础上,起草了《全日制十年制中小学教学计划试行草案》。会后,该草案被发到各省、自治区、直辖市教育部门征求意见。综合各地提出的意见,教育部对草案作了修改。1978 年,经国务院批准,《全日制十年制中小学教学计划试行草案》由教育部颁发。该教学计划确定以十年制为中小学的基本学制,其中小学为五年,初中为三年,高中为两年。

(二)课程设置

根据《全日制十年制中小学教学计划试行草案》,中学生物课教学内容分为初中和高中两个阶段。初中主要讲授植物、动物和生物进化的基础知识,高中主要讲授遗传变异等基础知识。中学生理卫生课,在初中阶段讲授人体构造生理、青春期卫生知识和常见病多发病的预防。青春期卫生的内容各地可根据学生发育情况提前和移后讲授。在高中阶段,利用机动时间,以6课时左右,用讲座形式进行晚婚和计划生育教育。

初中生物课于初中阶段六年级(初中一年级)开设,每周2课时,共64课时。高中生物课于高中阶段十年级(高中二年级)上学期开设,每周2课时,共30课时。生理卫生课于初中阶段七年级(初中二年级)和初中阶段八年级(初中三年级)上学期开设,每周1课时,共48课时。

"文化大革命"期间,学校的教学秩序被打乱,有的学校在"文化大革命"初期根本不上课。后来,文化课有所恢复,继续开设的中学生物学课程就被"农基"课所代替。中学生物课前后被取消了12年之久,直到《全日制十年制中小学教学计划试行草案》的颁发,才正式将"生物"和"生理卫生"课程列进教学计划之中。但是此教学计划所规定的初中生物、高中生物和生理卫生课的周课时和总课时,都是中华人民共和国成立以来最少的,这既不符合现代生物科学的性质、地位和作用,又不可能完成好生物学课程的教学任务,尤其是对培养和提高中学生的科学素质非常不利。从生物学课程的具体安排来看,初一生物课与高中生物课要相隔三年之久,生理卫生课每周只有一节课,这样安排使学生遗忘率高,知识得不到巩固,教学效果很差,并且初高中生物课和生理卫生课的总课时共计142课时,与国际上大多数国家,尤其是发达国家相比,相距太远。总之,教学计划中的生物学课程设置不合理,影响了教学大纲的制定、教材的编写和教学质量的提高。

(三)教学大纲

1977年9月,全国中小学教材编写工作会议开始草拟教学大纲。11月,全国中小学教材编写工作会议草拟的《全日制十年制学校中小学各科教学大纲

（征求意见稿）》，印发全国各省、自治区、直辖市教育局和有关部门征求意见。1978年，教育部颁发《全日制十年制学校中学生物教学大纲（试行草案）》。此教学大纲由五部分组成：教学目的和要求；确定教学内容的原则；教学内容的安排；教学中应该注意的问题；教学内容。

在"教学目的和要求"这项中，明确提出中学生物课的教学目的，是使学生获得为实现四个现代化所必需的生物科学基础知识和基本技能，为从事社会主义革命和建设，为进一步学习现代化的科学技术打好基础。通过学习，要求学生初步掌握关于生物体和生物界的发生发展规律的基础知识，了解这些知识在农业、医药、工业、国防上的应用；初步掌握生物实验的基本技能；培养学生的辩证唯物主义观点。

在"确定教学内容的原则"这项中，说明了确定教学内容的原则，包括：坚持无产阶级政治挂帅；从实现四个现代化的需要出发，选取必需的基础知识；坚持理论联系实际；注意做到少而精。

在"教学内容的安排"这项中，说明中学生物课教学内容的安排分初中和高中两个阶段。初中的教学内容，主要是关于生物个体发育和系统发育的基础知识及其在实践上的意义。高中的教学内容，主要是关于阐明生命本质的基础知识及其在实践上的意义。

在"教学中应该注意的问题"这项中，明确要求：生物教学必须重视实验；必须加强直观教学；组织和指导生物课的科技活动；处理好生物课教学同农基课教学的关系。

在"教学内容"这项中，规定的初中教学内容有：生物体的基本构造；生物的构造和功能；生物的多样性；生物与环境的关系；生物的进化；共64课时。规定的高中教学内容有：生命的基本特征；生命的起源；生物科学研究的现代成就和展望；共30课时。

（四）教科书制度

"文化大革命"结束后，全国各地的生物学课程及生物学教科书并不统一，在通用的生物学教科书出版之前，各地或新编或改编了生物学教科书，以供教学之需。1978年，人民教育出版社编写了全国通用的初中生物、高中生物和初中生理卫生课本，作为试用本在全国普遍使用。

三、本阶段教科书概貌

（一）教科书出版总体情况

本阶段，人民教育出版社出版的全国通用生物学教材共三本，包括初中两本和高中一本。这是人民教育出版社编写出版的第五套全国通用中学生物学教材。具体情况如下。

《全日制十年制学校初中课本生物全一册》（试用本），中小学通用教材生物编写组编，1978年3月第1版，人民教育出版社出版。

《全日制十年制学校高中课本生物全一册》（试用本），中小学通用教材生物编写组编，1978年11月第1版，人民教育出版社出版。

《全日制十年制学校初中课本生理卫生全一册》（试用本），中小学通用教材生物编写组编，1978年3月第1版，人民教育出版社出版。

（二）教科书的总体特点

"文化大革命"结束后，人民教育出版社编写出版的第五套全国通用生物学教材，具体来说具有以下四个特点。

1. 拨乱反正，尽力排除极"左"的影响

这套教材诞生于拨乱反正的关键时期，改正了"文化大革命"时期教材编写中在对待政治与业务、理论与实际等问题上的不适当的处理方法，注意处理好思想政治教育与文化科学知识、理论与实践、传统内容与现代科学知识的关系，因而对恢复正常的教学秩序和提高教育质量起到了重要作用。

2. 强调基础知识教学，注重基本能力培养

这套教材以学科基础知识为主，强调基础知识教学，注重基本能力培养，以纠正"文化大革命"中严重削弱基础知识与基本技能训练的错误做法。强调学习现代科学技术和参加现代化生产所必须具备的、同时又是学生能够理解和接受的那些基础知识。强调对基础知识进行精选，只学习那些符合时代需要的、仍然有用的、核心的基础知识，而对已经过时的、意义不大的学科内容则加以淘汰，以突出重点。在加强基础知识的同时，也注意基本能力的培养。基础知识是培养能力的基础和前提，通过能力的培养，又可以使学生更好地掌握和应用基础知识。

3. 教材内容逐渐与国际接轨

初中生物课虽然只有64课时，但考虑到广大农村初中毕业生多数不能升学，必须给他们讲解比较全面的生物学基础知识，并在借鉴了美国、苏联、英国等外国初中生物学课本后，确定讲述生物体的基本构造、生物的构造和功能、生物的多样性、生物和环境的关系及生物的进化等内容。这与以往将生物学分为植物学和动物学的模式有很大区别，教学内容具有综合性。

高中生物学课本，力求反映当代生物科学的新进展、新成就，突破了以往各版高中生物学课本的教学内容和编排体系。其最大的特点是内容第一次跨入分子水平，阐述了有关生命活动本质的内容，其中从分子水平讲述遗传和变异的内容是全书的重点。可以肯定地说，这版高中生物学课本基本上实现了与国际接轨，这是我国生物学教材改革史上的重要里程碑，有划时代的价值和意义。

4. 存在"深、难、重"等问题

编写教材时对"文化大革命"给学校教育所造成的恶果，如师资水平不高、学生基础差、教学仪器毁坏严重等估计不足，加上生物课的课时少且安排不合理，因而在这套生物学教材试用后，教师反映不太适应，并认为高中生物学课本存在"深、难、重"的问题。

（三）有影响的代表性人物介绍

叶佩珉，同前述。

刘植义（1933—2017）

刘植义，河北师范大学生物系教授。从事高等师范教育50多年，1989年获河北省高校教学成果一等奖。1993年获曾宪梓教育基金会高等师范院校教师奖二等奖。在科研方面，1972年承担农业部批准的"小麦杂种优势利用和小麦雄性不育机理研究"项目，曾发表多篇杂交小麦研究论文。1978年获"河北省劳动模范"称号。1995年，"小麦化学杀雄配制杂种的方法"的发明成果取得国家专利局发明专利证书。1992年被国务院评为有特殊贡献的专家，享受政府特殊津贴。1986年被国家教委聘为全国中小学教材审定委员会生物学教材审查委员会委员、负责人，长期主持全国中学生物学教材的评审工作，并参与制定、审查和修订全日制中学生物学教学大纲和生物课程标准（实验）。近年来，主编了河北版的初中生物和高中生物课程标准实验教科书。著有多本科普读物，2007

年被中国科普作家协会表彰为有突出贡献的科普作家。

四、代表性教科书

《全日制十年制学校初中课本生物全一册》（试用本）

（一）基本信息

1. 出版单位

人民教育出版社。

2. 作者与编写方式

中小学通用教材生物编写组编。

该书编写人员组成：叶佩珉、徐晋铭、任树德、刘植义、白玉蓉、刘毓森、姚精华、胡克照、王长久。

3. 出版与使用

1978年3月第1版，供十年制学校初中阶段六年级学生使用。

4. 版次与修订

该书在1978年到1981年，多次重印，作为试用本在全国普遍使用。

5. 版本介绍

［封面］1978年第1版（见图11-1）。

图11-1 《全日制十年制学校初中课本生物全一册》封面

［开本］32开。

［册数］1册。

（二）编写背景与编写依据

1978年，教育部颁发《全日制十年制中小学教学计划试行草案》和《全日制十年制学校中学生物教学大纲（试行草案）》。根据教学计划和教学大纲，教材编写人员开始着手编写"文化大革命"后的第一套全国通用教材。为了编好教材，教材编写人员研究了"文化大革命"前最后一套全国通用教材（即1963年秋季启用的十二年制中小学教材），吸收了"文化大革命"前教科书的优点，分析了"文化大革命"期间出版的各地教科书，走访并征求了专家、教师和有关部门的意见。教材编写人员在总结我国以往教材编写经验教训的同时，还认真研究了国外影响较大、各具特色的几种版本的中小学教材。最终确定了编写这套教材的指导思想：贯彻执行党的路线、方针、政策，为实现我国的四个现代化培养又红又专的人才打好基础。

（三）编写体例与教材结构

该书内容包括：绪论、生物体的基本构造、生物的构造和功能、生物的多样性、生物和环境的关系、生物的进化。课本的最后部分是实验指导，每个实验指导包括目的要求、材料用具和方法步骤等内容。

该书的目录如下。

绪论

第一章 生物体的基本构造

 第一节 细胞

  一 细胞的构造

  二 细胞的分裂和生长

 第二节 组织和器官

第二章 生物的构造和功能

 第一节 植物的构造和功能

  一 种子

  二 根

　　　　三　茎

　　　　四　叶

　　　　五　花和果实

　　第二节　动物的构造和功能

　　　　一　消化系统

　　　　二　呼吸系统和循环系统

　　　　三　排泄系统和新陈代谢

　　　　四　神经系统

　　　　五　生殖系统

　　第三节　微生物的构造和功能

　　　　一　细菌

　　　　二　放线菌

　　　　三　真菌

　　　　四　病毒

第三章　生物的多样性

　　第一节　植物的多样性

　　　　一　藻类植物

　　　　二　苔藓植物和蕨类植物

　　　　三　种子植物

　　第二节　动物的多样性

　　　　一　无脊椎动物

　　　　二　脊椎动物

　　第三节　生物的分类

第四章　生物和环境的关系

　　第一节　生物的环境因素

　　第二节　自然界碳的循环

第五章　生物的进化

　　第一节　进化的证据

　　第二节　进化的历程

第三节 进化的原因

实验

  实验一 显微镜的构造和用法

  实验二 制作装片和观察植物细胞

  实验三 观察人的口腔上皮细胞

  实验四 观察根的构造

  实验五 观察茎的构造

  实验六 观察叶的构造

  实验七 解剖家兔

  实验八 观察"5406"放线菌和青霉

  实验九 观察昆虫

  实验十 解剖青蛙

（四）内容特点

该教材在内容、编排体系方面有一定的特色。叶佩珉先生在《新中国中小学教材建设史（1949—2000）研究丛书：生物卷》中有如下论述[①]。

1. 内容方面

与以往分为植物学、动物学两本教科书不同，该书既有植物学内容，又有动物学内容，具有一定的综合性。中学生物学教材编写组考虑到广大农村初中毕业生不再升学，必须让初中学生学到比较全面的生物学基础知识，因此，初中生物学课本讲述了生物体的基本构造、生物的构造和功能、生物的多样性、生物和环境的关系以及生物的进化的内容。

2. 编排体系方面

该书按照先讲细胞、组织、器官，再讲植物体和动物体，接着讲植物的主要类群和动物的主要类群，最后上升到生物界的顺序编排。这样编排，既反映了生物体和生物界的发展规律，也符合学生的认知规律。

---

① 课程教材研究所. 新中国中小学教材建设史（1949—2000）研究丛书：生物卷[M]. 北京：人民教育出版社，2010：141.

(五）使用、地位与影响

该书在 1978 年到 1981 年，作为试用本在全国普遍使用。该书是在"文化大革命"结束后编写出版的，改正了"文化大革命"时期教材编写上的诸多问题，对恢复正常的教学秩序和提高教学质量起到了重要作用。由于编写教材时对"文化大革命"给学校教育造成的恶果估计不足，加上生物课的课时既少又安排不合理，该书在试用后，教师反映不太适应。

（六）课文精选

见图 11-2。

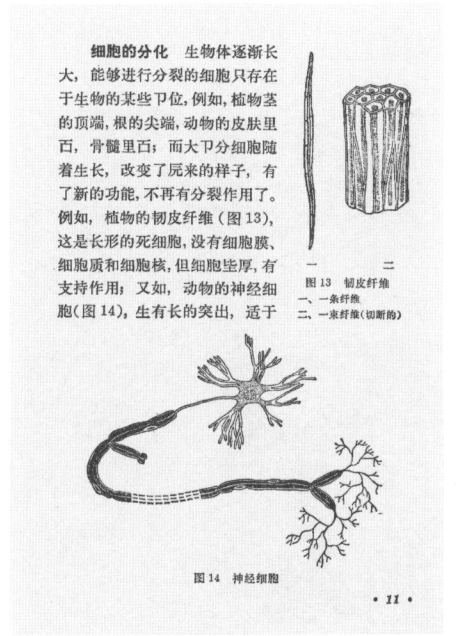

图 11-2 《全日制十年制学校初中课本生物全一册》内页展示

《全日制十年制学校高中课本生物全一册》(试用本)

（一）基本信息

1. 出版单位

人民教育出版社。

2. 作者与编写方式

中小学通用教材生物编写组编。

该书编写人员组成：叶佩珉、徐晋铭、任树德、刘植义、白玉蓉、刘毓森、姚精华、胡克照、王长久。

3. 出版与使用

1978年11月第1版，供十年制学校高中阶段十年级学生上学期使用。

4. 版次与修订

该书在1979年到1981年，多次重印，作为试用本在全国普遍使用。

5. 版本介绍

［封面］1978年第1版（见图11-3）。

［开本］32开。

［册数］1册。

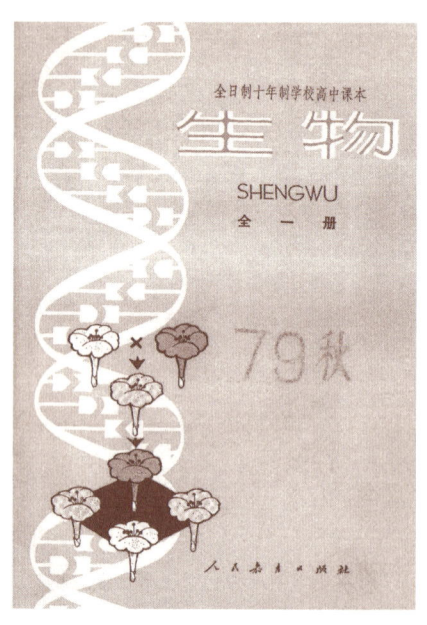

图11-3 《全日制十年制学校高中课本生物全一册》封面

（二）编写背景与编写依据

该书是在学习研究外国教材的基础上，确定了30课时应讲的教学内容。叶佩珉先生在《新中国中小学教材建设史（1949—2000）研究丛书：生物卷》一书中，对当时的编写背景和依据进行了介绍[①]。

---

① 课程教材研究所. 新中国中小学教材建设史（1949—2000）研究丛书：生物卷[M]. 北京：人民教育出版社，2010：145-146.

1978年新编高中生物学课本是一项重要而艰巨的任务，也是一项"白手起家"的工作。首先遇到的第一个难题是教学计划给的课时极少，整个高中阶段只在高中二年级上学期开设30个课时。第二个难题是，自"文化大革命"开始，中学生物课正常的教学秩序中断了十多年后，不清楚应该讲哪些内容。因为20世纪50年代以来，生物科学发展迅猛，现代生物科学已经进入揭示生命本质的阶段，发达国家的高中生物学课本主要讲述关于生命活动本质和生命活动规律的内容。

为了解决以上难题，生物编写组遵照邓小平同志的指示，从学习研究外国高中生物学教材入手。首先，由徐晋铭、叶佩珉两位同志阅读美国英文版的高中生物学课本《现代生物学》（Modern Biology）、生物科学课程研究会（The Biological Science Curriculum Study，简称BSCS）编写的BSCS黄色封面高中生物学课本和苏联高中生物学课本，分析每种高中生物学课本的编写指导思想、主要教学内容、编排体系特点、生物科学新知识、实验和实习项目、文字叙述风格、彩图和其他插图以及版面设计等。然后，组织生物学教材编写组同志翻阅这三种课本。最后，归纳总结出这三种外国高中生物学课本的共同特点是：在初中生物课的基础上，进一步探究生命的本质和生命活动的规律；教学内容主要包括细胞学说、能量转化、生长和发育、遗传、进化、生态学、系统分类学、生源说、疾病、行为等十大部分，反映现代生物科学的新进展。经过学习研究，中学生物学教材编写组了解了国外高中生物学教科书改革的方向和发展趋势，并将其作为编写高中生物学教科书的主要依据和参考。

中学生物学教材编写组将有限的30课时用来讲述现代生物科学的先进内容，主要包括生命的物质基础和结构基础、新陈代谢、生殖发育及其调节、遗传和变异等内容。遗传和变异这个单元是全书的重点，讲述了孟德尔、摩尔根遗传学说的基本知识和原理，包括基因的分离定律、自由组合定律和连锁互换定律。

此外，本册教材的编写也始终遵循《全日制十年制学校中学生物教学大纲（试行草案）》的规定。

（三）编写体例与教材结构

该书内容包括：前言、生命的物质基础和结构基础、生命的基本特征、关于生命起源的研究、生物科学研究的现代成就和展望。课本的最后部分是实验指导，每个实验指导包括目的要求、材料用具（实验材料）、方法步骤等内容。

该书的目录如下。

前言

第一章 生命的物质基础和结构基础

  第一节 生命的物质基础

  第二节 生命的结构基础

    一 细胞的结构和功能

    二 细胞的繁殖

第二章 生命的基本特征

  第一节 新陈代谢

    一 生物的能源

    二 同化作用

    三 异化作用

  第二节 生殖和发育

    一 生殖

    二 发育

  第三节 生长发育的调节和控制

    一 植物激素

    二 动物激素

  第四节 遗传和变异

    一 遗传的物质基础

    二 遗传的基本规律

    三 细胞质遗传

    四 生物的变异

第三章 关于生命起源的研究

第四章 生物科学研究的现代成就和展望

  第一节 分子生物学

  第二节 仿生学和生态学

实验一　细胞的有丝分裂

实验二　观察玉米杂种后代粒色的分离现象

（四）内容特点

该书主要阐述生命本质的基础知识，叶佩珉先生对该书的特点总结如下①。

1. 教学内容方面

1978年版的高中生物学课本，最大的特点是：这是中华人民共和国成立以来高中生物学课本的内容第一次跨入分子水平。在该书中，不仅介绍了分子生物学的基础知识，并且从分子水平阐述了生命活动的本质和生命活动的规律，尤其是遗传和变异这个单元。因此，这本高中生物学课本的教学内容基本上实现了与国际接轨，这在我国生物学教材改革发展史上是一次飞跃和创新。

后来的大量事实证明，1978年版的高中生物学课本的编写指导思想是正确的。因为1981年版高中生物学课本、1983年版高中生物学课本的甲种本和乙种本、1986年版高中生物学课本（全一册）以及1997年版高中生物学（试验本·必修）等不同版本的高中生物学课本，都是在继承了1978年版的高中生物学课本的编写指导思想、主要教学内容、教材编排体系等一系列优点和成功经验的基础上，进一步充实、提高、改革、创新的。由此可见，一本好的教科书，它的生命力是相当长的，对后续教材改革的影响是深远的。

2. 编排体系方面

该书突出了第二章"生命的基本特征"，而在这章中又突出了第四节"遗体和变异"，在这节中重点讲了遗传的物质基础、遗传的基本规律、细胞质遗传、生物的变异。可以说，遗传和变异这节是这册教科书的"重中之重"，占有全书41%的篇幅。

（五）使用、地位与影响

该书在1978年到1981年，作为试用本在全国普遍使用。该书改正了"文化大革命"时期教材编写上的诸多问题，对恢复正常的教学秩序和提高教学质量起到了重要作用。

---

① 课程教材研究所. 新中国中小学教材建设史（1949—2000）研究丛书：生物卷[M]. 北京：人民教育出版社，2010：146-147.

该高中生物学课本,力求反映当代生物科学的新进展、新成就。该书最大的特点是内容第一次跨入分子水平,阐述有关生命活动本质的内容。这版高中生物学课本基本上实现了与国际接轨,这是我国生物学教材改革史上的重要里程碑,有划时代的价值和意义。但是,该套教材同样存在知识偏难等问题。

(六)课文精选

见图11-4。

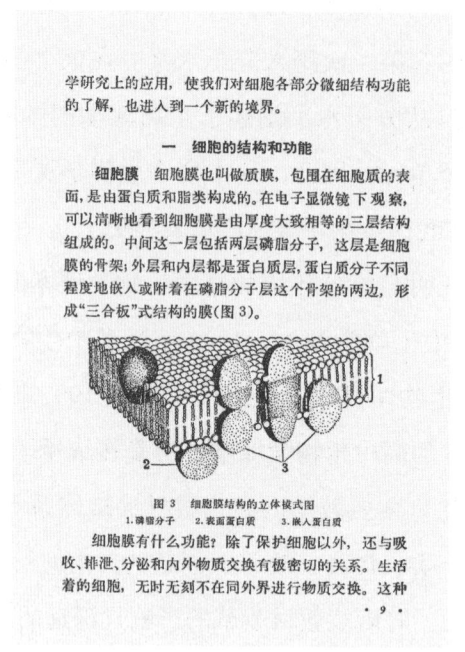

图11-4 《全日制十年制学校高中课本生物全一册》内页展示

《全日制十年制学校初中课本生理卫生全一册》(试用本)

(一)基本信息

1. 出版单位

人民教育出版社。

2. 作者与编写方式

中小学通用教材生物编写组编。

该书编写人员组成:叶佩珉、徐晋铭、任树德、刘植义、白玉蓉、刘毓森、姚精华、胡克照、王长久。

3. 出版与使用

1978年3月第1版，供十年制学校初中阶段七年级、以及八年级上学期的学生使用。

4. 版次与修订

该书在1978年到1981年，多次重印，作为试用本在全国普遍使用。

5. 版本介绍

［封面］1978年第1版（见图11-5）。

［开本］32开。

［册数］1册。

图11-5 《全日制十年制学校初中课本生理卫生全一册》封面

（二）编写背景与编写依据

1978年教育部颁发《全日制十年制学校中学生理卫生教学大纲（试行草案）》。此教学大纲由四部分组成：教学目的和要求；教学内容的确定和安排；教学中应注意的几个问题；教学内容。该生理卫生教学大纲的内容特点如下。

在教学大纲的前言中，明确提出："生理卫生是研究人的生命活动规律和卫生保健的一门学科。把有关生理卫生的科学知识应用于实际，并同群众性的爱国卫生运动相结合，有助于达到减少疾病，增进健康，移风易俗，改造国家的目的。因此，中学开设生理卫生课，对于全面贯彻党的教育方针、促进学生德、智、体全面发展，为建设社会主义的现代强国培养人才，具有重大的意义。"

在"教学目的和要求"这部分，指出生理卫生课教学必须以毛主席的教育思想为指导，要结合教学内容对学生进行思想政治教育。

在"教学内容的确定和安排"这部分，1978年版生理卫生教学大纲提出了三条原则：政治统帅业务，理论联系实际，少而精。

在"教学中应注意的几个问题"这部分，1978年版生理卫生教学大纲明确提出了两个问题。一个是必须重视青春期卫生和晚婚、计划生育的教育，另一个是要密切同体育课和学校卫生工作相配合，共同完成增强学生体质的任务。

综上所述，1978年生理卫生教学大纲认真贯彻了党的教育方针，它要求生理卫生课在使学生获得关于人体的构造和生理基础知识的同时，促进学生在德、智、体三方面全面发展。该书就是根据该教学大纲的规定和要求，并结合这套教材的编写指导思想来编写的。

（三）编写体例与教材结构

该书除附表外，内容包括：绪论、人体概述、运动系统、循环系统、呼吸系统、消化系统、新陈代谢、排泄系统、内分泌系统、神经系统和感觉器官、生殖系统、青春期生理卫生、爱国卫生运动。从章节安排可以看出，该书主要介绍的是人体几大系统的构造、生理功能及卫生保健，并通过新陈代谢将不同的系统联系起来，使学生获得一个整体的、动态的认识。

该书的目录如下。

绪论
第一章 人体概述
第二章 运动系统
　　第一节 骨胳
　　第二节 骨胳肌
　　第三节 运动系统的锻炼和保健
第三章 循环系统
　　第一节 血液

第二节　血管和心脏

　　第三节　血液循环

　　第四节　淋巴系统

　　第五节　体育锻炼对心脏的影响

第四章　呼吸系统

　　第一节　呼吸系统的构造和机能

　　第二节　呼吸运动和气体交换

　　第三节　体育锻炼对呼吸系统的影响

第五章　消化系统

　　第一节　食物的成分和作用

　　第二节　消化系统的构造和机能

　　第三节　消化系统的卫生保健

第六章　新陈代谢

　　第一节　物质代谢

　　第二节　能量代谢

第七章　排泄系统

　　第一节　泌尿系统

　　第二节　皮肤

第八章　内分泌系统

第九章　神经系统和感觉器官

　　第一节　神经系统

　　　　一　神经系统的组成

　　　　二　脊髓和脊神经

　　　　三　脑和脑神经

　　　　四　脑的高级机能

　　　　五　神经系统的卫生保健

　　第二节　感觉器官

　　　　一　眼

　　　　二　耳

　　　　三　其他感觉器官
　　第十章　生殖系统
　　　　第一节　生殖系统的构造和机能
　　　　第二节　胚胎的发育和营养
　　第十一章　青春期生理卫生
　　　　第一节　青春期发育的特点
　　　　第二节　青春期卫生
　　第十二章　爱国卫生运动
　　　　第一节　除四害，讲卫生
　　　　第二节　常见传染病的预防
　　附表1　主要植物性食物的成分
　　附表2　主要动物性食物的成分

（四）内容特点

该书的教材体系安排和教学内容的深度、广度与1964年版生理卫生课本基本相同，主要的区别如下。

首先，该书增加了反映现代生理学科研成果的内容并注重理论联系实际。在许多章的最后一个小节安排了相应系统的卫生保健知识，这样把人体系统的构造、机能和生理的知识同增强身体健康的内容紧密联系起来，不仅加深了学生对理论知识的理解，也有利于学生把所学的知识应用到日常生活中去。其次，增加了讲述青春期生理卫生的章节，让学生了解人体在青春期生长发育的基本规律、生理变化和卫生保健的知识，有利于他们的健康成长。最后，在部分章节还编排了一些与内容相适应的小实验，这不但可以让学生掌握一些简单的进行科学实验的技能，而且可以培养学生分析问题、解决问题的能力。

（五）使用、地位与影响

该书在1978年到1981年，作为试用本在全国普遍使用。该书改正了"文化大革命"时期教材编写上的诸多问题，对恢复正常的教学秩序和提高教学质量起到了重要作用。但由于"文化大革命"的影响以及受限于课时数量，该书的教学效果不太理想。

第十二章（上） 调整学制、课程，编写中学生物学教科书——编写全日制六年制、五年制中学生物学教材（1981—1983）

一、本阶段的教育发展与改革背景

（一）确立教育在现代化建设事业中的战略地位

1982年9月，党的十二次全国代表大会把农业、能源和交通、教育和科学共同列为国家经济发展的战略重点，明确提出了教育的战略地位和今后的任务。中共十二大报告《全面开创社会主义现代化建设的新局面》指出："在今后二十年内，一定要牢牢抓住农业、能源和交通、教育和科学这几个根本环节，把它们作为经济发展的战略重点。""必须大力普及初等教育，加强中等职业教育和高等教育，发展包括干部教育、职工教育、农民教育、扫除文盲在内的城乡各级各类教育事业，培养各种专业人才，提高全民族的科学文化水平。"这是中国共产党历史上首次将教育提高到国家经济发展的战略重点之一，对推动我国教育事业的改革与发展产生了深远而持久的影响[①]。

（二）加强教育法制建设，保障教育改革和发展

1982年制定的宪法，在总纲中将教育单列一条并充实了内容，该部宪法直接调整或涉及教育的条款共11处，以国家根本大法的形式为新时期教育立法奠定了最高法律准则。

（三）"三个面向"的教育发展方针

1983年10月，邓小平为北京景山学校成立20周年题词：教育要面向现代化，面向世界，面向未来。这就是著名的"三个面向"。"三个面向"指明了新的历史时期教育发展的战略方向。

---

① 方晓东，李玉非，毕诚，等. 中华人民共和国教育史纲[M]. 海口：海南出版社，2002：355-356.

（四）教育体制改革的全面启动

1983年4月，国务院批转教育部、国家计委《关于加速发展高等教育的报告》。该报告提出，为了实现党的十二大确定的奋斗目标，教育必须先行，加速发展高等教育刻不容缓。国家确定用专款为一批重点高等院校建设比较先进的教学实验设施，新建和扩建一批实验中心。与此同时，采取广播电视大学、函授大学、夜大学、管理干部学院、教师进修学院等多种形式发展高等教育。中小学教育是基础，要大力培养中小学师资，帮助他们提高教学水平。要在全社会养成尊重教师的良好风气。要普及小学教育和初中教育，扫除青壮年中的文盲。到1985年，争取全国大部分县普及或基本普及小学教育，城市普及初中教育。

1983年5月，国务院发出《关于加强和改革农村学校教育若干问题的通知》，提出了在农村经济迅速发展的新形势下，普及初等教育的任务和应当采取的方针、措施。1983年8月，教育部发出《关于普及初等教育基本要求的暂行规定》。

二、本阶段课程概要

（一）学制

1979年以来，学生的负担过重问题越来越突出了。因此，需要采取改革学制、修改教学计划的办法来解决这个问题。教育部在1981年4月，编制、颁发了《全日制六年制重点中学教学计划试行草案》和《全日制五年制中学教学计划试行草案的修订意见》，并要求一般中学在1985年之前过渡为六年制。在指导思想上明确提出，要防止和克服学生负担过重的问题。

1.《全日制五年制中学教学计划试行草案的修订意见》

教育部1978年1月颁发的《全日制十年制中小学教学计划试行草案》中规定，小学五年，中学五年，中学又分为初中三年，高中二年。经过两年多的实践发现：这个教学计划在课程设置等方面需要修订；中学五年较难完成教学任务；小学五年，学生毕业后不能升学的，年龄太小不利于就业。因此，教育部1981年颁发了《全日制五年制中学教学计划试行草案的修订意见》和《全日制五年制小学教学计划（修订草案）》。

2. 《全日制六年制重点中学教学计划试行草案》

教育部在颁发这个教学计划的通知中提出中学学制定为六年,多数地区可争取在 1985 年前,把中学学制改为六年。重点中学教学计划的说明中提出:本教学计划适用于重点中学,也适用于条件(包括师资、设备和学生的学习基础等)比较好的中学。

3. 中学教学计划的几个特点

(1)重视文化知识科目的教学,适当增加了生物、历史、地理等学科的课时,提高了教学要求。

(2)加强了美育。

(3)六年制中学教学计划,在高中开设了选修课。

(4)开设了劳动技术课,取消了农业基础知识课。

该中学教学计划的这些特点,既反映了我国 20 世纪 80 年代中学教育发展的新要求,也反映了当时世界各国课程改革的基本趋势。

(二)课程设置

1. 生物学课程设置

1978—1981 年,教育部先后颁发了三个中学教学计划,各个中学教学计划中规定的生物学课程,见表 12-1。

表 12-1 1978—1981 年中学生物学课程设置

教学计划		科目	每周时数						上课总时数
时期	名称		初中			高中			
			一年级	二年级	三年级	一年级	二年级	三年级	
1978 年	全日制十年制中小学教学计划试行草案	生物	2				2		94
		农基			1/2		2		78
		生理卫生		1	1				48
1981 年	全日制六年制重点中学教学计划试行草案	生物	2	2				2	192
		生理卫生			2				64
1981 年	全日制五年制中学教学计划试行草案的修订意见	生物	2	2			2		192
		生理卫生			2				64

注:表中"/"的左上表示上学期,右下表示下学期;无"/"的表示一学年。

2. 生物学课程设置的特点

1978 年颁发的《全日制十年制中小学教学计划试行草案》，使"文化大革命"中被取消 12 年之久的生物学课程得到恢复和新生。但这个教学计划尚有一些待改进的问题，如学制过短、只设了必修课等。

1981 年颁发的全日制六年制、五年制中学教学计划，由于突出了中学阶段的基础教育性质，课程设置比较全面、科学、合理，并且规定高中开设选修课等，为 1986 年九年义务教育教学计划的制定奠定了较好的基础。

1981 年的《全日制六年制重点中学教学计划试行草案》在"课程设置说明"中指出：讲授生物体（植物、动物、人体）生长发育的规律和生物界发生发展规律的基础知识；培养学生掌握生物实验实习的基本技能。此外，该教学计划试行草案还提出：人口教育在高中三年级上学期开设讲座，并在生理卫生、生物、地理等课内结合进行。

关于生物学课程的开设年级和课时，教学计划规定如下。

初中一年级开设植物学，每周 2 课时，共计 64 课时。

初中二年级开设动物学，每周 2 课时，共计 64 课时。

初中三年级开设生理卫生，每周 2 课时，共计 64 课时。

高中三年级（五年制在二年级）开设生物学，每周 2 课时，共计 64 课时。

这个教学计划规定的生物课，共开设 4 年，周课时为 2 课时，总课时为 256 课时。

按照这个计划，生物课的课时比 1978 年的计划增加了，基本恢复到 20 世纪 60 年代的水平。

（三）教学大纲

叶佩珉先生在《新中国中小学教材建设史（1949—2000）研究丛书：生物卷》中对这部分内容进行了详细的论述[①]。

1. 生物学和生理卫生教学大纲的起草工作

1981 年 4 月，教育部颁发了《全日制六年制重点中学教学计划试行草案》和《全日制五年制中学教学计划试行草案的修订意见》，在这两个教学计划中，

---

① 课程教材研究所. 新中国中小学教材建设史（1949—2000）研究丛书：生物卷[M]. 北京：人民教育出版社，2010：158-160.

对生物课开设的年级和课时作了新的规定，生物课的课时比1978年的中学教学计划中的规定增加了114课时。因此，需要尽快起草新的生物学和生理卫生教学大纲，并且编写新的教材。

人民教育出版社生物编辑室，接受教育部的委托，于1981年下半年起草了中学生物学和生理卫生两个教学大纲的初稿。并且在1981年9月中旬，召开了中学生物学教材改革座谈会。座谈会讨论了中学生物学教材改革的方向和编写原则，对教学大纲初稿中各部分教学内容的安排，提出了修改意见。1981年年底，人民教育出版社生物编辑室以教育部的名义，将这两个教学大纲的征求意见稿发至全国各省、自治区、直辖市教育厅（局），并且在《生物学通报》杂志1982年第1、2期上发表，进一步广泛地征求生物教师、教研人员和有关同志的意见。后来，人民教育出版社生物编辑室根据各有关方面提出的意见，对教学大纲征求意见稿进行了修改。

2. 生物学和生理卫生教学大纲的基本精神

1981年秋，人民教育出版社生物编辑室代教育部起草生物学和生理卫生教学大纲时，总的指导思想是全面贯彻党的教育方针，为适应社会主义现代化建设的需要，为学生升学和就业打下必要的基础。中学生物学教材的改革，必须在总结中华人民共和国成立30多年来编写全国通用生物学教材的经验，并且借鉴国外生物学教材改革的经验，以及吸取各地生物学教学改革经验的基础上进行。

生物学和生理卫生这两个教学大纲的说明部分对课程的性质和任务、教学目的要求、确定教学内容的原则、教学内容的安排等进行了阐述，比较集中地体现了教学大纲的基本精神。

（1）明确指出生物学课程的性质和任务

在生物学和生理卫生教学大纲中，首先明确指出生物学课（包括植物学、动物学、高中生物）和生理卫生课，是接受中等文化科学教育的公民必修的基础课程。通过生物学和生理卫生课的学习，使学生掌握生物学、生理卫生的基础知识和基本技能，发展学生的智力，培养学生的能力，为学生进一步学习生物学、农业、医学等文化科学知识，参加农业生产和其他工作打下必要的基础。

（2）明确提出了四个方面的教学目的要求

在生物学和生理卫生两个教学大纲中，都明确提出了知识教育、思想教育、基本技能和培养能力四个方面的教学目的要求，贯彻了促进学生全面发展的教育方针的要求。

第一，要求学生掌握生物学、生理卫生的基础知识，以及这些知识在工业、农业、医药、国防、人体保健等方面的应用。

第二，通过生物学、生理卫生基础知识的学习，对学生进行辩证唯物主义和爱国主义的思想教育。

第三，要求学生掌握使用显微镜、制作临时装片和徒手切片、做简单的生理实验等基本技能。

第四，培养学生自学生物学知识的能力，观察动植物的形态结构、生理功能和生殖发育的能力，分析和解释一些生物现象的初步能力。

（3）规定了选取教学内容的原则和教学内容的安排

选取生物学和生理卫生教学内容，首先，要从学生今后进一步学习和参加社会主义现代化建设的需要出发；其次，必须做到理论密切联系工农业生产实际、各地自然实际和学生日常生活实际；最后，力求深入浅出地反映现代生物科学水平。初中阶段学习比较浅显的、侧重于生命现象的植物学、动物学和生理卫生的内容；高中阶段学习生物的基本特征，生命活动的共同规律的内容。

（四）教学内容

1. 初中和高中教学内容的安排

当时我国的中学学制，初中和高中是两个学习阶段。因此，中学生物课也分为初中和高中两个阶段。初中阶段讲述感性的、比较浅显的、侧重生命现象的植物学、动物学和生理卫生的内容。其中植物学与动物学主要是讲关于动植物个体的生活习性、形态结构、生理、分类的知识，动植物进化和生态学方面的知识。由于植物的结构比动物的简单，门类也比动物的少，因此先讲植物学，后讲动物学。

高中阶段讲述的生物学知识，是在初中植物学、动物学和生理卫生教学内容的基础上，讲述生物共性的、比较深难的、较多涉及生命本质的教学内容。主要是关于细胞、新陈代谢、调节、生殖和发育、遗传和变异、生命的起源、生物的进化和生态学方面的知识。初中和高中两个阶段所讲的生物学基础知识，既有所分工，又互相衔接，高中生物学是初中生物学知识的综合、概括和提高。

2. 植物学、动物学、生理卫生、生物学各部分教学内容的安排

植物学教学内容分为三个部分。第一部分,首先集中讲述绿色开花植物,其中包括植物体的基本结构——细胞、组织、器官,种子、根、叶、茎、花、果实各个器官的形态结构和生理,以及绿色开花植物的分类。第二部分讲述植物的主要类群——藻类植物、菌类植物、苔藓植物、蕨类植物、种子植物的形态结构、生活习性和主要特征,以及植物界进化的证据、路线和原因。第三部分,讲述植物的群落、植物群落的地理分布、我国珍贵的稀有野生植物资源及其保护。

动物学的教学内容,是按照动物进化的顺序,由低等到高等依次讲述动物界的主要类群。无脊椎动物依次讲述原生动物门、腔肠动物门、扁形动物门、线形动物门、环节动物门、软体动物门、节肢动物门和棘皮动物门。脊椎动物依次讲述鱼纲、两栖纲、爬行纲、鸟纲、哺乳纲。主要是通过代表动物,讲述这些动物的生活习性、形态结构、生理和分类。然后,应用比较解剖学、胚胎学、古生物学上的证据,总结出动物界的进化路线和进化规律。最后,从生态学的观点,来讲述动物的地理分布和动物的自然保护。

生理卫生的教学内容,分为五个部分。第一部分为皮肤和运动系统。第二部分为循环系统、呼吸系统、消化系统、新陈代谢和泌尿系统。第三部分为内分泌系统和神经系统。第四部分为生殖和发育。第五部分为传染病。

高中生物学的教学内容,分为三个部分。第一部分是有关细胞的知识,包括细胞的成分、结构、生理和分裂。第二部分是有关生物个体的知识,包括生物的新陈代谢、调节、生殖和发育、遗传和变异。第三部分是有关生物界的知识,包括生命的起源、生物的进化、生物与环境的关系。

三、本阶段教科书概貌

(一)教科书出版总体情况

教育部于 1981 年 9 月召开了中学生物学教材改革座谈会。人民教育出版社在总结 1978 年中学生物学、生理卫生教学大纲和教材使用的经验基础上,走访

有关生物学专家和高等院校的教师，吸收了中华人民共和国成立以来，特别是1963年和1964年版教材编写的经验；同时参考了某些国家的中学生物学教材后，编写出版了第六套全国通用的生物学教材，从1982年开始陆续供应。该阶段的主要教科书如下。

《初级中学课本植物学全一册》（试用本），李沧等编，1982年2月第1版，人民教育出版社出版。

《初级中学课本动物学全一册》（试用本），叶佩珉等编，1983年1月第1版，人民教育出版社出版。

《初级中学课本生理卫生全一册》（试用本），任树德等编，1983年1月第1版，人民教育出版社出版。

《高级中学课本生物全一册》，人民教育出版社生物编辑室编，1982年2月第1版，人民教育出版社出版。

（二）教科书的总体特点

人民教育出版社编写的第六套全国通用生物学教材的特点是切实加强了双基教学，重视了实验教学，注意联系学生生活和生产实际，增加了现代生物科学的基础知识，尤其是高中生物学教材，扩展了细胞生物学、遗传学、分子生物学、生态学和环境保护等内容，是中华人民共和国成立30余年编出的最好的一本高中生物学教材，无疑是教材建设史上的重大成就。

（三）有影响的代表性教科书总体介绍

这个时期编写的生物学课本，与1978—1979年的全日制十年制生物学课本比较，具有以下改革特点[①]。

（1）初中植物学课本：编排体系有所调整；精简了过细的形态结构的描述；扩大了生理知识的范围；贯穿了动态的观点，渗透了生态学的观点；进行了爱国主义思想教育；编写方式有所改革。

（2）初中动物学课本：按照动物进化体系编排，反映了动物的进化历程和进化规律，也反映了组成动物界的四个层次——动物细胞，动物个体，动物种群，动物群落；突出了动物进化观点和动物生态学观点；进行了爱国主义和辩

---

① 叶佩珉. 生物学课程教材改革探索［M］. 北京：人民教育出版社，2002：226-227.

证唯物主义观点的教育；编写方式有所改革。

（3）初中生理卫生课本：编排体系作了调整；教学内容比较充实，生理知识比较系统，形态结构知识比较详细；知识面比较广，基础知识比较全面，难易程度合适，联系实际较好；适当增加了免疫学科学研究和计划生育等内容；学生实验实习增多；编写方式有所改革。

（4）高中生物学课本：1982年版的高中生物学课本，是在1978年版高中生物学课本的基础上修订而成的。课本的主要内容和编排体系不变；适当扩大了知识面，增加了生殖和发育、生命的起源、生物的进化、生物与环境的关系等内容；适当加强了实验；叙述方式有所改变。

总之，这套全国通用的中学生物学教材，在思想性、科学性、系统性、智力和能力的培养以及编写方式上，都作了进一步的改革，质量有很大提高。

（四）有影响的代表性人物介绍

李沧、任树德、叶佩珉，同前述。

四、代表性教科书

《初级中学课本植物学全一册》（试用本）

（一）基本信息

1. 出版单位

人民教育出版社。

2. 作者与编写方式

李沧、段芸芬、刘真编。

3. 出版和使用

该书第 1 版出版于 1982 年 2 月，供初中一年级学生使用。

4. 版次与修订

1982 年 2 月第 1 版，此后无修订。

5. 版本介绍

［封面］1982年2月第1版（见图12-1）。

［开本］32开。

［册数］1册。

图12-1 《初级中学课本植物学全一册》封面

（二）编写背景与编写依据

《全日制六年制重点中学教学计划试行草案》规定初中一年级开设植物学，授课一学年，每周2课时，共计64课时。

李沧先生在《试论初中植物学教材的改革》一文中对该书的编写背景与依据进行了说明[①]。原来初中使用的生物学课本，是植物学、动物学混合编写的，编排体系不免较乱，加之受到课时限制，基础知识不够完全，经过几年的教学实践，证明它不太适用于教学。为此，广大生物教师迫切要求加以改革。1981年教育部重新修订了中学教学计划，给初中生物学课程增加了一倍的课时（由64课时增加到128课时），这就为改革初中生物学课本创造了有利的条件。

新编植物学课本必须适应新形势的要求进行改革。改革的方向，应该是在

---

① 李沧. 试论初中植物学教材的改革［J］. 课程·教材·教法，1981（4）：8-12.

1963年版植物学课本的基础上，继承其优点，改正其缺点，同时吸取 1978 年以来使用的初中生物学教材的可取之处。

1982 年，人民教育出版社生物编辑室依据生物学教学大纲修改稿的基本精神及修改稿中确定的指导思想、编写原则和教学内容，回顾了历史经验，考虑了各地意见，并且吸取了 1963 年初中植物学课本、近年全国通用的初中生物学课本以及北京教育学院主编的初中生物学课本（上册）等的优点，编写了 1982 年版初中植物学教材。新编植物学课本是根据当时新制定的中学教学计划所规定的开设年级（初中一年级）和授课时数（64 课时）编写的。与此同时，根据新的形势，该书在内容上和形式上都作了一些改革。

（三）编写体例与教材结构

该书除绪论外，共分为三编，后附有九个实验。

该书的目录如下。

绪论

第一编 绿色开花植物

 第一章 植物体的基本结构

  第一节 细胞

  第二节 组织和器官

 第二章 种子

  第一节 种子的结构

  第二节 种子的成分

  第三节 种子的萌发

  第四节 种子的休眠和种子的寿命

 第三章 根

  第一节 根的形态

  第二节 根的结构

  第三节 根对水分的吸收

  第四节 根对无机盐的吸收

 第四章 叶

第一节　叶的形态

　　第二节　叶的结构

　　第三节　叶的光合作用

　　第四节　叶的呼吸作用

　　第五节　叶的蒸腾作用

第五章　茎

　　第一节　芽和芽的发育

　　第二节　茎的形态

　　第三节　茎的结构

　　第四节　茎的输导作用

　　第五节　茎的繁殖作用

第六章　花和果实

　　第一节　花的结构

　　第二节　花的种类和花序

　　第三节　开花和传粉

　　第四节　受精和果实、种子的形成

　　第五节　果实的结构和种类

　　第六节　开花结果与根、叶、茎生长的关系

第七章　绿色开花植物的分类

　　第一节　植物分类的原则

　　第二节　绿色开花植物的几个科

　　　　一　双子叶植物纲

　　　　二　单子叶植物纲

第二编　植物的类群

第一章　藻类植物

　　第一节　绿藻

　　第二节　其他藻类植物

第二章　菌类植物

　　第一节　细菌

第二节　放线菌

第三节　真菌

一　酵母菌和霉菌

二　食用真菌

第三章　地衣植物

第四章　苔藓植物

第五章　蕨类植物

第六章　种子植物

第一节　裸子植物

第二节　被子植物

第七章　植物的进化

第一节　植物进化的证据和进化的历程

第二节　植物进化的原因

第三编　植物群落

第一章　植物群落的组成和结构

第一节　水池植物群落

第二节　森林植物群落

第三节　植物群落的特点

第二章　我国植物群落的地理分布

第三章　我国珍贵的植物资源

第四章　植物资源的保护

实验

实验一　认识显微镜的结构，练习使用显微镜

实验二　制作临时装片，观察植物细胞

实验三　观察根毛，观察根尖的结构

实验四　观察叶的结构

实验五　验证绿色植物在光下制造淀粉

实验六　观察茎的结构

实验七　观察衣藻和水绵

实验八　观察细菌、酵母菌和青霉

实验九　采集和制作植物标本

（四）内容特点

李沧先生在《新编初中〈植物学〉课本的一些改革》一文中对该书的特点进行了总结与分析①。

1. 教材体系的调整

全书内容分为三编：第一编，绿色开花植物；第二编，植物的类群；第三编，植物群落。安排这三编的考虑是：绿色开花植物是自然界种类最多分布最广、与"人生"的关系最密切的一大类植物，它们是学生在认识植物界时首先需要认识的。然而，自然界并不是只有绿色开花植物，还有各种各样的植物类群；自然界的多种植物也不是每种单独生存的，而是组成各种各样的植物群落。所以，在绿色开花植物之后，还必须讲述植物的类群和植物的群落，这样介绍植物界的知识才比较系统完备。在这三编中首先讲述绿色开花植物还有一个重要意义，就是可以为后面讲述植物的类群和植物的群落，打下形态、构造、生理方面的知识基础。

2. 教材内容的变动

这本植物学课本的教学内容，从以下五个方面作了改进。

（1）压缩植物形态知识，加强植物生理知识

一般的植物形态知识，形象生动，浅显易懂，学生在小学阶段就可以接受。为此，该课本对形态方面的内容采取了两种处理办法：一种是在小学自然课本中已有的这里就略去不讲（如种子和果实的散布）；另一种是尽量精简压缩，节省课时。

所谓加强生理，并不是增加生理知识的深度，只是扩大了一些知识范围，以便较多地联系生产实际和生活实际。例如，在讲述叶的结构和功能时，联系讲到秋季落叶和叶色由绿变黄或变红的原因；在分别讲过各个营养器官和生殖器官以后，总结性地讲到营养生长与生殖生长的关系及其调节等。

---

① 李沧. 新编初中《植物学》课本的一些改革 [J]. 人民教育，1982（6）：57-58.

（2）贯穿动态的观点

过去的中学植物学课本，往往把植物体描述成静止的，讲述各个器官的生理活动常常是孤立的。该课本注意改变了这种状况。例如，在细胞一节中加入了"细胞质流动"的内容；在种子一章中既讲述种子的萌发，又讲到种子的休眠等。这里所说的动态观点，是指一个植物体本身经常处在动态的平衡之中：就一个活的细胞来说，它的细胞质是在不停地流动着，并且在流动中不断地与外界环境进行着物质交换；就各个器官来说，它的生理活动并不是孤立进行的，而是与其他器官的生理活动相互联系和相互制约的。这种讲法，不仅可以避免把生物讲成死物，而且可以防止学生用静止的、孤立的观点去看待植物体，从而能够潜移默化地对学生进行辩证唯物主义观点的教育。

（3）渗透生态学的知识

随着环境保护的需要和科学研究的发展，生态学日益显示出它的重要地位和突出作用。因此，植物生态学知识也应该属于中学植物学不可缺少的基础知识。植物生态学知识不能只限于专章讲述，而应该渗透到各个章节中去。为此，在该课本中除了第三编专门讲述植物群落的知识外，还在根、叶、茎各章中，讲述这些器官的生理功能时，都涉及它们的生理功能与外界环境的相互关系。在植物的类群和植物的群落两编中，都有反映植物与外界环境具有相互关系的内容。这样的内容安排不仅可以使学生获得必要的基础知识，还可以使他们了解植物与外界环境具有相互依存的关系，植物既受外界环境的影响，同时也影响外界环境，不能片面地看待其中的任一方。

（4）注意进行思想教育

该课本从两个方面来进行思想教育：一个是辩证唯物主义观点的教育，一个是爱国主义教育。在辩证唯物主义观点的教育方面，除上述防止学生用静止的、孤立的、片面的观点去看待一个植物体和整个植物界外，该课本还注意培养学生学习和了解进化观点，这也是一个重要的辩证唯物主义观点。在爱国主义教育方面，该课本在绪论中简要地谈到了我们的祖先早已重视研究植物，并且我国古代在植物研究方面已经取得相当的成就。此外，该课本还在第三编专章介绍了我国的珍贵植物——银杉、珙桐、银杏、水杉，等等。通过这些事例，也可以激发学生的爱国热情。

（5）适当扩大知识面

中学植物学课本，知识深度不宜偏深，但知识面还可以适当加宽。这样有利于开阔学生的眼界，使他们能够获得较多的常识。该课本在课时允许的前提下，注意了适当解决这个问题。其中最突出的一例是，在第二编植物的类群中增加了地衣这一类群。此外，在其他的植物类群中，除了以讲述代表植物为主，也尽量列举了一些常见的有用的类例。例如，在讲过大型真菌——蘑菇以后，还联系提到木耳、银耳、灵芝等有用真菌。这样附带提到一些类例，既不致加重学生负担，又便于增广见闻。

（五）使用、地位与影响

该初中植物学课本于1982年秋季开始在全国使用。该课本调整了编排体系，渗透了形态学知识，加强了生理学和生态学知识，注重内容与农业生产的联系，重视并加强了学生智力的发展和能力的培养。因此，与1963年版植物学课本相比，该课本的知识内容较为充实生动，反映了现代植物科学水平，更加具有中国特色。

《初级中学课本动物学全一册》（试用本）

（一）基本信息

1. 出版单位

人民教育出版社。

2. 作者与编写方式

叶佩珉、段芸芬编。

3. 出版和使用

该书第1版出版于1983年1月，供初中二年级学生使用。

4. 版次与修订

1983年1月第1版，此后无修订。

5. 版本介绍

［封面］1983年1月第1版（见图12-2）。

［开本］32开。

［册数］1册。

图 12-2 《初级中学课本动物学全一册》封面

（二）编写背景与编写依据

教育部制定并颁发《全日制六年制重点中学教学计划试行草案》，规定初中二年级开设动物学，授课一学年，每周 2 课时，共计 64 课时。

叶佩珉先生在《新中国中小学教材建设史（1949—2000）研究丛书：生物卷》一书中，对当时的编写背景与编写依据进行了介绍[①]。

编写该书时，距离 1964 年版动物学课本的编写已经 20 年了，许多情况已经有了很大变化。因此，这次编写的动物学课本必须进行改革，应该体现时代精神，一定要符合我国社会主义现代化建设的需要，反映现代动物科学发展的水平，符合培养有社会主义觉悟的有文化的劳动者的需要。在编写工作中，生物编辑室认真研究了 1964 年版动物学课本的优缺点，访问了有关专家和中学生物学教师，阅读并参考了苏联、美国和日本的中学生物学教材，从以上各方面吸取了有益的经验和意见，从而进行这本动物学课本的改革。

依据生物学教学大纲修改稿的基本精神及修改稿中确定的指导思想、编写原则和教学内容，人民教育出版社生物编辑室编写了 1983 年版初中动物学教

---

① 课程教材研究所. 新中国中小学教材建设史（1949—2000）研究丛书：生物卷[M]. 北京：人民教育出版社，2010：167-168.

材。这次编写的动物学课本，是根据中学教学计划和生物学教学大纲规定的培养目标，动物学课程的性质、任务和教学目的要求，以及选取教学内容的原则来进行改革和编写的。

动物学课程应该完成的三方面的教学目的要求如下。（1）基础知识教育方面：要求学生掌握关于动物形态结构、生理、分类、进化和生态学等方面的知识，以及了解这些知识在农业、医药、工业、国防上的应用。（2）思想教育方面：要求通过动物学基础知识的学习，使学生受到辩证唯物主义和爱国主义的思想教育。（3）基本技能训练方面：要求学生掌握使用显微镜、制作装片、做简单生理实验、解剖动物、画动物简图、采集和制作昆虫标本的基本技能。并且要求学生具有观察动物的生活习性、形态结构、生殖发育的初步能力。以上三个方面的教育要求，是紧密联系、相辅相成的，应该同样重视。

该动物学课本主要有三条选材原则：第一，要求从学生将来进一步学习和参加四个现代化建设的需要出发，认真选取动物学基础知识；第二，要求所选取的动物学知识做到理论密切联系实际；第三，要求适当选取反映现代科学水平的动物学知识。

（三）编写体例与教材结构

该书除绪论外，共分为十一章，后附有八个实验。

该书的目录如下。

绪论

第一章 原生动物门

第二章 腔肠动物门

第三章 扁形动物门

  第一节 涡虫

  第二节 猪肉绦虫

  第三节 血吸虫

第四章 线形动物门

  第一节 蛔虫

  第二节 钩虫

第五章 环节动物门

第六章 软体动物门

第七章 节肢动物门

  第一节 昆虫纲

    （一）蝗虫　　　　　　（二）家蚕和菜粉蝶

    （三）蜜蜂和赤眼蜂　　（四）蝇和蚊

  第二节 甲壳纲

  第三节 蛛形纲和多足纲

第八章 棘皮动物门

第九章 脊索动物门

  第一节 低等脊索动物——文昌鱼

  第二节 鱼纲

    （一）鲫鱼　　　　　　（二）鱼的多样性

    （三）淡水养鱼　　　　（四）海洋捕鱼

  第三节 两栖纲

    （一）青蛙　　　　　　（二）两栖纲的特征和起源

  第四节 爬行纲

    （一）蜥蜴　　　　　　（二）爬行动物时代

  第五节 鸟纲

    （一）家鸽　　　　　　　　　（二）鸟的多样性

    （三）鸟类的筑巢、孵卵和育雏　（四）鸟类的迁徙

    （五）我国的鸟类资源和保护　　（六）鸟类的起源

  第六节 哺乳纲

    （一）家兔　　　　　　（二）单孔目和有袋目

    （三）翼手目和鲸目　　（四）食肉目

    （五）偶蹄目和奇蹄目　（六）灵长目

    （七）我国的哺乳动物资源和保护

第十章 动物的进化

  第一节 动物进化的证据和进化的历程

第二节 人的起源和人对动物界的改造

第十一章 我国动物地理分布

实验

    实验一 观察草履虫

    实验二 观察水螅

    实验三 解剖蚯蚓

    实验四 解剖蝗虫

    实验五 采集和制作昆虫标本

    实验六 解剖鲫鱼

    实验七 解剖青蛙（或蟾蜍）

    实验八 解剖家兔

（四）内容特点

叶佩珉先生在《新编初中动物学课本初步改革的要点》一文中对该书的内容特点进行了分析与总结[①]。

1. 教材体系的调整

为了使学生掌握动物体生长发育和动物界发展进化的基础知识，动物学主要选取讲述关于动物主要门纲的生活习性、形态构造、生理、分类的知识，动物进化和动物生态学的知识。同时，还要重视选取有关我国动物资源及其利用和保护的知识。选取的动物学知识，都必须密切联系生活和生产实际。动物学的主要教学内容是：按照动物的进化顺序，依次讲述动物界的主要类群。无脊椎动物依次讲述原生动物门、腔肠动物门、扁形动物门、线形动物门、环节动物门、软体动物门、节肢动物门和棘皮动物门。脊椎动物依次讲述鱼纲、两栖纲、爬行纲、鸟纲、哺乳纲。先讲述这些门纲的代表动物的生活习性、形态构造和生理。之后，再讲述动物的进化，我国动物的分布和自然保护，作为动物学全书的总结。

---

① 叶佩珉. 新编初中动物学课本初步改革的要点 [J]. 生物学通报，1983（4）：42-43.

2. 教材内容的变动

（1）突出动物进化观点

在动物学全部教学内容中，自始至终突出了动物进化观点，可以说动物进化观点是贯穿动物学全书的一根主线。突出动物进化观点，主要是从四个方面来体现的。一是全书按照动物进化顺序来编排，这样使学生容易理解动物是由低等进化到高等的，在他们学完全部动物学知识以后，能够水到渠成地形成动物进化观点。二是在讲各门纲代表动物和其他动物时，注意阐明这些动物的生活习性、形态结构、生理特点都是与其生活环境相适应的，而这种适应性的形成则是动物进化的结果。三是增加了阐明动物进化的具体材料。四是重视宣传动物进化思想，批判迷信思想。

（2）突出动物生态学观点

动物生态学虽然不是新的生物科学分支，但是，自 20 世纪 50 年代以来有了很大的发展，体现了现代动物科学水平。因为生态学知识与解决人类社会的人口、粮食、资源、环境等问题的关系十分密切，所以世界各国都十分重视生态学知识的普及和运用。基于这种情况，这次编写动物学课本时也把动物生态学知识作为动物学课本中重要的组成部分，并且把动物生态学观点贯穿在全书的始终。突出动物生态学观点，主要是从四个方面来体现的。第一，从动物学的绪论开始直到最后一章，始终重视"保持生态系统平衡"观点的教育。第二，增加了关于动物的生活环境、生活习性、动物相互之间的关系的知识。第三，强调了人类在保持生态系统平衡中起着极为重要的作用。第四，要求学生用保持生态系统平衡的观点来指导自己的实际行动，积极参加爱护和保护动物的各种实践活动。

（3）增加动物行为学的知识

动物行为学的知识，也属于现代的动物科学知识。动物行为学的知识，对人们了解动物生长发育的规律，研究人类的心理活动和人类进化的过程，更好地利用和改造动物，都是十分重要的。该动物学课本增加了一些动物行为学的知识，并介绍了一些研究动物行为的常用方法。

（4）增加了联系我国动物资源实际和生产实际的知识

我国幅员辽阔，自然条件复杂，动物资源十分丰富，有些动物在世界上是颇负盛名的。因此，动物学课本中应该增加这方面的知识，以便开阔学生的眼界，增长他们的知识，培养他们的爱国主义思想。

（5）重视并加强了学生的智力发展和能力培养

为了发展学生的智力和培养学生的能力，该课本安排了8个实验，还安排了12个课外作业。为了培养学生的学习兴趣，提高他们的分析、综合能力，在复习题的设计上，注意了启发性、灵活性和多样性。此外，增加了8页彩图，大部分是动物生态照片，这也能激发学生的学习兴趣和热情。

（五）使用、地位与影响

该初中动物学课本于1983年秋季开始在全国使用。该课本突出了动物进化观点和动物生态学观点，增加了动物生态学和动物行为学知识，增加了联系我国动物资源实际和生产实际的动物学知识，重视学生智力的发展和能力的培养。因此，与1964年版动物学课本相比，该课本的知识内容较为充实生动，反映了现代动物科学水平，更加具有中国特色。

（六）课文精选

见图12-3。

图12-3 《初级中学课本动物学全一册》内页展示

《初级中学课本生理卫生全一册》(试用本)

(一)基本信息

1. 出版单位

人民教育出版社。

2. 作者与编写方式

任树德、孙传贤编。

3. 出版和使用

1983年1月第1版,供初中三年级学生使用。

4. 版次与修订

1983年1月第1版,此后无修订。

5. 版本介绍

[封面] 1983年1月第1版(见图12-4)。

[开本] 32开。

[册数] 1册。

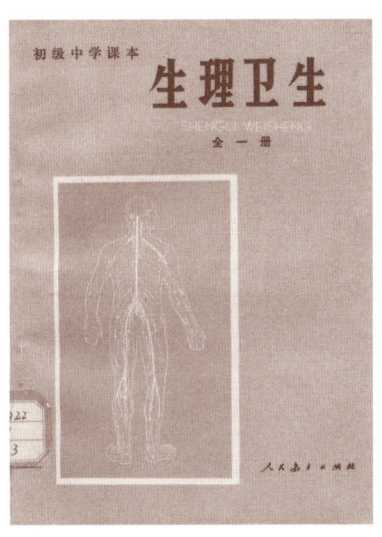

图12-4 《初级中学课本生理卫生全一册》封面

(二)编写背景与编写依据

这一版生理卫生课本是根据全日制中学生理卫生教学大纲(征求意见稿)编写的。全书的主要内容和章节编排体系与1978年版生理卫生课本基本相同。

但因教学时数由 48 课时增加到 64 课时，教学大纲的要求也不同，所以该生理卫生课本也有所改革。

该生理卫生课本，是根据中学教学计划和生物学教学大纲规定的培养目标、生理卫生课程的性质、任务和教学目的要求，以及选取教学内容的原则来进行改革和编写的。确定生理卫生的教学内容，要从解剖学、生理学和卫生学中选取最基本的知识教给学生，使他们能初步了解人的生命活动规律，以及在日常生活中如何保护和增进健康，以促使他们茁壮成长。上述三类知识中，以生理学知识为重点。学生掌握了一定的生理学知识，才能了解人的生命活动规律，才能懂得要讲究卫生的道理。专门性的医学知识不宜选入[①]。

（三）编写体例与教材结构

该书除绪论和附表外，共包括十二章内容。

该书的目录如下。

绪论

第一章 人体概述

第二章 皮肤

  第一节 皮肤的结构和功能

  第二节 皮肤的卫生

第三章 运动系统

  第一节 骨胳

  第二节 骨胳肌

第四章 循环系统

  第一节 血液

  第二节 血管和心脏

  第三节 血液循环

  第四节 淋巴系统

第五章 呼吸系统

---

① 人民教育出版社中学生物编辑室. 全日制中学生理卫生教学大纲征求意见稿（六年制重点中学和五年制中学通用）[J]. 生物学通报，1982（2）：45-46.

第一节　呼吸系统的构造和机能

　　第二节　呼吸运动和气体交换

第六章　消化系统

　　第一节　食物的成分和作用

　　第二节　消化系统的构造和机能

　　第三节　消化和吸收

第七章　新陈代谢

　　第一节　新陈代谢概述

　　第二节　物质代谢

　　第三节　能量代谢

第八章　泌尿系统

　　第一节　泌尿系统的结构和功能

　　第二节　尿的形成和排出

第九章　内分泌系统

第十章　神经系统

　　第一节　神经系统概述

　　第二节　脊髓和脊神经

　　第三节　脑和脑神经

　　第四节　高级神经活动

　　第五节　神经系统的卫生

　　第六节　感觉器官

第十一章　生殖和发育

　　第一节　生殖

　　第二节　发育

第十二章　传染病

　　第一节　传染病概述

　　第二节　传染病的预防

附表1　主要植物性食物的成分

附表2　主要动物性食物的成分

（四）内容特点

1. 教材体系的调整

这一版生理卫生课本的内容与1978年版的比较起来，在教学内容的安排体系上主要有以下三点不同[①]。

（1）1978年版生理卫生课本的第七章为"排泄系统"，其中包括"泌尿系统"和"皮肤"两部分内容。当时之所以这样安排，一来是由于课时少，这样的安排可以减少头绪；二来是由于1964年的教材就是这样安排的，皮肤又的确具有排泄功能。但是，这样安排不够妥当。人体内新陈代谢最终产物排到体外的途径是多种多样的，有的通过肾脏排出，有的通过皮肤排出，有的通过肺部排出，等等。其中专门担负排泄作用的是包括肾脏在内的泌尿系统，而皮肤除了具有排泄作用外，还有保护作用、感觉作用和调节体温的作用等。因此，在这一版生理卫生课本中就把"排泄系统"一章分成"泌尿系统"和"皮肤"两章。

（2）1978年版生理卫生课本的第十章为"生殖系统"，第十一章为"青春期生理卫生"，其实这两章教材的内在联系非常密切，这一版生理卫生课本中就把这两章合并成"生殖和发育"一章。

（3）1978年版生理卫生课本的第十二章为"爱国卫生运动"。爱国卫生运动是我国的一项伟大的群众性运动，它在移风易俗、提高人民健康方面，具有重大的作用。但是，在一门课程中把一项群众运动作为教学内容的体系来安排，不如结合生理卫生的教学内容，把"爱国卫生运动"一章改为"传染病"，讲述预防传染病和环境卫生等知识。这些知识正是开展爱国卫生运动所必需的。

2. 教材内容的变动

叶佩珉先生在《新中国中小学教材建设史（1949—2000）研究丛书：生物卷》一书中对该书内容的变化进行了分析与总结[②]。

（1）这一版生理卫生课本，教学内容比较充实，生理知识比较系统，形态结构知识比较详细。同时，学生实验实习有所增加。

（2）这一版生理卫生课本，将1978年版生理卫生课本中的"青春期生理卫

---

① 任树德. 生理卫生教学内容的变化[J]. 课程·教材·教法，1981（4）：17.
② 课程教材研究所. 新中国中小学教材建设史（1949—2000）研究丛书：生物卷[M]. 北京：人民教育出版社，2010：174-175.

生"专章，并入"生殖和发育"这章中，这样安排更加合理。在讲述生殖系统和胚胎发育知识的基础上，紧接着讲"计划生育"的内容，包括计划生育的意义、我国要大力地控制人口增长、我国控制人口增长的目标和具体要求。教材中增加关于计划生育的内容，是非常必要的。

（3）这一版生理卫生课本，将1978年版生理卫生课本第十二章的标题"爱国卫生运动"改为"传染病"，这章教材内容也有变化。一是将原来的"除四害，讲卫生"这一节取消了，改成在讲完有关传染病的基础知识之后，讲述"开展爱国卫生运动的意义"，因而做到理论密切联系实际。二是适当增加了关于免疫学科学研究的新内容，如讲述了免疫可以分为非特异性免疫和特异性免疫两类。

（五）使用、地位与影响

这一版初中生理卫生课本于1983年秋季开始在全国使用。这一版生理卫生课本的教学内容比较充实，生理知识比较系统，难易程度合适，联系实际较好，有助于学生得到比较系统、全面的生理卫生基础知识，有利于学生智力的发展和能力的培养。因此，与1978年版生理卫生课本相比，该课本的知识内容较为充实生动，反映了现代生理学发展水平，更加具有中国特色。

《高级中学课本生物全一册》

（一）基本信息

1. 出版单位

人民教育出版社。

2. 作者与编写方式

人民教育出版社生物编辑室编。

参与改编的执笔人有：徐晋铭、叶佩珉、李沧、任树德、孙传贤。

3. 出版和使用

1982年2月第1版，供高中三年级（五年制中学高中二年级）学生使用。

4. 版次与修订

1982年2月第1版，此后无修订。

5. 版本介绍

［封面］1982年2月第1版（见图12-5）。

［开本］32开。

［册数］1册。

图12-5 《高级中学课本生物全一册》封面

（二）编写背景与编写依据

教育部1981年4月颁发了《全日制六年制重点中学教学计划试行草案》和《全日制五年制中学教学计划试行草案的修订意见》。这两个教学计划规定的课时是原来高中生物课课时的两倍。

叶佩珉先生在《新中国中小学教材建设史（1949—2000）研究丛书：生物卷》一书中对该书的编写背景与编写依据进行了介绍[①]。

1978年第一版的《全日制十年制学校高中课本生物全一册》（试用本），试用三年后，通过教学实践的检验，显现出了其优缺点。许多生物教师认为，1978年版高中生物学教材讲述了生物学的一般原理，首次写进了分子生物学的新知识，教材体系基本上还是合适的，这几点应该肯定下来。不少教师通过几年的备课和教学，初步熟悉了教材内容，专业知识水平也有所提高，希望这个

---

① 课程教材研究所. 新中国中小学教材建设史（1949—2000）研究丛书：生物卷[M]. 北京：人民教育出版社，2010：177.

课本能够相对稳定下来。尽管教学计划中课时有所增加,但是高中毕业班的学生因复习功课准备高考,课程比非毕业班结束得早,高中生物课真正增加的课时并不太多,因此,可以暂时不着手完全新编。比较切实有效的办法是以1978年版高中生物学教材为基础,进行一次认真的修改,以利于广大城乡教师进一步掌握教材内容,提高教学质量。

1981年9月,教育部在北京召开了中学生物学教材改革座谈会,研究、修改了中学生物学教学大纲(征求意见稿)。人民教育出版社生物编辑室认真吸取了各地生物教师和教育工作者的意见,尤其是1981年9月教育部召开的中学生物学教材改革座谈会上与会者提出的修改意见,同时根据中学教学计划和生物学教学大纲(征求意见稿)的要求,对1978年版高中生物学教材进行了改编。

(三)编写体例与教材结构

该书内容除绪论外,包括七章,另设三个实验。

该书的目录如下。

绪论

第一章 细胞

 第一节 细胞的化学成分

 第二节 细胞的结构和功能

 第三节 细胞的分裂

第二章 生物的新陈代谢

 第一节 绿色植物的新陈代谢

  一 水分代谢

  二 矿质代谢

  三 光合作用

  四 呼吸作用

 第二节 动物的新陈代谢

  一 体内细胞的物质交换

  二 物质代谢

  三 能量代谢

　　　　第三节　新陈代谢的基本类型

　　第三章　生物的生殖和发育

　　　　第一节　生物的生殖

　　　　　　一　生殖的种类

　　　　　　二　减数分裂与生殖细胞的成熟

　　　　　　三　世代交替

　　　　第二节　生物的发育

　　第四章　生命活动的调节

　　　　第一节　植物生命活动的调节

　　　　第二节　动物生命活动的调节

　　第五章　遗传和变异

　　　　第一节　生物的遗传

　　　　　　一　遗传的物质基础

　　　　　　二　遗传的基本规律

　　　　　　三　性别决定与伴性遗传

　　　　　　四　细胞质遗传

　　　　第二节　生物的变异

　　　　　　一　基因突变

　　　　　　二　染色体变异

　　第六章　生命的起源和生物的进化

　　　　第一节　生命的起源

　　　　第二节　生物的进化

　　　　　　一　生物进化的证据

　　　　　　二　生物进化学说

　　第七章　生物与环境

　　　　第一节　生物与环境的关系概述

　　　　第二节　生态系统

　　　　第三节　自然保护

　　实验一　观察植物细胞的有丝分裂

实验二　观察果蝇唾液腺细胞的巨大染色体

实验三　观察玉米杂种后代粒色的分离现象

（四）内容特点

徐晋铭先生在《高级中学生物课本的修改情况》一文中对该书体系的调整进行了分析与总结[①]。

1. 教材体系的调整

（1）该高中生物学课本增写了"绪论"。绪论包括全书所要讲述的主要内容，在全书中具有总纲的性质。

（2）细胞一章，与原高中课本相比，较大的改变有两点。一是在细胞成分中讲述有机物时，把蛋白质和核酸移到糖类和脂类之后。从蛋白质和核酸的化学结构来看，不但比较复杂，而且需要关于"糖"的知识，把蛋白质和核酸安排在糖类和脂类之后是比较稳妥的。还有，关于"酶"的位置安排。酶的成分是蛋白质，它与讲清细胞膜的载体运输功能也有关系，因此，修改本把酶的成分和作用移到这里来讲。二是在"细胞分裂"中除了讲述无丝分裂和有丝分裂，还简单地提到减数分裂，为后面讲述生殖细胞成熟之前必须进行的减数分裂作准备。其他如关于真核细胞与原核细胞的概念，细胞膜的生理功能，中心体、高尔基体的结构，等等，都比原高中生物学课本讲得更明确些。还有，关于细胞学说的理论，恩格斯把它列为19世纪自然科学三大发现之一。这在细胞一章的开始就明确提出来，加强了教材的历史唯物主义观点。

（3）生物的新陈代谢一章，与原高中生物学课本相比，知识面扩大了，但是某些较深的内容改得较浅了。这章教材修改后，分成三节：绿色植物的新陈代谢、动物的新陈代谢、新陈代谢的基本类型。

（4）生物的生殖和发育一章，修改后变化较大的是关于有性生殖的部分。这部分教材包括有性生殖的方式、生殖细胞成熟过程和世代交替。有性生殖的方式重点是讲配子生殖，其中包括同配生殖、异配生殖和卵式生殖。在讲述减数分裂时，还提出在减数分裂过程中的同源染色体之间的互换。世代交替的生

---

① 徐晋铭. 高级中学生物课本的修改情况[J]. 生物学通报，1982（4）：49-51.

殖规律内容，这次也补充进去了。修改后的高中生物学课本，在有性生殖中还增加了接合生殖和单性生殖的内容，使学生在这方面的知识更完备些。

（5）生物的遗传和变异一章，修改后的教材与原教材相比，较大的变化如下。一是遗传物质的证据只用了"噬菌体侵染细菌"的实验，没有再用"肺炎双球菌转化"的材料。二是增加了关于性别决定和伴性遗传的内容。三是在细胞质遗传部分，改用了大家比较熟知的紫茉莉为例来说明，同时把遗传理论不易对中学生讲清的内容进行了删减，如细胞质遗传在育种上的应用。

（6）生命的起源和生物的进化一章中，生物的进化是新增加的，它包括两方面的内容：生物进化的证据和生物进化学说。教材用四点来介绍自然选择学说：过度繁殖、生存竞争、遗传和变异、适者生存。教材明确指出，生物的适应性正是长期自然选择的结果。教材还用长颈鹿进化的过程来对比拉马克和达尔文两家学说，用来说明达尔文学说的正确性，并且指出达尔文的进化论是19世纪自然科学三大发现之一。

（7）最后一章是生物与环境，这是新增加的一章，讲述生态学方面的知识。讲述内容侧重于生态系统方面的知识，同时也兼顾个体、种群和群落等方面的知识。这章分成三节：生物与环境的关系概述、生态系统、自然保护。

2. 教材内容的变动

改编后的高中生物学课本，总的来说，在主要的教学内容和编排体系上没有大的改动。改编的重点是解决以下四个问题[①]。

（1）适当增加教学内容，扩大学生的知识面，增加了绪论、生物的进化、生物与环境、性别决定与伴性遗传、世代交替等内容，这样可以使学生的知识面扩大些、全面些。

（2）对某些比较深难的内容，适当降低了难度。原高中生物试用本"新陈代谢"这节中，涉及复杂的生物化学知识，造成教和学两方面的困难。在这次高中生物学课本改编时，这部分内容被重新加以组织。

（3）在教材的写法上，注意通俗易懂、概念明确。生物教师反映，原高中生物试用本写得比较浓缩，有些概念不够明确，不便于学生自学。为了克服这

---

① 叶佩珉.关于高中生物课本改编情况的说明[J].人民教育，1982（7）：49-51.

些缺点，新课本在写法上注意了以下几点：密切联系学生初中已学过的生物知识来讲述新知识；通过文字和插图，具体讲述生物体的结构和功能；通过具体实例，将抽象、难懂的原理讲解清楚；对基本概念，都给出准确的定义。与此同时，原高中生物试用本教学内容中在科学上还存在争论的问题，比较次要而限于时间难以讲清楚的问题，一般删去不讲。有的内容排成小字作为学生的阅读教材。这样可以减轻学生的学习负担，让学生将注意力集中在掌握重点内容上。

（4）适当加强实验，注意学生基本技能的培养。原高中生物试用本，因课时少和实验设备不足，只安排了两个实验。这次改编，课时少和实验设备不足的问题仍然难以完全解决，因此该课本只增加了观察果蝇唾液腺细胞的巨大染色体的实验。

（五）使用、地位与影响

该高中生物学课本于1982年秋季开始在全国使用。该课本是在1978年版高中生物学课本的基础上改编而成的。课本的主要内容和编排体系不变，由于教学课时增多而适当扩大了知识面，增加了生殖和发育、生命的起源、生物的进化、生物与环境、遗传与变异等内容。该课本改变了原来"浓缩"的写法，内容更加通俗易懂。

（六）课文精选

见图12-6。

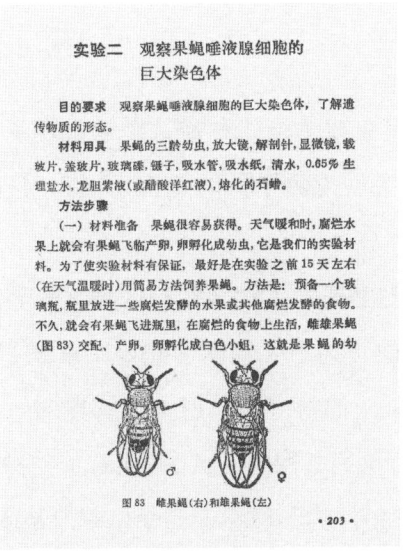

图12-6 《高级中学课本生物全一册》内页展示

第十二章（下） 调整学制、课程，编写中学生物学教科书——编写两种教学要求的高中生物学教材（1984—1989）

一、本阶段的教育发展与改革背景

1985年5月15—20日，党中央、国务院在北京召开改革开放以来的第一次全国教育工作会议。会议的主要议题是：讨论《中共中央关于教育体制改革的决定（草案）》，并结合各地各部门实际情况，研究贯彻执行的步骤和措施。邓小平出席了会议闭幕式，他作了题为"把教育工作认真抓起来"的重要讲话，要求各级领导要像抓好经济工作那样抓好教育工作，把中央的教育体制改革决定落到实处。

1985年5月27日，《中共中央关于教育体制改革的决定》颁布，为教育体制的改革明确了方向和任务，并提出要实行九年制义务教育。

二、本阶段课程概要

（一）学制

随着中小学学制逐步改为十二年制，中学出现了五年制、六年制并存的局面，即初中均为三年，高中为两年制和三年制并存，且由两年制逐步改为三年制。

（二）课程设置

1983年，教育部提出高中生物课实行两种教学要求和采用两种教材。教育部于1985年1月颁发的《高中生物教学纲要（草案）》指出："基本要求的教学内容，适用于二年制和三年制高中。纲要中的授课时数，是按二年制高中和三年制高中的教学计划（每周2课时，共56课时）安排的，供教学时参考。较高要求的教学内容，由有条件的学校在保证学生学习基本要求的前提下选用。"

1985年1月，教育部还颁发了《关于颁发高中生物两种要求的教学纲要的通知》。在这个文件中明确指出:"一、要认真做好干部、师生、家长和社会各方面的思想教育和宣传工作,使大家正确认识高中生物实行两种要求的教学纲要的必要性,这次调整高中生物的教学内容是大面积地、扎扎实实地提高教育质量的积极措施。""四、高中生物实行两种教学要求,是教学改革的一项重要措施。在贯彻执行中,各地教育部门要加强具体领导,切实做好思想工作和组织工作。要组织学校干部、教师认真研究教学纲要的要求,在教学过程中,注意不断总结经验,努力提高教学质量。同时,要根据教学纲要的要求,配备好教学仪器、设备,加强实验教学。"

《关于颁发高中生物两种要求的教学纲要的通知》还规定:较高要求的课本(称为甲种本),即现行通用的高中生物学课本,内容基本不变。因此,甲种本与当时正在使用的高中生物学课本比较,教学内容和编排体系没有什么变化,保持了原有的内容、程度和分量[①]。

上述文件说明,高中生物实行两种教学要求和采用两种教材,目的是使不同程度的学生都有所得,因而可以大面积地、扎扎实实地提高生物课的教学质量;同时还能减轻学生的负担,有利于学生在德、智、体诸方面得到全面的发展,达到进一步提高普通中学教育质量的目的。

(三)教学大纲

人民教育出版社生物编辑室在调查研究的基础上制定了《高中生物教学纲要(草案)》,这一草案在征求意见阶段得到了广泛的认同和支持。生物编辑室在将各地的意见集中并加以分析后,对草案进行了修改。教育部1985年1月将《高中生物教学纲要(草案)》发至全国各省、自治区、直辖市的教育厅(局),要求各地各校按照纲要的规定贯彻执行。

三、本阶段教科书概貌

(一)教科书出版总体情况

这套教材是在1982年版《高级中学课本全一册》的基础上,改编而成的两

---

① 课程教材研究所. 新中国中小学教材建设史(1949—2000)研究丛书:生物卷[M]. 北京:人民教育出版社,2010:189.

种要求的教材。

《高级中学课本生物（甲种本）全一册》（试用），人民教育出版社生物编辑室编，1985年1月第1版，人民教育出版社出版。

《高级中学课本生物（乙种本）全一册》（试用），人民教育出版社生物编辑室编，1985年1月第1版，人民教育出版社出版。

乙种本为基本要求，供条件一般的学校采用；甲种本为较高要求，供条件较好的学校采用。这是人民教育出版社编写出版的第七套全国通用生物学教材。

（二）有影响的代表性教科书总体介绍

甲种本的教学内容、编排体系、程度深浅，基本上适合重点中学和条件较好的中学使用。乙种本比甲种本适当降低了程度和要求，但是，这两种教材的差距并不是很大。乙种本不只是适当调整了教学内容，降低了程度，而是较好地体现了对高中生物课的基本要求，它具有两个主要特点。第一，甲种本的基础知识、基本原理和基本技能，在乙种本中大都保留下来了，而这些内容是重点中学和一般中学的学生都必须掌握的。第二，由于删去了较难的、次要的、重复的内容，简化了过细的内容，也可以说是去掉了不少枝枝杈杈，因此，乙种本整本教材的脉络更加清楚，重点更加突出，对教和学的要求更加明确、具体，从而可以达到既减轻学生的学习负担，又大面积地提高生物学教学质量的目的[①]。

（三）有影响的代表性人物介绍

叶佩珉、李沧，同前述。

四、代表性教科书

《高级中学课本生物（甲种本）全一册》（试用）

（一）基本信息

1. 出版单位

人民教育出版社。

---

① 叶佩珉. 生物学课程教材改革探索［M］. 北京：人民教育出版社，2002：339.

2. 作者与编写方式

人民教育出版社生物编辑室编。

执笔人：李沧、叶佩珉、孙传贤、刘真、赵占良、林涛。

3. 出版和使用

该书第 1 版出版于 1985 年 1 月，供有条件的学校在保证学生学习基本要求的前提下选用。

4. 版次与修订

1985 年 1 月第 1 版，此后无修订。

5. 版本介绍

［封面］1985 年 1 月第 1 版（见图 12-7）。

［开本］32 开。

［册数］1 册。

图 12-7 《高级中学课本生物（甲种本）全一册》封面

（二）编写背景与编写依据

该书是在 1982 年版《高级中学课本生物全一册》的基础上，按照教育部颁发的《高中生物教学纲要（草案）》的较高要求内容改编而成的。在改编时还吸收了各地提出的许多宝贵意见。

(三)编写体例与教材结构

该书除绪论外,包括七章内容,后附有实验。课文中用小号字排印的内容,是学生的阅读材料,不要求教师讲授。

该书的目录如下。

绪论

第一章 细胞

 第一节 细胞的化学成分

 第二节 细胞的结构和功能

 第三节 细胞的分裂

第二章 生物的新陈代谢

 第一节 绿色植物的新陈代谢

  一 水分代谢

  二 矿质代谢

  三 光合作用

  四 呼吸作用

 第二节 动物的新陈代谢

  一 体内细胞的物质交换

  二 物质代谢

  三 能量代谢

 第三节 新陈代谢的基本类型

第三章 生物的生殖和发育

 第一节 生物的生殖

  一 生殖的种类

  二 减数分裂与生殖细胞的成熟

  三 世代交替

 第二节 生物的发育

  一 植物的个体发育

  二 动物的个体发育

第四章 生命活动的调节
　　第一节 植物生命活动的调节
　　第二节 动物生命活动的调节
第五章 遗传和变异
　　第一节 生物的遗传
　　　　一 遗传的物质基础
　　　　二 遗传的基本规律
　　　　三 性别决定与伴性遗传
　　　　四 细胞质遗传
　　第二节 生物的变异
　　　　一 基因突变
　　　　二 染色体变异
第六章 生命的起源和生物的进化
　　第一节 生命的起源
　　第二节 生物的进化
　　　　一 生物进化的证据
　　　　二 生物进化学说
第七章 生物与环境
　　第一节 生物与环境的关系概述
　　第二节 生态系统
　　第三节 自然保护
实验一 观察植物细胞的有丝分裂
实验二 观察植物细胞的质壁分离和复原
实验三 观察根对矿质元素离子的交换吸附现象
实验四 叶绿体中色素的提取和分离
实验五 观察果蝇唾液腺细胞的巨大染色体
实验六 观察玉米杂种后代粒色的分离现象

（四）内容特点

甲种本是在1982年版《高级中学课本生物全一册》的基础上经改编而成的，与1982年版课本相比，甲种本虽然在内容和编排体系上没有变化，但是，在编写和表述上有所改进，对实验项目进行了调整，增加了简明图解。叶佩珉先生对该书的内容特点总结如下[①]。

1. 教材在编写和表述上有所改进

原个别段落的教材内容，安排不够合理，阐述不够明白，进行了修改。如"绿色植物的新陈代谢"一节中的"水分代谢"和"物质代谢"两部分，"遗传和变异"一章中关于染色体组、单倍体、二倍体、多倍体的段落。这次的改写，仍旧保持了原高中生物学课本的素材和风格。

更正了表述不够准确的概念，并且适当增加了一些新概念。例如，在"遗传和变异"一章中，关于等位基因、基因突变、基因的自由组合规律等概念，原来的表述不够准确或者不够全面，这次编写作了更正。在讲述性别决定、伴性遗传的内容时，缺少关于这两个名词的概念性解释，这次作了补充。

原高中生物学课本存在某些用词和提法不统一，编排体例不一致的问题，这次编写统一了全书前后的名词、提法和体例。

原高中生物学课本存在某些段落的文字叙述欠简练的问题，这次编写在文字叙述上进一步加工、润色，力求通顺、简洁。

2. 实验项目有调整

将原高中生物学课本中的两个实验改为选做实验，并且新增了三个实验。改为选做的实验是观察果蝇唾液腺细胞的巨大染色体和观察玉米杂种后代粒色的分离现象。新增的实验是观察植物细胞的质壁分离和复原、观察根对矿质元素离子的交换吸附现象以及叶绿体中色素的提取和分离。

3. 增加简明图解

对比较抽象、复杂难懂的内容，为了帮助学生理解，增加了几幅图解。

"生物的新陈代谢"一章中，光合作用的过程，有氧呼吸的过程，能量的释放、转移和利用内容，增加了简明图解。

---

① 课程教材研究所. 新中国中小学教材建设史（1949—2000）研究丛书：生物卷[M]. 北京：人民教育出版社，2010：192-193.

"生物的生殖和发育"一章中,动物三个胚层的未来发展方向内容,附上了简明图解。

(五)使用、地位与影响

甲种本是在1982年版《高级中学课本生物全一册》的基础上改编而成的,它保持了原高中生物学课本的编排体系和基本内容,只是根据原课本使用中教师反映的意见,在某些方面作了改革。

教育部《关于颁发高中生物两种要求的教学纲要的通知》中规定:"一般地说,基本要求的教学内容,适用于二年制和三年制高中。较高要求的教学内容,由有条件的学校在保证学生学习基本要求的前提下选用。"甲种本按照上述文件规定的范围使用。

(六)课文精选

见图12-8。

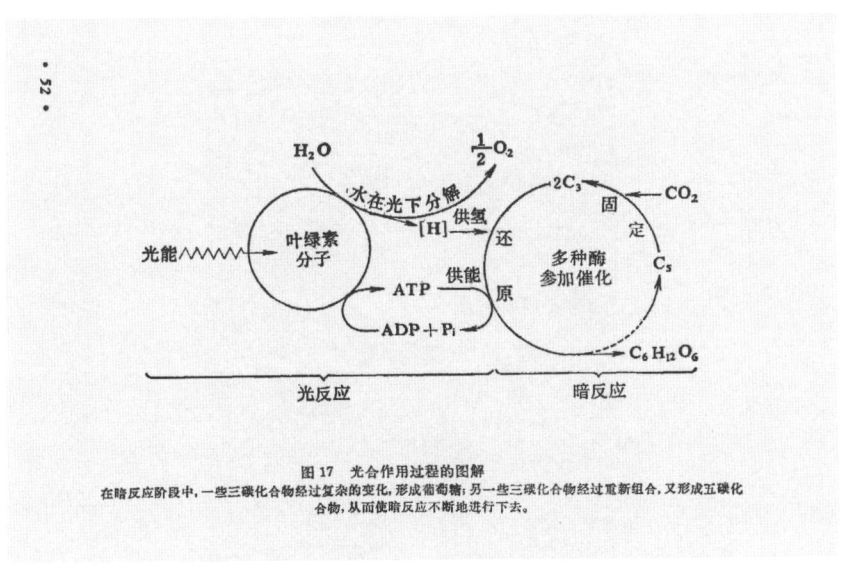

图12-8 《高级中学课本生物(甲种本)全一册》内页展示

《高级中学课本生物(乙种本)全一册》(试用)

(一)基本信息

1. 出版单位

人民教育出版社。

2. 作者与编写方式

人民教育出版社生物编辑室编。

执笔人：李沧、叶佩珉、孙传贤、刘真、赵占良、林涛。

3. 出版和使用

该书第 1 版出版于 1985 年 1 月，供二年制高中和三年制高中学生使用。

4. 版次与修订

1985 年 1 月第 1 版，此后无修订。

5. 版本介绍

［封面］1985 年 1 月第 1 版（见图 12-9）。

［开本］32 开。

［册数］1 册。

图 12-9 《高级中学课本生物（乙种本）全一册》封面

（二）编写背景与编写依据

乙种本总的编写原则：在当时正在使用的《高级中学课本生物全一册》的基础上进行编写，主要教学内容和编排体系不变，不作大的删减和修改，适当降低程度和要求。

乙种本的编写，还贯彻了以下几项具体原则[①]。

（1）当时正在使用的高中生物学课本中需要化学基础知识较多的和比较次要的内容，适当降低要求或者删去。

（2）当时正在使用的高中生物学课本中讲得过细的内容加以简化。

（3）当时正在使用的高中生物学课本中与初中生物学教材内容重复的部分予以删去或简化。

（4）甲种本的某些内容，在乙种本中改排成小字体，作为学生阅读材料。

（5）适当增加实验项目和内容。

（三）编写体例与教材结构

该书除绪论外，包括七章内容，后附有实验。课文中用小号字排印的内容，是学生的阅读材料，不要求教师讲授。

该书的目录如下。

绪论

第一章 细胞

 第一节 细胞的化学成分

 第二节 细胞的结构和功能

 第三节 细胞的分裂

第二章 生物的新陈代谢

 第一节 绿色植物的新陈代谢

  一 水分代谢

  二 矿质代谢

  三 光合作用

  四 呼吸作用

 第二节 动物的新陈代谢

  一 体内细胞的物质交换

  二 物质代谢

[①] 课程教材研究所. 新中国中小学教材建设史（1949—2000）研究丛书：生物卷[M]. 北京：人民教育出版社，2010：190.

三　能量代谢

第三节　新陈代谢的基本类型

第三章　生物的生殖和发育

第一节　生物的生殖

　　一　生殖的种类

　　二　减数分裂与生殖细胞的成熟

第二节　生物的发育

　　一　植物的个体发育

　　二　动物的个体发育

第四章　生命活动的调节

第一节　植物生命活动的调节

第二节　动物生命活动的调节

第五章　遗传和变异

第一节　生物的遗传

　　一　遗传的物质基础

　　二　遗传的基本规律

　　三　性别决定与伴性遗传

第二节　生物的变异

　　一　基因突变

　　二　染色体变异

第六章　生命的起源和生物的进化

第一节　生命的起源

第二节　生物的进化

　　一　生物进化的证据

　　二　生物进化学说

第七章　生物与环境

第一节　生物与环境的关系概述

第二节　生态系统

第三节　自然保护

实验一　观察植物细胞的有丝分裂

实验二　观察植物细胞的质壁分离和复原

实验三　观察根对矿质元素离子的交换吸附现象

实验四　叶绿体中色素的提取和分离

实验五　观察果蝇唾液腺细胞的巨大染色体

实验六　观察玉米杂种后代粒色的分离现象

（四）内容特点

1. 各章节内容改编的情况

与原《高级中学课本生物全一册》相比，乙种本各章教学内容改编后的具体情况如下[①]。

（1）第一章　细胞

糖类：不要求讲糖类的通式、二糖和多糖的形成、淀粉的分子式。

细胞器：除线粒体和质体以外的其他细胞器，只要求讲它们在结构和功能上的特点。

减数分裂：只要求在讲过有丝分裂之后，提一下减数分裂是一种特殊方式的有丝分裂。减数分裂的具体过程，要在"生物的生殖和发育"部分讲授。

（2）第二章　生物的新陈代谢

① 绿色植物的新陈代谢

水分代谢：不要求讲细胞吸水力（包括渗透压的概念），这部分内容排成小字资料作为学生的阅读材料。

矿质代谢：根吸收矿质元素的过程，只要求讲根与土壤溶液中的离子的交换吸附，不要求讲土壤颗粒的离子交换吸附过程，也不讲接触交换。植物对离子的选择吸收，不要求讲植物对同一种盐类的阳离子和阴离子的吸收差异，这部分内容排成小字资料，作为学生的阅读材料。

光合作用：光合作用场所不要求讲叶绿体的结构，只需讲高等植物叶绿体中的色素和它们的作用。

---

① 课程教材研究所. 新中国中小学教材建设史（1949—2000）研究丛书：生物卷[M]. 北京：人民教育出版社，2010：196-198.

呼吸作用：不要求讲呼吸作用的场所、植物体各部分的呼吸强度和呼吸作用的生理意义，不要求讲其中的第二点提供合成新物质的原料和第三点增强植物的抗病能力。呼吸作用的过程，不要求讲无氧呼吸在有氧条件下也会发生的内容。

② 动物的新陈代谢

体内细胞的物质交换：不要求讲动物（包括人体）的组织、器官、系统形成的内容。

物质代谢：删去了小肠形态结构的内容和小肠壁的结构图。

（3）第三章 生物的生殖和发育

① 生物的生殖

生殖的种类：无性生殖不要求讲断裂生殖。有性生殖不要求讲接合生殖和单性生殖。关于配子生殖，不要求讲同配生殖、异配生殖以及生殖方式的进化趋势。

世代交替：不要求讲这节的内容。同时，相应地删去在植物的个体发育这段教材中提到的孢子体、无性世代等有关的名词概念。

② 生物的发育：关于动物的个体发育，不要求讲原肠胚时期体腔的形成。

（4）第四章 生命活动的调节

植物生命活动的调节：生长素的生理作用，不要求讲生长素对不同器官的影响。

动物生命活动的调节：高等动物的激素调节，不要求讲地方甲状腺肿，地方呆小症的病因、症状和防治的内容，不要求讲人的第二性征。昆虫的激素调节，不要求讲内激素的内分泌器官及其示意图。神经调节，不要求讲神经系统的组成、分布和功能的内容。

（5）第五章 遗传和变异

生物的遗传：基因的分离规律不要求讲显性的相对性，这部分内容排成小字资料，作为学生的阅读材料。性别决定，只要求以 XY 型的性别决定为例来讲授，不要求讲 ZW 型的性别决定。不要求讲细胞质遗传。

生物的变异：不要求讲三倍体无子西瓜和八倍体小黑麦的培育问题。这部分内容排成小字资料，作为学生的阅读材料。

（6）第六章 生命的起源和生物的进化

在生物进化学说这小节中，不要求讲拉马克的用进废退学说（包括对拉马克的评价），也不要求讲拉马克与达尔文在解释长颈鹿进化问题上的观点不同。这部分内容排成小字，作为学生的阅读材料。

（7）第七章 生物与环境

生物与环境的关系概述：非生物因素，只需着重讲阳光、温度、水等因素对生物的分布和生活习性最主要的影响，并各举一两个实例加以证明。

生态系统：生态系统的能量流动，不要求讲生物量、初级生产量、次级生产量的内容。生态系统的物质循环，只需以"碳的循环"为例来说明物质循环的过程，不要求讲水的循环和氮的循环。

2. 新增加三项实验内容

（1）观察植物细胞的质壁分离和复原

（2）观察根对矿质元素离子的交换吸附现象

（3）叶绿体中色素的提取和分离

（五）使用、地位与影响

乙种本在原《高级中学课本生物全一册》的基础上作了较多的调整，主要是删去了难度较大的、举例较多的、叙述较详的内容，适当简化初中生物课已学过的内容。乙种本比甲种本适当降低了程度和要求，差距并不是很大。

乙种本较好地体现了高中生物课的基本要求，教材的脉络清楚，重点突出，对教和学的要求更加明确具体，因此，既可以减轻学生的学习负担，又能够提高生物课的教学质量。乙种本的使用范围比甲种本广。

第十三章　根据高中教学计划调整意见和生物学教学大纲（修订本）编写高中生物学教材（1990—1995）

1990年，国家教委颁发《现行普通高中教学计划的调整意见》，对1981年颁发的高中教学计划进行调整。在实施义务教育法之后，与九年义务教育教学计划相衔接的高中教学计划尚未制定之前，这次高中教学计划的调整是必要的过渡。这一年，国家教委颁发了《全日制中学生物学教学大纲（修订本）》。这一教学大纲，对初中和高中教学内容都进行了调整，将生理卫生的内容单独拿出来，颁布了《全日制中学生理卫生教学大纲（修订本）》。人民教育出版社根据高中教学计划调整意见和生物学教学大纲（修订本）的要求，编写了高中生物学教材，1990年出版必修，1991年出版选修。这是人民教育出版社编写出版的第八套全国通用教材。

一、本阶段的教育发展与改革背景

（一）国家教委1990年3月颁发《现行普通高中教学计划的调整意见》

1.《现行普通高中教学计划的调整意见》

调整意见首先指出：为了解决当前普通高中存在文理偏科，学生知识结构不尽合理，学生课业负担过重的问题；为了更好地贯彻教育方针，在新的高中教学计划尚未制定前，对现行高中教学计划进行适当调整。

2. 调整后的课程设置与生物学学科有关的规定

调整后的课程结构由学科课程和活动两部分组成。学科课程采取必修课和选修课两种形式。活动包括课外活动和社会实践活动。

必修课程开设政治、语文、数学、生物等共十一科。选修课分两类，一种是单科性选修，在高一、高二年级开设；另一种是分科性选修，在高三年级开设。

生物学学科在高二年级为必修课，每周3课时，授课总时数为102课时。与原教学计划相比较，生物学学科的必修课时略有增加。

调整后的教学大纲是必修课教学的依据、会考的依据、教学评估的依据和高考的依据，有些学科还要根据调整后的教学大纲重编教材。

生物学学科要结合进行人口教育和环保教育。

（二）《现行普通高中教学计划的调整意见》中关于调整的说明

原普通高中教学计划是1981年颁发的，该教学计划在整顿、建立正常教学秩序，提高教学质量等方面起了较好的作用，但在贯彻执行过程中也存在一些问题，主要有以下两点。

第一，原普通高中教学计划是为重点中学制定的，因此，多数学校和学生都不能适应这个教学计划。

第二，课程结构比例不尽合理。生物的选修课时偏少，选修课范围较窄。在新的与九年义务教育教学计划衔接的普通高中教学计划尚未制定之前，先对原普通高中教学计划进行适当调整是必要的过渡措施。

调整后的普通高中学科课程，在必修课为主的原则下，适当增加了选修课。

（三）高中生物学教学内容的调整

叶佩珉先生在《新中国中小学教材建设史（1949—2000）研究丛书：生物卷》一书中对高中生物学教学内容的调整进行了如下介绍[①]。

1. 高中二年级生物必修课

高中二年级的生物必修课的教学内容，是在原生物学教学大纲的基础上确定的，保持了原教学大纲中高中生物学的主要教学内容和教学内容安排的顺序，以便为学生学到比较系统的普通生物学知识打下良好的基础。但是，根据前述教学大纲的调整原则，结合我国高中生物学教学的实际情况，对教学内容进行适当调整是必要的。调整后的生物必修课，不仅能适当减轻学生的学习负担，还能普遍提高高中生物学的教学质量，为有志于学习理科、文科和今后参加各种工作的学生打好共同的基础。

---

① 课程教材研究所. 新中国中小学教材建设史（1949—2000）研究丛书：生物卷[M]. 北京：人民教育出版社，2010：296-297.

高中二年级生物必修课的教学内容，从以下四个方面进行了调整。

（1）一部分教学内容不再是必修课中的教学重点，因而降低教学要求层次，只要求学生作一般了解。例如，内质网、核糖体、高尔基体、中心体等细胞器，基因的自由组合规律。

（2）一部分教学内容学生学习有一定的难度，因而降低教学要求层次，只要求学生作一般了解。例如，呼吸作用的过程、有氧呼吸过程与无氧呼吸过程的异同、生态系统的能量流动。

（3）个别教学内容学生学习有困难，因此不要求在生物必修课中学习，而移到高中三年级生物选修课中讲述。例如，脂类代谢、基因的连锁和互换规律。

（4）为了帮助学生理解所学的生物学基础知识，加强理论联系实际，培养学生的能力，增加了实验、实习各一项。在遗传和变异部分，要求有条件的学校，争取完成观察玉米杂种后代粒色的分离现象的实验。在生物与环境部分，要求组织学生调查学校附近的生态环境。

2. 高中三年级生物选修课

国家教委明确指出：在新的与九年制义务教育教学计划衔接的高中教学计划尚未制定之前，先对执行的高中教学计划和教学大纲进行适当调整，这是一种必要的过渡措施。同时，这次调整教学计划和教学大纲的主要原则是减轻学生的学习负担，适当降低教学要求和难度。因此，生物选修课不宜重新设计、安排新的教学内容，以免造成教师和学生过重的负担。从高中生物学教材内容和教学实际情况出发，来设计、安排生物选修课的教学内容，是适宜的、切实可行的。

高中生物选修课由生理卫生部分和生物部分组成，都是在初中生物学课程和高中生物必修课的基础上来安排教学内容。选修课的教学内容可以分为以下几种情况。

（1）大部分教学内容，学生通过生理卫生课和生物必修课的学习已有一定的基础，原来就要求达到掌握的程度，在高三选修课中，则要求学生从加强生理卫生知识与生物学知识联系的角度，进一步加强理解，达到掌握的教学要求层次。

（2）一部分教学内容，原来在初三和高二学习时只要求学生作一般了解，而在高三选修课中则要求达到掌握的程度。例如，ABO 血型系统，内质网、核糖体、高尔基体、中心体等细胞器。

（3）少数教学内容因偏难、偏深而不宜在初三和高二讲述的，移到高三选修课中讲述。例如，输血的原则、心动周期、脂类代谢、基因的连锁和互换规律。

（4）少数实验在初中三年级只要求"争取完成"，而在高三生物选修课中则要求"必须完成"。例如，用显微镜观察组织切片实验和观察蟾蜍（或蛙）心脏的节律性搏动实验。

二、本阶段课程概要

（一）课程设置

生物学学科在高二年级为必修课，每周 3 课时，授课总时数为 102 课时。与原教学计划相比较，生物学学科的必修课时略有增加。选修课分两类，一种是单科性选修，在高一、高二年级开设；另一种是分科性选修，在高三年级开设。

生物学学科要结合进行人口教育和环保教育。

（二）教学大纲

国家教委 1990 年颁发《全日制中学生物学教学大纲（修订本）》。

1. 教学大纲修订说明

国家教委在教学大纲修订说明中提出："国家教委颁发的《现行普通高中教学计划的调整意见》（教基〔1990〕004 号文件），将普通高中的课程分为必修课和选修课两部分，部分学科的必修课时也略有增减，为此，需要对全日制中学语文、数学、外语、物理、化学、生物、历史、地理八科教学大纲的高中部分进行修订。外语、物理、化学、生物、历史、地理六科的教学大纲修订后分为必修课和选修课两部分，这两部分教学大纲的总要求相当于或略低于现行教学大纲。"

修订说明还提出："考虑到当前许多地方，特别是农村初中学生课业负担过重，不少学科的内容仍然偏多，教学要求偏高，因此对上述八科教学大纲的初中部分也提出了调整意见。"正因为如此,初中生理卫生大纲也进行了适当调整。

2. 教学大纲调整的原则

生物学教学大纲调整小组根据国家教委提出的对教学大纲进行调整的原则,结合我国初高中生物学教学的实际情况,根据当时九年制义务教育初中生物学教学大纲的精神和要求,对生物学教学内容和教学要求进行了适当调整。

对生物学和生理卫生教学大纲的调整原则如下。

（1）为了减轻学生的学习负担,大面积提高初高中生物课的教学质量,使学生在德、智、体、美、劳诸方面得到全面发展,因此,要适当减少生物学教学内容,适当降低生物学教学的要求和难度。

（2）重视生物学基础知识,注重学生基本技能的培养,要使调整后的生物学教学内容仍具有一定的系统性和完整性。因此,这次调整主要是降低次要的形态结构、类群、分布等内容的要求。

（3）参照九年制义务教育生物学教学大纲的具体要求,对生物学和生理卫生的教学大纲进行调整,以便使广大农村地区的初中适应义务教育的需要。

（4）调整后的生物学和生理卫生教学大纲,要有利于适应各地发展不平衡的现状,有利于适应师资、生源和办学条件不同的学校的需要。

（5）高中生物必修课和选修课的教学内容和要求,都不宜超过原教学大纲的程度。通过学习,要有利于因材施教,发展学生的个性和特长。

（6）从我国的国情出发,调整大纲时必须重视联系生产、学生生活、生物资源、环境教育和卫生保健的内容。

（7）为了加强对学生能力的培养,对原生物学和生理卫生教学大纲中所规定的实验、演示、参观、课外作业、标本采集和制作等项目,一律不降低要求。

（8）统一考虑、合理安排初中和高中的生物学教学内容,要求做到初中和高中的教学内容既分工又衔接;高中生物必修课和选修课的教学内容,也是既分工又衔接。

3. 教学大纲的基本内容和组成部分

教学大纲由六部分组成:一、教学目的要求;二、确定教学内容的原则;三、教学内容的安排;四、教学中应该注意的问题;五、初中生物学教学内容;六、高中生物学教学内容。

（三）教学内容

1. 高中生物学教学内容的安排

高中生物学课程由高中二年级开设的生物必修课和高中三年级开设的生物选修课组成，共计174课时。

高中二年级开设的生物必修课，每周3课时，共计102课时。

高中三年级开设的生物选修课，按每周3课时安排，共计72课时。生物选修课由生理卫生部分和生物部分组成。生理卫生部分讲授40课时，生物部分讲授32课时。

2. 高中二年级生物学教学内容

高中二年级生物必修课的教学内容包括：绪论，细胞，生物的新陈代谢，生物的生殖和发育，生命活动的调节，遗传和变异，生命的起源和生物的进化，生物与环境。

3. 高中三年级生物学教学内容

生理卫生部分：

绪论，皮肤，运动系统，循环系统，呼吸系统，消化系统，新陈代谢，泌尿系统，内分泌系统，神经系统，生殖和发育，传染病。

生物学部分：

绪论，细胞，生物的新陈代谢，生物的生殖和发育，生命活动的调节，遗传和变异，生命的起源和生物的进化，生物与环境。

三、本阶段教科书概貌

国家教委决定，调整后的高中教学计划和教学大纲将从1990年秋季开始实施，从高中一年级入学新生开始实行。具体到高中生物必修课，将从1991年秋季开始设课，并且使用人民教育出版社根据调整后的教学大纲编写的高中二年级生物必修课教材。接着，从1992年秋季开始，将开设高中生物选修课，使用人民教育出版社编写的高中三年级选修课教材。

初中植物学、动物学和生理卫生三门课，将从1990年秋季开始根据调整后的教学大纲进行教学，但是，仍然使用原来的各种初中生物学教材。

1992年以后的生物学教学大纲版本，只保留高中生物学部分，初中执行《九年义务教育全日制初级中学生物教学大纲（试用）》。

（一）教科书出版总体情况

《高级中学课本生物（全一册）（必修）》，人民教育出版社生物自然室编，1990年10月第1版，人民教育出版社出版。

《高级中学课本生物（全一册）（选修）》，人民教育出版社生物自然室编，1991年10月第1版，人民教育出版社出版。

（二）有影响的代表性人物介绍

叶佩珉，同前述。

四、代表性教科书

《高级中学课本生物（全一册）（必修）》

（一）基本信息

1. 出版单位

人民教育出版社。

2. 作者与编写方式

（1）本册教科书由叶佩珉主持编写。

（2）各单元执笔人如下。

绪论：刘真；第一章：叶佩珉；第二章：刘真（第一、二节），孙传贤（第三、四节）；第三章：刘真；第四章：张军；第五章：王真真、李沧；第六章：柴西琴；第七章：赵占良。此外，张静清、王永惠、郑春和等老师参加了该书的部分改编工作。责任编辑是刘真。

（3）审阅者：叶佩珉、李沧。审定者：安名勋。

3. 出版与使用

1990年10月第1版，供高中二年级学生使用。

4. 版本介绍

［封面］1990年10月第1版（见图13-1）。

［开本］32开。

［册数］1册。

图13-1 《高级中学课本生物（全一册）（必修）》封面

（二）编写背景与编写依据

该书主要是依据国家教委1990年颁发的《现行普通高中教学计划的调整意见》和《全日制中学生物学教学大纲（修订本）》进行编写的。

（三）编写体例与教材结构

该书除绪论外，包括七章内容，后附有实验和实习。

该书的目录如下。

绪论

第一章　细胞

　　第一节　细胞的化学成分

　　第二节　细胞的结构和功能

　　第三节　细胞的分裂

第二章 生物的新陈代谢

    第一节 新陈代谢概述

    第二节 绿色植物的新陈代谢

        一 水分代谢

        二 矿质代谢

        三 光合作用

        四 呼吸作用

    第三节 动物的新陈代谢

        一 体内细胞的物质交换

        二 物质代谢

        三 能量代谢

    第四节 新陈代谢的基本类型

第三章 生物的生殖和发育

    第一节 生物的生殖

        一 生殖的种类

        二 减数分裂与有性生殖细胞的成熟

    第二节 生物的发育

        一 植物的个体发育

        二 动物的个体发育

第四章 生命活动的调节

    第一节 植物生命活动的调节

    第二节 动物生命活动的调节

第五章 遗传和变异

    第一节 生物的遗传

        一 遗传的物质基础

            （一）DNA 是主要的遗传物质

            （二）DNA 的结构和复制

            （三）基因对性状的控制

二　遗传的基本规律

　　　　（一）基因的分离规律

　　　　（二）基因的自由组合规律

　　三　性别决定与伴性遗传

第二节　生物的变异

　　一　基因突变

　　二　染色体变异

第六章　生命的起源和生物的进化

第一节　生命的起源

第二节　生物的进化

　　一　生物进化的证据

　　二　生物进化学说

第七章　生物与环境

第一节　生物与环境的关系

　　一　环境对生物的影响

　　二　生物对环境的适应

第二节　种群和生物群落

第三节　生态系统

　　一　生态系统的概念和类型

　　二　生态系统的结构

　　三　生态系统的功能

　　四　生态平衡

第四节　环境保护

实验一　观察植物细胞的有丝分裂

实验二　观察植物细胞的质壁分离和复原

实验三　观察根对矿质元素离子的交换吸附现象

实验四　叶绿体中色素的提取和分离

实验五　观察玉米杂种后代粒色的分离现象

实习　调查学校附近的生态环境

(四)内容特点

该套生物学教材的必修课本,包括细胞、生物的新陈代谢、生物的生殖和发育、生命活动的调节、遗传和变异、生命的起源和生物的进化、生物与环境七章。选取和安排的教学内容比较符合高中生物学课程的教学目的;前后各章的教学内容具有密切的内在联系,比较符合学生循序渐进地学习生物学知识的原则;比较符合由微观到宏观的发展顺序,就是由细胞水平讲到个体水平再讲到生态系统。教材中的这些内容,可以使学生对生物界的自然面貌形成正确的认识,同时也可以使学生受到辩证唯物主义观点的思想教育。

(五)使用、地位与影响

该教材经国家教委审查通过后,于1991年开始在全国范围内使用。由于是统编教材,使用时间较长,因此,该套教材在国内的影响力很大。该教材作为我国高中生物学教材中普通生物学体系的代表作,编排体系完整严谨,系统性强;内容反映生物科技新进展,科学性强;总结了以往版本的经验教训,广泛听取了一线教师意见,适于大多数学校使用,适切性强,因此长期被奉为经典,20余年后仍被生物学教育界津津乐道。

(六)课文精选

见图13-2。

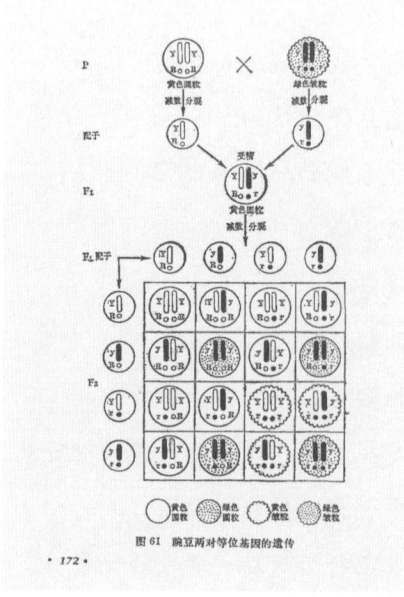

图13-2 《高级中学课本生物(全一册)(必修)》内页展示

《高级中学课本生物（全一册）（选修）》

（一）基本信息

1. 出版单位

人民教育出版社。

2. 作者与编写方式

（1）本册教科书由叶佩珉主持编写。

（2）各单元执笔人如下。

绪论：叶佩珉；第一单元：叶佩珉；第二单元：刘真（第一章第一节），孙传贤（第一章第二节、第二章）；第三单元：刘真；第四单元：王真真；第五单元：张军；第六单元：赵占良。此外，生物教师吕灿良、郑春和参加了该书课文部分的讨论和修改工作。课文部分的责任编辑是王真真、张军。

参加实验指导编写工作的生物教师有汪明熙、邓介平、孙闾闾。实验指导部分的责任编辑是赵绰。

（3）审定者：叶佩珉、安名勋。

3. 出版与使用

1991年10月第1版，供高中三年级学生使用。

4. 版本介绍

［封面］1991年第1版（见图13-3）。

图13-3 《高级中学课本生物（全一册）（选修）》封面

［开本］32 开。

［册数］1 册。

（二）编写背景与编写依据

该书主要是依据国家教委 1990 年颁发的《现行普通高中教学计划的调整意见》和《全日制中学生物学教学大纲（修订本）》进行编写的。

当时的高考对生物学科考查内容的要求包括初中生理卫生和高中生物必修两部分。为便于学生高中三年级进行高考复习，该书将初中生理卫生和高中生物必修内容综合为一个知识体系，并且有所拓展和加深。通过该书的学习，能使学生对什么是生命、生命的基本特征、生命的本质以及人体生理卫生等问题，在认识上有进一步的提高，进而形成更加综合和深入的理解。

（三）编写体例与教材结构

该书除绪论外，共分为六个单元，后附有实验。

该书的目录如下。

绪论

第一单元　生命的物质基础和结构基础

　　第一章　生命的物质基础

　　　　第一节　组成生物体的化学元素

　　　　第二节　构成生物体的化合物

　　　　　　一　构成生物体的无机化合物

　　　　　　二　构成生物体的有机化合物

　　第二章　生命的结构基础——细胞

　　　　第一节　原核细胞的基本结构

　　　　第二节　真核细胞的亚显微结构

　　　　　　一　细胞膜的结构和功能

　　　　　　二　细胞质的结构和功能

　　　　　　三　细胞核的结构和功能

　　　　第三节　细胞的分裂

　　第三章　生物体的组织、器官和系统

第一节　生物体的组织

　　第二节　生物体的器官

　　第三节　生物体的系统

　　第四节　生物体是统一的整体

第二单元　生物的新陈代谢

　第一章　生物的物质代谢

　　第一节　绿色植物的物质代谢

　　　一　无机物的代谢

　　　二　有机物的代谢

　　第二节　高等动物的物质代谢

　　　一　食物的消化和营养物质的吸收

　　　二　物质在体内的运输和交换

　　　三　物质在细胞内的代谢

　　　四　代谢终产物的排出

　第二章　生物的能量代谢

第三单元　生物的生殖和发育

　第一章　生物的生殖

　第二章　生物的发育

第四单元　生物的遗传和变异

　第一章　遗传的物质基础

　　第一节　染色体、DNA和基因

　　第二节　DNA分子的结构和复制

　第二章　遗传的基本规律

　　第一节　基因的分离规律

　　第二节　基因的自由组合规律

　　第三节　基因的连锁和互换规律

　第三章　生物的变异

第五单元　生命活动的调节

　第一章　植物的激素调节

第二章　高等动物和人的体液调节

　　第三章　高等动物和人的神经调节

　　　　第一节　神经调节的结构基础

　　　　第二节　神经系统的调节功能

　　　　　　一　感觉功能

　　　　　　二　躯体运动和内脏活动的调节

　　　　第三节　高级神经活动

第六单元　生物与环境

　　第一章　生物的生存与环境

　　　　第一节　生物与环境的相互作用

　　　　第二节　生态系统和生态平衡

　　第二章　生命的发生、发展与环境

　　第三章　人体的健康与环境

　　第四章　环境保护

第一单元实验

　　实验一　用高倍显微镜观察植物细胞的有丝分裂

　　实验二　用显微镜观察人的口腔上皮细胞

　　实验三　用显微镜观察四种基本组织

　　实验四　观察长骨的结构

　　实验五　观察关节的结构

　　实验六　鉴定骨的成分

　　实验七　观察哺乳动物心脏的结构

第二单元实验

　　实验八　观察植物细胞的质壁分离和复原

　　实验九　观察根对矿质元素离子的交换吸附现象

　　实验十　叶绿体中色素的提取和分离

　　实验十一　观察唾液淀粉酶对淀粉的消化作用

　　实验十二　观察小肠绒毛

　　实验十三　观察青蛙心脏的节律性搏动

　　　　实验十四　用显微镜观察小鱼尾鳍内血液流动的现象

　　　　实验十五　用显微镜观察血涂片

　　第五单元实验

　　　　实验十六　脊蛙反射实验

　　　　实验十七　测试盲点

　　第六单元实验

　　　　实验十八　用显微镜观察病原体——蛔虫卵

（四）内容特点

该书的前五个单元基本是按照生物的基本特征来进行编排的，尽管单元的标题和编排的角度与必修生物学教材相同，但教材内容是必修教材的深化和拓展。最后一个单元"生物与环境"在高中生物必修教材"生物与环境"的基础上，进一步阐述了生命的起源和生物的进化等内容，此时的侧重点是从生物与环境的关系的角度分析生命的发生、发展的条件和规律。

该书的教学内容具有较好的系统性和完整性，前五个单元的编排体现了循序渐进的思想；与初中生物学课和高中生物学必修课的教学内容，既有分工又互相衔接；有利于适应不同地区、不同学校的需要，从而提高高中生物课的教学质量。

（五）使用、地位与影响

该教材经国家教委审查通过后，于1992年开始在全国范围内使用。由于是统编教材，教材的编写有了一套完整的体系，教学内容具有较好的系统性和完整性。该选修教材在必修教材的基础上进行了必要的拓展，而且增加了人体的组织、器官和系统，基因的连锁和互换规律等相关内容，使中学生物学知识的系统性和完整性得到进一步的提高。该教材还增加了生物学实验，由必修教材中的5个实验增加到选修教材中的18个实验，且实验的质量得到大幅度的提升，体现了生物学是以实验为基础的自然科学的重要特点。该教材在生物学教材史上占据较重要的地位。

（六）课文精选

见图13-4。

细胞壁(图1)。原核细胞的细胞壁,其主要成分与真核细胞的不同。例如,细菌的细胞壁不含纤维素。

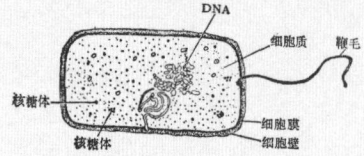

图1 细菌原核细胞模式图

在细胞壁内有一层细胞膜,包围着细胞质。细胞膜的化学组成和结构与真核细胞的相似。

细胞质 细胞质内没有高尔基体、线粒体、内质网和质体等复杂的细胞器,但是有分散的核糖体。核糖体是合成蛋白质的场所。

核区 原核细胞没有像真核细胞那样的真正的细胞核,而是在细胞内有一个含DNA分子的区域,这是储存和复制遗传物质的部分,具有相当于细胞核的功能,所以叫做核区。在核区的表面没有核膜包围,在其内部没有核仁。由于DNA分子上没有蛋白质,因此也没有像真核细胞所具有的染色体。

综上所述可以知道,原核细胞代表了原始形式的细胞。原核细胞的结构简单,它最主要的特点是没有真正的细胞核。

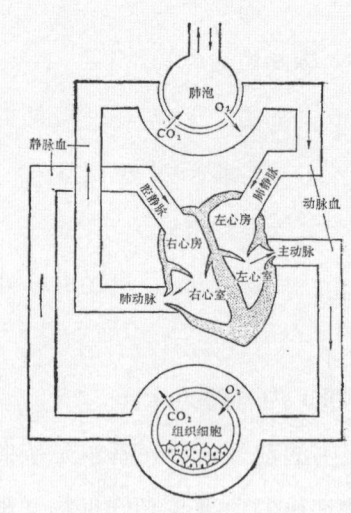

图14 呼吸的全过程示意图

图13-4 《高级中学课本生物(全一册)(选修)》内页展示

第十四章（上） 实施义务教育，编写义务教育和高中生物学教科书——编写义务教育初中生物学教材（1986—2000）

1986年4月12日，第六届全国人民代表大会第四次会议通过《中华人民共和国义务教育法》。义务教育法从1986年7月1日正式施行。该法规定国家实行九年制义务教育，义务教育事业，在国务院领导下，实行地方负责，分级管理。义务教育法中提到：国务院教育主管部门应当根据社会主义现代化建设的需要和儿童、少年身心发展的状况，确定义务教育的教学制度、教学内容、课程设置，审订教科书。

1986年9月22日全国中小学教材审定委员会在北京成立，我国中小学教材体制由国定制转变为审定制，"一纲多本"的制度改革启动。

1988年，国家教委颁布了《九年制义务教育全日制初级中学生物学教学大纲（初审稿）》。人民教育出版社依据此大纲编写了义务教育初中生物学教材。1993年，人民教育出版社根据当时新颁布的课程计划（试行）和教学大纲（试用），重新修订了义务教育教材，经审查后供全国各地选用。

1990年，国家教委颁发《现行普通高中教学计划的调整意见》，颁发《全日制中学生物学教学大纲（修订本）》。人民教育出版社根据高中教学计划调整意见和生物学教学大纲（修订本）的要求编写高中生物学教材。这是人民教育出版社编写出版的第八套全国通用教材，是与义务教育阶段初中生物学教材衔接的高中过渡时期教材。有关内容已在上一章作了介绍。

1997年，人民教育出版社根据《普通高中课程计划（试验）》和各科教学大纲，编写高中教材（试用本），开始在"两省一市"（山西省、江西省、天津市）试用。这套高中教材与前述的义务教育教材共同构成完整的一套教材，为人民教育出版社编写出版的第九套全国通用中学生物学教材。这套高中教材此后经过修订，在义务教育阶段已经进入新课改的情况下，在全国全面使用。从2004年起，伴随着普通高中新课改的不断推进，这套教材逐渐退出了历史舞台。

这一时期时间跨度较大，分上下两部分进行介绍，上半部分主要介绍义务教育初中生物学教材编写的相关内容；下半部分主要介绍与义务教育教材配套的高中生物学教材编写的相关内容。

一、本阶段的教育发展与改革背景

1988年年初，国家教委颁发了《九年制义务教育全日制初级中学生物学教学大纲（初审稿）》。这个大纲同时适用于"六·三"制和"五·四"制两种学制。

1992年6月，国家教委颁发了《九年义务教育全日制初级中学生物教学大纲（试用）》。国家教委在这一时期还规定，义务教育各学科初中课本实行"一纲多本"。2000年，在对上述教学大纲进行修订的基础上，教育部颁布《九年义务教育全日制初级中学生物教学大纲（试用修订版）》。

二、本阶段课程概要

（一）学制

九年义务教育包括两种学制，"六·三"制和"五·四"制，前者小学六年，初中三年；后者小学五年，初中四年。

（二）课程设置

九年义务教育课程计划中，关于初中生物学课程设置的规定是：使学生在观察、实验的基础上，初步掌握关于植物、细菌、真菌、病毒和动物的形态结构、生理和分类方面的基础知识，初步学习一些生物的遗传、进化和生态等方面的基础知识，并了解它们在实际中的应用，初步懂得人体形态结构、生理功能和卫生保健的基础知识，培养学生初步的观察能力、实验能力和运用所学生物学知识解决简单实际问题的能力，以及实事求是的科学态度。课程计划中还提到：人口教育可结合地理、生物、思想政治等学科有关内容讲解。

《义务教育全日制小学、初级中学"六·三"制初级中学教学计划(试行草案)》规定生物学课程在初中一年级(每周3课时)和初中二年级(每周2课时)开设,上课总课时数为170课时。《义务教育全日制小学、初级中学"五·四"制初级中学教学计划(试行草案)》规定,生物学课程在初中一、二、三年级开设,每周2课时,上课总课时数为204课时。

三、本阶段教科书概貌

(一)教科书出版总体情况

人民教育出版社生物自然室根据《中华人民共和国义务教育法》《义务教育全日制小学、初级中学教学计划(试行草案)》和《九年制义务教育全日制初级中学生物学教学大纲(初审稿)》的基本精神和要求,编写了义务教育三年制、四年制初中生物学教材试用本(实验本)。实验本教材试用后,人民教育出版社根据试用意见对教材进行了修订。同时,国家教委按照"一纲多本"的精神,在全国范围内,组织编写了具有不同风格、不同水平、适应不同地区特点的义务教育生物学教材,初步实现了生物学教材的多样化。该时期主要的教科书如下。

《义务教育三年制初级中学教科书(实验本)生物第一册(上)》,人民教育出版社生物自然室编,1989年10月第1版,人民教育出版社出版。

《义务教育三年制初级中学教科书(实验本)生物第一册(下)》,人民教育出版社生物自然室编,1990年4月第1版,人民教育出版社出版。

《义务教育三年制初级中学教科书(实验本)生物第二册》,人民教育出版社生物自然室编,1990年10月第1版,人民教育出版社出版。

《义务教育四年制初级中学教科书(实验本)生物》,人民教育出版社生物自然室编,第一册(1990年10月第1版)、第二册(1991年10月第1版)、第三册(1992年10月第1版),人民教育出版社出版。

实验本教材修订后,出版情况如下。

《九年义务教育三年制初级中学教科书生物第一册(上)》,人民教育出版社生物自然室编,1992年10月第1版,人民教育出版社出版。

《九年义务教育三年制初级中学教科书生物第一册（下）》，人民教育出版社生物自然室编，1993年4月第1版，人民教育出版社出版。

《九年义务教育三年制初级中学教科书生物第二册》，人民教育出版社生物自然室编，1994年10月第1版，人民教育出版社出版。

《九年义务教育四年制初级中学教科书生物》，人民教育出版社生物自然室编，第一册（1992年10月第1版）、第二册（1993年10月第1版）、第三册（1994年10月第1版），人民教育出版社出版。

2000—2001年，人民教育出版社生物自然室根据《九年义务教育全日制初级中学生物教学大纲（试用修订版）》的要求，对1992—1994年版的九年义务教育三年制、四年制初级中学生物学教科书进行了修订，2001年经全国中小学教材审定委员会审查通过，供全国除上海市和浙江省以外省（自治区、直辖市）的初中使用。修订后的这套教科书的书名与1992—1994年版的完全一致。在封面上将原教科书封面左上角所注的"经国家教委中小学教材审定委员会审查试用"改为"经全国中小学教材审定委员会2001年审查通过"。

这套修订教材具有明显的过渡性质，因为在这套教材修订的同时，新课改已经启动，人民教育出版社生物编辑室也在同步开展生物新课标实验教材的编写。

这套教材的修订，实际上也在向新课改的要求靠拢，特别是新课改强调的"探究性学习"要求，也在教材修订、审查时予以特别强调。在教材修订时，知识内容的框架没有进行大的修改，局部知识内容作了调整和更新。不过，教材在内容的陈述上和学生活动的设计上，都加强了"探究性"，特别是增加了探究性的实验。

2001年后，随着第八次课程改革的推进，使用课程标准实验教材的地区逐年增多，使用这套教材的地区随之减少。至2008年秋季，这套教材在绝大多数学校已停止使用。

在20世纪90年代初，全国多家出版社出版了义务教育阶段的教科书，俗称"八套半教材"。其中有：人民教育出版社编写出版的全国大部分地区使用的"六·三"制和"五·四"制教材，四川省教委和西南师范大学编写的"六·三"制教材，上海市教育局编写的面向发达地区的"六·三"制教材，浙江省教委编写的面向发达农村地区的"六·三"制教材，广东省教育厅和华南师范大学编写的"六·三"制沿海版教材，北京师范大学编写的"五·四"制教材，等等。在北京，还有部分地区使用北京市教科院编写的北京版初中生物学教材。

（二）教科书的总体特点

人民教育出版社生物自然室编写的这套义务教育生物学教科书，是在总结了之前教材编写的经验教训，研究了美国、俄罗斯、日本等国的生物学教材的基础上编写的。

每册教科书均由课文、彩图、黑白插图、实验指导、演示实验、课堂练习题、阅读材料等内容组成。这套教科书主要有以下七个方面的特点：（1）依据教学大纲认真选材，分清主次，突出重点；（2）结合生物学学科特点，加强教材内容的思想性；（3）针对学生的生理、心理特点和认知规律，贯彻启发式教学指导思想，加强教材的教育性；（4）加强培养学生的观察能力、实验能力、思维能力和自学能力；（5）教材体系和教材结构得到了改进；（6）教材力求设计新颖，版面活泼、美观，使学生爱读爱学；（7）实现生物学教材的系列化[①]。

（三）有影响的代表性人物介绍

李沧、叶佩珉，同前述。

四、代表性教科书

《义务教育三年制初级中学教科书（实验本）生物》

（一）基本信息

1. 出版单位

人民教育出版社。

2. 作者与编写方式

该套教材包括三册，分别为第一册（上）、第一册（下）、第二册。

---

① 课程教材研究所. 新中国中小学教材建设史（1949—2000）研究丛书：生物卷[M]. 北京：人民教育出版社，2010：224-231.

（1）第一册（上）

主编：叶佩珉、李沧。

编写人员：刘真、赵绰、柴西琴。

责任编辑：刘真。

参加编写和讨论的生物教师有林镜仁、肖尧望、曹翠玲、汪明熙、杨振江。

本册的顾问是陈阅增、叶恭绍、潘瑞炽三位教授。

（2）第一册（下）

主编：叶佩珉、李沧。

编写人员：段芸芬、赵占良。

责任编辑：段芸芬。

参加讨论的生物教师有徐宗佑、王丽珠、宋小明。

本册的顾问是陈阅增、叶恭绍、潘瑞炽三位教授。

（3）第二册

主编：叶佩珉、李沧。

编写人员：孙传贤、张军、赵占良、柴西琴。

责任编辑：孙传贤、赵占良。

参加编写和讨论的生物教师有刘毓森、肖尧望、王育敏、冷穗楠、吕灿良。

本册的顾问是陈阅增、叶恭绍、潘瑞炽三位教授。

3. 出版和使用

第一册（上）第 1 版出版于 1989 年 10 月，供三年制初中一年级学生第一学期使用。

第一册（下）第 1 版出版于 1990 年 4 月，供三年制初中一年级学生第二学期使用。

第二册第 1 版出版于 1990 年 10 月，供三年制初中二年级学生使用。

4. 版本介绍

［封面］第一册（上）1989 年 10 月第 1 版，第一册（下）1990 年 4 月第 1 版，第二册 1990 年 10 月第 1 版（见图 14-1）。

［开本］16 开。

［册数］3 册。

图 14-1 《义务教育三年制初级中学教科书（实验本）生物》封面

（二）编写背景与编写依据

1. 编写背景

1986 年，《中华人民共和国义务教育法》颁行，义务教育法规定，国家实施九年制义务教育。1988 年 9 月，《义务教育全日制小学、初级中学教学计划（试行草案）》由国家教委颁发。这个教学计划有"六·三"制和"五·四"制两种学制。这个教学计划成为当时编写义务教育各学科教学大纲和教材的依据。1992 年 8 月，国家教委正式颁发《义务教育全日制小学、初级中学课程计划（试行）》，并在全国范围内实施。

2. 编写依据

（1）依据教学大纲

1988 年，国家教委颁发了《九年制义务教育全日制初级中学生物学教学大纲（初审稿）》，大纲提出，生物课的教学目的要求主要包括知识教育、能力培养和思想教育三个方面。与 1986 年版全日制中学生物学教学大纲相比，该大纲在能力培养方面的要求更为具体，提出要培养学生的观察能力、实验能力、思维能力和自学能力。大纲规定的教学内容包括五部分：植物，细菌、真菌、病毒，动物，人体生理卫生，生物的遗传、进化和生态。

1988 年 5 月，国家教委召开义务教育教材规划会议。同年 8 月，颁发《九年制义务教育教材编写规划方案》。该方案提出的目标是用四五年时间逐步完成四种不同类型教材的编写工作。1989 年，国家教委批准人民教育出版社编写三年制和四年制的初中生物学教材。有关师范院校和省市教委也分别承担了编写不同类型、不同特点教材的任务。

（2）在大量调查和学习研究的基础上编写教材

叶佩珉先生在《新中国中小学教材建设史（1949—2000）研究丛书：生物卷》一书中对该套教材的编写依据总结如下[①]。

为了使编写的义务教育生物学教材切实做到改革创新，人民教育出版社生物自然室自1988年3月起，采取"请进来，走出去"等多种方式，进行了大量的调查研究，广泛征求各方面的意见和建议。因此，在这套教材的编写工作中，始终贯彻了教材研究和编写的"三结合（专业人员、有丰富实践经验的教师和教学研究人员以及专家、教授）"的原则，力求做到集思广益、集体创新。

这套教材是中华人民共和国成立以来的第一套义务教育生物学教材，因此，它不同于人民教育出版社在此之前编写的各套生物学教材。这套教材既体现了义务教育的特点，又充分反映了时代精神，切实做到了教材的改革创新。

这套义务教育生物学教材的编写工作是在认真学习和研究的基础上进行的。主要包括以下几个方面。

① 认真总结中华人民共和国成立以来，人民教育出版社等单位编写以前各套生物学教材的经验教训。

② 学习研究美国、日本、俄罗斯等国和我国香港、我国台湾等地区的生物学教材。

③ 分析研究我国使用多年的原初中生物学教材的优缺点，重视克服原教材存在的主要弊端。

④ 教材编写队伍坚持"三结合"的原则，由专业编者、教学一线教师和专家教授组成。

⑤ 始终坚持研究和编写工作相结合，做到以研究促教材改革，以编写工作中急需解决的问题促研究工作的深入开展。

（三）编写体例与教材结构

该套教材的内容共包括五个部分：植物，细菌、真菌、病毒，动物，人体

---

① 课程教材研究所. 新中国中小学教材建设史（1949—2000）研究丛书：生物卷[M]. 北京：人民教育出版社，2010：222-223.

生理卫生，生物的遗传、进化和生态。该套生物学教材每节的教材结构，一般由以下十二个部分组成，见表 14-1。

表 14-1　义务教育初中生物学教科书每节的教材结构[1]

序号	教材组成部分	功能
1	引言	从自然现象、生活、生产引入，画龙点睛，启发、引导学生学习
2	看一看，想一想	结合本节内容，明确观察的内容和要求；提出思考问题
3	演示实验	使学生了解实验的装置、方法、步骤等，培养学生的观察能力和实验能力
4	课文	着重讲清基本知识，文字简明扼要、生动活泼，用大字排印，这是学生必须学习的内容
5	学生实验	密切结合教学内容，要求学生进行观察、解剖和做生理实验，或者实习、参观，培养学生的实验能力
6	彩图	密切配合教材的重点内容，使教材形象、生动、真实，激发学生的学习兴趣
7	黑白插图	是教学内容的重要组成部分，以图表示形态、结构、生理、习性、经济价值、实验操作等，有利于学生理解和掌握知识，适当扩大知识面
8	题图	通过形象、生动的小图，点出本章的教学内容，激发学生的学习兴趣，引导学生学习
9	你知道吗？	简明扼要介绍与课文有关的资料，用小字排印，供学生阅读；可开阔学生的眼界，培养学习兴趣，提高阅读和自学能力
10	动动脑	教材中的习题富于思考性，着重培养学生的思维能力
11	动动手	结合本节教学内容，要求学生完成课外作业，培养他们的动手能力和科学态度，掌握一些科学方法
12	课外读	内容丰富、有趣，形式生动、活泼，有文有图，用小字排印，供学生课外阅读，可适当扩大知识面，培养学习兴趣和自学能力

---

[1] 课程教材研究所. 新中国中小学教材建设史（1949—2000）研究丛书：生物卷[M]. 北京：人民教育出版社，2010：229-230.

该套书的目录如下。

第一册（上）目录：

探索生物的奥秘

  课外读 李时珍的故事（连环画）

     我国历代生物科学领域重要成就拾零

     仿生学二例

第一部分 植物

 第一章 植物体的基本结构

  第一节 观察和实验的用具

  第二节 临时装片的制作

   实验 用显微镜观察植物细胞

  第三节 细胞

  第四节 组织和器官

   课外读 古老的显微镜和电子显微镜

     形形色色的植物细胞

 第二章 种子的萌发

  第一节 种子的结构

  第二节 种子的成分

  第三节 种子的萌发、休眠和寿命

   课外读 种子吸水膨胀的力量有多大？

     古莲子沉睡千年之谜

 第三章 水分和无机盐的吸收

  第一节 根的形态

   实验 观察根毛和根尖的结构

  第二节 根的结构

  第三节 根怎样吸收水分

  第四节 根对无机盐的吸收

   课外读 一棵植物的根有多长？

微量元素肥料的由来

第四章 有机物的制造

第一节 叶的形态

实验 观察叶片的结构

第二节 叶片的结构

实验 绿叶在光下制造淀粉

第三节 有机物的制造——光合作用

课外读 话说叶子的颜色

光合作用是怎样发现的

第五章 有机物的消耗和水分的散失

第一节 有机物的消耗——呼吸作用

第二节 水分的散失——蒸腾作用

课外读 瓜果蔬菜能够长期保鲜吗？

树木到了秋天为什么会落叶？

第六章 营养物质的运输

第一节 茎是由芽发育成的

实验 观察茎的结构

第二节 茎的结构

第三节 茎的输导作用和贮藏作用

课外读 葵花朵朵向太阳

"树怕伤皮，不怕空心"

茎有哪些用途？

第七章 开花结果和营养繁殖

第一节 花的结构

第二节 花的种类

第三节 开花和传粉

第四节 果实和种子的形成

第五节 营养繁殖

实习 植物营养繁殖的操作

　　　　课外读　多彩芬芳的花朵

　　　　　　　　苹果为什么变甜了？

第八章　植物体是一个整体

第九章　植物的主要类群

　第一节　藻类植物

　　　　课外读　一滴池水中的藻类植物

　　　　　　　　话说海藻

　　　　　　　　我国的海带养殖业

　第二节　苔藓植物

　　　　课外读　青苔不等于苔藓植物

　第三节　蕨类植物

　　　　课外读　形形色色的蕨类植物

　　　　　　　　煤的来历

　第四节　种子植物

　　　一　裸子植物

　　　　课外读　你认识这些裸子植物吗？

　　　　　　　　"世界爷"和"神木"

　　　二　被子植物

　　　实验　采集和制作植物标本

　　　　（一）被子植物的特征和分类

　　　　（二）被子植物的分科举例

　　　　　　双子叶植物纲

　　　　　　　1　十字花科

　　　　　　课外读　你认识这些十字花科植物吗？

　　　　　　　2　豆科

　　　　　　课外读　你认识这些豆科植物吗？

　　　　　　　3　菊科

　　　　　　课外读　你认识这些菊科植物吗？

　　　　单子叶植物纲

　　　　1 禾本科

　　　　课外读 你认识这些禾本科植物吗？

　　　　2 百合科

　　　　课外读 你认识这些百合科植物吗？

第二部分 细菌，真菌，病毒

　　第一章 细菌

　　　　课外读 一个著名的科学实验（连环画）

　　第二章 真菌

　　　　实验 观察酵母菌和霉菌

　　　第一节 酵母菌和霉菌

　　　第二节 蘑菇

　　　　课外读 青霉素的来历（连环画）

　　　　　　这些也是真菌

　　第三章 病毒

　　　　课外读 狂犬病终于被征服了（连环画）

第一册（下）目录：

第三部分 动物

　　第一章 原生动物门

　　　　实验一 观察草履虫

　　第二章 腔肠动物门

　　　　实验二 观察水螅

　　第三章 扁形动物门

　　第四章 线形动物门

　　第五章 环节动物门

　　　　实验三 解剖蚯蚓

　　　　课外读 蚯蚓有听觉和视觉吗？

　　第六章 节肢动物门

第一节 蝗虫

第二节 蜜蜂

第三节 沼虾

第四节 其他节肢动物

  实验四 昆虫标本的采集和制作

  课外读 昆虫通讯的奥秘

第七章 鱼纲

第一节 鲫鱼

  实验五 解剖鲫鱼

第二节 淡水鱼类

第三节 海洋鱼类

  课外读 金鱼

    鱼类的乐园——人工鱼礁

第八章 两栖纲

  实验六 解剖青蛙（或蟾蜍）

  课外读 我国二级重点保护动物——大鲵

第九章 爬行纲

  课外读 我国一级重点保护动物——扬子鳄

第十章 鸟纲

第一节 家鸽

第二节 鸟类的多样性

第三节 鸟类的起源、家禽

  课外读 鸟巢漫谈

第十一章 哺乳纲

第一节 家兔

  实验七 解剖家兔

第二节 哺乳动物的多样性

第三节 家畜

  课外读 多彩多姿的哺乳动物

第十二章 动物的行为
　　第一节 动物行为的特点
　　第二节 动物的攻击行为和防御行为
　　第三节 动物的贮食行为和繁殖行为
　　　　课外读 杜鹃——不孵卵和不育雏的鸟
　　第四节 动物的社群行为
　　第五节 动物的节律行为
　　　　课外读 鸟类的迁徙
　　第六节 动物行为产生的生理基础

第二册目录：

第四部分 人体生理卫生
　　第一章 人的身体
　　　　　实验一 用显微镜观察人的口腔上皮细胞
　　　　　实验二 用显微镜观察四种基本组织
　　　　课外读 千姿百态的人体细胞
　　第二章 皮肤
　　　　　课外读 冻疮及其预防
　　　　　　　　如何选用护肤用品
　　第三章 运动
　　　　第一节 骨
　　　　　　实验三 观察长骨的结构
　　　　　　实验四 鉴定骨的成分
　　　　第二节 关节
　　　　第三节 骨骼肌
　　　　第四节 骨骼和骨骼肌群
　　　　　课外读 身高早晚有别的奥秘
　　第四章 体内物质的运输
　　　　第一节 血液

　　　　实验五　用显微镜观察血涂片

　　　　课外读　血清和血浆的主要区别

　　　　　　　ABO 血型之间的输血关系

　　第二节　血管和心脏

　　　　实验六　用显微镜观察小鱼尾鳍内血液流动的现象

　　　　实验七　观察哺乳动物心脏的结构

　　　　课外读　为什么心脏在人的一生中能不停地跳动？

　　第三节　血液循环

　　　　课外读　冠脉循环与冠心病

　　第四节　淋巴循环

第五章　消化和吸收

　　第一节　营养物质

　　　　课外读　"脚气"是脚气病吗？

　　　　　　　人类是怎样征服坏血病的？

　　第二节　食物的消化

　　　　实验八　观察小肠绒毛

　　　　实验九　观察唾液淀粉酶对淀粉的消化作用

　　　　课外读　龋齿的发生和预防

　　第三节　营养物质的吸收和利用

　　第四节　营养卫生和饮食卫生

第六章　呼吸

　　第一节　肺的通气

　　　　课外读　为什么婴儿总是"啼哭"着来到人间？

　　　　　　　怎样进行人工呼吸？

　　第二节　体内气体的交换和运输

　　　　实验十　向澄清的石灰水中吹气

　　第三节　呼吸系统的卫生保健

第七章　排泄

　　　　课外读　血尿和蛋白尿

第八章 新陈代谢

　　课外读 人体内新旧物质更替的速度和总量

　　　　　人在不同时期的新陈代谢特点

第九章 神经调节

　第一节 神经调节的结构基础和基本方式

　　实验十一 膝跳反射实验

　　课外读 刺激、兴奋和抑制

　第二节 脊髓和脊神经

　　实验十二 脊蛙反射实验

　第三节 脑和脑神经

　　课外读 植物性神经

　第四节 高级神经活动

　第五节 神经系统的卫生保健

　　课外读 梦

　第六节 人的视觉和听觉

　　实验十三 双凸透镜成象的实验

　　课外读 散光和色盲

　　　　　耳聋

第十章 激素调节

　　课外读 我国开创了人工合成蛋白质的先例

第十一章 生殖和发育

　第一节 生殖

　　课外读 双胞胎的形成和特点

　第二节 发育

　　课外读 青春期发育的各项标志出现的顺序

　第三节 青春期卫生

　　课外读 月经的由来

第十二章 免疫

　　课外读 "人痘"和"牛痘"

　　　　　　什么是艾滋病？
　　第十三章　传染病
　　　　　　实验十四　用显微镜观察蛔虫卵
　　　　　　课外读　急性出血性结膜炎的流行及其预防
第五部分　生物的遗传、进化和生态
　　第一章　生物的遗传和变异
　　　　第一节　生物的遗传
　　　　　　课外读　生男生女的秘密
　　　　第二节　生物的变异
　　　　　　课外读　遗传工程是怎么回事？
　　第二章　生物的进化
　　　　第一节　生物进化的历程
　　　　第二节　生物进化的证据和原因
　　　　　　课外读　尺蛾的体色为什么变深？
　　　　　　　　　　达尔文和他的进化思想
　　第三章　生物与环境
　　　　第一节　生物的生活环境
　　　　第二节　生态系统
　　　　第三节　环境保护
　　　　　　课外读　中国谚语的启示
　　　　　　　　　　屎壳螂出国记
　生物科学的前景

（四）内容特点

该套教材的特点是：(1) 教材内容主次分明，重点突出；(2) 结合生物学学科特点，加强了教材内容的思想性，如生物进化观点和生态学观点始终贯穿于第一册（下）；(3) 在编排具体内容时，针对学生的心理特点和认知规律，贯彻启发式教学指导思想，加强了教材的教育性；(4) 编排了多个实验，设计了"小实验""你知道吗"等多个栏目以加强培养学生的观察能力、实验能力、思维能力和自学能力;(5)既重视基础知识,又注意反映现代生物科学新成果;(6)提高插图的地位,改进插图的设计;(7)重视为学生提供阅读材料[①]。

(五)使用、地位与影响

该套教材重点突出,加强了思想教育,注重学生四种能力的培养。该套教材自1990年秋季开始在全国范围内试用,有广泛的社会影响。试用时同时供应教科书、教师教学用书、学生练习册和实验报告册。该套教材作为实验本,经试用修订后,于1992年陆续成为正式本。

(六)课文精选

见图14-2。

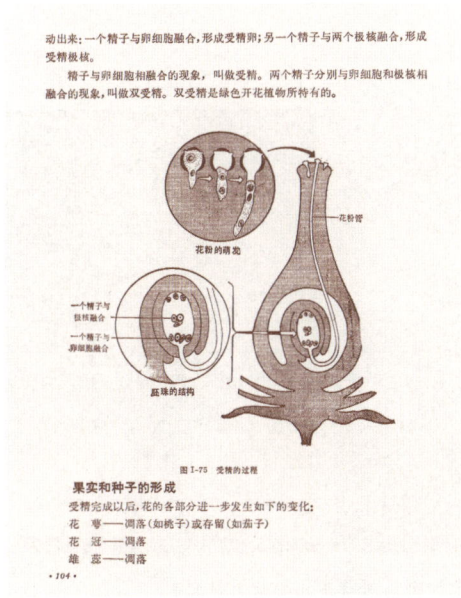 

图14-2 《义务教育三年制初级中学教科书(实验本)生物》内页展示

《义务教育四年制初级中学教科书(实验本)生物》

(一)基本信息

1. 出版单位

人民教育出版社。

---

① 课程教材研究所. 新中国中小学教材建设史(1949—2000)研究丛书:生物卷[M]. 北京:人民教育出版社,2010:249-254.

2. 作者与编写方式

编写人员与《义务教育三年制初级中学教科书（实验本）生物》的基本相同。

3. 出版和使用

第一册第 1 版出版于 1990 年 10 月，供四年制初中一年级学生使用。

第二册第 1 版出版于 1991 年 10 月，供四年制初中二年级学生使用。

第三册第 1 版出版于 1992 年 10 月，供四年制初中三年级学生使用。

4. 版本介绍

［封面］第一册 1990 年 10 月第 1 版，第二册 1991 年 10 月第 1 版，第三册 1992 年 10 月第 1 版（见图 14-3）。

［开本］16 开。

［册数］3 册。

图 14-3 《义务教育四年制初级中学教科书（实验本）生物》封面

（二）编写背景与编写依据

同《义务教育三年制初级中学教科书（实验本）生物》。

（三）编写体例与教材结构

该套教科书的教学内容和教材结构，与《义务教育三年制初级中学教科书（实验本）生物》基本相同。该套教科书的一、二、三册分别相当于三年制的第一册（上）、第一册（下）和第二册。因此，不再展开进行介绍。

（四）内容特点

同《义务教育三年制初级中学教科书（实验本）生物》。

《九年义务教育三年制初级中学教科书生物》与《九年义务教育四年制初级中学教科书生物》

该套教材是在原实验本生物学教材的基础上,根据国家教委颁发的《九年义务教育全日制小学、初级中学课程计划(试行)》和《九年义务教育全日制初级中学生物学教学大纲(试用)》的规定编写而成的。该套教材经过了国家教委中小学教材审定委员会生物学科审查委员会的审查。因此,在每册生物学教科书封面的左上角印有"经国家教委中小学教材审定委员会审查试用"的明显标志。该套教材的内容与原实验本生物学教材的相比变化不大,在此不展开进行介绍。三年制教材的封面见图14-4,四年制教材的封面见图14-5。

  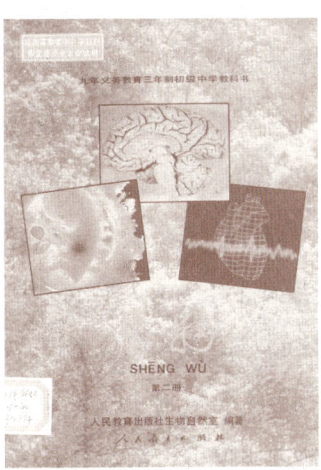

图14-4 《九年义务教育三年制初级中学教科书生物》封面

图14-5 《九年义务教育四年制初级中学教科书生物》封面

第十四章（下） 实施义务教育，编写义务教育和高中生物学教科书——编写与义务教育教材配套的高中生物学教材（1996—2002）

一、本阶段的教育发展与改革背景

（一）教育发展及规划

1994年春，国家教委基础教育司开始组织、领导高中生物学教学大纲的编订工作。首先，国家教委基础教育司组织成立了大纲研究小组，对原高中生物学教学大纲和教材进行分析和评价，提出制定大纲的依据、指导思想和原则，以及教学内容的初步设想，等等。其次，在大纲研究小组工作的基础上，成立大纲编订小组，负责大纲的起草、修改和送审等工作。从1994年春至1996年5月期间，国家教委基础教育司正式召开过五次教学大纲会议，高中生物学教学大纲编订小组先后起草了征求意见稿、送审查委员审查稿和送国家教委领导审查稿，以及经国家教委审查通过后的供试验用的教学大纲。在这两年多的时间内，人民教育出版社生物自然室曾在全国广泛征求教师、教研人员和专家的意见。应该说，这项具有历史意义的工程是集体智慧的结晶。

1995年2月16日，国家教委、新闻出版署发布《普通中小学教材出版发行管理规定》。该规定是为了更好地贯彻落实党中央、国务院提出的"课前到书，人手一册"的要求，加强对普通中小学教材出版发行工作的管理而制定的。5月3日，国家教委发布《中小学教材编写、审查和选用的规定》。按照规定，国家教育委员会主管全国中小学（包括民族文字教材）的编写、编译、审查、选用工作，地方各级教育行政部门按分工主管本行政辖区内的中小学教材（包括民族文字教材）的编写、编译、审查、选用工作。人民教育出版社、中央教科所、中央部委属高等院校、中央级研究单位、全国性学术团体组织编写国家教委制定的课程计划所规定的必修课教材。

1996年3月26日，国家教委基础教育司印发《全日制普通高级中学课程计划（试验）》，将学科类课程分为必修、限定选修（简称"限选"）和任意选修。该课程计划是中华人民共和国成立后第一个独立的高中课程计划，它与九年义务教育课程计划相衔接，是编订普通高中各学科教学大纲、编写各学科教材、进行教学试验的依据。同年4月10日，国家教委印发《全国教育事业"九五"计划和2010年发展规划》，提出教育事业应适应未来需要。

1997年9月，人民教育出版社根据全日制普通高级中学各科教学大纲（供试验用）编写的、与九年义务教育教材相衔接的全日制普通高级中学教科书开始在江西、山西、天津"两省一市"进行试验。10月29日，《关于当前积极推进中小学实施素质教育的若干意见》（以下简称《意见》）发布。《意见》指出：改革人才培养模式，由"应试教育"向全面素质教育转变，这是我国国民经济和社会发展对中小学教育提出的要求，是基础教育面临的一项重大任务。《意见》要求：要充分肯定基础教育的成绩，同时，我们也必须深刻认识"应试教育"对中小学教育产生的影响和危害。关于课程，《意见》提出：要建立和完善以全面提高学生素质为目标的课程体系，优化教学过程。

1998年12月24日，教育部《面向21世纪教育振兴行动计划》（以下简称《行动计划》）正式颁布。《行动计划》是在贯彻落实教育法以及《中国教育改革和发展纲要》的基础上提出的跨世纪教育改革和发展的施工蓝图，明确提出了到2000年和2010年我国教育发展的目标。关于课程教材，《行动计划》提出："实施'跨世纪素质教育工程'，整体推进素质教育，全面提高国民素质和民族创新能力。改革课程体系和评价制度，2000年初步形成现代化基础教育课程框架和课程标准，改革教育内容和教学方法，推行新的评价制度，开展教师培训，启动新课程的实验。争取经过10年左右的实验，在全国推行21世纪基础教育课程教材体系。"

1999年1月13日，国务院批转教育部《面向21世纪教育振兴行动计划》，要求各级人民政府和各有关部门要切实把教育摆在优先发展的战略地位，充分认识全面振兴教育事业的重要性，认真实施《面向21世纪教育振兴行动计划》，把生机勃勃的中国教育带入21世纪。6月13日，《中共中央国务院关于深化教育改革，全面推进素质教育的决定》（以下简称《决定》）发布。《决定》指出：实施素质教育，要以培养学生的创新精神和实践能力为重点。关于课程教材，

《决定》提出：调整和改革课程体系、结构、内容，建立新的基础教育课程体系，试行国家课程、地方课程和学校课程；改变课程过分强调学科体系、脱离时代和社会发展以及学生实际的状况。《决定》还提出：促进教材的多样化，进一步完善国家对基础教育教材的评审制度。6月15—18日，中共中央、国务院在北京召开改革开放以来第三次全国教育工作会议。会议的主题是：动员全党同志和全国人民，以提高民族素质和创新能力为重点，深化教育体制和结构改革，全面推进素质教育，振兴教育事业，实施科教兴国战略，为实现党的十五大确定的社会主义现代化建设宏伟目标而奋斗。

2000年1月，教育部印发《关于扩大普通高中新课程方案试验的通知》，将原在江西、山西、天津进行的课程试验扩大至黑龙江、辽宁、山东、江苏、安徽、河南、青海共十个省、直辖市。1月31日，教育部印发《全日制普通高级中学课程计划（试验修订稿）》。

（二）课程计划调整背景及内容

1996年3月，国家教委基础教育司下发了关于印发《全日制普通高级中学课程计划（试验）》的通知。在通知中提出：为了进一步深化普通高中教育改革，全面贯彻教育方针，面向全体学生，全面提高教育质量，更好地适应社会主义现代化建设的需要，依据邓小平同志"三个面向"的指示和《中国教育改革和发展纲要》的精神，我司制定了《全日制普通高级中学课程计划（试验）》。通知同时还提出：该高中课程计划与九年义务教育课程计划相衔接，是编订普通高中各学科新教学大纲、编写各学科新教材、进行教学试验的依据。该高中课程计划和新编普通高中各学科教学大纲、教材将于1997年秋季在部分地区的学校进行试验，并在试验的基础上进行修改、完善，拟于2000年在全国范围实施。

1. 制定普通高中课程计划的指导思想

制定普通高中课程计划的指导思想是：遵循教育要面向现代化、面向世界、面向未来的战略思想；贯彻教育必须为社会主义现代化建设服务，必须与生产劳动相结合，培养德、智、体等方面全面发展的社会主义事业的建设者和接班人的方针；充分发挥课程体系的整体教育功能，全面提高普通高中教育质量。

2. 普通高中课程计划的特点

（1）明确提出普通高中的培养目标，把教育方针中所规定的教育目的在普通高中教育中具体化。

（2）以现代课程理论为指导，建立了以学科类课程为主、活动类课程为辅的课程结构，并按照优化必修课、规范选修课、加强限定选修课的原则构建学科课程体系。

（3）课程计划既有统一要求，又有适度的灵活性，以适应普通高中不同办学模式的教学需要。

（4）提出了普通高中课程由中央、地方和学校三级管理的构想。

3. 普通高中课程计划中培养目标的规定

（1）明确提出普通高中培养目标，是不同于历次课程计划的一个显著特点。

在课程计划中明确提出普通高中阶段培养目标的具体要求，有以下积极作用。

导向作用，或者说指向作用、指导作用。培养目标是编制课程计划的前提要素，是教育实践活动的出发点。明确规定培养目标，可以有效地增强教育行为的目的性和方向性。

激励作用。培养目标不仅能指引教育行为的方向，而且能成为激发人们自觉参与教育行为的一种推动力量。

评价作用，或者说标准作用、检测作用。无论是评价课程安排是否合理、教材编写是否恰当，还是学校的教育教学活动是否有效等，主要应该以是否达到或者在何种程度上达到既定的培养目标作为衡量的尺度。

（2）普通高中的培养目标，是教育目的在普通高中教育阶段的具体化。

要将教育目的在普通高中阶段具体化，必须全面地研究和把握确定培养目标的依据。主要包括以下三点：第一，社会的政治、经济、生产、文化、科学技术的要求；第二，高中学生的身心发展的规律和特点；第三，普通高中的性质和任务。

二、本阶段课程概要

（一）学制

实行十二年制中小学教育教学学制，小学六年，初中三年，高中三年。少数地方实行"五·四·三"制，即小学五年，初中四年，高中三年。

（二）课程设置

1. 生物学学科是学科类课程

普通高中课程由学科类课程和活动类课程组成。普通高中学科类课程分为必修、限定选修和任意选修三种方式。

必修学科是每个高中学生必须修习的课程，设有生物等12门学科。限定选修学科是学生在学习必修学科的基础上，侧重接受升学预备教育或接受就业预备教育所必须进一步学习的课程，设有生物等学科。

2. 生物学学科课程安排

生物必修课安排在高中二年级，每周3课时，授课总时数105课时。生物限定选修课安排在高中三年级，每周3课时，授课总时数78课时。

必修课的教学内容是高中阶段全体学生必须学习的，包括以下10个单元：绪论、生命的物质基础、生命的基本单位细胞、生物的新陈代谢、生命活动的调节、生物的生殖和发育、遗传和变异、生物的进化、生物与环境、生态环境的保护。选修课是在必修课的基础上开设的，由学生在教师指导下根据自己的志向、爱好和需要自主选择修习。其教学内容侧重于体现生物科技与人类的生存和发展的密切关系，包括人体生命活动的调节和免疫、光合作用和生物固氮、微生物与发酵工程、细胞与细胞工程、遗传与基因工程、生态环境及其保护等内容。

3. 生物学学科要进行多个专题教育

本阶段要求在生物学学科中渗透职业指导、人口教育、国防教育和环境教育等内容，也可利用任意选修课和活动课程的课时开设专题讲座。

（三）教学大纲

1996年，国家教育委员会制定了《全日制普通高级中学生物教学大纲（供试验用）》。

1. 高中生物学教学大纲的几大项目及其主要内容

高中生物学教学大纲包括的项目有：教学目的；课程安排；教学目标和教学内容；教学中应该注意的几个问题；考试、考查及教学评估；教学设备。与原高中生物学教学大纲相比，增加了课程安排、教学目标、考试考查及教学评估、教学设备四项，并且对各大项目的有关规定和要求阐述得更加明确、具体。

（1）关于教学目的

在这项中，首先明确指出高中生物学课程的性质是"普通高中开设的一门学科类基础课程"。同时，根据普通高中的性质、任务和学科特点，规定了高中生物学课程在提高学生的文化科学素质、思想品德素质和身心健康素质等方面应该达到的四点教学目的：① 要使学生获得关于生命活动基本规律的基础知识，以及知道这些知识在生产、生活和社会实践等方面的应用；② 要使学生受到辩证唯物主义观点教育和爱国主义思想教育，帮助学生逐步建立科学的世界观，培养高尚的道德情操；③ 要使学生掌握生物科学的一些基本方法，具有较强的观察、实验、思维、自学等能力，提高科学素质；④ 要使学生养成良好的生理卫生习惯，提高身体、心理素质。

（2）关于课程安排

① 普通高中生物课是在义务教育初中生物课的基础上开设的，要求初中和高中生物课的教学内容，既有所分工，又互相衔接。

② 高中生物课包括必修课和选修课，选取的教学内容必须适应培养21世纪我国社会主义现代化建设的各类人才的需要。

③ 选修课是在必修课的基础上开设，是必修课内容的必要的延伸和提高，二者的教学内容既不重复，又有密切的内在联系。

（3）关于教学目标

教学目标是将"教学目的"中所规定的学生在德、智、体方面应达到的四点教学目的，根据生物学学科的特点、高中生物的教学内容和生物学教学规律，逐条加以具体化。正是由于教学目标中作了定性、定量的具体要求，教学大纲的可操作性很强，既可以具体指导教材的编写和生物学教学工作，又是进行教学评估和考核的重要依据。

（4）关于教学内容

在这项中，先对普通高中课程计划中高中生物必修课和高中生物选修课的课时规定，作了明确的阐述。

高中生物必修课，每周3课时，共105课时。其中讲课的参考课时为72课时，实验等的参考课时为23课时，地方教材和机动为10课时。

高中生物选修课，每周3课时，共78课时。其中讲课的参考课时为55课时，实验等的参考课时为 13 课时，地方教材和机动为 10 课时。

关于高中生物必修课和选修课的具体教学内容，大纲中分别用表格列出。从表中的教学内容的全部单元组成，可以知道生物课的总体知识结构；从每个单元中的知识要点和教学要求，学生实验和实习项目及教学要求，可以知道每个单元的具体内容和教学要求层次；从每个单元的参考课时，可以知道各单元在整个课程中大体所占的比重。应该说，该高中生物学教学大纲的教学内容，用表格方式表述有其优点，可以一目了然，便于教师安排好每学年、每学期、每个教学内容单元的各项教学活动[①]。

（5）大纲具有以下特点

① 按照素质教育的要求，突出了先进的课程理念。

② 对原大纲的知识体系进行了较大的改变，解决了高中生物必修课与选修课之间的重复问题。

③ 对教学内容中的知识点进行了适当更新。

④ 更加重视全面提高学生的科学素养。

⑤ 更加重视理论联系实际。

⑥ 增加弹性，以适应不同学校和不同学生的需要。

⑦ 对教学评价和教学设备提出了明确的要求。

该大纲不论在指导思想上，还是在课程目的和教学内容的安排上，都力求体现"三个面向"的精神，力求体现全面推进素质教育的要求。该大纲的问世，对全面提高我国中学生物学教育质量起到了指导和促进作用。

三、本阶段教科书概貌

（一）教科书出版总体情况

《全日制普通高级中学教科书（试验本）生物（必修）》，人民教育出版社生物自然室编著，第一册 1997 年 12 月第 1 版、第二册 1998 年 6 月第 1 版，人民

[①] 课程教材研究所. 新中国中小学教材建设史（1949—2000）研究丛书：生物卷[M]. 北京：人民教育出版社，2010：315.

教育出版社出版。

《全日制普通高级中学教科书（试验本）生物（选修）全一册》，人民教育出版社生物自然室编，1998年12月第1版，人民教育出版社出版。

上述教科书修订后的出版情况如下。

《全日制普通高级中学教科书（试验修订本·必修）生物》，人民教育出版社生物自然室编，第一册2000年3月第2版、第二册2000年11月第2版，人民教育出版社出版。

《全日制普通高级中学教科书（试验修订本·选修）生物全一册》，人民教育出版社生物自然室编，2000年12月第2版，人民教育出版社出版。

（二）教科书的总体特点

1. 教材的主要优点

试验省市的教师和教研人员普遍认为，该教材在重视知识教育的同时，比以往更加重视能力培养和思想品德教育；增加并改进了观察、实验、调查、课外生物科技活动等内容；丰富和扩展了理论联系实际的内容，渗透了STS教育思想；重视对学生进行科学态度、科学精神和科学方法教育，特别是创新精神和实践能力的培养，有利于全面推进素质教育；反映了现代生物科学技术的新进展，具有较鲜明的时代气息；在编写方式上更加重视启发性；教材图文并茂，彩色印刷，版式活泼，接近发达国家的教材。

2. 改革创新的特点

该高中生物必修课本（试验本），在继承中大力进行了改革创新。其特点如下[①]。

（1）加强教材的基础性和科学性。

（2）体现教材的先进性，加强量力性。

（3）重视教学态度、环境保护意识、创新精神的培养。

（4）加强理论联系实际，渗透STS教育思想。

（5）加强学生的能力和科学素质的培养。

（6）加强教材的启发性、教育性和弹性。

---

① 课程教材研究所. 新中国中小学教材建设史（1949—2000）研究丛书：生物卷[M]. 北京：人民教育出版社，2010：338-339.

（7）处理好与初中义务教育课程教材的分工与衔接。

（8）教材改为16开大本，图文并茂，版式新颖，可读性强。

应该肯定地说，这次的课程教材改革是继承中的改革，该教材是在研究国内外几十年来的教育实践与教育理论的基础上产生的。该生物学教材在大多数问题的处理中，继承了人教版生物学教材的传统。

（三）有影响的代表性教科书总体介绍

1. 全日制普通高级中学教科书（试验本）生物（必修）

（1）《全日制普通高级中学教科书（试验本）生物（必修）》是根据国家教育委员会1996年制定的《全日制普通高级中学生物教学大纲（供试验用）》编写的，包括第一册和第二册。1997年秋季开始，第一册在天津、江西、山西进行教学试验。

（2）该书的教学内容分为必学和选学。选学内容除教材中明确标出"选讲"和"选做"的外，还包括教材正文中以小号字编排的内容。

（3）该书根据教学大纲的规定配有与教学内容相关的实验、探究和实习共24个。"实验"和"探究"要求学生在课堂上完成，"实习"则需要学生在课堂教学之外完成。

（4）该书设有"演示实验""小资料""课外读"及"课外生物科技活动"等栏目。设置上述栏目的目的是开阔学生的视野，启发学生思考，提高学生的学习兴趣和培养学生的多种能力。

（5）该书在编写过程中得到许多专家、教师和教学研究人员的大力支持和帮助。北京大学的翟中和院士、吴鹤龄教授、吴相钰教授、陈守良教授、王镜岩教授，北京师范大学的孙儒泳院士、王玢教授、彭奕欣教授，国家环境保护总局的任耐安同志，以及北京医科大学的金明教授，分别审阅了有关章节的初稿。天津市教育教学研究室和天津市南开中学等单位为该书中的实验、探究、实习等项目做了大量的工作。

2. 全日制普通高级中学教科书（试验本）生物（选修）

（1）《全日制普通高级中学教科书（试验本）生物（选修）全一册》是根据国家教育委员会1996年制定的《全日制普通高级中学生物教学大纲（供试验用）》编写的。1999年秋季开始在天津市、江西省和山西省的所有普通高中学校进行教学试验。

（2）该书在编写过程中得到许多专家、教师和教学研究人员的大力支持和帮助。北京大学的翟中和院士、陈守良教授、吴鹤龄教授，北京师范大学的孙儒泳院士、王玢教授，国家环境保护总局的任耐安同志，国家杂交水稻工程技术研究中心的袁隆平院士，中国科学院微生物研究所的孙万儒研究员，中国科学院植物研究所的张其德研究员、靳玉祥研究员、桂耀林研究员，中国科学院遗传研究所的黄华梁研究员，中国科学院生态与环境研究中心的王如松研究员，中国农业科学院的郭三堆研究员，中国医学科学院基础医学研究所的章静波研究员，北京医科大学（今北京大学医学部）的钱玉昆教授，分别审阅了有关章节的初稿。天津市教育教学研究室和天津市南开中学等单位为该书中的实验、实习等项目做了大量的工作。

（四）有影响的代表性人物介绍

叶佩珉，同前述。

赵占良

赵占良，1983年7月毕业于北京师范大学生物系。1983年8月至今，在人民教育出版社（教育部课程教材研究所）工作。期间曾到中学任教；在北京外国语大学进修外语；作为访问学者赴澳大利亚RMIT进修科学教育及教材出版。历任生物编辑室编辑、副编审、编审、副主任、主任，人民教育出版社总编辑助理、副总编辑，课程教材研究所副研究员、研究员等职。主持编写1997、1998年版普通高中生物学教材，与朱正威先生共同主编2001年版、2012年版初中生物学教材以及2004年版、2019年版高中生物学教材。2000年8月起，任国家中学生物课程标准研制组核心成员，参与义务教育生物课程标准和普通高中生物学课程标准的研制。1994年10月至2002年11月，兼任中国教育学会生物学教学专业委员会常务理事、副秘书长。2002年11月至2007年10月，担任中国教育学会生物学教学专业委员会常务理事、秘书长。2007年至2019年，担任中国教育学会生物学教学专业委员会理事长。兼任《课程·教材·教法》副主编、《生物学通报》常务编委。入选2016年度全国新闻出版行业领军人才。

四、代表性教科书

《全日制普通高级中学教科书（试验本）生物》

（一）基本信息

书名1：《全日制普通高级中学教科书（试验本）生物（必修）》

1. 出版单位

人民教育出版社。

2. 作者与编写方式

人民教育出版社生物自然室编著。

（1）该书由叶佩珉、赵占良主持编写。

（2）该书的编写人员（按执笔章节顺序）：赵占良、叶佩珉、刘真、张军、柴西琴、王真真、李红。该书的责任编辑是王真真。此外，参加该书讨论的生物教师有朱正威、郑春和、曹保义、刘启宪、王惠弟、刘毓森、陈志祺等。

（3）该书审定者：叶佩珉。

3. 出版与使用

第一册1997年12月第1版，第二册1998年6月第1版。1998年秋季开始，第一册在天津、江西、山西进行教学试验。第一册和第二册分别供高中二年级学生第一、二学期使用。

4. 版次与修订

2000年，人民教育出版社生物自然室根据《全日制普通高级中学生物教学大纲（试验修订版）》和试验省市反馈的意见，对该教科书进行了修改。

5. 版本介绍

［封面］第一册2000年3月第2版（试验修订本），第二册1998年6月第1版（见图14-6和图14-7）。

［开本］16开。

［册数］2册。

图 14-6 《全日制普通高级中学教科书（试验修订本·必修）生物》（第一册）封面

图 14-7 《全日制普通高级中学教科书（试验本）生物（必修）》（第二册）封面

书名 2：《全日制普通高级中学教科书（试验本）生物（选修）全一册》

1. 出版单位

人民教育出版社。

2. 作者与编写方式

人民教育出版社生物自然室编著。

（1）该书由赵占良主持编写。

（2）该书的编写人员（按执笔章节顺序）：赵占良、张军、刘真、李红、王真真、柴西琴。该书的责任编辑是张军。

叶佩珉编审参加了该书编写提纲和样章的讨论，并提出了许多指导性意见。

参加该书讨论的生物教师有朱正威、郑春和、曹保义、刘启宪、王惠弟、刘毓森、薛静尧、陈志祺、乐建峰等。

3. 出版与使用

1998 年 12 月第 1 版。1999 年秋季开始，先在天津、江西、山西进行教学试验，然后推广到全国，供高中三年级学生第一学期使用。

4. 版次与修订

2000 年，人民教育出版社生物自然室根据《全日制普通高级中学生物教学大纲（试验修订版）》和试验省市反馈的意见，对该教科书进行了修改。

5. 版本介绍

［封面］1998 年 12 月第 1 版（见图 14-8）。

［开本］16 开。

［册数］1 册。

图 14-8 《全日制普通高级中学教科书（试验本）生物（选修）全一册》封面

（二）编写背景与编写依据

国家教委领导多次指出，普通高中是高层次的基础教育，既要与义务教育相衔接，又要有自身的特点。普通高中的任务，是在"两个侧重"的前提下的"双重任务"。普通高中是我国教育体系的重要组成部分，在整个教育体系中处于十分重要的位置。高中阶段是学生形成正确的世界观和人生观，获取知识和技能的关键阶段。做好普通高中的教育工作，对培养一代新人和搞好社会主义两个文明建设都具有决定意义。

该套教材主要依据《全日制普通高级中学生物教学大纲（供试验用）》编写。在编写中，努力做到与义务教育初中生物学教材内容相衔接，为全体高中学生打好生物学基础；按照每周五天工作制的要求，合理安排课时，适当减轻学生的学业负担，促进学生德、智、体的全面发展。

(三)编写体例与教材结构

该套书的目录如下。

必修第一册(试验修订本)目录:

绪论

第一章 生命的物质基础

  第一节 组成生物体的化学元素

  第二节 组成生物体的化合物

    [实验一]生物组织中可溶性糖、脂肪、蛋白质的鉴定

第二章 生命的基本单位——细胞

  第一节 细胞的结构和功能

    一 细胞膜的结构和功能

    二 细胞质的结构和功能

    [实验二]高倍镜的使用和观察叶绿体

    [实验三]观察细胞质的流动

    三 细胞核的结构和功能

  第二节 细胞增殖

    [实验四]观察植物细胞的有丝分裂

  第三节 细胞的分化、癌变和衰老

    课外读 细胞工程

第三章 生物的新陈代谢

  第一节 新陈代谢与酶

    [实验五]比较过氧化氢酶和Fe^{3+}的催化效率

    [实验六]探索淀粉酶对淀粉和蔗糖水解的作用

    [实验七]探索影响淀粉酶活性的条件(选做)

    课外读 造福人类的酶工程

  第二节 新陈代谢与ATP

  第三节 光合作用

    [实验八]叶绿体中色素的提取和分离

第四节 植物对水分的吸收和利用

　　［实验九］观察植物细胞的质壁分离与复原

第五节 植物的矿质营养

第六节 人和动物体内三大营养物质的代谢

第七节 内环境的稳态

第八节 生物的呼吸作用

第九节 新陈代谢的基本类型

　　课外读 发酵工程

第四章 生命活动的调节

第一节 植物的激素调节

　　［实验十］植物向性运动的实验设计和观察

　　　研究性课题 设计实验，观察生长素或生长素类似物对植物生长发育的影响

第二节 人和高等动物生命活动的调节

　　一 体液调节

　　［实习1］动物激素饲喂小动物的实验（选做）

　　二 神经调节

　　课外读 植物性神经调节

　　三 动物行为产生的生理基础

　　课外读 探索大脑的奥秘

第五章 生物的生殖和发育

第一节 生物的生殖

　　一 生殖的类型

　　研究性课题 观察被子植物的花粉管

　　课外读 克隆哺乳动物

　　二 减数分裂和有性生殖细胞的形成

第二节 生物的个体发育

　　一 被子植物的个体发育

　　二 高等动物的个体发育

必修第二册（试验本）目录：

第六章 遗传和变异

 第一节 遗传的物质基础

  一 DNA是主要的遗传物质

  ［实验十二］DNA的粗提取与鉴定

  二 DNA分子的结构和复制

  ［探究1］制作DNA双螺旋结构模型

  三 基因的表达

 第二节 遗传的基本规律

  一 基因的分离定律

  ［探究2］性状分离比的模拟实验

  课外读 ABO血型与亲子鉴定

  二 基因的自由组合定律

  ［实习3］用当地某种生物做有性杂交试验（选做）

  三 基因的连锁和交换定律（选学）

 第三节 性别决定和伴性遗传

  ［探究3］人类染色体的组型分析

  课外读 数量性状遗传漫谈

 第四节 生物的变异

  一 基因突变和基因重组

  课外读 神奇的"太空椒"

  二 染色体变异

  ［实验十三］观察果蝇唾腺巨大染色体装片（选做）

  课外读 我国古代对生物变异特性的认识和利用

 第五节 人类遗传病与优生

  ［实习4］调查人群中的遗传病（选做）

  课外读 "试管婴儿"问世

第七章 生物的进化

 第一节 现代生物进化理论简介

　　　　课外读　中性学说

　　第二节　生物的进化过程和分界

　　第三节　人类的起源和发展

　　　　一　人类的起源

　　　　［探究4］用DNA分子杂交的方法鉴定人猿间亲缘关系的模拟实验

　　　　二　人类的发展

　　　　课外读　人种漫谈

第八章　生物与环境

　　第一节　生物与环境的相互关系

　　　　一　生态因素对生物的影响

　　　　二　生物对环境的适应和影响

　　第二节　种群和生物群落

　　　　［实习5］种群密度的取样调查

　　　　课外读　生物群落的演替

　　第三节　生态系统

　　　　一　生态系统的概念和类型

　　　　课外读　生物圈漫谈

　　　　二　生态系统的结构

　　　　三　生态系统的能量流动

　　　　四　生态系统的物质循环

　　　　五　生态系统的稳定性

　　　　［实习6］设计并制作小生态瓶，观察生态系统的稳定性

　　　　课外读　生态农业简介

第九章　生态环境的保护

　　第一节　野生生物资源的保护和合理利用

　　第二节　环境污染的危害

　　　　［实习7］调查环境污染对生物的影响

　　　　课外读　环境污染与"三致作用"

第三节 环境污染的防治

　　课外读 世界环境日

选修全一册（试验本）目录：

绪论

第一章 人体生命活动的调节及营养和免疫

　第一节 人体内环境的稳态

　　一 水和无机盐的平衡和调节

　　二 血糖的调节

　　三 人的体温及其调节

　第二节 人体的营养与保健

　　[实验一] 几种果蔬中维生素C含量的测定

　　课外读 什么是第七营养素？

　第三节 免疫

　　一 特异性免疫

　　二 免疫失调引起的疾病

第二章 光合作用和生物固氮

　第一节 光合作用

　　一 光能在叶绿体中的转换

　　二 C3途径和C4途径（选讲）

　　课外读 如何鉴别C3植物和C4植物

　　三 提高农作物的光合作用效率

　第二节 生物固氮

　　[实验二] 自生固氮菌的分离（选做）

　　课外读 生物固氮研究的前景

第三章 遗传与基因工程

　第一节 细胞质遗传

　　课外读 希望的田野——记"杂交水稻之父"袁隆平

　第二节 基因的结构

　　　　课外读　未来医学、生物学的奠基工程——人类基因组计划

　　第三节　基因表达的调控

　　第四节　基因工程简介

　　　　一　基因工程的基本内容

　　　　二　基因工程的成果与发展前景

　　　　课外读　基因工程的延伸——蛋白质工程

第四章　细胞与细胞工程

　　第一节　细胞的生物膜系统

　　　　课外读　细胞的骨架系统

　　第二节　细胞工程简介

　　　　一　植物细胞工程

　　　　［实习1］学习植物组织培养技术（选做）

　　　　二　动物细胞工程

　　　　课外读　核移植技术漫谈

第五章　微生物与发酵工程

　　第一节　微生物的类群

　　第二节　微生物的营养、代谢和生长

　　　　一　微生物的营养

　　　　二　微生物的代谢

　　　　三　微生物的生长

　　　　课外读　食品的保存

　　　　［实验三］学习细菌培养的基本技术

　　第三节　发酵工程简介

　　　　课外读　发酵工程的发展简史

　　第四节　酶工程简介

第六章　生态环境及其保护

　　第一节　地球、生物圈与人

　　第二节　森林生态系统

　　第三节　草原生态系统

第四节 海洋生态系统
　　课外读 湿地的合理利用和保护
第五节 农业生态系统
　　［实习2］设计农业生态系统
第六节 城市生态系统
　　［实习3］学习测量空气中二氧化硫污染的方法

（四）内容特点

1. 必修教材的主要内容及特点

教材第一册包括绪论和生命的物质基础、生命的基本单位——细胞、生物的新陈代谢、生命活动的调节、生物的生殖和发育五章；第二册包括遗传和变异、生物的进化、生物与环境、生态环境的保护四章。这些章节的内容不仅讲述了有关的生物科学基本事实、概念、原理和规律，而且安排了较多的实验和实习，同时还介绍了生物科学研究的过程和方法（包括科学史上较典型的案例），对生物工程和脑科学等前沿性的内容也作了简单介绍。赵占良先生在《知识与能力并重，全面提高学生的科学素质》一文中，对该教材的主要特点作了说明，概括如下[①②]。

（1）把握基础性，体现先进性

删去了原教材中比较烦琐或相对次要的内容，如协助扩散、离子的交换吸附、蛙胚各个胚层的形成过程等。较多介绍了生物科学的新进展。例如，在各有关章节中，分别以课外读的形式介绍了细胞工程、发酵工程、酶工程、克隆哺乳动物、转基因技术等。对一些概念的表述作了适当更新，如指出少数酶是RNA（过去只提酶是蛋白质）等。

（2）思想品德和态度观念教育内容和内涵更加丰富

教材中的思想品德和态度观念教育内容包括爱国主义教育、辩证唯物主义教育、生物学基本观点教育、环境伦理道德教育、科学态度和科学价值观教育、

---

① 赵占良. 知识与能力并重，全面提高学生的科学素质[J]. 课程·教材·教法，1998（10）：18-21.
② 课程教材研究所. 面向21世纪中小学教材建设现代化研究与实践[M]. 北京：人民教育出版社，2003：415-417.

创新精神和合作精神教育等。例如，在爱国主义教育方面，在坚持激发民族自豪感的同时，注重培养民族责任感；增加了揭示事物间相互作用、普遍联系和对立统一性的内容；生物进化观点和生态学观点的教育不再局限于特定章节，而是渗透在各个章节中。

（3）加强实验教学，重视培养学生的多种能力

增加了实验内容，扩增了实验类型。此外，还安排了演示实验、课外生物科技活动等。改进了实验指导的编写方式，增设了实验原理、结论、讨论三项。将部分实验的实验指导编排在教材正文相应知识性内容之前，如酶的高效性、专一性等实验，这样安排有利于学生主动探索，自己获得结论。

（4）通过多种途径，对学生进行科学态度和科学方法教育

该教材十分重视对科学发现史的介绍，如酶的发现史、光合作用的发现史、生长素的发现史、遗传物质的发现、DNA双螺旋结构的发现、孟德尔遗传规律的发现过程等。在实验指导中，对学生明确提出了科学态度和科学方法方面的具体要求，如控制条件、设置对照、如实记录、正确推理、据实存疑等。在实验讨论题和旁栏思考题中，设置了一些关于科学方法的题目。

（5）通过多种途径培养学生的创新精神和实践能力

通过趣味性强的设疑，培养学生的好奇心。如在绪论中提出：怎样判断一个物体是否具有生命？石头表面的地衣和金属表面的锈有什么本质区别？通过这些问题来激发学生探究生命特征的好奇心。

提出一些开放性思考题，培养学生的发散思维。如在介绍光合作用的重要作用时，提出：有哪些工业原料来自光合作用制造的有机物？除光、温度和水以外，还有哪些因素属于非生物因素？除绿色植物外，还有哪些生物是生产者？对生活垃圾，你认为应当如何处理？

通过介绍科学家如何大胆想象，创造性地解决科学难题的例子，使学生得到创造性思维的启迪，如证明DNA是遗传物质的一系列实验等。

在实验指导中提出一些思考性较强的讨论题，引导学生讨论，以培养学生的创造性思维。如在"观察细胞质的流动"实验中提出的讨论题：植物细胞的细胞质处于不断流动的状态，这对活细胞完成生命活动有什么意义？

通过大量的实验、实习、课外生物科技活动等，培养学生的实践能力。

（6）加强理论联系实际，渗透 STS 教育思想

该教材拓宽了理论联系实际的内容范围，包括社会生产实际、个人生活实际、生物技术实际、环境保护实际、社会问题实际、自然实际等。教材适当体现了科学、技术、社会之间的相互作用和影响。例如，为了使学生认识技术对生物科学发展的支持作用，教材中介绍了电镜技术、同位素标记技术、组织培养技术、克隆技术、转基因技术、太空育种技术等。

（7）注意与九年义务教育初中生物学教学内容的衔接

考虑到与当时正在使用的初中生物学教学内容的衔接，该教材删去了人体内食物的消化、营养物质的吸收、气体的交换、卵式生殖等内容。在体液调节部分，先通过列表的方式归纳初中已经学过的几种激素的产生器官和作用，再讲述初中未学过的激素；神经调节部分也作了类似的处理。关于生物的进化，教材删去了初中已经学过的达尔文自然选择学说等内容，主要讲述综合进化理论。

（8）加强了弹性

按照教学大纲规定，安排了选学内容和选做实验；正文中编排了小号字内容，供学生自行阅读；设计了"课外生物科技活动"，供有兴趣的学生课外选做；安排了"课外读""小资料""旁栏思考题"等栏目，供学生自主选择学习或思考。

（9）注重启发性，提高了可读性

教材在一定程度上改变了原教材的注入式写法，在引言和正文中都提出了一些富于启发性的问题，引导学生思考；有些章节是先让学生进行观察和实验，然后讲述基本概念和原理。教材采用了16开彩色印刷，不仅图文并茂，而且版式活泼。主副栏的版式设计，得到了师生的好评，提高了学生的学习兴趣。

2. 选修教材的主要内容及特点

赵占良先生在《反映现代生物科学特点，关注人类生存和发展》一文中对该教材特点作了说明，概括如下[①②]。

---

① 赵占良. 反映现代生物科学特点，关注人类生存和发展[J]. 课程·教材·教法，2001（7）：46-48.
② 课程教材研究所. 新中国中小学教材建设史（1949—2000）研究丛书：生物卷[M]. 北京：人民教育出版社，2010：342-345.

（1）体现现代生物科学的特点，提高学生的生物科学素养

随着分子生物学的迅猛发展，生物学众多分支学科的研究都深入到分子水平，使得人们对生物学原理和规律的认识，越来越接近生命的本质；使生物科学在不断涌现新兴分支学科的同时，又逐渐在分子水平上走向综合和统一。这可以说是现代生物科学最突出的特点。为了体现生物科学的这一突出特点，教材对大纲所规定的知识点进行了相应的处理。例如，在"细胞的全能性"部分讲到了在个体发育的不同时期，生物体不同部位细胞内基因的选择性表达，以体现遗传和发育的统一；在"基因的结构"一节，在课外读中提到了人类基因组的研究对研究生物的个体发育和生物进化具有重要意义，以体现遗传、发育和进化的统一。生物科学与其他相关科学高度的双向渗透和综合，是现代生物科学的另一个显著特点。同必修本一样，选修本也注意体现物理、化学的原理和方法在生物科学中的应用。例如，光合作用过程中能量转换和物质变化等内容，需要一定的物理和化学知识作基础。此外，体现控制论和一般系统论等横断科学与生物科学的交叉渗透和综合，也是选修本体现现代生物科学特点的一个重要方面。

研究方法和手段，特别是实验技术的不断改进，是生物科学迅猛发展的重要原因之一，也是现代生物科学的一个重要特点。大纲和教材非常重视有关生物学技术的内容。选修本中安排的"自生固氮菌的分离""学习植物组织培养技术""学习微生物培养的基本技术"等实验，则体现了现代生物科学的这一特点。此外，选修本还介绍了一些生物科学研究的方法和技术，如放射性同位素标记技术、DNA序列分析技术（包括仪器）、DNA合成技术（包括仪器）、人工膜技术、消毒灭菌技术等。

重视观察和实验，重视生态学的研究等，都是现代生物科学的重要特点，这些特点在选修本中也都不同程度地有所反映。

（2）如何选取和组织教学内容

学生通过必修课的学习，已经初步形成了关于普通生物学的较为完整的知识结构。选修本各章实际上是必修本中部分内容（而不是全部）的延伸和提高。"如何选取和组织教学内容，才能使选修本形成一个各章内容之间具有一定内在联系的有机整体"是编写选修本需要认真思考的问题。按照教学大纲的要求，

紧紧围绕与人类的生存和发展密切相关的问题来选取和组织教学内容，则成为解决这一问题的突破口。

通过广泛的学习和调研，编者认识到，营养和保健是人们普遍关心的热点问题；人口爆炸、粮食危机、资源匮乏、环境污染等则是当代人类所面临的全球性问题。这些问题的解决，都离不开生物科学的发展。通过高中生物学教学，使学生了解与解决这些问题密切相关的生物科学知识和方法，强化自我保健意识和环境意识，无疑具有重要的意义。基于这样的思考，可以将选修本的教学内容看作三大部分：一是与人体健康密切相关的内容；二是与粮食增产密切相关的内容；三是与生物工程产业密切相关的内容。这三部分内容都是围绕人类的生存和发展这一条主线展开的，既因关注不同的问题而相对独立，又因知识的内在联系而交叉渗透。

（3）处理好教学内容的先进性与可接受性之间的关系

按照大纲的规定，选修本的教学内容大多是现代生物科技研究的热点，如免疫、光合作用、生物固氮、基因的结构、细胞的生物膜系统、基因工程、细胞工程、发酵工程、酶工程等。这些内容的理论性较强，其中有些内容的技术性也较强，对学生的知识基础和认知能力的要求较高。因此，如何处理好教学内容的先进性与可接受性之间的关系，是选修本编写过程中遇到的突出问题之一。为了解决这个问题，教材在教学内容的深广度的确定和编写方式的改进等方面作出了一定的努力。

① 合理确定教学内容的深度、广度，使之符合高中三年级学生的认知水平和接受能力。第一，在讲清基本原理的前提下，尽量减少名词术语。例如，免疫部分重点讲述体液免疫和细胞免疫的基本概念、过程和功能，未出现半抗原、助细胞、致敏淋巴细胞、补体等名词。第二，关于生物工程的内容，侧重讲述四大工程的原理和应用，具体研究手段和仪器设备则予以简单介绍。

② 改进教材的编写方式，使抽象的内容具有较强的启发性、趣味性和可读性。第一，体现启发式教学指导思想，注重创设问题情境，提高学生的学习兴趣。第二，注重科学史和科学研究过程的介绍，使学生在了解科学研究过程的同时学习有关的生物科学知识。第三，适当采取比喻等手法。第四，配备大量形象直观的插图，力求使教材图文并茂，美观生动。

(五)教科书的修订

首先是大纲修订。大纲修订工作是在 1996 年版《全日制普通高级中学生物教学大纲（供试验用）》的基础上进行的。1999 年 5 月，教育部组织成立了大纲修订工作小组，同年 6 月小组开始工作，至 2000 年 1 月完成大纲送审稿。在 6 个月的时间里，小组召开了三次工作会议，先后两次将修订稿送交审查委员和部分教师征求意见，又根据这些意见对修订稿进行了修改，最后经教育部组织专家审查通过后颁布。

大纲修订组基本完成大纲（试验修订版）的送审稿后，人民教育出版社生物自然室即根据修订后的大纲和试验省市反馈的意见，对《全日制普通高级中学教科书（试验本）生物（必修）》进行了修改，于 2000 年 3 月和 9 月分别完成第一册和第二册的送审稿，送教育部中小学教材审定委员会审读。2000 年 3 月和 11 月分别收到对第一册和第二册的审读意见后，人民教育出版社生物自然室根据审读意见对教科书送审稿进行了修改，形成《全日制普通高级中学教科书（试验修订本·必修）生物》，供 2000 年秋季进入试验的省市使用，此时高中课程改革试验区已扩大至黑龙江、辽宁、山东、河南、安徽、江苏、青海。

人民教育出版社生物自然室根据《全日制普通高级中学生物教学大纲（试验修订版）》和试验省市反馈的意见，对《全日制普通高级中学教科书（试验本）生物（选修）全一册》进行了修改，于 2000 年 9 月完成《全日制普通高级中学教科书（试验修订本·选修）生物全一册》的送审稿，送教育部中小学教材审定委员会审读。2000 年 11 月收到审读意见后，人民教育出版社生物自然室根据审读意见对教科书送审稿进行了修改，形成《全日制普通高级中学教科书（试验修订本·选修）生物全一册》。在教育部 2000 年 1 月颁发的《全日制普通高级中学课程计划（试验修订稿）》中，并未规定生物选修课开设的年级，同时还取消了选修课包括限定选修和任意选修的规定。

2002 年 4 月，教育部颁布《全日制普通高级中学生物教学大纲》，这是在《全日制普通高级中学生物教学大纲（试验修订版）》的基础上经过再次修改形成的正式版教学大纲。人民教育出版社根据该教学大纲对试验修订本教科书再次进行了修订，送全国中小学教材审定委员会审查，其中生物选修全一册于 2002 年 12 月审查通过（免复核），必修第一册和第二册 2002 年 12 月审查后修改送复核，于 2003 年 2 月审查通过（按教育部要求，封面上标明"经全国中小学教材审定委员会 2002 年审查通过"字样）。这次修改后的教科书，书名为《全日制普通高级中学教科书（必修）生物第一册》《全日制普通高级中学教科书（必修）生物第二册》《全日制普通高级中学教科书（选修）生物全一册》，自 2003 年秋季开始使用。

下面是具体的修订内容。

1. 内容的删减

删除了肾上腺皮质激素、植物性神经调节等知识性内容，删除了"观察蝗虫精原细胞的减数分裂"的实验和"植物激素与向性"的实习，简化了赤霉素等其他植物激素、叶绿体和线粒体的结构、三大类营养物质的代谢、高级神经中枢的调节、高等动物的胚胎发育等内容。脂类代谢中磷脂和胆固醇的代谢等内容改为小号字。

2. 增加研究性课题

增加了"调查媒体对生物科学技术发展的报道""设计实验，观察植物生长素或生长素类似物对植物生长发育的影响""调查人群中的遗传病""调查环境污染对生物的影响""收集我国自然保护区的资料"等研究性课题。

3. 实验指导的改进

将"影响酶活性的实验""叶绿体中色素的提取和分离""观察植物细胞的质壁分离与复原"等实验的位置，由原来编排在相应知识之后改排在相应知识之前，叙述方式也作了相应改变，以便学生主动探究。改写了"生物组织中可溶性还原糖、脂肪、蛋白质的鉴定""酶的专一性""酶的高效性"等实验的实验原理，使之在科学性上更严谨，也更容易被学生接受。吸取试验省市教师的经验和建议，又通过与一线教师一起反复试做，对实验的材料用具、方法步骤等作了进一步修改，使之更具可行性。

4. 复习题的改进

删去了一些能从课本上找到现成答案的复习题，补充了一些更具思考性和实践性的复习题。

5. 插图和文字的修改

对全书图文进行了全面审读和修改，使之更加严谨、准确。

（六）使用、地位与影响

本套教材 1997 年开始使用后，得到广大一线师生的好评。由于新一轮普通高中课程改革是逐步扩大的，因此，该套高中生物学教材在 2003 年之后还使用了多年，在有些省份使用到了 2010 年之后。可以说，该套教材是真正意义上的跨世纪的教材，也是我国历史上第一套大开本、全彩色印刷的中学生物学教材。它与之前的普通高中生物学教材相比，无论从编写指导思想、内容的选取和组织上，还是从呈现方式、排版设计上，都有明显的进步，标志着我国中学生物学教材建设跨上了新台阶。

（七）课文精选

见图 14-9 至图 14-11。

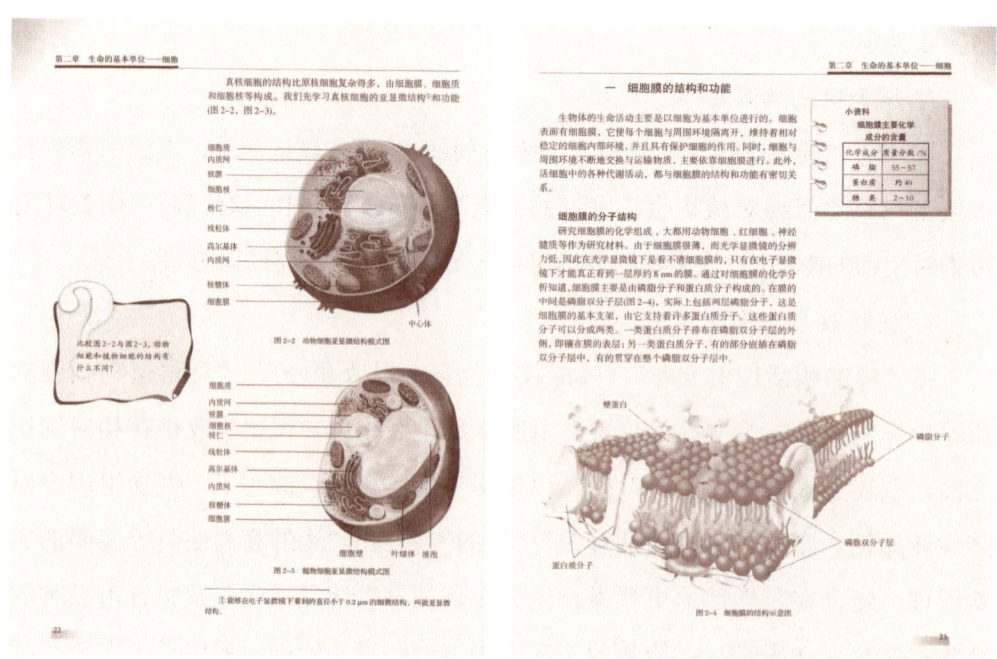

图 14-9 《全日制普通高级中学教科书（试验修订本·必修）生物》（第一册）内页展示

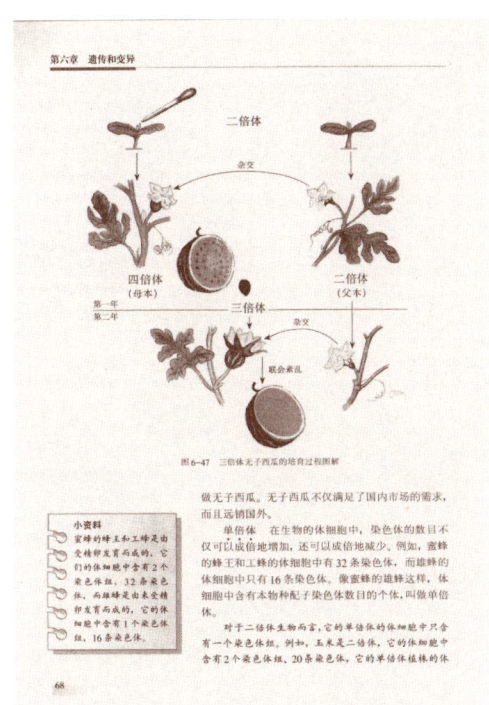

图 14-10 《全日制普通高级中学教科书（试验本）生物（必修）》（第二册）内页展示

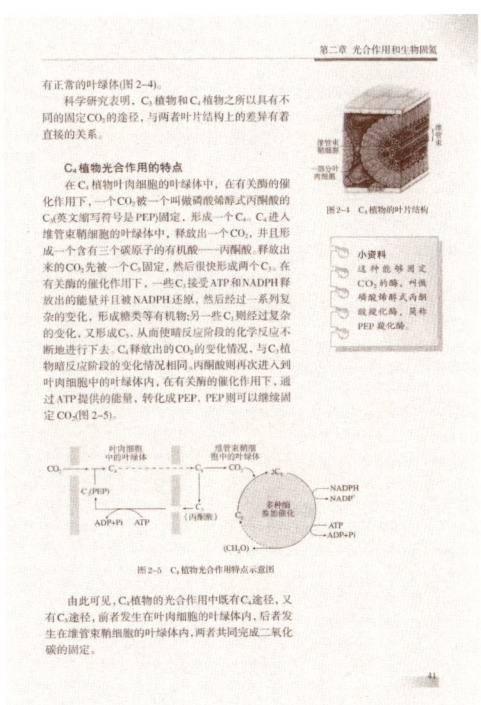

图 14-11 《全日制普通高级中学教科书（试验本）生物（选修）全一册》内页展示

第五编 结论

第十五章　中学生物学教科书百年变迁再回顾

从世界范围看，中学生物学教科书从诞生至今已经有近两百年的历史。中学教科书传入我国也已经有约150年的历史。如果从1902年《钦定中学堂章程》颁布算起，中学生物学教科书进入我国学校教育也有一百多年了。一百多年以来，伴随着中国社会的变迁和教育改革的发展，教科书一直在传承中变化，每个时期的教科书都有各自的时代烙印。

当把这一百多年贯通起来回顾的时候，我们可以看到，百年教科书变迁中，变的是内容和呈现方式，不变的是教科书的价值与编写者、出版者的追求。

一、内容选择上的变与不变——教科书比较价值在其中

早期的中学生物学课程内容主要包括传统动植物形态、结构、类群以及人体结构、生理等的基本内容。经过百年变迁，课程内容已经发生了沧海桑田般的变化。经典的动植物分类的知识以及人体结构、生理的内容，从清末到20世纪80年代，并未发生颠覆性的变化，而是既有继承，也有变革。分子生物学、生态学、遗传学、细胞生物学的内容，则有着明显的变化。

（一）清朝末年与20世纪80年代中学植物学教科书的内容比较

在这里，以上海普及书局1906年出版的《普通教育植物学教科书》与人民教育出版社1982年出版的《初级中学课本植物学全一册》（试用本）为例，对清朝末年与20世纪80年代中学植物学教科书的内容进行比较，见表15-1。

表 15-1　1906 年与 1982 年植物学教科书的内容比较

书名	上海普及书局，光绪三十二年（1906年）第 1 版的《普通教育植物学教科书》	人民教育出版社，1982 年出版的《初级中学课本植物学全一册》（试用本）
目录	绪论 　　第一章　生物无生物 　　第二章　植物与动物之区别 　　第三章　植物学 第一编　植物形态学 　　第一章　茎 　　第二章　茎之变态（其一） 　　第三章　茎之变态（其二） 　　第四章　叶 　　第五章　叶之变态（其一） 　　第六章　叶之变态（其二） 　　第七章　根及其变态 　　第八章　花（其一） 　　第九章　花（其二） 　　第十章　花（其三） 　　第十一章　果实 　　第十二章　种子 　　第十三章　结论 第二编　植物解剖学 　　第一章　细胞 　　第二章　原形质（其一） 　　第三章　原形质（其二） 　　第四章　细胞膜 　　第五章　细胞之形状 　　第六章　组织（其一） 　　第七章　组织（其二） 　　第八章　组织（其三） 　　第九章　茎之构造（其一） 　　第十章　茎之构造（其二） 　　第十一章　根之构造 　　第十二章　叶之构造 　　第十三章　结论 第三编　植物生理学 　　第一章　营养 　　第二章　吸收作用 　　第三章　蒸腾作用 　　第四章　同化作用 　　第五章　呼吸作用 　　第六章　成长 　　第七章　运动（其一） 　　第八章　运动（其二） 　　第九章　运动（其三）	绪论 第一编　绿色开花植物 　　第一章　植物体的基本结构 　　　　第一节　细胞 　　　　第二节　组织和器官 　　第二章　种子 　　　　第一节　种子的结构 　　　　第二节　种子的成分 　　　　第三节　种子的萌发 　　　　第四节　种子的休眠和种子的寿命 　　第三章　根 　　　　第一节　根的形态 　　　　第二节　根的结构 　　　　第三节　根对水分的吸收 　　　　第四节　根对无机盐的吸收 　　第四章　叶 　　　　第一节　叶的形态 　　　　第二节　叶的结构 　　　　第三节　叶的光合作用 　　　　第四节　叶的呼吸作用 　　　　第五节　叶的蒸腾作用 　　第五章　茎 　　　　第一节　芽和芽的发育 　　　　第二节　茎的形态 　　　　第三节　茎的结构 　　　　第四节　茎的输导作用 　　　　第五节　茎的繁殖作用 　　第六章　花和果实 　　　　第一节　花的结构 　　　　第二节　花的种类和花序 　　　　第三节　开花和传粉 　　　　第四节　受精和果实、种子的形成 　　　　第五节　果实的结构和种类 　　　　第六节　开花结果与根、叶、茎生长的关系 　　第七章　绿色开花植物的分类 　　　　第一节　植物分类的原则 　　　　第二节　绿色开花植物的几个科 第二编　植物的类群 　　第一章　藻类植物 　　　　第一节　绿藻 　　　　第二节　其他藻类植物

续表

书名	上海普及书局，光绪三十二年（1906年）第1版的《普通教育植物学教科书》	人民教育出版社，1982年出版的《初级中学课本植物学全一册》（试用本）
目录	第十章 生殖（其一） 第十一章 生殖（其二） 第十二章 生殖（其三） 第十三章 结论 第四编 植物分类学 第一章 变形菌部（变形菌门） 第二章 藻菌部（分生门鞭毛门）（其一） 第三章 藻菌部（藻门）（其二） 第四章 藻菌部（菌门）（其三） 第五章 藻菌部（附属地衣门）（其四） 第六章 苔蕨部（苔藓门）（其一） 第七章 苔蕨部（羊齿门）（其二） 第八章 显花部（裸子门）（其一） 第九章 显花部（被子门）（其二） 第十章 显花部（被子门）（其三） 第十一章 植物之分布（其一） 第十二章 植物之分布（其二） 第十三章 结论 实验之部 第一章 解剖学实验 第二章 生理学实验 第三章 分类学实验	第二章 菌类植物 　第一节 细菌 　第二节 放线菌 　第三节 真菌 第三章 地衣植物 第四章 苔藓植物 第五章 蕨类植物 第六章 种子植物 　第一节 裸子植物 　第二节 被子植物 第七章 植物的进化 　第一节 植物进化的证据和进化的历程 　第二节 植物进化的原因 第三编 植物群落 第一章 植物群落的组成和结构 　第一节 水池植物群落 　第二节 森林植物群落 　第三节 植物群落的特点 第二章 我国植物群落的地理分布 第三章 我国珍贵的植物资源 第四章 植物资源的保护 实验 　实验一 认识显微镜的构造，练习使用显微镜 　实验二 制作临时装片，观察植物细胞 　实验三 观察根毛，观察根尖的结构 　实验四 观察叶的构造 　实验五 验证绿色植物在光下制造淀粉 　实验六 观察茎的构造 　实验七 观察衣藻和水绵 　实验八 观察细菌、酵母菌和青霉 　实验九 采集和制作植物标本

与清朝末年的植物学教科书相比，20世纪80年代出版的植物学教科书中关于植物形态、结构、生理的内容基本相同，关于植物群落、生态等方面的内容则有了明显的扩展。从实验的内容来看，清朝末年的植物学教科书里安排了三

章实验，各章都包括多个小实验。其中，解剖学实验20个，如细胞、导管、筛管、气孔等的观察；生理学实验18个，如药液培养、根吸收力实验、蒸腾作用实验、同化作用实验、呼吸作用实验，向日性等；分类学实验20个，涉及变形菌、细菌、硅藻、水绵、地钱、问荆、赤松、卷丹、稻、豌豆、菊等。100多年前的植物学教科书中实验的数量如此丰富，足以让今人惊叹。

（二）清朝末年与20世纪80年代中学动物学教科书的内容比较

在这里，以上海科学会编译部1908年出版的《中等博物教科书动物学》与人民教育出版社1982年出版的《初级中学课本（代用本）动物学全一册》为例，对清朝末年与20世纪80年代中学动物学教科书的内容进行比较，见表15-2。

表15-2 1908年与1982年动物学教科书的内容比较

书名	上海科学会编译部，光绪三十四年（1908年）出版的《中等博物教科动物学》	人民教育出版社，1982年出版的《初级中学课本（代用本）动物学全一册》
目录	第一编 绪论及各论 　第一门 脊椎动物 　　第一纲 哺乳类 　　　第一目 猿类 　　　第二目 食肉类 　　　第三目 鳍脚类 　　　第四目 有蹄类 　　　第五目 长鼻类 　　　第六目 鲸类 　　　第七目 啮齿类 　　　第八目 翼手类 　　　第九目 食虫类 　　　第十目 贫齿类 　　　第十一目 有袋类 　　　第十二目 单孔类 　　第二纲 鸟类 　　　第一目 猛禽类 　　　第二目 攀禽类 　　　第三目 鸣禽类 　　　第四目 鸠鸽类 　　　第五目 鸡类 　　　第六目 涉禽类 　　　第七目 游禽类 　　　第八目 走禽类 　　第三纲 爬虫类 　　　第一目 龟类	绪论 第一章 原生动物门 第二章 腔肠动物门 第三章 扁形动物门 　第一节 猪肉绦虫 　第二节 血吸虫 第四章 线形动物门 　第一节 蛔虫 　第二节 钩虫 第五章 环节动物门 第六章 软体动物门 第七章 节肢动物门 　第一节 昆虫纲 　　1 蝗虫 　　2 稻螟、玉米螟、棉红铃虫 　　3 棉蚜 　　4 天牛和金龟子 　　5 蜜蜂 　第二节 甲壳纲和蛛形纲 第八章 鱼纲 　第一节 鲫鱼 　　1 鲫鱼的习性和形态 　　2 鲫鱼的构造和生理 　第二节 鱼的多样性 　第三节 淡水养鱼和海洋捕鱼 第九章 两栖纲

续表

书名	上海科学会编译部，光绪三十四年（1908年）出版的《中等博物教科动物学》	人民教育出版社，1982年出版的《初级中学课本（代用本）动物学全一册》
目录	第二目　蜥蜴类 　　第三目　鳄类 　　第四目　蛇类 　第四纲　两栖类 　　第一目　无尾类 　　第二目　有尾类 　第五纲　鱼类 　　第一目　硬骨类 　　第二目　软骨类 　　第三目　硬鳞类 　　第四目　有肺类 　　第五目　圆口类 第二门　节足动物 　第一纲　昆虫类 　　第一目　鞘翅类 　　第二目　鳞翅类 　　第三目　膜翅类 　　第四目　双翅类 　　第五目　半翅类 　　第六目　脉翅类 　　第七目　直翅类 　　第八目　弹尾类 　第二纲　蜘蛛类 　　第一目　真正蜘蛛类 　　第二目　壁虱类 　　第三目　蝎类 　　第四目　拟蝎类 　　第五目　触脚类 　　第六目　长脚类 　第三纲　多足类 　第四纲　甲壳类 　　第一目　胸甲类 　　第二目　节甲类 　　第三目　切甲类 　　第四目　蔓足类 第三门　软体动物 　第一纲　头足类 　第二纲　腹足类 　第三纲　瓣鳃类 第四门　蠕形动物 　第一纲　环虫类 　第二纲　圆虫类	第一节　青蛙 　　1　青蛙的习性和形态 　　2　青蛙的构造和生理 　第二节　其他两栖动物 第十章　爬行纲 第十一章　鸟纲 　第一节　家鸽 　　1　家鸽的形态 　　2　家鸽的构造和生理 　第二节　鸟的多样性 　第三节　家禽 第十二章　哺乳纲 　第一节　家兔 　　1　家兔的形态 　　2　家兔的构造和生理 　第二节　单孔目 　第三节　食肉目 　第四节　偶蹄目和奇蹄目 　第五节　灵长目 　第六节　家畜 结语 实验 　实验一　观察草履虫 　实验二　解剖蚯蚓 　实验三　解剖青蛙 　实验四　解剖家兔

续表

书名	上海科学会编译部，光绪三十四年（1908年）出版的《中等博物教科动物学》	人民教育出版社，1982年出版的《初级中学课本（代用本）动物学全一册》
目录	第三纲 扁虫类 第五门 棘皮动物 　第一纲 海胆类 　第二纲 海星类 　第三纲 海参类 　第四纲 阳遂足类 　第五纲 海百合类 第六门 腔肠动物 　第一纲 珊瑚类 　第二纲 水母类 第七门 海绵动物 第八门 原始动物 　第一纲 纤毛类 　第二纲 根足类 第二编 通论 　第一章 动物之生活 　　一 个体之维持 　　二 种属之维持 　第二章 进化论 　　一 自然淘汰说 　　二 动物进化之说	

清朝末年的动物学教科书内容非常丰富，关于动物类群的内容介绍非常详细，在介绍的顺序上采取先高等后低等，最后介绍动物的进化。相比之下，20世纪80年代出版的动物学教科书介绍的动物类群与清朝末年的基本相同，介绍的具体目有所减少，介绍的顺序按照从低等到高等。

（三）清朝末年与20世纪80年代中学生理卫生教科书的内容比较

在这里，以东京教材译辑社1902年出版的《中学生理教科书》与人民教育出版社1983年出版的《初级中学课本生理卫生全一册》（试用本）为例，对清朝末年与20世纪80年代中学生理卫生教科书的内容进行比较，见表15-3。

表 15-3　1902 年与 1983 年生理卫生教科书的内容比较

书名	东京教材译辑社，光绪二十八年（1902年）出版的《中学生理教科书》	人民教育出版社，1983 年出版的《初级中学课本生理卫生全一册》（试用本）
目录	绪论 第一编　骨骼论 第二编　筋论 第三编　皮肤论 第四编　呼吸及声音论 第五编　循环论 第六编　消化及食物论 第七编　神经系统论 第八编　五官论 　第一　触官 　第二　味官 　第三　嗅官 　第四　听官 　第五　视官 第九编　结论 附录 　看病摘要 　消毒法 　救急法 　解毒法 　问题	绪论 第一章　人体概述 第二章　皮肤 　第一节　皮肤的结构和功能 　第二节　皮肤的卫生 第三章　运动系统 　第一节　骨骼 　第二节　骨骼肌 第四章　循环系统 　第一节　血液 　第二节　血管和心脏 　第三节　血液循环 　第四节　淋巴系统 第五章　呼吸系统 　第一节　呼吸系统的构造和机能 　第二节　呼吸运动和气体交换 第六章　消化系统 　第一节　食物的成分和作用 　第二节　消化系统的构造和机能 　第三节　消化和吸收 第七章　新陈代谢 　第一节　新陈代谢概述 　第二节　物质代谢 　第三节　能量代谢 第八章　泌尿系统 　第一节　泌尿系统的结构和功能 　第二节　尿的形成和排出 第九章　内分泌系统 第十章　神经系统 　第一节　神经系统概述 　第二节　脊髓和脊神经 　第三节　脑和脑神经 　第四节　高级神经活动 　第五节　神经系统的卫生 　第六节　感觉器官 第十一章　生殖和发育 　第一节　生殖 　第二节　发育 第十二章　传染病 　第一节　传染病概述 　第二节　传染病的预防 附表 1　主要植物性食物的成分 附表 2　主要动物性食物的成分

对比可以看出，清朝末年的生理学教科书，对人体各系统的介绍比较简略，泌尿、生殖、内分泌系统均未涉及。而20世纪80年代出版的生理卫生教科书则详细介绍了人体八大系统，还介绍了新陈代谢和传染病的预防。

（四）生物学学科发展迅速的分支学科内容在百年教科书中变化显著

生物学教科书中遗传学、生态学、分子生物学、细胞生物学等方面的内容，在百年变迁过程中有了较明显的变化。

在百年教科书变迁过程中，生态学的内容在生物学教科书中的地位明显有所提高。重点表现是1978年的生物学教科书中生态学内容首次以单独的章节出现，并逐渐成为中学生物学教科书中的重要内容。教科书中的生态学内容越来越丰富，知识点逐渐增多，生态学内容的组织形式越来越适合学生的心理特点。图片、图表、内容栏目逐渐增多，更有利于激发学生的学习兴趣，引导学生主动学习。不同阶段的生物学教科书中选取的生态学内容的侧重点有差异。在初中的生物学教科书中几乎没有种群和群落生态学的内容，高中教科书中生态学内容的深度明显高于初中的。中学生物学教科书中生态学内容的发展是课程发展与学科发展相互作用的结果。这种作用是非线性的，在不同的历史时期起主导作用的因素不同。

分子生物学，尤其是关于基因的内容，在清朝末年和民国初年的中学生物学教科书中并没有系统介绍，因为那时关于基因的概念才刚刚提出，关于基因究竟是什么的探索才起步不久。随着生物学的发展，基因相关内容在中学生物学教科书中出现、扩展，并在中学生物学课程里占有越来越重要的位置。

民国时期，西方的遗传学研究取得了革命性进展，基因的概念也开始进入我国高中生物学教科书。虽然民国时期我国在遗传学领域的研究还处于起步阶段，高中生物学教科书的编写者们在编写遗传学这一章节的知识内容时以介绍西方的遗传学研究成果为主，但是他们已经认识到遗传学发展的核心问题就是基因，从介绍孟德尔遗传定律中"因子"的遗传，到之后"遗传物质基础"的小节中对基因概念的具体阐述，基因相关的知识内容渗透于整个遗传学章节。当时大多数教科书的编者都充分阐述了基因的物质概念。在赵楷、楼培启编著的《高中新生物学》（下册），陈桢编著的《复兴高级中学教科书生物学》，朱庭茂编的《高中生物学》以及吴元涤编著的《吴氏高中生物学》中，编者们把这种遗传因子的物质基本（遗传物质的单位）称为因基（Gene）。在"教育总署编审会"著的《高中生物学》和周晦庵著的《高中生物学》中，编者们仍旧把遗传物质的单位称为遗传因子。而在郑勉编著的《新中国教科书高级中学生物学》（下册）中甚至出现了因子与因基混用的情况。

民国时期的先贤将基因的概念引入高中生物学教科书无疑是具有前瞻性的，此后高中生物学教科书的编写者们正是在此基础上不断丰富和完善了基因相关的知识内容。民国时期高中生物学教科书中的这场"基因革命"还开启了中国人探索基因的旅程。在此后的100多年间，从参与破译人类基因组全部的遗传信息到独立完成水稻、熊猫等基因组的测序，从人类遗传性疾病的基因诊断到致癌基因的研究，从部分基因改良作物的种植到DNA指纹技术的广泛应用，我们一直紧跟着基因研究发展的步伐。

1979年，高中生物学教科书中安排了分子生物学的初步知识，这是内容上第一次跨入分子水平的中学生物学教科书。

生物学教科书中细胞生物学的内容，在百年教科书的发展史中发生了巨大的变化。从最初的简要介绍，到后来的逐步丰富，教科书中细胞生物学内容发展的百年历程与细胞生物学的研究发展呈对应关系。百年历程中，随着中学生物学教科书的发展，细胞生物学内容的知识点在教科书中出现的频率总体上呈上升趋势。

如果对百年中学生物学教科书中内容的变迁简要概述一下，可大致获得以下结论：在百年的发展历程中，教科书内容既有继承，又有删减、增补。总体的趋势是：第一，随着生物学学科的发展，生物学教科书的知识内容不断丰富；第二，科学方法等具有教育价值的内容逐渐受到重视。

总之，百年中学生物学教科书中内容的变与不变，既受到生物学学科发展带来的知识积累的影响，又受到社会文化进步、教育观念变化的影响。一个多世纪以来，生物学学科有了长足的发展，生物学教科书也必然要随着学科的发展而改进。这种改进，表面原因是教科书要反映生物学的"现代性"，关于原理、规律的知识取代"描述性""事实性"的知识；实质上则是生物学学科的发展，使得原来很有"比较价值"的内容可能不再具"比较价值"，因而需要以新的、更有"比较价值"的内容来取代。

二、内容的组织与呈现——越来越多地考虑学习心理

教科书内容的选择,要体现人类关于生命世界的基本经验和核心价值,显然,其中的内容应该具有深层次的逻辑关联。百年中学生物学教科书的变迁历程中,伴随着内容变化的,也有内容的组织与呈现方式的不断调整。从动物类群的内容来说,有时是从最高等的动物开始讲,有时是从最低等的动物开始讲。教科书的编写中,在对内容进行组织和优化的同时,显然,也在考虑另一个问题,即学生的学习心理。教科书要简明易懂,需要吸引并维持学生的注意,需要联系学生的经验和生活,需要留给学生一定的思考探究空间。梳理百年中学生物学教科书的变迁历程,可以发现,教科书内容的组织与呈现方式,确实越来越多地考虑学生的学习心理因素,或者说,是心理学的发展促进了教科书内容的组织与呈现方式的变化。

从教科书中栏目的设置来看,百年历程中,栏目种类越来越丰富,栏目的设置也由文字叙述为主、图文结合,逐渐发展为创设情境,将问题、任务与活动内容、方案和评价相结合。将课上内容与课下活动有机结合,将基础性与开放性有机结合,体现了基础教育是促进人的发展,是提高人的科学素养的大众教育。从栏目涉及的内容看,由仅关注知识的系统性到逐渐关注中学教育的基础性、突出重要概念、及时反映现代生物学知识;由仅关注单纯的学术性知识到关注与生活实际、社会热点问题密切相关的生物学知识;越来越注重方法、态度、情感、价值观等的教育,将自然科学与人文教育有机结合。从栏目设置的意图看,由主要是对教科书正文的补充、说明和解释,逐渐演变为具有综合功能。各个栏目不仅是正文的补充,还是整体不可或缺的一部分,在辅助学生构建知识结构的同时,还考虑训练学生的技能、培养学生的能力、陶冶学生的情操。

从教科书中学生活动的设计来看,最初基本只有"观察""实验",如今已经演变出丰富多样的活动形式。从学生活动与教科书正文内容的关系看,也由开始的相对独立逐渐走向学生活动与正文的有机融合。实际上,这也反映了教科书编写时编者对学生学习心理的考虑。

从教科书里插图的变化情况看,一百多年来,教科书编写和出版者一直在努力。清朝末年,中学生物学教科书文字竖排,内容用简洁的文言文陈述,文中标点

全为句号。当时多数教科书都是印刷本，但也可见手抄本教科书。那时的教科书，已经注意了安排插图。随着时代的发展，教科书改为以白话文陈述，插图也有所变化。插图数量的变化总体呈逐渐上升的趋势，特别是21世纪新课程改革以来出版发行的新课标教科书，其中插图的比例更是有大幅度的上升。再来看插图的呈现方式，从正文部分的插图主要是黑白图，到后来加上了彩色插图，再到全书采用彩版印刷，教科书中插图的色彩与清晰度都有很大的变化。百年历程中，教科书编写和出版者在编辑生物学教科书的时候，都希望能够丰富教科书中插图的呈现形式，以丰富知识的呈现方式，从而更好地帮助学生理解知识，提高学生的学习兴趣。

三、百年变迁中，教科书编写中的借鉴国外与立足国情

在我国，中学生物学课程是舶来品。我国生物学课程在初创时期，其内容主要是借鉴欧美、日本等国家的课程内容。中学生物学教科书最初也是由欧美、日本的教科书翻译而来，然后才出现国人自编的教科书。国人自编的教科书，所采用的也多是外国的资料。

民国时期，我国中学生物学课程的建设在许多时候是向美国学习。例如，1923公布的《新学制课程标准纲要》中的规定相当大的程度上是移植了美国当时的做法。

在民国历史上，那些影响深远、再版次数多的教科书，往往是将国际经验和我国国情能够很好结合的教科书。例如，陈桢编著的《复兴高级中学教科书生物学》。该书在编写中既借鉴了国际上先进教科书的经验，又结合了中国学生的实际情况。书中的实例，都尽量采用中国的资料，而不照搬外国的模式。

中华人民共和国成立后，人民教育出版社组建，开始编写全国通用教科书。中华人民共和国成立后的一段时期内，教育方面全面学习苏联，有的中学生物学教科书就是直接编译自苏联教科书。在意识到全面照搬苏联课程和教科书的弊端之后，我国教科书的编写转向吸纳苏联经验自编教科书。

"文化大革命"结束后，人民教育出版社重新统编全国使用的通用中学生物学教科书，在借鉴美国、英国、苏联等教科书的基础上，完全自主编写出了一

套具有较高质量的中学生物学教科书。那时,教科书的编写真正做到了既立足国情,又具有国际视野。

历史经验告诉我们,必须将借鉴国外经验与尊重我国国情相结合,否则,一定会出问题。例如,在1952年编写的生物学教科书中,只讲乌克兰大白猪、克斯特罗姆乳牛和米丘林遗传学说。这种脱离中国实际,盲目照搬国外——"全面学习苏联,先搬后化"的做法,已经被历史证明是不妥当的。又如,1986年,国家教委组织起草九年义务教育初中生物学教学大纲。大纲编写组同时提出了分科式方案和综合式方案:分科式即按植物、动物、人体等几大部分分别单独安排教学;综合式即按生物的特征将植物、动物和人体等内容综合起来安排教学,也称学科内综合或小综合。编写组剖析了这两种方案各自的优缺点,请示国家教委领导按哪种方案编订大纲。当时国家教委有关负责同志考虑到我国实行义务教育的面很广、学生人数众多、师资数量不足和水平不齐、学校的教学设备较差等情况,明确指示"按分科式方案编订生物教学大纲"。根据分科式教学大纲编写的分科式的初中生物学教科书,自1990年开始试行,十多年的教学实践证明这种模式是适合我国那个时期的情况的,因而取得了很好的教学效果。客观事实证明当时国家教委根据我国国情作出的决定是正确的。1986年大纲编订小组曾提出了综合式教学大纲的初步设想,当时不少发达国家主张并开设了生物学学科的综合课程,编写出版了不少生物综合课的教科书。可见,综合式生物学课程反映出国际上改革的趋势,确实也引起了我们的重视并进行了相关的学习研究,但由于国情差别甚大,先只进行小范围的改革试验,待基本具备条件时才大面积推广,这种密切结合我国国情,实事求是作出的最后决策是非常英明的[1]。

四、教科书是文化传承的载体

(一)教科书要体现主流文化意志

清末民初,各书局深受政权更迭和意识形态变化的影响,并会以此为宗旨

---

[1] 课程教材研究所. 新中国中小学教材建设史(1949—2000)研究丛书:生物卷[M]. 北京:人民教育出版社,2010:380.

迅速调整编辑方针，这在某种程度上可以说是教科书编写对政治的一种依附。例如，1912年中华民国成立，南京临时政府教育部同年颁布了《普通教育暂行办法》，禁止采用清朝学部组织的各种教科书，限定修改清朝末年民间通行教本中尊崇清朝政府和官僚制度的内容，废止了中小学读经科，还规定所有其他不合乎共和宗旨的制度和内容都必须删除和修改[①]。

生物学课程作为理科课程，与读经、修身、政治等科目相比，受政治的影响相对较小。但是，在时代剧变、政治环境急转的背景下，生物学教科书的大变革也不可避免。例如，在中华民国取代清王朝后，1913年颁布的中学校课程标准，为体现"五育并举"中的"实利主义教育"和"科学教育"，明显增加了植物的生态分布、动物的分布、生理中的公众卫生等内容。这种变化在教科书中的体现也十分明显：植物生态学开始独立成章；动物学教科书中出现了不同于之前以动物分类为主线的体例，分别讲授动物的形态、分类、解剖、生理、分布。又如，1958年的教科书由于仍有着深刻的苏联教科书的烙印，遗传学部分只讲米丘林学派；到1960年，为落实教育部党组"在编辑自然科学方面还要贯彻百家争鸣的方针"，增加了摩尔根学派的内容。

（二）教科书既受社会文化影响又影响社会文化

教科书的内容选择和呈现，既受社会文化的影响，又是社会文化的塑造者之一。例如，清朝末年中学博物教科书中关于进化理论的内容，对进化知识的科学普及、进化观点的形成起到了非常重要的作用。清末，中国与西方国家相比，在政治上落后，在科学技术方面落后，在科学理性方面更是有待启蒙。中学生物学教科书在科学理性的启蒙、科学精神的培育方面，起到了积极作用。在这些教科书中，重点介绍了生物进化的历程、生物进化的证据和生物进化的原因，其篇幅虽短小，但能让读者较好地领悟生物进化的基本事实、观点，获得有关的基础知识。有关进化理论的内容，安排在学习完植物、动物主要类群的形态结构和功能以及与环境相适应的知识之后，以这些基本知识为依托，进化观点的形成也就水到渠成。从其教育意义来说，它对当时成百上千的少年获取生物进化的基本科学常识，由这些科学常识直达科学理性，并在科学理性的

---

① 李文慧. 民国时期中小学教科书发展研究［D］. 保定：河北大学，2005：55.

基础上真正建立进化观点，起到十分重要的作用[1]。

又如，教科书中关于"人的生殖"内容的变迁历程，是一个教科书内容受社会文化影响同时又参与塑造社会文化的例子。清末民初，正统思想要"存天理、灭人欲"，既诛淫行，也诛淫心；视性如洪水猛兽，认为性乃万恶之源；人们往往谈性色变[2][3]。在这样的文化背景里，教科书里介绍"人的生殖"确实会冒大不韪，因此，即使是当时的开明之士也会在教科书编写时屏蔽掉有关内容，翻译过来的教科书也会对有关内容进行删减。清末民初，在西方科学和社会思想的影响下，一批进步人士对传统性观念进行了大胆质疑，提出了具有近代意义的性教育主张[4]。在20世纪头10年，一批西方有关性教育的书籍和文章被译介到中国。五四时期，思想文化界掀起了中国历史上第一次令人瞩目的"性教育"思潮，对传统的性禁忌心态和习俗进行了批判，探究性教育的方法，宣传性教育的内容[5]。20世纪20—30年代，性教育是当时教育界的一大舆论热点，在那10年里至少出版了260本有关书籍，《教育杂志》《中华教育界》《新教育》等一大批报刊还开辟专栏来讨论；当时的性教育思潮中，蕴含着民族主义、个性主义，它高举科学主义的大旗，以解剖学、医学、心理学、遗传学等为基础，通过特有的概念、判断、推理，建立了一套理论体系，成为科学话语的重要组成部分，提倡性教育与否甚至成为当时文明与愚昧、进步与保守的分水岭[6]。经过这样的思潮洗礼，性教育的内容逐步进入了正规的学校教育系统。介绍关于生殖系统的基本知识，则是实行科学性教育的基础。正是如此，从1929年开始，课程标准中有了相关的要求，在教材中讨论人的生殖这一科学知识就瓜熟蒂落了。由此开始，中学生理教科书中关于人的生殖的内容，在多数时候成为

---

[1] 谭永平. 清末中学博物教科书中进化论内容的演变及其社会影响[J]. 课程·教材·教法，2012（2）：76-80.

[2] 朱梅. 20世纪初中国的性教育[J]. 南京大学学报（哲学·人文科学·社会科学），2001（1）：149-154.

[3] 苏红，任永梅. 对我国性教育的历史追溯、比较分析及其反思[J]. 内蒙古师范大学学报（教育科学版），2005（5）：13-16.

[4] 陈文联，杨秋华. 近代中国"性教育"思想的演变历程及其特色[J]. 南通大学学报（社会科学版），2007（6）：73-78.

[5] 梁景和. 五四时期的"性教育"思潮[J]. 山西师大学报（社会科学版），2000（3）：89-93.

[6] 王雪峰. 西学东渐与中国近代性教育的兴起[J]. 北京科技大学学报（社会科学版），2006（2）：157-162.

学生必须学习的内容。这一内容对传授生殖健康知识，提升国人关于生殖健康的观念起到了积极作用①。

综合看来，那些曾经只在少数维新学者圈子里流行的"新学"，在20世纪初开始变成童蒙教科书的内容，成为普通人在基础教育阶段就必须了解的知识和道理②。中学生物学教科书中阐述的科学知识，其中隐含的科学精神，对千万学子的熏陶，对我国民众的科学知识普及以及科学精神启蒙，起到了主渠道的作用。因此，有学者指出，教科书是连接精英意识与民众观念的管道、塑造近代中国人的文化模型，这个说法一点也不过分。我们看看近代教科书的编写者，就知道此言不虚，那会是一个近代文化史的先贤祠：杜亚泉、林纾、张元济、蔡元培、胡适、顾颉刚、朱自清、竺可桢、叶圣陶、丰子恺、王光祈、林语堂、周建人……他们中的很多人物，在相当程度上影响了近代中国文化的走向，塑造了与此前不同的中国人形象，由此建立了近代中国的新形象③。

五、教科书在继承中发展

历史表明，中学生物学教科书的发展是在继承的基础上有所创新。这首先是由于生物学学科本身的核心知识和价值不会在短时间内就天翻地覆，而教科书往往是几年至十几年就会更新；同时，教育是一项传承的事业，本身就在继承中发展。这也正是历史经验告诉我们的，师生们比较容易接受新教科书的时候，往往就是教科书在继承与创新问题上做得比较好的时候。分析更深层次的原因，我们可以看到，教科书受多种力量（如激进的改革力量与国情的惯性）的影响，需要解决多种矛盾、协调多对关系，必然是一种"协调"的产物。

今后，教科书仍将在继承中发展。

历史并没有远去，它一直在现在的背后。

---

① 谭永平. 我国百年中学生物教科书中"人的生殖"变迁历程及其启示［J］. 中学生物教学，2013（12）：45-47.
② 王海英. 致知在格物——清末民初科学启蒙教科书［N］. 中华读书报，2012-08-15（14）.
③ 毕苑. 重建常识：近代教科书的文化价值［N］. 中华读书报，2008-09-24（10）.

参考文献

Merriam-Webster incorporated. Merriam-Webster's Collegiate Dictionary [M]. 10th ed. Massachusetts: Merriam-Webster incorporated, 2001.

毕苑. 建造常识：教科书与近代中国文化转型 [M]. 福州：福建教育出版社，2010.

陈景磐. 中国近代教育史 [M]. 北京：人民教育出版社，1979.

陈侠. 课程论 [M]. 北京：人民教育出版社，1989.

陈学恂，高奇. 中国教育史研究：现代分卷 [M]. 上海：华东师范大学出版社，2009.

恩斯特·迈尔. 生物学思想发展的历史 [M]. 涂长晟等译. 成都：四川教育出版社，2010.

方晓东，李玉非，毕诚，等. 中华人民共和国教育史纲 [M]. 海口：海南出版社，2002.

江山野. 世界中学课程设置博览 [M]. 长春：吉林教育出版社，1989.

课程教材研究所. 面向21世纪中小学教材建设现代化研究与实践 [M]. 北京：人民教育出版社，2003.

课程教材研究所. 新中国中小学教材建设史（1949—2000）研究丛书：生物卷 [M]. 北京：人民教育出版社，2010.

李方. 课程与教学基本理论 [M]. 广州：广东高等教育出版社，2002.

刘英杰. 中国教育大事典 [M]. 杭州：浙江教育出版社，2001.

马骥雄. 外国教育史略 [M]. 北京：人民教育出版社，1991.

舒新城. 中国近现代教育史资料：上册 [M]. 北京：人民教育出版社，1981.

舒新城. 近代中国教育史料：第二册 [M]. 上海：中华书局，1928.

王炳照，阎国华. 中国教育思想史：第六卷 [M]. 长沙：湖南教育出版社，1994.

吴式颖. 外国教育史教程 [M]. 北京：人民教育出版社，1999.

熊明安. 中国近现代教学改革史 [M]. 重庆：重庆出版社，1999.

叶澜. 课程改革与课程评价 [M]. 北京：教育科学出版社，2001.

叶佩珉. 生物学课程教材改革探索［M］. 北京：人民教育出版社，2002.

中国教育年鉴编辑部. 中国教育年鉴（1949—1981）［M］. 北京：中国大百科全书出版社，1984.

钟启泉. 课程与教学概论［M］. 上海：华东师范大学出版社，2004.

周美珍. 生物教育学［M］. 杭州：浙江教育出版社，1992.

邹德秀. 500年科技文明与人文思潮［M］. 北京：科学出版社，2002.

后记

本书是国家社科基金重大项目"中国百年教科书整理与研究"（课题批准号：10 & ZD095）的成果之一。该项目首席专家是徐岩，生物学学科子项目负责人是赵占良、谭永平。

本书编写人员执笔情况如下。

第一编：谭永平

第二编：谭永平

第三编：方瑾

第四编：

  第七章：林青   第八章：刘丹，包春莹，林青

  第九章：包春莹   第十章：陈香

  第十一章：陈香   第十二章（上）：卢媛

  第十二章（下）：王颖   第十三章：吴成军

  第十四章（上）：王颖，林青 第十四章（下）：吴成军

第五编：谭永平

主编赵占良、谭永平，副主编方瑾，以及责任编辑林青对书稿做了大量的修改完善工作。

由于本书内容涉及的时间跨度较大，特在此对以下几点进行说明。

1. 文中涉及较多的历史文献资料以及教科书资料，行文中有些语言叙述以及名词的使用与当前的使用规范有不一致的情况，为了尊重历史，我们并未对这些内容进行修改。

2. 由于在不同的时期使用的习惯与规范不同，在本书的行文中，"课

本""教材"与"教科书"不作严格的区分。

3. 目前，我国基础教育阶段用"生物学"作为本学科的规范用词，"生物"为曾经用法。在本书的行文中，由于内容时间跨度较大，概述性的句子中，一般使用"生物学"，涉及具体书名以及在部分语境中还保留"生物"，不作严格的区分。

本书在编写过程中，参考和引用了大量文献和已有研究成果，特别是人民教育出版社课程教材研究所编著的《新中国中小学教材建设史（1949—2000）研究丛书：生物学卷》（叶佩珉主编，叶佩珉、赵占良编写）、《20世纪中国中小学课程标准·教学大纲汇编：生物卷》（孙传贤编）；《生物学课程教材改革探索》（叶佩珉著）；《中国教育年鉴（1949—1981）》（中国教育年鉴编辑部编）。人民教育出版社图书馆作为全国最大的中小学教科书收藏中心给予了大力帮助，其制作完成的"中国百年中小学教科书全文图像库"为研究提供了极大的支持。在此表示衷心感谢。

特别感谢在研究成果修订过程中给予指导的学界前辈和提出宝贵意见建议的学界同行。

书中错漏之处，敬请读者批评指正！

2019 年 12 月 1 日